FRANZ JOSEF STRAUSS

VERANTWORTUNG VOR DER GESCHICHTE

Franz Josef Strauß

FRANZ JOSEF STRAUSS

Verantwortung vor der Geschichte

Beiträge zur deutschen und internationalen Politik 1978–1985

Ausgewählt, eingeleitet und herausgegeben
von
Wilfried Scharnagl

Mit einer Einführung
von
Gerold Tandler

VERLAG R. S. SCHULZ

Inh.: Dr. jur. h. c. Rolf S. Schulz
8136 Percha am Starnberger See, Berger Straße 8 bis 10
8136 Kempfenhausen am Starnberger See, Seehang 4
Telefon 0 81 51 / 1 49-0, Telex 05 26 427 buch

Farbfoto: Helmut Hien, Porträtphotographie, Augsburg.

Satz: Pustet, Regensburg
Druck und Bindung: Ebner Ulm

ISBN 3-7962-0153-9

Sie erreichen uns auch über

Bildschirmtext
* 30717 *

Inhaltsübersicht

Die Christlich-Soziale Union, ihr Vorsitzender und dieses Buch

von Gerold Tandler

Verantwortung vor der Geschichte – das Leitwort, unter das die hier vorgelegte Sammlung von Aufsätzen und Reden von Franz Josef Strauß gestellt ist, ist ein Leitwort für das politische Handeln des CSU-Vorsitzenden und Bayerischen Ministerpräsidenten schlechthin. Politisches Tun im Wissen um geschichtliche Zusammenhänge und Entwicklungen, in der Bereitschaft, aus der Geschichte zu lernen, in der Überzeugung, mit seinem Wirken sich dem Urteil der Geschichte stellen zu müssen – diese Grundhaltung hat Franz Josef Strauß von Beginn seiner öffentlichen Tätigkeit an gekennzeichnet und ausgezeichnet. Es ging und geht ihm nicht um den kurzlebigen Vorteil des Augenblicks, sondern um den anhaltenden Erfolg der Dauer. Oder – und Strauß hat dies oft formuliert und er hat stets danach gehandelt: In der Politik geht es nicht darum, das zu sagen oder zu tun, was angeblich oder auch tatsächlich ankommt, sondern das zu sagen und zu tun, *worauf* es ankommt.

Diese Haltung macht den Unterschied zwischen Franz Josef Strauß und vielen anderen Politikern aus. Und dieser Unterschied ist es auch, der die Grenze zwischen Politiker und Staatsmann markiert. Franz Josef Strauß, durch Dauer und Qualität eines politischen Handelns ausgewiesen, das in weiten Teilen schon Geschichte geworden ist, ist ein Staatsmann.

Strauß, seit vier Jahrzehnten politisch tätig, hat nie gefragt, ob ein Weg bequem war. Er fragte, ob der Weg richtig war. Eine solche Haltung hat Franz Josef Strauß von vornherein in die Gruppe der unbequemen Politiker gestellt, in die Gruppe jener, die es sich und anderen nicht leicht machen, damit aber auch jener, deren Werk von staatsmännischer Dauer und nicht von tagespolitischer Kurzatmigkeit gekennzeichnet ist. Flagge zeigen gegen modischen Zeitgeist, standfest bleiben gegenüber den Lockungen und Drohungen zu eilfertiger Anpassung, kraftvoll kämpfen für die Durchsetzung als richtig erkannter Ziele, auch wenn dafür der höchste Preis politischer Verantwortung, jener der Einsamkeit, bezahlt werden muß – all das kennzeichnet den Staatsmann und all das kennzeichnet Franz Josef Strauß.

»Die Männer, welche selbst Geschichte machen, haben nicht Zeit, sie zu schreiben.« Dieser Satz findet sich in einer einleitenden Erklärung, die Fürst Metternich, der große konservative Staatsmann Österreichs in der ersten Hälfte des vorigen Jahrhunderts, seinen hinterlassenen Papieren und Aufzeichnungen vorangestellt hat. Franz Josef Strauß, der deutsche Nachkriegsgeschichte an entscheidender Stelle mitgestaltet und mitgeprägt hat, hat zeit seines politischen Wirkens auch geschrieben. Er hat es in zahlreichen und beachteten Büchern getan, er schrieb, auf nationaler wie auf internationaler Ebene, für Zeitschriften und Zeitungen politische Beiträge, er schrieb und schreibt aber im besonderen für die Zeitung, die mit seinem Namen in besonderer Weise verbunden ist, für den Bayernkurier, die Wochenzeitung der Christlich-Sozialen Union. Wenn andere Parteien nicht selten mißmutig darüber rätseln, warum ausgerechnet und allein die CSU mit ihrer Wochenzeitung Bayernkurier über eine publizistische Stimme verfügt, die gehört und beachtet, die von den Gegnern bekämpft und den Freunden geschätzt wird, dann hat auch dies vor allem mit dem Namen und der Person von Franz Josef Strauß zu tun. Er steht nicht nur als Herausgeber für den Kurs und das Profil unserer Zeitung, er setzt selbst als Leitartikler immer wieder die wegweisenden Akzente. Daß sich Strauß im Bayernkurier regelmäßig zu Wort meldet, liegt dabei auf einer überzeugenden Linie persönlicher Tradition – zu der Vielzahl der Ämter, die Strauß in der CSU ausgeübt hat, gehört nämlich, daß er, was heute kaum mehr bekannt ist, in der Anfangszeit der Wochenzeitung der

CSU auch deren Chefredakteur war. So handelt es sich denn auch bei den Beiträgen dieses Buches um Leitartikel, die Strauß für den Bayernkurier geschrieben hat, oder um wichtige Reden von Strauß, die der Bayernkurier dokumentiert hat.

Strauß und die Christlich-Soziale Union – wenn von zwei Begriffen gilt, daß sie zusammengehören, dann gilt dies für diesen Doppelbegriff bayerischer, deutscher und europäischer Politik. Strauß und die CSU – dieser Zusammenklang ist Erkennungsmerkmal und Markenzeichen einer Politik, die sich nicht eilfertig und opportunistisch jedem Hauch eines vermeintlichen oder echten Zeitgeistes beugt, sondern die entschlossen den Weg geht, den sie als richtig erkannt hat.

Franz Josef Strauß und die CSU! Strauß war, in seinen politischen Anfängen als stellvertretender Landrat von Schongau, Gründungsmitglied unserer Partei. Er war Mitglied des geschäftsführenden Landesvorstandes seit 1946, er war Generalsekretär von 1948 bis 1952, er war stellvertretender Landesvorsitzender von 1952 bis 1961 – und er ist Parteivorsitzender der Christlich-Sozialen Union seit dem 18. März 1961. An diesem Tag wurde er mit 546 von 576 gültigen Stimmen an die Spitze unserer Partei gewählt. Vertrauen, in diesem Umfang ausgesprochen, stelle nicht nur Ehre, sondern vor allem Verpflichtung und Erwartung dar, formulierte Strauß in seinen Dankesworten. Und er sagte seiner Partei zu, »daß ich das, was in meinen Kräften liegt, was ich nach Wissen und Gewissen tun kann, um dieses Vertrauen zu erfüllen und zu rechtfertigen, zu tun entschlossen und gewillt bin«.

Franz Josef Strauß hat Wort gehalten. Unter seiner Führung hat sich die CSU zu einer modernen und großen Volkspartei entwickelt, hat sie sich im Vertrauen der Wähler in Bayern und von Millionen Bürgern darüber hinaus in einer Breite und Tiefe verankert, zu denen es in keinem anderen Bundesland und bei keiner anderen Partei Vergleichbares gibt.

Kein anderer Parteivorsitzender der deutschen Nachkriegsgeschichte steht so lange in der obersten Führungsverantwortung wie Franz Josef Strauß für die CSU. In diesen langen Jahren seit 1961 – und erst nach diesem Zeitpunkt begann in den Wahlergebnissen der CSU jener Aufstieg, der uns in anderswo undenkbare Höhen zwischen 55 und 60 Prozent der Wählerstimmen geführt hat – war Strauß stets der Motor unserer Politik, der Mann, der die Entwicklungen vorantreibt, der den Mut zu neuen Wegen hat, der schläfriges Ausruhen auf einmal errungenen Lorbeeren nie zugelassen hat. Deshalb – und vielleicht ist das eines der größten Komplimente, das die CSU ihrem bald ein Vierteljahrhundert amtierenden Parteivorsitzenden zu zollen hat – war Franz Josef Strauß auch niemals ein bequemer Parteivorsitzender. Diese Unbequemlichkeit, selbstverständlich für die politischen Gegner, aber gelegentlich auch für die politischen Freunde, rührt nicht zuletzt auch daher, daß Strauß, Ergebnis seiner überragenden Fähigkeit, in historischen Zusammenhängen zu denken und politische Entwicklungen und Abläufe glasklar zu analysieren, Gefahren und Möglichkeiten, die sich in der Politik abzeichnen, oftmals früher sieht als andere. Damit nimmt Strauß, selbstverständlich weit über die politischen Grenzen der CSU hinaus, die Daueraufgabe eines Warners und Mahners, eines politischen Erneuerers wahr. Er ist der Wächter auf den Zinnen einer freiheitlichen und zukunftsorientierten Politik.

Daß Strauß sich so sehr von vielen anderen Politikern unterscheidet, liegt darin, daß für ihn Politik nie Beruf, sondern immer Berufung war. Der Antrieb, aus dem heraus der junge Franz Josef Strauß 1945 in die Politik gegangen ist, ist vom CSU-Vorsitzenden selbst am prägnantesten beschrieben worden: »Ich habe nie beschlossen, Politiker zu werden, aber ich bin es unter dem Zwang der Stunde geworden und vielleicht in Erfüllung einer instinktiv verstandenen Pflicht, meinen Beitrag dafür zu leisten, daß die deutsche Politik nie wieder auf jene schrecklichen Irrwege kommt, wie wir sie erlebt haben, und daß eine dritte Katastrophe dem deutschen

Volke, den Völkern Europas und der Welt im gleichen Jahrhundert und später erspart bleiben möge.«

Aus den bitteren Erfahrungen der Vergangenheit heraus, deren katastrophaler Ablauf und deren katastrophales Ende für Strauß immer ursächlich mit dem Abfall der politisch Handelnden vom christlichen Sittengesetz zusammenhing und zusammenhängt, war es für Strauß stets eine Selbstverständlichkeit, daß eine Partei nicht Selbstzweck sein dürfe, sondern nur Mittel zum Zweck. »Für uns ist der Mensch nicht ein Objekt der Politik, für uns mußte –, nach dem, was wir erlebt haben, und nach dem, was sich drohend abzeichnete – der Mensch wieder zum Sinn und zum Mittelpunkt der Politik werden.« Mit beispielhafter Integrationsfähigkeit, die für den politischen Bereich ebenso gilt wie für den menschlichen, hat Strauß die CSU mit einer von steter Glaubwürdigkeit und Entschlossenheit geprägten Führungskraft gesteuert.

»Das Amt des CSU-Vorsitzenden war und ist für Strauß nicht eine politische Pflichtübung, es ist ihm aber auch nach weit mehr als zwei Jahrzehnten nie zu selbstverständlicher Gewohnheit oder eingefahrener Routine geworden. Strauß hat das Amt des CSU-Vorsitzenden geprägt, dieses Amt wiederum hat ihn geformt«, schrieb Wilfried Scharnagl, der auch Auswahl und Einleitung der vorliegenden Sammlung von Strauß-Beiträgen zur deutschen und internationalen Politik besorgt hat, in seinem Buch »Franz Josef Strauß – der Mensch und der Staatsmann«.

Ich selbst habe, 23jährig und damals Kreisvorsitzender der Jungen Union, 1957 Franz Josef Strauß als Versammlungsredner zum ersten Mal erlebt. Es war im oberbayerischen Mühldorf, und ich werde den Eindruck dieses Abends stets in besonders eindringlicher Erinnerung behalten. Wie da ein Politiker, der schon damals die Pfeile des politischen Gegners in besonderer Weise auf sich zog, argumentierte, mit welcher Sprachgewalt der damalige Verteidigungsminister für Konrad Adenauers und seine Konzeption zur Sicherung von Frieden und Freiheit warb, mit welcher Treffsicherheit die Schwächen des politischen Gegners aufgezeigt wurden, und wie doch, neben aller dramatischen und ernsten Politik, das Menschliche, auch der Humor, nicht zu kurz kam – all das hat den künftigen Lebensweg, vor allem den politischen, des damals jungen Zuhörers nicht unberührt gelassen.

»Es gibt Politiker, die sind, was sie sind, durch ihr Amt. Fällt das Amt weg, so gerät auch der ehemalige Amtsinhaber in Vergessenheit. Bei Franz Josef Strauß ist das anders«, schrieb Friedrich Zimmermann. Und der stellvertretende CSU-Landesvorsitzende fuhr fort: »Wenn man von einem deutschen Politiker sagen kann, daß er das außenpolitische Erbe von Konrad Adenauer angetreten hat, dann von Franz Josef Strauß.« In der Tat – Strauß leistete an der Seite Konrad Adenauers beim Auf- und Ausbau unseres freiheitlichen und demokratischen Staates Wesentliches, besonders auch bei den entscheidenden außen- und sicherheitspolitischen Weichenstellungen. Mit gutem Grund wird Franz Josef Strauß zu den Architekten unseres Staates gezählt. Die besonderen Beziehungen, die zwischen Konrad Adenauer und Franz Josef Strauß herrschten und die durchaus nicht immer frei von Spannungen waren, hatten auch mit der besonderen Ein- und Wertschätzung zu tun, die Adenauer stets der CSU entgegenbrachte.

Die CSU – kaum eine andere Partei ist in ihrer Geschichte und in ihrer Gegenwart so vielen Mutmaßungen, Fragen und Unterstellungen ausgesetzt gewesen und ausgesetzt, kaum eine andere Partei steht so dauerhaft im Blickpunkt des Interesses einer weiten, ja weltweiten Öffentlichkeit. Auch das hängt entscheidend mit Franz Josef Strauß zusammen. Was die CSU ist, wie er sie sieht, wie er sie auch in der Zukunft haben möchte – Franz Josef Strauß hat es selbst formuliert: »Die CSU ist die Partei der bayerischen Geschichte, der deutschen Verantwortung, der europäischen Zukunftsaussichten. Sie ist die Partei der klaren Grundsätze, der sachlichen Arbeit, der soliden Ziele. Sie ist die Partei derer, die ja sagen zu Arbeit und Leistung, zum Leben in seiner ganzen Fülle, in seiner Schönheit, auch in seinen Schwierigkeiten und Problemen. Sie ist die Partei des Rechtsstaates, sie ist die Partei der Freiheit, sie ist die Partei, die den Herausforderungen der Zukunft gegenübertritt, die sie annimmt, sie weder verleugnet, verdunkelt oder verkleinert, aber auch nicht übertreibt und eindeutige Antworten gibt. Sie zeigt die Wirklichkeit, wie sie ist, die Schwierigkeiten und Gefahren, wie sie sind, zeigt Wege, die vernünftig und gangbar sind, denn wer Mut hat, der macht auch Mut.«

Seit 1961 steht Franz Josef Strauß durch das Vertrauen der Partei an der Spitze der Christlich-Sozialen Union. Er stand nie in Versuchung, das, was erreicht werden konnte, für sich allein in Anspruch nehmen zu wollen. Strauß: »Die Erfolge, die wir in dieser Zeit in gemeinsamer Anstrengung und in gemeinsamer Leistung erzielt haben, beweisen, daß ich dieses Vertrauen nie als Einbahnstraße gesehen habe. Das Vertrauen unserer Mitglieder, Wähler und Anhänger war mir nie Selbstverständlichkeit, sondern stets Auftrag, mit allen Kräften und nach bestem Wissen und Gewissen meine Pflicht zu tun. Freunde wie Gegner können sich darauf verlassen, daß diese Haltung mein politisches Handeln bestimmen wird, solange mir Gott die Kraft dazu gibt.«

Was Franz Josef Strauß hier gesagt hat, gilt auch mit umgekehrtem Vorzeichen – er hat das Vertrauen seiner Partei, er hat das Vertrauen seiner bayerischen Wähler, er hat das Vertrauen von Millionen Deutschen, er hat das Vertrauen von politischen Freunden in aller Welt.

Warum das so ist und was den Politiker Strauß ausmacht, die Beiträge dieses Buches machen es in großer Bandbreite, in umfassender Vielfalt und in überzeugender Eindringlichkeit deutlich. Die Kunst im Umgang mit dem Wort, sei es geschrieben oder gesprochen, beherrscht Franz Josef Strauß in vollkommener Weise. »Er hat immer wieder in Schrift und Wort auf die Grundfragen der menschlichen Existenz und damit auf die Grundfragen der menschlichen Gesellschaft und des Staates hingewiesen. Beharrlich hat er vor den Gefahren utopischen Denkens aus verfehltem Menschenverständnis gewarnt, in der Innen- wie in der Außenpolitik.« Diese Haltung, die Kurt Georg Kiesinger anläßlich des 65. Geburtstages seinem langjährigen politischen Weggefährten Franz Josef Strauß ausdrücklich bestätigte, durchzieht auch alle Beiträge des vorliegenden Buches, das einen Zeitraum umspannt, der mit dem Jahr 1978, in dem Franz Josef Strauß zum Bayerischen Ministerpräsidenten gewählt wurde, beginnt, und der bis in die jüngsten Tage des laufenden Jahres reicht, in dem aus dem Anlaß eines runden Geburtstages die Christlich-Soziale Union, der Freistaat Bayern, die Bundesrepublik Deutschland und die ganze freie Welt in besonderer Weise Grund haben, aus vollem Herzen zu danken.

Das vorliegende Buch, dessen Autor Franz Josef Strauß ist und das deshalb in besonders eindringlicher Weise – besser, als dies andere darstellen könnten – Politik und Person unseres Parteivorsitzenden widerspiegelt, soll zu den Zeichen des Dankes gehören, die aus Anlaß dieses Geburtstages zu setzen sind.

München, im Juli 1985

Mit Blindheit geschlagen oder Die gemordete Freiheit

Franz Josef Strauß hat immer wieder und als einer der ersten deutschen Politiker überhaupt die Bedeutung der politischen Entwicklung Afrikas für Europa gesehen und hervorgehoben. Gegen die bequem-konformistischen Strömungen des Zeitgeistes setzte Strauß stets seine Konzeption des Maßes und der Vernunft, gewonnen aus persönlichen Einsichten und geschichtlichen Erfahrungen. Einer großen politischen Betrachtung zur Lage in Afrika stellte Strauß ein Wort des deutschen Historikers Leopold von Ranke voraus: »Nicht Blindheit ist es, nicht Unwissenheit, was die Menschen und Staaten verdirbt. Nicht lange bleibt ihnen verborgen, wohin die eingeschlagene Bahn sie führen wird. Aber es ist ihnen ein Trieb, von ihrer Natur begünstigt, von der Gewohnheit verstärkt, dem sie nicht widerstehen, der sie weiter vorwärts reißt, solange sie noch einen Rest von Kraft haben. Göttlich ist der, welcher sich selbst bezwingt. Die meisten sehen ihren Ruin vor Augen – aber sie gehen hinein.«

Ein berühmtes Werk Schopenhauers trägt den Titel »Welt als Wille und Vorstellung«. Die westliche Afrikapolitik könnte ich im Lichte meiner Erfahrungen, meiner vielen Reisen dorthin und besonders unter dem Eindruck der letzten, die mich durch Südwestafrika, Südafrika und Rhodesien geführt hat, nur als Welt ohne Wille und ohne Vorstellung bezeichnen, im günstigsten Fall als Friedhof der guten Absichten.

Als ich vor 12 Jahren, noch vor dem Höhepunkt des Vietnam-Krieges, in einem Interview mit dem amerikanischen Nachrichtenmagazin »US News and World Report« davor warnte, daß der Vietnam-Krieg die moralischen Kräfte der Vereinigten Staaten – mehr als ihre materiellen – überfordert und Amerika in eine strategische Unbeweglichkeit verfallen werde, mußte ich, wie gewohnt, viel Kritik einstecken. Ich mußte mir damals sogar den Vorwurf von sozialdemokratischer Seite gefallen lassen, daß diese Äußerung eine schwere Belastung der guten Beziehungen zwischen den USA und der Bundesrepublik Deutschland bedeute.

In der Zwischenzeit habe ich mich daran gewöhnt, daß jene Propheten, die nach dem Eintritt der Ereignisse feststellen, was eingetreten ist, sich darüber beklagen und treuherzig versichern, das habe man nicht gewollt, eine besondere Wertschätzung genießen und einen Mitleidsrabatt von denen erhalten, deren intellektuelle Qualität nichts anderes zuläßt; daß aber kritische Analytiker am liebsten nicht zur Kenntnis genommen, auch gerne für närrisch erklärt, beiseite geschoben werden, weil nun einmal das nicht sein darf, was nicht erwünscht ist.

Aber wenn ich heute sehe, was aus den Ländern Vietnam, Laos, Kambodscha geworden ist, für deren Freiheit die Amerikaner mehr Bomben geworfen haben als im Zweiten Weltkrieg, dann kann ich nur eine Tragödie riesigen Ausmaßes feststellen; leere Städte, Massendeportationen, Leichenfelder, Konzentrationslager, Rückstufung der Menschen zu primitivsten Daseinsformen – aber darüber regt sich niemand mehr auf, weil es am Fernsehschirm nicht mehr zu sehen ist. Außerdem sterben die Narren nicht aus, die meinen, daß solcher Zwang zum primitiven Leben die Vorstufe höherer menschlicher Daseinsform sei.

Nicht Gehässigkeit, sondern Sorge

Ich möchte doch um Verständnis dafür bitten, daß warnende Kritik an der Politik der Vereinigten Staaten nicht der Ausdruck amerikafeindlicher Gehässigkeit ist, sondern tiefempfundener Sorge. Sie mischt sich mit der bitteren Feststellung, daß anscheinend immer unheilbare Entwicklungen eintreten müssen, bevor den Verantwortlichen die Augen aufgehen. Es ist auch kein Trost, dann jedesmal zu hören, man habe das Beste gewollt, aber leider sei das Gegenteil herausgekommen.

Am Tage meiner Ankunft in Windhuk sprach ich ausführlich mit dem Vorsitzenden der Republikanischen Partei, Dirk Mudge, der gleichzeitig der Vorsitzende der Turnhallen-Allianz (TTA) ist, einer zu einem Wahlbündnis zusammengefaßten Vereinigung von 11 verschiedenen Gruppen. Sie umfaßt nicht nur den größten Teil der weißen Bevölkerung, darunter viele Deutschstämmige, sondern auch die Mischlinge, die Hereros, Ovambos usw. In Südwestafrika, das in Zukunft Namibia heißen soll, bestehen durchaus günstige Voraussetzungen, nicht nur für ein friedliches Nebeneinanderleben verschiedener Volksgruppen, der Schwarzen, der Farbigen, der Weißen, sondern auch für eine partnerschaftliche Zusammenarbeit in sinnvoller Arbeitsteilung zum weiteren Ausbau und Aufbau dieses Landes.

Die in Südafrika viele Jahre mit großer Konsequenz geübte Politik der Apartheid, im großen und im kleinen, hat nie in dieser Ausprägung auf das Mandatsgebiet Südwestafrika übergegriffen. Auch die Nichtweißen haben einen relativ hohen Entwicklungsstand, erträgliche bis gute Lebensverhältnisse. Südwestafrika/Namibia könnte ein Musterland für wirkliche Toleranz, für echte Koexistenz, für partnerschaftliche Ergänzung werden, wenn alle den gleichen guten Willen und das gleiche ideale Ziel vor Augen hätten. Der natürliche Reichtum dieses Landes ist noch lange nicht voll erschlossen, die wirtschaftlichen Möglichkeiten reichen für mehr Menschen aus, als heute dort leben. Das Land bräuchte nicht einmal Entwicklungshilfe, die sonst so reichlich in Fässer ohne Boden verschwendet wird, es bräuchte nur normale Kredite und privatwirtschaftliche Investitionen zur Erschließung der natürlichen Möglichkeiten.

Das Problem dieses Landes ist heute nicht mehr die südafrikanische Mandatspolitik, denn Südafrika ist bereit und entschlossen, Südwestafrika in die Freiheit zu entlassen, aber nicht in die »Befreiung« durch eine terroristische Organisation, die SWAPO. Ein bekannter schwarzafrikanischer Staatspräsident hat mir vor kurzem in einem sehr offenen Gespräch erklärt, die Swapo sei eine von Moskau gelenkte, von Moskau mit Waffen versorgte und für die Machtpolitik Moskaus im südlichen Afrika kämpfende Bewegung. Man dürfe ihr, so der afrikanische Staatsmann, das Land nicht überlassen, weil sie nicht für das Wohl der Bevölkerung arbeite; ihre Machtübernahme würde nichts anderes bedeuten, als daß dort ein von den Sowjets maßgeblich beherrschter Zwangsstaat entstehen würde.

Die Südafrikaner haben sich sicherlich nicht leichten Herzens entschlossen, das Land freizugeben, freien Wahlen auf der Grundlage des allgemeinen Stimmrechts zuzustimmen. Die Südafrikaner stellen in der Tat nur zwei Bedingungen, deren Berechtigung man nicht bestreiten kann: nämlich, daß die schwarze Bevölkerung nicht durch Terrorgruppen, vor allem im volkreichen Norden, im Ovamboland, eingeschüchtert werden darf und aus Angst Swapo wählt, ferner, daß dieses Land ein friedlicher Nachbar und nicht ein von der Sowjetunion bestimmter Frontstaat gegen Südafrika werden darf. Man muß auch Südafrika ein militärisches Sicherheitsinteresse zubilligen, das die Großmächte, auch die USA und besonders die Sowjetunion, selbstverständlich für sich in Anspruch nehmen.

Die Swapo besteht aus zwei Organisationen, die aber eine Einheit darstellen, der Inlands-Swapo und der Auslands-Swapo. Beide verfolgen das gleiche Ziel: die totale Macht in Namibia. Der Swapo ist nicht an einer allgemeinen und freien Wahl mit gleichem Stimmrecht für alle gelegen; ihr ist nicht an einer Regierung der schwarzen Mehrheit mit weißer Minderheit gelegen – denn letztere ist für eine wirtschaftliche Entwicklung des Landes nach wie vor unentbehrlich; ihr ist nicht an einer partnerschaftlichen Regierung mit den Weißen gelegen, sondern nur an der unumschränkten, totalen Macht und an der Umwandlung dieses Landes in einen sozialistischen Zwangsstaat nach dem Muster Angolas und Mozambiques.

Gewalt statt Demokratie

Die Inlands-Swapo tritt nicht offen für Gewaltanwendung ein. Ihr Führer hat aber zum Beispiel vor dem ZDF ohne Wenn und Aber erklärt, daß seine Organisation auch für Gewaltanwendung ist, wenn die Weißen nicht die uneingeschränkte Macht an sie abzutreten bereit sind. Die Auslands-Swapo bekennt sich offen zur Gewaltanwendung und zeichnet für die zahlreichen terroristischen Grausamkeiten vor allem im Norden des Landes, im Grenzgebiet zu Angola, verantwortlich.

Der Chef der Swapo ist der Präsident ihrer Auslandsorganisation, Samnujoma, der gegenüber einem amerikanischen Journalisten vor wenigen Tagen den Plan einer Mehrheitsregierung rundweg abgelehnt und erst wegen der ungünstigen psychologischen Auswirkung seiner brutalen Äußerung in der sonst so naiven angelsächsischen Welt diese wieder etwas abgemildert hat. Amerikaner und Engländer träumen nämlich besonders gerne von einem funktionierenden demokratischen Parlament in Namibia, in dem die Swapo die Rolle einer harmlosen demokratischen Partei spielen soll. Die Swapo denkt nicht daran, diese Rolle zu spielen, möchte aber den Bonus nicht verlieren, der ihr durch diese falsche Reputation bei der UNO und in London und Washington zufällt.

Dazu ist in den letzten Tagen ein Geheimplan zur militärischen Machtergreifung durch die von Angola und den Kubanern unterstützte Swapo den Südafrikanern in die Hand gefallen, die diesen Plan natürlich propagandistisch ausgeschlachtet haben. Dazu kommt noch – was in der Weltöffentlichkeit bisher unbekannt ist –, daß in den letzten Tagen einem getöteten Terroristen ein Papier abgenommen worden ist, auf dem die Namen von 25 farbigen Führungspersönlichkeiten verzeichnet sind, die wegen ihrer Zusammenarbeit mit den Weißen ermordet werden sollen. Das heißt nicht mehr oder nicht weniger, als daß alle Schwarzen mit der Durchführung dieses Planes in Angst und Schrecken versetzt werden und die Herrschaft der Swapo als ihr unvermeidliches Schicksal anzunehmen gezwungen werden sollen. Das heißt nicht mehr und nicht weniger, als daß alle schwarzen Politiker abgeschreckt werden sollen, sich überhaupt auf eine Zusammenarbeit mit den Weißen einzulassen.

In einem von der Swapo beherrschten Namibia ist für die Weißen kein Platz mehr – außer in Gefängnissen, Konzentrationslagern oder unter der Erde. Auch die Vertreter beider Kirchen, unter denen sich manche naive Elemente befinden, würden dann sehr bald merken, was die Stunde für sie geschlagen hat. Sie würden das Schicksal ihrer Brüder in Angola und Mozambique teilen! Die Ausrede, das habe man nicht gewollt, ist genauso töricht wie die Behauptung, das habe man nicht vorhersehen können.

Schutzlose Deutsche

Es ist geradezu beklemmend, ja empörend, daß dieser Swapo zuliebe die Bundesrepublik das deutsche Konsulat in Windhuk geschlossen und damit die dort lebenden deutschen Staatsbürger ohne Rechtsschutz gelassen hat. Es ist ein Treppenwitz der UN-Unterwürfigkeit Bonns, daß man die konsularische Vertretung dem deutschen Generalkonsulat in Kapstadt übertragen hat, d. h. die Jurisdiktion Südafrikas über Südwestafrika damit bestätigt hat.

Es ist unglaublich, aber wahr, daß die UN die Swapo als die einzig rechtmäßige Vertretung Namibias anerkannt hat, ohne daß auch nur die geringste demokratische Legitimation vorliegt. Es bewegt sich auf der gleichen Linie, daß die Swapo-

Führer in Bonn als Ehrengäste vom Außenminister persönlich empfangen wurden, während der Chef aller Herero-Häuptlinge, Chief Kapuuo, an nachgeordnete Beamte verwiesen wurde. Dabei ist dies der Mann, der für friedliche Koexistenz eintritt, der partnerschaftliche Zusammenarbeit mit den Weißen predigt, der in langjähriger Arbeit für freie Wahlen mit gleichem Stimmrecht für alle gekämpft hat, der aber den Verbleib der Weißen im Lande als notwendig auch für den wirtschaftlichen und sozialen Aufstieg der Nichtweißen bezeichnet hat. Er ist der natürliche Häuptling aller Häuptlinge seines großen Stammes.

Als ich mit ihm am 13. März dieses Jahres im Hotel »Kalahari Sands« in Windhuk gemeinsam mit anderen weißen und nichtweißen Politikern zu Abend aß, erzählte er mir seinen politischen Werdegang, seine politischen Ansichten, seine politischen Ziele. Er sagte mir: »Wir alle sind in Lebensgefahr. Wir alle können stündlich ermordet werden. Man will die Zusammenarbeit zwischen Schwarzen, Farbigen und Weißen notfalls durch eine Serie von Morden verhindern. Ich werde aber meine Meinung gegenüber meinen schwarzen Landsleuten auch weiterhin unerschrocken vertreten. Ich stand am 7. Februar bei einer großen politischen Veranstaltung im Ovamboland auf der Tribüne neben Shyagaja, dem Ovambo-Minister für Gesundheit und Erziehung, als während des Eröffnungsgebetes ein Terrorist der Swapo mit einer russischen Tokarewpistole meinen Nachbarn mit vier Schüssen ermordete. Wir haben die Kundgebung trotzdem fortgesetzt.«

Sollte ich noch einmal nach Südafrika kommen, werde ich Chief Kapuuo die Hand nicht mehr reichen können – er ist am Ostermontag in Windhuk von Terroristen der Swapo durch Schüsse aus einer russischen Waffe meuchlings ermordet worden, anscheinend der Beginn des Planes zur Ermordung kooperationsbereiter schwarzer Politiker. Vielleicht war er auch schon am 7. Februar gemeint und der Mörder hat damals nur das falsche Opfer getroffen.

Bis jetzt hat die Swapo nicht erklärt, ob sie an Wahlen teilnehmen will. Sie kann zwar nicht die Übergabe der Macht an ihre Guerillaverbände verlangen, bevor sie an Wahlen teilnimmt, die dann keine mehr wären, weil die Südafrikaner mit Sicherheit ihre Truppen und ihre Polizei nicht abziehen würden. Aber sie verlangt jetzt, daß die südafrikanischen Truppen, auf 1400 Mann vermindert, im äußersten Süden Namibias, in Karasburg, stationiert werden sollen – mehr als 1000 Kilometer von der angolanischen Grenze entfernt, von der aus die Terroristen im Ovamboland dann ungehindert operieren und Wahlen zu einer reinen Farce machen würden.

Bis hierher und nicht weiter!

Wenn man daran denkt, daß die Südafrikaner zugestimmt haben, daß

1. alle, ob weiß oder nichtweiß, das gleiche Stimmrecht haben,
2. daß eine Mehrheitsregierung nach demokratischem Prinzip gebildet wird,
3. daß die Weißen alle bisherigen Vorrechte verlieren,
4. daß alle Gruppierungen zu gleichen Bedingungen an der Wahl teilnehmen können, vorausgesetzt, daß sie sich terroristischer Gewalttaten enthalten, also auch die Swapo teilnehmen kann, und
5. daß die südafrikanischen Truppen auf 1400 aktive Soldaten reduziert werden,

dann muß man sich fragen: Warum sind die fünf westlichen Mächte – USA, Großbritannien, Frankreich, Kanada und Bundesrepublik Deutschland – nicht bereit, der Swapo zu sagen, bis hierher und nicht weiter, das Entgegenkommen der Südafrikaner zu honorieren und diesem Lande eine friedliche und freie Zukunft zu sichern? Muß Südwestafrika ein zweites Vietnam oder ein zweites Angola werden? Sind denn die Mächte in Nordamerika und in Europa mit Blindheit geschlagen? Oder weichen sie schon so weit vor den Machtinteressen der Sowjetunion zurück, daß sie bereit sind, der Swapo dieses Land in die Hände zu spielen? Es geht doch nicht mehr darum, die Herrschaft einer weißen Minderheit zu erhalten, es geht nicht mehr darum, Menschenrechte zu erkämpfen, die in Südwestafrika in vollem Umfang verwirklicht werden im Gegensatz zu den meisten afrikanischen Staaten. Muß denn das Fiasko der amerikanischen Politik am Horn von Afrika in der Auseinandersetzung zwischen Somalia und Äthiopien, bei dem die Sowjetrussen und die Kubaner allein das Gesetz des Handelns bestimmen, durch ein weiteres Fiasko in Südwestafrika und in Rhodesien ergänzt werden? Ein einziges und klares Wort dieser fünf Mächte würde diesem Terrorspuk und diesem unerträglichen Verfall legitimer Sicherheitspositionen der freien Welt ein Ende bereiten! Ist es denn heute schon eine politische Sünde oder ein Verbrechen gegen die Entspannung, wenn man für wirkliche freie Wahlen und gegen die kommunistische Machteroberungstaktik in Afrika auftritt?

Rhodesiens Weg

Ich habe bewußt hier auch das Thema Rhodesien oder Zimbabwe in diesen Zusammenhang einbezogen. Nach jahrelangen Bemühungen und Enttäuschungen, Fortschritten und Rückschlägen, ist es nun endlich gelungen, am Verhandlungstisch eine Lösung zu erreichen, für die ich in den letzten Jahren mit wachsender Eindringlichkeit bei meinen Gesprächen eingetreten bin – ohne meine Rolle an die große Glocke zu hängen. Es ist eine Vereinbarung erreicht worden zwischen drei schwarzen Politikern und dem weißen Ministerpräsidenten Ian Smith. Nach dieser Vereinbarung ist es selbstverständlich, daß geheime und freie Wahlen mit gleichem Stimmrecht durchgeführt werden, und daß es zu einer Mehrheitsregierung nach der Übergangszeit kommen wird.

Bis dahin wird die Staatsgewalt von einem Viererrat ausgeübt, der aus drei Schwarzen und einem Weißen besteht. Diesem Viererrat untersteht eine Regierung, deren Ministerien zur Hälfte von Schwarzen, zur Hälfte von Weißen geführt werden. Aber in jedem Ministerium ist die jeweils andere Hautfarbe durch einen Minister vertreten. Es ist für jeden, der die Verhältnisse dort kennt, selbstverständlich, daß die Sicherheitsstreitkräfte – die schon zu 70 Prozent aus Schwarzen bestehen, unter einer immer rascher wachsenden Zahl schwarzer Offiziere – erhalten bleiben, weil sonst freie Wahlen überhaupt unmöglich wären und der Terror der Guerillaverbände der »Patriotischen Front« die schwarze Bevölkerung bis zur Willenlosigkeit und sklavischen Unterwürfigkeit lähmen würde. Monatlich werden dort zwischen 100 und 200 Schwarze in grausamster Weise, zum Teil unter schrecklichen Foltern und mit grausigen Verstümmelungen, zu Tode gebracht. Die »Patriotische Front« spielt in Rhodesien, in dem sie selbst als politische Gruppe verboten ist, eine vergleichbar verhängnisvolle Rolle wie die Swapo in Südwestafrika.

Rhodesien ist ein reiches Land. Seine Bodenschätze können nur erschlossen, seine wirtschaftlichen Möglichkeiten nur genützt werden, wenn die organisatorisch-technisch-industrielle Fähigkeit der unerhört tüchtigen weißen Bevölkerung dem Lande erhalten bleibt, wenn die Schwarzen vertrauensvoll mit den Weißen zusammenarbeiten und die Möglichkeit der Bewährung und des Aufstiegs im mittleren und im Spitzenmanagement haben.

Die Führer der »Patriotischen Front«, Nkomo und Mugabe, lehnen jede friedliche Lösung ab. Vor allem Mugabe will den kommunistischen Einparteienstaat. Der weißen Bevölkerung bliebe dann nur die Auswanderung oder der Untergang. Die beiden verlangen die Auflösung der rhodesischen Sicherheitskräfte und die Machtübergabe vor der Durchführung von Wahlen. Auf der anderen Seite stehen, durch die innere Vereinbarung mit den Weißen zur Zusammenarbeit bereit, Bischof Muzorewa, Reverend Sithole und Chief Chirau, mit denen ich mich eingehend über diese Probleme unterhalten habe. Sie vertreten 85 bis 90 Prozent der Bevölkerung. Diese drei haben jahrelang für die Gleichberechtigung der Schwarzen mit den Weißen gekämpft, Muzorewa und Sithole waren dafür im Gefängnis oder im Exil. Sie sind jetzt bereit, den Weg der Vernunft und der friedlichen Zusammenarbeit zu gehen. Sie wissen, daß für den Fall der Auflösung der staatlichen Sicherheitskräfte und der Machtübernahme der Guerillaverbände ihnen nur die Flucht bleibt – wenn sie nicht vorher erschlagen werden.

Neid der Frontstaaten

Die fünf Frontstaaten – Angola, Botswana, Sambia, Mozambique und Tansania – sind wirtschaftlich bankrott; sie werden es bleiben, und die Milliarden an Entwicklungshilfe, die sie erhalten, werden daran nichts ändern. Die Schwarzen in Rhodesien sind für jeden, der die Augen nicht bewußt verschließt, gut gekleidet, gut genährt und auf einem höheren Lebensniveau als ihre schwarzen Landsleute in den sogenannten Frontstaaten. Es ist verständlich, daß die Führer der Frontstaaten gerne das reiche Rhodesien ausbeuten würden, um die aus Unfähigkeit, Mißwirtschaft, Schlamperei, Korruption und Willkür entstandene Pleite noch länger vor den Augen der Welt verbergen zu können. Man greift sich ans Hirn und fragt sich, in welcher Welt man lebt, wenn man jetzt liest, daß der amerikanische UN-Botschafter Andrew Young nun sogar erklärt, man werde auch Anforderungen von Waffenlieferungen für die Frontstaaten ernsthaft prüfen, wenn die Waffen nicht an die Terroristen weitergegeben werden. O heilige Einfalt! Ist denn Narrenfreiheit geltendes Prinzip und geübte Regel eines selbstmörderischen westlichen Systems geworden?

Amerika und England und damit die anderen Staaten Amerikas und Europas lassen sich in das Schlepptau der wirtschaftlich bankrotten Mehrheit der UN nehmen und stoßen sich daran, daß für eine Übergangszeit von 10 Jahren die weiße Bevölkerung in Rhodesien mit ihrem Anteil von etwa 8 Prozent der Gesamtbevölkerung, 28 der 100 Parlamentssitze haben, die Hälfte der Regierung stellen und im übrigen ein Vetorecht zur Sicherstellung des weißen Minderheitsschutzes ausüben soll.

Es wäre jetzt wirklich an der Zeit, daß der Westen zur Vernunft kommt, daß diese innere Regelung anerkannt wird, daß auch Mugabe und Nkomo aufgefordert werden, sich an den Wahlen zu beteiligen – unter der Voraussetzung allerdings, daß sie vorher ihre Terrorakte einstellen, und daß man endlich die Sanktionen aufhebt, die wirtschaftliche Zukunft dieses Landes sicherstellt, die nur durch Frieden zwischen den Rassen, durch privatwirtschaftliche Initiative, durch ausreichende Kapitalinvestitionen gewährleistet werden kann. Dies ist auch die Voraussetzung für die Lösung aller politischen, sozialen und ethnischen Fragen.

Gewisse englische Politiker sollten wirklich aufhören, den Austritt Rhodesiens aus dem britischen Commonwealth als eine persönliche Beleidigung aufzufassen. Der britische Außenminister sollte es verwinden, daß die innere Einigung ohne ihn zustande gekommen ist.

Sowjetische Machtpolitik

Es gibt weder für Südwestafrika noch für Rhodesien eine sichere und risikofreie Zukunft, die einer mondbeglänzten Wiese gleicht. Es gibt keinen leichten Weg, der alle zufriedenstellt. Wenn aber der britische Außenminister nach Rückkehr von seiner letzten Moskaureise, wie mir gesagt wurde, erklärt hat, er sei befriedigt darüber, daß die Sowjetunion und Großbritannien im südlichen Afrika gleiche Meinungen und gleiche Interessen hätten, dann sollte er sich beim sowjetischen Botschafter in Lusaka, der Hauptstadt Botswanas, erkundigen, welche Interessen die Sowjets haben. Denn dieser ist dort das Zentrum der sowjetischen Machtpolitik. Der englische Außenminister würde von ihm zu hören bekommen, daß die Sowjetunion in beiden Ländern – in Südwestafrika und in Rhodesien – den Sieg der ihr nahestehenden politischen Kräfte wünscht und mit allen Kräften unterstützt, und daß in diesen Ländern die sozialistische Revolution den Sieg über die schwarz-weiße Evolution davontragen müsse und werde. Dabei hat die Sowjetunion es gezeigt, wie man einer schwarzen Minderheit durch ungeheure Waffenlieferungen, durch die Gestellung von Technikern und Spezialisten aus dem Warschauer Pakt und schließlich durch Zehntausende von Kubanern, die die Aufgabe einer sowjetischen Fremdenlegion erfüllen, zum Sieg über die Mehrheit verhelfen kann. Beispielsweise in Angola, wo der Westen, vor allem die USA, seine Freunde im Stich gelassen, der Vernichtung preisgegeben und der Sowjetunion das Feld überlassen hat. Heute schickt man sich an, für Südwestafrika und Rhodesien eine gleiche »Endlösung« vorzubereiten.

Es gibt leider keinen Weg, auf dem kein Tropfen Blut mehr vergossen wird, aber die Machtübergabe an die Swapo in Namibia und an die »Patriotische Front« in Zimbabwe würde ein Blutvergießen ohne Ende bedeuten, würde ferner bedeuten, daß Südafrika zwei von der Sowjetunion maßgeblich beeinflußte Länder als Nachbarn erhält. Ich habe über viele Jahre hinweg auf die südafrikanische Regierung Einfluß ausgeübt, habe beigetragen, sie zu überzeugen, daß die »kleine Apartheid« überhaupt abgeschafft wird, daß die Gleichstellung von Weißen und Nichtweißen in der Arbeitswelt schrittweise erfolgt, daß in der Bürgerrechtsfrage eine menschenwürdige Lösung verfolgt wird. Wenn die Politik des Westens in Rhodesien und Südwestafrika zu katastrophalen Ergebnissen führt, wer kann dann erwarten, daß die Südafrikaner den Weg weiterer Reformen gehen, sich nach vorwärts öffnen und sich nicht nach innen verkrampfen? Wer einen großen und blutigen Bürgerkrieg in den letzten Jahren dieses Jahrhunderts, wie viele es auch sein mögen, verhindern will, der muß den Sieg der Freiheit und der Menschenwürde, der gewaltlosen Zusammenarbeit und der friedlichen Entwicklung in Südwestafrika und Rhodesien gegen revolutionäre Umtriebe, gegen terroristische Gewalttaten, gegen den Mißbrauch der schwarzen Bevölkerung für machtpolitische Zwecke sicherstellen. Auch wenn dieser Weg kein feiges Ausweichen, kein verantwortungsloses Sich-Drücken und keine opportunistische Leugnung der wirklichen Probleme erlaubt!

Ich habe in meiner letzten Afrikarede im Bundestag davor gewarnt, die weiße Bevölkerung in eine Art »Wagenburgmentalität«, in ein psychologisches Ghetto, in eine Verzweiflungsstimmung zu treiben, in der ihre Führung sagt, es ist sowieso gleich, was wir tun, alles wird übelgenommen, alles wird zum Gegenstand der Hetze benutzt, wir kümmern uns nicht mehr um die Weltmeinung, sondern nur noch um unsere Sicherheit!

Dabei sind die Probleme mit einem nüchternen Sinn für die Wirklichkeit, mit Mut zur Verantwortung, mit Augenmaß für das Mögliche durchaus zu lösen – und zwar zu lösen, wenn man sich darüber im klaren ist, daß es vollkommene und ideale Lösungen nicht gibt auf dieser Welt. Es ist ein Unglück, daß keine großen Staatsmänner mehr am Wirken sind, nicht einmal mehr Epigonen. Man kann nur Gott bitten, daß die Geschichte, die geschrieben wird, von sich aus gescheiter sein möge, als diejenigen, die sie machen sollen!

(1. April 1978)

Ja zu einer erfolgreichen Ordnung

Kapitalismus überholt, Sozialismus überflüssig – der dritte Weg ist die Soziale Marktwirtschaft! Unter dieses Leitwort stellt Franz Josef Strauß, der 1948 an der Seite Ludwig Erhards im Frankfurter Wirtschaftsrat gegen erbitterten sozialistischen Widerstand die freiheitliche Ordnung der Sozialen Marktwirtschaft mit durchgesetzt hat, einen grundsätzlichen Beitrag über Wirtschaftspolitik und Wirtschaftsordnung. Der zeitliche Anlaß war der dreißigste Jahrestag der Entscheidung für die Soziale Marktwirtschaft.

Wir feierten in diesen Tagen den dreißigsten Geburtstag der Deutschen Mark und der Sozialen Marktwirtschaft. Ich erinnere mich als einer der damals in Frankfurt Mithandelnden noch sehr wohl an jene Tage und Nächte. Es waren heiße Tage und heiße Nächte, es waren erbitterte Auseinandersetzungen. Es war notwendig, das Herz in beide Hände zu nehmen, um den Sprung zu wagen. Ich weiß noch, wie im Februar 1948 Ludwig Erhard der damaligen kleinen Fraktion der CDU/CSU – als frisch gewählter oder ernannter, gewählt von uns und ernannt von der Militärregierung, Direktor für Wirtschaft – seine Überlegungen bekanntgab. Auch bei uns gab es manche ernste Mienen, manche Sorgen, manche Zweifel. Ich bin mir nicht sicher – wenn das bei den Politikern so beliebte Mittel der Meinungsumfrage, das ja gewissermaßen die Ersatzannahme für politische Entscheidungen gelegentlich zu werden droht, damals schon so beliebt gewesen wäre, ob dann die Meinungsumfragen nicht doch zu dem Ergebnis geführt hätten, dieses Wagnis eher zu unterlassen. Denn wir hatten so ziemlich alles gegen uns. Da ich damals auch noch gleichzeitig amtierender Landrat war und mit den Sorgen, heute sagt man an der Basis, beschäftigt war – Bezugsscheine,

Lebensmittelkarten, Versorgung der auf niedrigen Touren laufenden Wirtschaft mit den notwendigen Rohstoffen und mit den notwendigen Energien –, war es mir vergönnt, sozusagen das Problem von beiden Seiten her kennenzulernen.

Wir hatten gegen uns zunächst einmal die Besatzungsmächte, selbst die sehr der liberalen Wirtschaft zuneigenden Vertreter der amerikanischen Besatzungsmacht. Sie befürchteten damals Unruhen als Folge der Einführung der Sozialen Marktwirtschaft. Wir hatten auch einen großen Teil der veröffentlichten Meinung gegen uns. Wir hatten gegen uns die Meinung einiger Verbände, auch der Gewerkschaften. Wenn es bei uns zu einer Mehrheit für die Marktwirtschaft gekommen ist, dann verdanken wir das innerhalb unserer eigenen Reihen den Arbeitnehmervertretern. Ich möchte hier zwei ehrend nennen: Der eine ist Theodor Blank, der leider schon vor einigen Jahren von uns gegangen ist, der andere Hugo Karpf, die beide überzeugte, leidenschaftliche Vertreter des neuen Kurses gewesen sind.

Aufstieg aus Trümmern

Die Aufgabe, die damals zu bewältigen war, erschien unlösbar. Die drei westlichen Besatzungszonen – heute Bundesrepublik Deutschland – waren die größte Trümmerstätte, die ausgedehnteste Ruinenlandschaft, die es in der Weltgeschichte jemals gegeben hat. Wenn man sich aber vor Augen hält, daß mit dieser so heftig umkämpften neuen Wirtschaftsordnung – wenn ich daran erinnere, daß die Opposition damals im Bundestag beantragte, das Amtsgehalt Ludwig Erhards zu streichen, weil er sein Geld nicht verdiene und die Bundesrepublik in die Katastrophe führe – innerhalb von sieben Jahren Vollbeschäftigung hergestellt war, daß innerhalb eines Zeitraums von 15 Jahren die Bundesrepublik Deutschland die stärkste Wirtschaftsmacht Europas geworden war mit einer der bestausgebauten Sozialorganisationen, die auch in schwierigen Zeiten noch gehalten hat, wenn sie auch nicht dauernd überfordert werden darf, und in der Rangfolge der Welthandelsmächte an zweiter Stelle stand –, wenn man das alles zusammen sieht: Hätte jemand vor 30 Jahren prophezeit, was mit der Marktwirtschaft, natürlich dank dem Fleiß und der Tüchtigkeit eines trotz allem nicht gebrochenen Volkes, erreicht werden konnte, wäre er wahrscheinlich zum Psychiater geschickt worden.

Es hat keinen Sinn, den Begriff der Sozialen Marktwirtschaft seines ursprünglichen Sinngehaltes entleeren zu wollen und diese zwei Worte mit einem neuen Inhalt zu füllen. Soziale Marktwirtschaft ist Leistungswirtschaft, ist Wettbewerbswirtschaft. Aber es ist sehr wohl angebracht, sich noch etwas anderes vor Augen zu halten, was sicherlich hier unumstritten ist, was ich aber als einer der damaligen Schöpfer der Marktwirtschaft, als einer, der die Hand dafür erhoben hat, darunter verstanden habe und verstehe: Freiheit der Wahl des Arbeitsplatzes. Das klingt selbstverständlich; aber wenn man von einem verfassungsmäßigen Recht auf Arbeit spricht, dann muß man sich der Grenzen dieser Möglichkeiten bewußt sein – Tarifautonomie einerseits und freie Wahl des Arbeitsplatzes andererseits. Jemand eine Arbeit zu verschaffen ist kein Problem. Die Frage ist nur, mit welcher Effizienz und welcher Produktivität und welcher Gegenleistung für seine Arbeit! Die freie Wahl des Konsums – das war Ludwig Erhards ganz große Leistung, als er sagte, die Priorität gebühre der Konsumgüterindustrie, weil alle Investitionen zur Hebung des Lebensstandards der Bevölkerung, zur Verbesserung der Lebensbedingungen der ausgemergelten und hungernden Menschen Investitionen, investive Leistungen seien. Es war das erste Mal, daß konsumtive Maßnahmen investive Leistungen und investive Aufbaumöglichkeiten genannt worden sind.

Wir haben nie etwas gehalten von den Bedarfsplanern. Ich hoffe nicht, daß das eine neue Kategorie des öffentlichen Dienstes geben wird mit einer eigenen Laufbahnordnung, die den gesellschaftlichen Bedarf feststellen und dann jedem das zuteilen wird, was er laut Rechnung der Bedarfsplaner zu beanspruchen hat. Damit könnte man allerdings in gewissen Bereichen den Arbeitsmarkt erheblich entlasten. Der kritischste Punkt in der Problematik war und ist geblieben die Frage des Privateigentums an Produktionsmitteln. Das ist eigentlich das Kernstück des Begriffes Soziale Marktwirtschaft, des Begriffes sozial abgesicherter, unternehmerisch orientierter Marktwirtschaft. Wenn ich das Wort Unternehmer sage, möchte ich einen Zweifel ausräumen: Wir haben damals nie Marktwirtschaft als Unternehmerwirtschaft verstanden, und es gibt unternehmerische Bereiche, auch heute noch manche, die durchaus lieber unter der Käseglocke ständiger staatlicher Betreuung leben würden als im rauhen Wind des nationalen und internationalen Wettbewerbes. Zuteilung der Rohstoffe, Zuteilung der Energie, Regelung der Absatzmärkte und staatlich gesicherte Gewinnspannen – da kann es jeder machen! Die Marktwirtschaft war und ist für uns immer eine Wirtschaftsordnung des ganzen Volkes gewesen, mit den beiden Trägern Arbeitgeber und Arbeitnehmer, mit Unternehmern auf der einen und Arbeitern und Angestellten und Beamten auf der anderen Seite. Ich möchte mich gegen jede Denunziation wenden und der Behauptung, die Marktwirtschaft sei sozusagen die Lieblingsform der Unternehmer, unter der sie am besten ihren kapitalistischen Gelüsten frönen könnten, nachhaltig widersprechen. Zur Marktwirtschaft gehört auch ein gutes gesellschaftspolitisches Klima. In einem gesellschaftspolitischen Reizklima beginnt die Funktionsfähigkeit der Marktwirtschaft nachzulassen. In anderen Ländern sind ja hier schon erhebliche »Fortschritte« erzielt worden, bei uns hat man es versucht, aber bis jetzt ohne nachhaltigen Erfolg.

Die Vorstellungen, daß durch Vergesellschaftung der Produktionsmittel das vollkommene menschliche Glück, die totale Gerechtigkeit, die bessere Welt, die höhere Ordnung geschaffen, alle Ungerechtigkeit und Ungereimtheiten ausgeräumt werden könnten, die gehören zu der Sorte Unfug, der als unausrottbarer Aberglaube so alle 30 Jahre die Menschheit wieder befällt. Deshalb ist es ohne Zweifel auch Aufgabe der Mitschöpfer der Marktwirtschaft, ihr Teil in der politischen und wirtschaftlichen Diskussion dazu beizutragen, daß nicht die nächste Generation – nicht zuletzt unter den Verführungspraktiken gewisser akademischer Kreise und ihres Anhangs – wieder demselben Aberglauben und demselben Unfug verfällt. Die Angehörigen dieser Generation müßten es nur wieder mit dem gleichen bitteren Lehrgeld bezahlen, das wir früher, wenn auch aus anderen Gründen, ebenfalls bezahlen mußten. Deshalb gehört neben dem Privateigentum an Produktionsmitteln auch die Freiheit der unternehmerischen Investitionsentscheidung zur Sozialen Marktwirtschaft. Das Wort ist aber, in dieser Form gesagt, natürlich leicht mißverständlich – es gibt ja überhaupt keine völlige Freiheit der unternehmerischen Investitionsentscheidung. Es gibt eine solche Fülle allgemein gültiger Rechtsvorschriften, daß man von einer Freiheit der unternehmerischen Investitionsentscheidung nicht sprechen kann. Nur müssen Rechtsvorschriften allgemein gültig sein, für jedermann gelten. Wogegen wir uns wenden, das ist der Versuch, durch Kontrolle, Planung und Lenkung der Investitionen und die Einführung von allen möglichen Strukturräten die Marktwirtschaft langsam auszuhöhlen.

Überforderung rächt sich

Zur Entwicklung der Marktwirtschaft ist auf einige Fehlentwicklungen hinzuweisen, von denen wir zum Teil freigeblieben sind, zum Teil nicht, von denen andere aber ohne Zweifel stärker befallen worden sind als wir. Da ist einmal die gerade bei steigendem Wohlstand und rasch steigenden Staatseinnahmen festzustellende Unsitte der Überforderung des Bruttosozialprodukts. In den Jahren, in denen der Bundeshaushalt nur wenige Milliarden an Volumen hatte, schien es fast leichter zu sein als später, eine der Kritik einigermaßen standhaltende Verteilung des Bundeshaushaltes oder des Sozialproduktes vorzunehmen. Diese Überforderung des Bruttosozialproduktes, diese Sucht der Demagogie – die sich ja gelegentlich auch des Gewandes der Politik bedient –, mehr zu verteilen als erarbeitet worden ist, eine Zeitlang in hohe Schulden zu flüchten, endet im allgemeinen in der Inflation. Der Unterschied zwischen dem, was man verteilt, und dem, was man erarbeitet – diese Differenz ist nun später einmal im großen und ganzen die Inflationsrate.

Heute wird von einer Krise gesprochen. Wir reden von einer Wirtschaftskrise in manchen europäischen Ländern. Ich glaube nicht, daß das eine Wirtschaftskrise ist, ich glaube, daß es eine politische Krise ist, und daß der Grund für die wirtschaftliche Krise eine politische Krise ist, und daß der Grund für die politische Krise eine moralische Krise ist. Die Verteufelung der Leistung durch die ständige gesellschaftspolitische Kampfdiskussion, die Verteufelung des Könnens, die Verteufelung des Unternehmers in gewissen europäischen Bereichen, diese ständig steigenden gesellschaftspolitischen Reizanforderungen, die hier gestellt werden, haben ohne Zweifel in einer Reihe europäischer Länder zu verhängnisvollen Erscheinungen beigetragen. Es ist richtig, daß die Bundesrepublik internationalen Beistand leistet. Nur muß der, dem der Beistand zugute kommt, dann auch dafür sorgen, daß bei ihm die Wurzeln des Übels bekämpft und ausgeräumt werden, sonst ist diese Art Verteilungspolitik etwas zu einfach und erlaubt im übrigen dann auch weiterhin, dem Unfug zu frönen. Die Überforderung des Bruttosozialprodukts wird im allgemeinen von einer Verwahrlosung der Zahlungsbilanzdisziplin begleitet. Sie hat ja erheblich zu den Schwierigkeiten beigetragen; wenn das System von Bretton Woods zusammengebrochen ist, dann nicht, weil es zu alt war – 1944 ist es ja geboren worden, vor dem Ende des Zweiten Weltkrieges –, sondern weil die Überforderung des Bruttosozialprodukts und die Verwahrlosung der Zahlungsbilanzdisziplin zu Entwicklungen beigetragen haben, die dann von der Ölkrise und ähnlichen Erscheinungen nur verschärft, nicht aber ursprünglich erst herbeigeführt worden sind.

In 30 Jahren bewährt

Meine Bitte als einer jener, die damals an der Schöpfung der Marktwirtschaft beteiligt waren, geht dahin, mit der unseligen Systemdiskussion ein Ende zu machen. Die Frage, ob die Marktwirtschaft nach 30 Jahren in der Lage ist, die Probleme von heute zu lösen, ob sie in der Lage ist, die Probleme des letzten Viertels des 20. Jahrhunderts zu lösen, und zwar die Probleme einer modernen, industrialisierten, demokratischen Massengesellschaft zu lösen, möchte ich nach meiner 30jährigen Erfahrung mit einem klaren Ja beantworten – und zwar dann, wenn man sie funktionsfähig hält.

Die Soziale Marktwirtschaft ist keine Nachkriegs-Ordnungsform gewesen, die man so lange brauchte, bis der Nachholbedarf gesättigt war, um dann wieder zu anderen Ordnungsformen überzugehen. Ich möchte es verkürzt sagen: Wenn es unserem Volke mit seinen unbestreitbaren Qualitäten in diesen 30 Jahren möglich war, mit dem wirtschaftlichen Ordnungssystem der Sozialen Marktwirtschaft die Probleme von damals zu lösen, dann wird eine funktionierende Marktwirtschaft auch mit den »Problemchen«, und hier ist das Wort ja angebracht, fertig werden. Man würde wohl jeden Rennstallbesitzer für verrückt halten, der ein Pferd auf die Rennbahn schickt, ihm die Vorderbeine verbindet, von ihm einen Sieg erwartet und es dann prügelt, wenn es den Sieg nicht davonträgt. So kommen mir diejenigen vor, die von der Abschaffung des Systems reden, weil es nicht mehr in der Lage sei, die Aufgaben von heute zu erfüllen.

Wir sollten bei uns einsehen, daß es besser ist, die Investitionen zu fördern als Konsumanstöße zu geben; Konsumanstöße sind im allgemeinen die automatische Folge investitionsfördernder Maßnahmen. Ferner sollten wir uns klar werden, daß die Struktur unserer Steuern geändert werden muß. Die Zusammensetzung unserer Steuereinnahmen – nunmehr 60 Prozent direkt und 40 Prozent indirekt – ist eine Verwerfung des Steuersystems und ist das Gegenteil eines wirtschaftsfördernden Steuersystems. Wir hatten hier vor 10 Jahren noch ein Verhältnis von 50 zu 50 und sind heute bei 40 zu 60. Ich freue mich, daß man jetzt auch aus solchen Mündern, von denen man es früher nicht gewohnt war, hört, daß die Erhöhung der indirekten Steuern zum Ausfall für Steuersenkungen bei direkten Steuern keine so schreckliche sozialpolitische Sünde sei, wie es uns früher immer dargestellt worden ist. Meiner Auffassung nach ist eine nachhaltige Senkung der ertragsunabhängigen Steuern genauso wie die Tarifreform unvermeidbar. Die Wirkung von Steuersenkungen ist ohne Zweifel ordnungspolitisch besser als die Wirkung von Mehrausgaben. In der Zweifelsfrage, »Verzichte ich auf diese Steuereinnahme, um damit die Steuerlast vernünftig zu senken, oder behalte ich die Steuereinnahme, um damit diese oder jene Umverteilungsmaßnahme einzuführen«, möchte ich für mich ganz deutlich sagen: In der Situation, in der wir sind und in der wir noch einige Zeit bleiben werden, haben Steuersenkungen den Vorrang vor Mehrausgaben. Wir sind dafür, die Steuern zu senken, die private Kaufkraft zu stärken, und dem Staate zu geben, was des Staates ist, was ja schon in der Bibel ein beliebter Vergleich gewesen ist.

Ich möchte meine Überzeugung in einem Satz zusammenfassen. Es wird so viel gesprochen und wird so viel geschrieben über den »dritten Weg«, ob das Ota Sik ist oder ob es andere sind, ob es in den Kreisen unserer Jugendorganisation umgeht oder anderswo – für mich ist der Weg der Sozialen Marktwirtschaft schon immer der dritte Weg gewesen. Wir haben Soziale Marktwirtschaft nie als Kapitalismus empfunden im Sinne der Verhältnisse des Pionierzeitalters der modernen Industriegesellschaft. Soziale Marktwirtschaft ist vom

Kapitalismus genauso weit weg wie vom Sozialismus. Der Kapitalismus ist überholt und der Sozialismus überflüssig und dumm – bleiben wir bei der Sozialen Marktwirtschaft!

(8. Juli 1978)

Wir sind die Steuerpartei!

Während der Zeit der SPD/FDP-Koalition in Bonn spielen steuerpolitische Fragen stets eine besonders wichtige Rolle. Strauß kämpft mit der CSU gegen alle Maßnahmen, die den Bürgern zusätzliche steuerliche Belastungen bescheren. Als erfolgreicher Finanzminister der Großen Koalition in Bonn hat Strauß über alle Parteigrenzen hinweg eine finanzpolitische Kompetenz gewonnen, die ihm von niemandem ernsthaft bestritten wird. Immer wieder äußert sich der CSU-Vorsitzende zu den steuerpolitischen Positionen der CSU.

Im Bonner Theater um die Steuerpolitik, vor allem bei seinen Hauptdarstellern in der SPD/FDP-Koalition, werden für die Aufführungen täglich die Texte geändert. Die Massenmedien bringen sich widersprechende Meldungen. Einige Darsteller wollen Steuersenkungen zum 1. Januar 1979, andere halten dies nicht für machbar oder ziehen die Erhöhung der Staatsausgaben vor. Bundeskanzler, Bundeswirtschaftsminister und Bundesfinanzminister korrigieren sich gegenseitig bei ihren Auftritten, Regieanweisungen fehlen. Ein Souffleur wurde offenbar nicht eingestellt. Nun soll der Bonner Weltwirtschaftsgipfel herhalten, um das Spektakel zu verschieben. Wir können aber sicher sein, daß dieses Schauspiel in den Kulissen bei offenem Vorhang weitergeht.

Besonders makaber ist dabei das Auftreten der FDP. Nach den verlorenen Landtagswahlen versucht sie, als Hauptdarsteller neues Terrain zu gewinnen. Jahrelang hat diese Partei die Entwicklung zum Steuer- und Abgabenstaat mitgetragen. Wie auf vielen anderen politischen Gebieten wurde sie zum Steigbügelhalter auch dieser Entwicklung. Um die Existenz bangend, verkündete sie nach ihrem katastrophalen Abschneiden in Hamburg und Niedersachsen dem erstaunten Publikum ein 20- bis 30-Milliarden-DM-Steuersenkungsprogramm, das sie von der CDU/CSU abgeschrieben hat. Tage später wies sie den Unionsantrag für eine Einkommensteuertarifreform ab 1979 im Bundestag zurück, nachdem sie selbst vorher in dem von ihrem Präsidium abgesegneten Programm eine Tarifreform für 1979 vorsieht. Ich bin sicher, daß der Wähler diesem Rollenverständnis der FDP die Quittung geben wird.

Auch in der Auseinandersetzung um unsere künftige Steuerpolitik geht es darum, ob unser freiheitliches Ordnungssystem weiterhin aufrechterhalten wird oder der Weg in die sozialistische Planwirtschaft fortgesetzt werden soll. Wir müssen heute feststellen – und auch die Mehrheit der Bürger merkt dies aufgrund eigener persönlicher Erfahrungen in zunehmendem Maße –, daß die Politik der gegenwärtigen Koalition durch immer mehr Staat, ständig steigende Abgaben und Steuerbelastungen die freiheitlichen Spielräume der Arbeitnehmer und der privaten Wirtschaft zunehmend einengt und damit die Aussichten auf mehr Wirtschaftswachstum und Vollbeschäftigung immer mehr verschlechtert.

Trotz acht Ausgabenprogrammen in Höhe von insgesamt 30 Milliarden DM in den letzten Jahren haben sich unsere Wachstumschancen nicht verbessert. Hohe Kreditaufnahmen, die direkt oder indirekt der Konsumfinanzierung dienten, ein Wachstum der Staatsausgaben und der Sozialleistungen weit über den Zuwachs des Bruttosozialprodukts hinaus, haben zu dem höchsten Staatsanteil in der Bundesrepublik (1977: 47,3 Prozent) seit ihrem Bestehen geführt. Der Staat hat einen immer größeren Anteil an der Leistungsschöpfung der Volkswirtschaft für sich in Anspruch genommen, hat dem Bürger immer mehr von dem genommen, was sich dieser durch seine Arbeit verdient hat.

Ein Staat, der seine Konsumausgaben und Transferleistungen laufend zu einem großen Teil mit Kreditaufnahmen finanziert, leitet eine Bankrottpolitik ein. Der Staatshaushalt muß in seiner Struktur geändert werden, da trotz inflationär hoher Steuereinnahmen und ungeheurer Schuldenaufnahmen die Investitionen des Staates immer mehr zurückgehen. Der Inflation der Staatsausgaben folgte eine Inflation der Ansprüche, die das System unserer sozialen Sicherung und die Wettbewerbsfähigkeit auf den Weltmärkten gefährden und die Krise nur verstärken kann.

Worum es heute geht, ist das unmäßige Ansteigen der Staatsausgaben und der Steuerlasten zu korrigieren und durch Änderungen unseres Steuersystems die Voraussetzungen für eine Erhöhung der Investitionsbereitschaft zu schaffen sowie das Leistungsstreben wieder zu fördern.

Die hohen Zuwachsraten einzelner Steuerarten in den vergangenen Jahren führten zu einer Veränderung der Struktur unseres Steuersystems. Der Anteil der direkten Steuern am Gesamtsteueraufkommen betrug 1970 noch 53,3 Prozent, 1977 waren es 61,6 Prozent. Diese Entwicklung ist aus zwei Gründen besonders bedenklich:

1. Zum einen sind die direkten Steuern, also hauptsächlich die Lohn- und Einkommensteuer, die Körperschaftsteuer, die Vermögensteuer und die Gewerbesteuer gerade diejenigen Steuern, die den Leistungswillen und die Investitionsfähigkeit besonders beeinträchtigen.

2. Zum anderen bedeutet das zunehmende Übergewicht der direkten Steuern für die deutschen Unternehmen erhebliche Mehrbelastungen – da sich die Tarifpolitik der Gewerkschaften immer mehr an den Nettolöhnen orientiert – und zunehmende Exporterschwernisse, weil die direkten Steuern an der Grenze nicht ausgeglichen werden können.

Die Strukturunterschiede der Steuersysteme in der Europäischen Gemeinschaft sind durch diese Entwicklung nicht geringer, sondern größer geworden. Im Jahre 1976 lag der Anteil der direkten Steuern am Gesamtsteueraufkommen in der Bundesrepublik bei knapp 60 Prozent, in Italien bei 43,4 Prozent und in Frankreich bei 42 Prozent.

Der Einkommen- und Lohnsteuertarif muß geändert werden, damit sich die Arbeit wieder lohnt, die Tarifsprünge in den unteren und mittleren Einkommenslagen haben dazu geführt, daß das Lohnsteueraufkommen im Zeitraum von 1970 bis 1977 um 158,7 Prozent gestiegen ist: Die Bruttolohn- und -gehaltssumme stieg im gleichen Zeitraum um 78,8 Prozent. Die Zuwachsraten des Lohnsteueraufkommens betrugen – trotz der sogenannten Großen Steuerreform 1975 – von 1975 auf 1976 13,2 Prozent, von 1976 auf 1977 11,3 Prozent. 1978 wird die Zuwachsrate nach der letzten Schätzung des Arbeitskreises »Steuerschätzung« des Bundesfinanzministeriums 1,3 Prozent betragen, um bereits 1979 wieder auf mindestens 11,3 Prozent hinaufzuschnellen. Diese Schätzungen müssen wahrscheinlich noch weiter nach oben korrigiert werden.

Die Tarifreform, die im wesentlichen die gegenwärtigen Tarifsprünge zu beseitigen hat, muß aus den heimlichen Steuererhöhungen finanziert werden. Wir lehnen es ab, für die Tarifreform eine Erhöhung der Mehrwertsteuersätze als Finanzierungsmittel einzuplanen.

Die Reform der Steuerstruktur darf nicht auf die Einkommen- und Lohnsteuer beschränkt bleiben. Wenn wir wieder zu mehr Investitionen kommen wollen, sind vor allem auch weitere fühlbare Senkungen der Betriebsteuern erforderlich. 90 Prozent der Leistungsschöpfung der Volkswirtschaft werden von den Unternehmen erbracht. Es gilt, die Investitionsfähigkeit der Unternehmen zu verbessern und nicht weiter zu mindern. Nur so können wir den erreichten Lebensstandard unseres Volkes sichern, neue Arbeitsplätze schaffen und unsere sozialen Verpflichtungen erfüllen.

So wichtig es war, ab 1978 den Vermögensteuersatz um etwa 30 Prozent zu senken und auch die Rahmenbedingungen für die degressive Abschreibung und die Gebäudeabschreibung zu verbessern, so wenig können diese Maßnahmen für sich allein die erforderlichen neuen Wachstumsimpulse geben. Mit Recht hat der Sachverständigenrat in seinem Sondergutachten 1978 und in seinem Herbstgutachten 1977 darauf hingewiesen, daß eine der wichtigsten Aufgaben darin besteht, »die Reform des Steuersystems so voranzutreiben, daß die Abgabenlast weiter von den investitionshemmenden zu den investitionsfreundlichen Steuern hin verlagert wird«.

Entscheidendes Ziel der Verbesserung der Steuerstruktur muß es ein, die Last der ertragsunabhängigen Steuern abzubauen. In dem Zeitraum 1970–1977 stieg die Belastung der Wirtschaft mit ertragsunabhängigen Steuern um 86,3 Prozent, wobei die Belastung mit Lohnsummensteuer um 150 Prozent, mit Gewerbekapitalsteuer um 118 Prozent stieg. Es muß sich wieder lohnen, etwas zu unternehmen. Nur durch eine Verstärkung der Eigenkapitalbasis der Unternehmen können diese neue Risiken übernehmen. Die Risiken liegen in der Entwicklung neuer Produkte, neuer Produktionsverfahren, neuer Märkte.

Die Gewerbesteuer muß abgebaut werden, wie es schon der Finanzreformgesetzgeber 1969 in seiner Begründung zu den Grundgesetzänderungen ausgesprochen hat. Das Gewerbesteuervolumen muß in den nächsten Jahren um das Volumen der Gewerbesteuerumlage herabgesetzt werden. Die Gewerbesteuerumlage wurde ab 1970 mit dem Ziel eingeführt, die Gewerbesteuer um das Volumen dieser Umlage zu senken. Die Gemeinden sind gehalten, aus ihrem Gewerbesteueraufkommen z. Z. ca. 9 Milliarden DM als Umlage an Bund und Länder abzuführen. Damit ist die Gewerbesteuer zu einem Drittel keine reine Gemeindesteuer mehr.

Zu beseitigen ist die Gewerbekapitalsteuer als zweite Vermögensteuer für Unternehmen sowie die beschäftigungsfeindliche Lohnsummensteuer. Für die Gemeinden ergibt sich der finanzielle Ausgleich aus der Senkung der Gewerbesteuerumlage. Für den gesamten öffentlichen Haushalt sind die aus der Gewerbesteuersenkung sich ergebenden Mindereinnahmen durch eine Erhöhung der Mehrwertsteuersätze auszugleichen.

Die Gewerbesteuersenkung sollte die höchste Priorität haben. In einer weiteren Reformstufe sollte die Beseitigung der Doppelbelastung der Kapitalgesellschaft und ihrer Anteilsinhaber bei der Vermögensteuer vorgesehen werden. Viele mittelständische Unternehmen können trotz der Reform der Körperschaftsteuer die Kapitalgesellschaft nicht als ihre Unternehmensform wählen, weil die doppelte Vermögensteuerlast, die außerdem noch nicht einmal als Betriebsausgabe abgezogen werden kann, einen solchen Schritt verbietet.

Wenn es nicht gelingt, das Steuersystem an die veränderten wirtschaftlichen Verhältnisse anzupassen, und dies nicht in den nächsten Jahren verwirklicht wird, werden sich auch von der Steuerseite her die wachstumshemmenden Einflüsse weiter verstärken. Eines ist gewiß: Kurzfristige Konjunkturprogramme, weitere Ausgabensteigerungen des Staates führen zu nichts.

Wenn die Steuerlast und die ständig steigenden heimlichen Steuererhöhungen abgebaut werden, verliert das Ziel der Steuervereinfachung an Gewicht. Je höher die Steuerlast ist, desto zahlreicher müssen die notwendigen speziellen steuerlichen Entlastungsmaßnahmen werden, die das Steuerrecht so kompliziert machen. Deshalb hat die CSU seit Jahren einen Abbau der Steuerlasten verbunden mit einer Rückkehr zu einer soliden Ausgabenfinanzierung gefordert.

Es wird in diesen Tagen so viel von einer »Steuerpartei« geredet; es wird behauptet, die politischen Parteien hätten hier versagt. Dies ist intellektuell ebenso unredlich wie dem Ablauf der Tatsachen nach falsch. Ohne jede Überheblichkeit, aber im Bewußtsein, in der Steuerpolitik immer die Interessen unserer Bürger mit allen Kräften vertreten zu haben, können wir uns von der CSU als die Steuerpartei schlechthin verstehen. Wir haben in der Steuerpolitik nicht versagt, aber wir haben vom Wähler nicht die Mehrheit bekommen, die wir gebraucht hätten, um unsere Vorstellungen durchsetzen zu können. Daß sich dies ändert – dem gilt unser entschlossener politischer Kampf.

(8. Juli 1978)

Zum Tod des Papstes

In seiner Eigenschaft als Parteivorsitzender ist Franz Josef Strauß immer wieder zu Stellungnahmen und Aussagen über den engeren Bereich der Politik hinaus gefordert. Am 6. August 1978 stirbt Papst Paul VI., der, Kardinal und Erzbischof von Mailand, am 21. Juni 1963 als Nachfolger von Johannes XXIII. zum Papst gewählt worden war. Strauß würdigt in einem Nachruf Leben und Werk des Verstorbenen.

Eine halbe menschliche Generation, 15 Jahre, stand Giovanni Battista Montini als Papst Paul VI. an der Spitze der katholischen Kirche. In seinem 81. Jahr hat ihn der Tod aus diesem Amt gerufen, das der Papst stets mehr als Last und Bürde denn als Ehre und Würde verstanden und ausgefüllt hat. Beschwerden des Alters und Krankheiten des Körpers hinderten Paul VI. bis in die letzten Stunden seines Lebens nicht daran, seine Pflicht vor Gott und für die Menschen zu tun. »Von einem Thron kann man steigen, von einem Kreuz nicht« – auf diesen einprägsamen und erschütternden Nenner hat Paul VI. einmal sein Selbstverständnis von seinem Amt gebracht. Dieses Kreuz hat er bis zum letzten Tag getragen.

Um den toten Papst trauern nicht nur siebenhundert Millionen Katholiken in aller Welt. Um ihn trauern – das Wort der Schrift drängt sich auf – alle Menschen, die guten Willens sind. Denn Paul VI., der in einer Zeit des Aufbruchs und des Umbruchs in Kirche und Welt seiner Kirche vorstand, war als Mensch besten Willens über alle Grenzen von Konfessionen und Nationalitäten hinweg geschätzt und respektiert. Seine Bereitschaft zum Gespräch, die ihn die kleine Not des einzelnen Menschen ebenso verstehen ließ wie die großen Probleme der Menschheit, hat ihm, bei aller Gegensätzlichkeit in Einzelfragen, weltweite Aufmerksamkeit gesichert, wann immer er sich zu Wort meldete.

Für ein umfassendes und abschließendes Urteil über Person und Wirken von Paul VI. ist die persönliche Betroffenheit jetzt zu groß und der zeitliche Abstand zu klein. Die Geschichte, die der Kirche und die der Welt, wird hier das rechte Maß und den richtigen Maßstab zu finden haben. Wir, die wir ihn als Zeitgenossen erlebt haben, können nur einige Schwerpunkte sehen und zu deuten versuchen, die er während seines Pontifikats gesetzt hat. Meine letzte Begegnung mit ihm, im Herbst 1976, hat noch einmal das Bild eines Menschen von höchster moralischer Integrität und von einer grenzenlosen Bereitschaft zum Einsatz für den Nächsten – und bei der Definition dieses Nächsten war die ganze Menschheit umfaßt – nachdrücklich bestätigt. Er wollte von mir wissen, wo nach meiner Meinung die Möglichkeiten und die Grenzen der vatikanischen Ostpolitik liegen. Er hörte mich geduldig und mit Zustimmung an, als ich ihm sagte, wir hätten volles Verständnis für alle Notwendigkeiten der seelsorgerischen Betreuung, aber kein Verständnis, wenn willkürlich geschaffene Demarkationslinien vom Vatikan als völkerrechtliche Grenzen anerkannt würden, wenn ein Austausch diplomatischer Missionen zwischen dem Vatikan und Ost-Berlin stattfände oder wenn der Kommunismus als System eine Aufwertung durch den Vatikan erhielte.

Die Selbstlosigkeit des Papstes, die Auffassung seines hohen Amtes als Dienst, sein offensichtliches Leiden an einer Welt des Unrechts und des Unfriedens haben ihn zu einer moralischen Autorität oftmals auch für jene werden lassen, denen seine Stellung als Oberhaupt der katholischen Kirche nur mittelbar etwas bedeutete. Dabei hatte der zum Papst gewählte Erzbischof von Mailand die Nachfolge Johannes XXIII. in einer Zeit angetreten, die mit den dramatischen Akzenten des Konzils die Suche nach dem richtigen Weg der Kirche außerordentlich schwer werden ließ. Auf dem schmalen Grat zwischen der Erhaltung des unverzichtbaren Bewährten und der notwendigen und zeitgemäßen Weiterentwicklung hatte Papst Paul VI. die Erkenntnis des Aristoteles, daß die Mitte die schwerste Kunst ist, in die Wirklichkeit des kirchlichen Lebens umzusetzen. Die Erfahrungen, die er dabei mit seinen Kritikern zu machen hatte, beweisen – Parallelen zur Politik drängen sich auf –, daß die recht verstandene Mitte alles andere als ein bequemer Standort ist: Die einen beklagten den Papst als zu konservativ, während er anderen zu progressiv war.

Paul VI. hat es sich und den Gläubigen seiner Kirche nicht leicht gemacht. Das Sich-Öffnen gegenüber einer sich wandelnden Zeit geriet ihm nicht zu eilfertiger Anpassung. Aspekte von jeweiligen Mehrheiten in den Leitungsgremien der Kirche konnten ihn nicht veranlassen, Positionen zu räumen, die er für unverrückbar und für von der kirchlichen Lehre untrennbar erachtete. So war er kein bequemer Papst. Er verstand sich und seinen Auftrag als den eines moralischen und religiösen Orientierungspunktes in einer Periode stürzender Wertvorstellungen einer überlieferten abendländisch-christlichen Ordnung. Gerade auch in diesem Bereich ist es noch viel zu früh, eine endgültige Wertung zu treffen.

Paul VI. sah sich als Papst des Friedens, wobei für ihn Frieden in der Welt mehr war als nur das Fehlen von Gewalt und Krieg. Dem sozialen Ausgleich im Kleinen wie im Großen, zwischen den Menschen wie zwischen den Völkern, galt seine Sorge. Mochten seine für einen Papst ungewöhnlich zahlreichen und weitläufigen Reisen oftmals nur Geste und Zeichen sein, an der Glaubwürdigkeit seiner lauteren Absichten war nie der geringste Zweifel möglich. Die Schablone, mit der die Welt gemeinhin Erfolg oder Mißerfolg mißt, ist hier nicht anwendbar.

Die Bereitschaft zum Dialog kennzeichnete das Wirken Papst Paul VI. Sein Versuch eines Brückenschlags zu den Orthodoxen und seine Begegnungen mit Protestanten bedeuteten ihm mehr als öffentliche Demonstration; sie waren Ausdruck seiner Überzeugung von der gegebenen Einheit aller Christen, seines Wunsches, Schritte in dieser Richtung zu tun. Dabei ehrt es die Offenheit und Aufrichtigkeit Paul

VI., daß er nicht mehr anbot, als er anbieten konnte, und nicht weiter ging, als er gehen konnte.

Zu seinem Dialog mit der Welt gehören jene vatikanischen Aktivitäten, die 1963 schon, im Jahr seiner Wahl, als vatikanische Ostpolitik begannen. Ob hier in jedem Falle von den Beratern des Papstes das notwendige Maß an Umsicht und Vorsicht praktiziert wurde, wird nicht nur von unserer Seite bezweifelt. Noch mehr wiegt wohl das oftmals fragende Unverständnis, auf das die Ostpolitik der Kurie gerade bei den Christen im Herrschaftsbereich der kommunistischen Diktatur gestoßen ist. Die Betroffenheit des unvergessenen ungarischen Kardinals Mindszenty sei nur beispielhaft genannt. Aber auch in diesem Wirkungskreis seines Pontifikats wurde Paul VI. von der Sorge um den Menschen geleitet; er glaubte, durch einen gewissen Ausgleich mit den Regierungen mehr Freiheit für den einzelnen Christen und ausgedehntere Möglichkeiten der Seelsorge zu gewinnen. Die Wirklichkeit freilich hat er dabei dennoch nicht übersehen: Noch wenige Wochen vor seinem Tod, bei einer seiner letzten Ansprachen auf dem Petersplatz, sprach er von den verweigerten Menschenrechten im Ostblock.

Bedenken in einzelnen Fragen ändern nichts am Gesamtbild von Leben und Wirken Papst Paul VI. Er hat in schwerer Zeit Maßstäbe gesetzt, er ist seinen Weg tapfer und unbeirrt gegangen, er hat Frömmigkeit und Menschlichkeit nicht nur verkündet, sondern gelebt. Mit einem persönlichen Einsatz, der die Grenzen des für einen Menschen Tragbaren oftmals sprengte, hat er sein Leben und sein Amt in einer Art und Weise geführt, die Beispiel und Vorbild gleichermaßen sind. Der Dank und die Erinnerung aller Wohlmeinenden sind ihm gewiß.

(12. August 1978)

Bürger Bayerns, helfen Sie mir!

Am 15. Oktober 1978 finden in Bayern Landtagswahlen statt. Franz Josef Strauß, der seit 1949, also 29 Jahre lang, dem Deutschen Bundestag angehört hatte, tritt als Spitzenkandidat seiner Partei für das Amt des Bayerischen Ministerpräsidenten an, das Alfons Goppel 16 Jahre lang erfolgreich geführt hat. In einem eindringlichen Appell wendet sich Strauß an die Bürger Bayerns, ihr Vertrauen der CSU zu schenken.

Nach dem Ausgang der hessischen Landtagswahl kommt der politischen Entscheidung, vor der die Bürger des Freistaates Bayern am 15. Oktober stehen, doppeltes Gewicht zu. In Hessen hat sich der Linksblock aus SPD und FDP behauptet, die CDU, obwohl wieder stärkste Partei im Lande geworden, bleibt in der Opposition. Die bayerische Landtagswahl, von der SPD aus Gründen der Wählertäuschung und -einschläferung als für uns schon »gelaufen« hingestellt, gewinnt dadurch einen neuen dramatischen Akzent. Die richtige Entscheidung in Bayern ist nicht nur wichtig für den Freistaat, sondern darüber hinaus für die deutsche Politik.

Die CSU ruht sich nicht auf den in der Vergangenheit errungenen Erfolgen aus. Wir wissen, daß wir einmal beim Bürger gewonnenes Vertrauen immer wieder aufs neue durch eine Politik der Klarheit, der Leistung und des Mutes wiedergewinnen müssen. Deshalb zeigt die CSU auch durch ihren Wahlkampfeinsatz, wie ernst sie die Entscheidung des 15. Oktober nimmt. Die außergewöhnlich hohen Besucherzahlen in meinen Wahlveranstaltungen im ganzen Land zeigen mir eine außergewöhnlich große politische Aufmerksamkeit und auch ein hohes Maß an Zustimmung zur CSU und ihrer Politik. Die Aufgabe aller Mandatsträger unserer Partei, aller Kandidaten, aller Mitglieder, aller Anhänger und Freunde ist es, bis zum Tag der Wahl noch den letzten Wähler von der weitreichenden Bedeutung seiner Stimmabgabe und von der guten Sache der CSU zu überzeugen.

Mit Vernunft und politischem Augenmaß haben die Bürger Bayerns bei allen Wahlen in den zurückliegenden Jahren ein hohes Maß an demokratischem Verantwortungsbewußtsein gezeigt. Sie haben mit uns gemeinsam die Flut abträglicher Beschimpfungen, die oftmals aus einer bestimmten politischen Richtung über Bayern und seine Bürger niederging, durch die richtige Wahlentscheidung beantwortet. Mit aller Kraft setzen wir uns dafür ein, daß der bayerische Wähler auch am 15. Oktober mit seiner Wahl dem SPD-Vorsitzenden Brandt, dem Chef der internationalen Sozialisten, beweisen wird, daß in Bayern eine lebendige Demokratie funktioniert und daß es sich die Bayern über alle Parteigrenzen hinweg verbitten, daß ausgerechnet von diesem Herrn unser Land und seine Bürger als »vordemokratisch«, also als demokratisch zweifelhaft und zurückgeblieben verleumdet wird. Der Urheber dieser Verleumdung, Willy Brandt, weiß ganz genau, daß seine Schmähung Bayerns unwahr ist, aber er hat eigene Maßstäbe – er versucht nämlich, »demokratisch« in »sozialistisch« umzufälschen. Für ihn sind nur Sozialisten auch Demokraten, und deshalb auch werden von ihm Nicht-Sozialisten als undemokratisch beschimpft. Hier offenbart sich dieselbe Denkweise, die Brandt schon einmal an den Tag gelegt hat, als er mit der Behauptung aufwartete, hinter ihm stünde das »anständige Deutschland« – bewußt sollte damit die antisozialistische Mehrheit unserer Bevölkerung als »unanständig« verächtlich gemacht werden. Diese entlarvende Geisteshaltung zieht sich wie ein roter Faden durch das politische Leben von Willy Brandt.

Politischer Auftrag der CSU

Die Frage, um die es am 15. Oktober geht, und die der bayerische Wähler zu entscheiden hat, heißt: Wer soll in

Bayern regieren? Die Sozialisten mit ihrem starken marxistischen Kern oder wir, die Christlich-Soziale Union, die Linken oder die Mitte? Die Partei, die im Gleichklang mit der politischen Grundüberzeugung der bayerischen Bürger das Gesicht Bayerns geprägt und gestaltet hat, ist die CSU. Wir waren, wir sind und wir bleiben die Partei, die mit Liebe zur bayerischen Heimat, mit Treue zu Deutschland, mit Verantwortung für Europa ihren politischen Auftrag erfüllt. Wir sind zu fest im politischen Bewußtsein Bayerns verwurzelt, als daß wir weiß-blaue Maskerade, mit der es die linken Genossen jetzt versuchen, nötig hätten. Denn es gibt keine bayerische SPD, es gibt nur eine bayerische Außenstelle der Bonner SPD-Zentrale. Das Weiß-Blau, erst jüngst zähneknirschend und widerstrebend zur Wählertäuschung übernommen, dient der Tarnung, die Grundfarbe bleibt Rot. Den Beweis dafür hat die SPD erst jetzt wieder geliefert, indem sie auch offiziell ihre Absicht bekundet hat, Kommunisten als Lehrer auf unsere Kinder loszulassen. In Bayern wird es das nicht geben!

Mit ihrer Politik hat die CSU Bayern zu einem modernen Industriestaat entwickelt und es dennoch als eine liebens- und lebenswerte Heimat für alle seine Bürger erhalten. Mit einer Politik des Maßes und der Mitte haben wir, wie man so sagt, die Kirche im Dorf gelassen, haben uns um den goldenen Mittelweg zwischen dem notwendigen Fortschritt auf der einen und der Erhaltung einer reichen geschichtlichen und staatlichen Tradition auf der anderen Seite bemüht. Den Weg, der dabei in Bayern nahezu drei Jahrzehnte lang unter der Regierungsverantwortung der CSU und davon 16 Jahre unter der verdienstvollen Ministerpräsidentschaft Alfons Goppels gegangen wurde, werde ich fortsetzen.

Am 15. Oktober geht es aber nicht nur um Bayern. Die Politik der CSU in Bayern und für Bayern, das Ansehen der Politik der CSU nicht nur in der Bundesrepublik Deutschland, sondern im ganzen deutschen Vaterland, das für uns größer ist als die Bundesrepublik – das zusammen erst ergibt bayerische Politik unter Führung und Verantwortung der Christlich-Sozialen Union. Das wird auch, wenn die Entscheidung des Wählers und des Landtags so fällt, unter einem Ministerpräsidenten Strauß so bleiben.

Gerade nach der Hessen-Wahl blickt Deutschland auf Bayern. Trotz massiver Versuche der Bonner Linkskoalition, das antisozialistische Bollwerk Bayern zum Einsturz zu bringen, haben wir mit breiter Unterstützung unserer Mitbürger auch seit 1969 den Freistaat Bayern als eine starke Bastion freiheitlicher Politik erhalten. Zusammen mit den Bürgern unseres Landes werden wir dafür sorgen, daß auch in Zukunft das politische Gewicht Bayerns in die richtige Waagschale der Politik gelegt wird, in die Waagschale der Freiheit nach außen und im Innern. Das gilt für Bayern, das gilt für Deutschland, das gilt für Europa. Mit aller Kraft wird die CSU, mit aller Kraft werde ich für dieses geschichtliche Ziel unserer Politik kämpfen. Meine beschwörende Bitte an alle Wähler in Bayern: Helfen Sie uns, helfen Sie mir dabei! Entscheiden Sie sich am 15.Oktober für die CSU!

(14. Oktober 1978)

Dank und Auftrag

Der 15. Oktober 1978, der Tag der Landtagswahl in Bayern, bringt für die CSU wieder einen großartigen Erfolg – sie erringt 59,1 Prozent der Stimmen, während sich die SPD mit 31,4 Prozent und die FDP mit 6,2 Prozent begnügen müssen. Darüber hinaus erfährt Franz Josef Strauß, der als Spitzenkandidat die oberbayerische Liste angeführt hatte, einen überwältigenden Vertrauensbeweis. Der Dank des CSU-Vorsitzenden kommt aus einem vollen Herzen.

Zum dritten Mal bei Wahlen innerhalb der letzten vier Jahre – Landtagswahl 1974, Bundestagswahl 1976 und Landtagswahl 1978 – konnte die Christlich-Soziale Union ein Ergebnis von rund 60 Prozent erzielen. Für einen solchen Vertrauensbeweis gibt es weder von seiner Dauer noch von seiner Höhe her irgendein vergleichbares Beispiel. Als Parteivorsitzendem ist es mir ein aufrichtiges Bedürfnis, allen Bürgern in Bayern, die zu unserem glänzenden Erfolg beigetragen haben, ein herzliches Wort des Dankes zu sagen. Große Versprechungen waren noch nie die Sache der CSU, noch nie meine Sache: Unsere Wähler, unsere Anhänger, unsere Freunde aber dürfen versichert sein, daß uns auch der Vertrauensbeweis des 15. Oktober erneute Verpflichtung zu entschlossener und kraftvoller politischer Arbeit für das Wohl unseres Staates und seiner Bürger ist.

Neben meinem Dank an alle Wähler, die im gesamten Freistaat Bayern der CSU ihre Stimme gegeben haben, steht mein Dank an all jene, die mir persönlich auf der oberbayerischen Liste ihr Vertrauen bekundet haben. Die 635 414 Zweitstimmen – ein Ergebnis, das noch nie zuvor ein Landtagskandidat in der bayerischen Wahlgeschichte erreicht hat – sind mir als Ausdruck persönlichen Vertrauens zusätzlich verpflichtender Auftrag, meine Kraft wie bisher für die bayerische Heimat, für das deutsche Vaterland, für ein freiheitliches Europa einzusetzen.

(28. Oktober 1978)

Lebenswerte Zukunft für freie Bürger

In seiner ersten Regierungserklärung als Ministerpräsident des Freistaates Bayern, die Franz Josef Strauß am 14. November 1978 vor dem Bayerischen Landtag abgibt, nimmt er eine über den Rahmen aktueller Tagesfragen hinausreichende Standortbestimmung bayerischer Politik vor. Auf dem Boden der geschichtlichen Kontinuität und Erfahrung entwickelt der neue Regierungschef ein Programm, das Bayern unter Beibehaltung seiner besonderen menschlichen, wirtschaftlichen und politischen Qualität den Weg in eine sichere und freiheitliche Zukunft erhalten und festigen soll.

Nach bewährtem Brauch der parlamentarischen Demokratie darf ich als neuer Ministerpräsident vor dem Landtag die Grundzüge der Politik der Bayerischen Staatsregierung darlegen. Angesichts der Fülle der Probleme beschränke ich mich auf die wesentlichen Schwerpunkte. Ich verweise in diesem Zusammenhang auch auf die umfassende Regierungserklärung meines Vorgängers vor wenigen Monaten und auf die in Kürze zu erwartende Einbringung des Doppelhaushaltes für 1979 und 1980. Es geht darum, in den nächsten vier Jahren die erfolgreiche Politik der Staatsregierung fortzusetzen und weiterzuentwickeln – so wie ich sie von Alfons Goppel übernommen habe.

16 Jahre, solange wie kein anderer Bayerischer Ministerpräsident, stand er an der Spitze der Staatsregierung. In vier Legislaturperioden hat er mit seiner Persönlichkeit die bayerische Politik wesentlich geprägt: Maßvoll und menschlich, verbindlich und vernünftig, weltoffen und dabei in Geschichte und Brauch dieses Landes verwurzelt – so verkörperte Alfons Goppel in seiner Persönlichkeit und seiner Leistung beste bayerische Tradition.

Selbstverständnis und Eigenstaatlichkeit dieses Landes kommen aus einer mehr als tausendjährigen wechselhaften Geschichte. Dieses geschichtliche Erbe ist für uns auch heute noch lebendige Wirklichkeit. In den vergangenen Jahrhunderten war politisches Denken und Handeln in Bayern niemals auf das Land der Bayern allein abgestellt, niemals eine Politik der Eigenbrötelei und Enge, sondern eine Politik der Offenheit und Liberalität. Als Land der Mitte und des Maßes stand Bayern stets im Brennpunkt der geistig-kulturellen und politischen Strömungen Europas. Bayerische Geschichte hat sich stets zwischen zwei Polen bewegt:

Der zu erhaltenden Eigenständigkeit des Landes und der verpflichtenden Zugehörigkeit zu größeren Gemeinschaften. So war Bayern immer ein Land des Ausgleichs, der Integration – menschlich wie politisch. Ich erinnere an das Zusammenwachsen der Franken, Altbayern und Schwaben im modernen bayerischen Staat nach 1806 und ich erinnere an die Aufnahme und Eingliederung der Flüchtlinge und Heimatvertriebenen nach 1945, möglich geworden durch die Bereitschaft der Eingesessenen, Opfer zu bringen, sowie durch Disziplin, Fleiß und Leistung der Neubürger, zum Aufbau der neuen Heimat ihren Teil beizutragen – geistig, moralisch und politisch. Das neue, moderne Bayern ist ihr gemeinsames Werk.

Diese geschichtlichen Grundlagen, diese geistige Haltung bestimmen auch heute bayerische Politik.

Unser Ziel bleibt
ein politisch gefestigtes,
wirtschaftlich gesundes,
in sozialem Frieden lebendes,
in lebendiger Tradition stehendes,
in seiner deutschen Aufgabe und europäischen Verpflichtung bewußtes Bayern.

Die Ecksteine unserer Politik sind dabei:
Der demokratische Rechtsstaat,
das parlamentarische System,

die Soziale Marktwirtschaft,
die föderative Ordnung in der Bundesrepublik.

Sie zusammen ergeben eine staatliche und gesellschaftliche Ordnung, die Freiheit, Solidarität, Menschenwürde und Gerechtigkeit, wirtschaftliche und soziale Sicherheit gewährleistet.

Politik für Bayern auf der Grundlage dieser Werte und mit diesen Zielsetzungen ist in den nächsten Jahren unsere Aufgabe hier im Land, im Bund und in der Europäischen Gemeinschaft.

Das Verhältnis von Bürger und Staat

In den letzten Jahren ist das Verhältnis des Bürgers zum Staat von einer wachsenden Unsicherheit, manchmal sogar von Mißtrauen und Unbehagen geprägt. Von Staatsverdrossenheit ist da und dort die Rede. Man beruft sich auf echte und vermeintliche Entwicklungen, die das Verhältnis des Bürgers zum Staat belasten. Vor allem die ständig wachsende Flut von Gesetzen, Verordnungen und Verwaltungsvorschriften, die von immer mehr Behörden vollzogen werden müssen, überschwemmt den Bürger, macht ihn ratlos, gibt ihm das Gefühl, hilflos in einem Labyrinth unverständlicher staatlicher Reglementierung zu stehen.

Ursachen für diese Entwicklung sind vor allem die zunehmende Technisierung, der Hang zum Perfektionismus, dem auch die Parlamente erlegen sind, das Bedürfnis, alle nur denkbaren Lebenssachverhalte behördlich, meistens gesetzlich, zu regeln, das menschliche Zusammenleben bis ins einzelne, hieb- und stichfest, lückenlos und umfassend zu ordnen und in Vorschriften einzubinden. Dieser Entwicklung gilt es Einhalt zu gebieten.

Die Forderung nach »weniger Staat« ist nicht der Ruf nach einem schwachen, handlungsunfähigen Staat. Als Wahrer des Rechts, der Freiheit und der Sicherheit der Bürger muß der Staat stark und handlungsfähig sein. Gerade ein liberaler Staat muß ein starker Staat sein. Denn er ist die letzte Garantie für die Freiheit des Bürgers.

Auch für die bayerische Politik gilt der Grundsatz: Politik ist die Kunst des Möglichen, ist die Kunst, das Notwendige möglich zu machen; ist aber auch die Kunst, den Begriff des Notwendigen so einschränkend wie möglich auszulegen.

Für die wirklich nach diesen Maßstäben verbleibenden Staatsaufgaben ist im Einzelfall zu prüfen, wieweit sie durch Gesetz und Verordnung geregelt werden müssen oder wieweit sie nicht einfacher in gesetzesfreier Verwaltung erfüllt werden können.

Sind Gesetze unerläßlich, so sind auch die finanziellen, verwaltungsorganisatorischen und verfahrensmäßigen Folgen zu beachten. Je mehr Behörden tätig werden und zusammenwirken müssen, desto schwerfälliger und zeitraubender wird der Verfahrensgang. Vorschriften müssen aber auch einfach, überschaubar und auch in einer dem Bürger verständlichen Sprache geschrieben sein. Der Bürger hat ein Recht darauf, daß er das, was er künftig beachten soll, auch begreifen und umsetzen kann.

Diese Aufgabe ist sicher nicht mit einem Schlag zu lösen, vielmehr bedarf es zielstrebiger und beharrlicher Arbeit, sowohl hier im Landtag, wie auch in den Ministerien und den Verwaltungen im Land. Sie alle stehen in der Pflicht, ihre Arbeit als Dienst am Bürger zu verstehen. Nur wenn alle Betroffenen an einem Strang und in gleicher Richtung ziehen, wird diese Aufgabe zu lösen sein.

Wesentliche Vorarbeiten sind geleistet worden, zum Beispiel unsere bayerischen Bemühungen zum Abbau investitionshemmender Vorschriften in Bund und Ländern und die Arbeit der Kommission für den Abbau von Staatsaufgaben und für Verwaltungsvereinfachung.

Es ist nicht hilfreich und dient nur der Herabsetzung der Staatsdiener, wenn man sie popularitätsheischend schlechterdings mit dem Begriff »Bürokratie« gleichsetzt. Wir Politiker in Ämtern und Parlamenten sind es, die wir uns in Gesetz-

und Verordnungsgebung größte Zurückhaltung aufzuerlegen und der Einfachheit zu befleißigen, das heißt ein gutes Beispiel zu geben haben.

Wir dürfen uns hier allerdings keinem Wunschdenken hingeben, denn eine wirkliche Vereinfachung

erfordert die Abkehr von Perfektionismus in der Gesetzgebung,
erfordert die Möglichkeit, den ausführenden Behörden wieder einen größeren Ermessensspielraum zu gewähren, der sie befähigt, eine Vorschrift sinnvoll auszuführen, aber auch entstehende Härten auszugleichen,
erfordert vor allem aber auch einen größeren Spielraum für die Selbstverwaltung.

Dazu gehört,
daß bei Gesetzen und Verordnungen des Bundes und der Länder die verlernte Kunst der Generalklausel statt der wenig sinnvollen Einzelaufführung aller Möglichkeiten wieder zu Ehren kommt,
daß man darauf verzichtet, alle Gerichtsentscheidungen einzuarbeiten,
daß die oft zu höherem Ruhme einzelner erfolgende Erwähnung eines Einzelanliegens aufgegeben wird,
daß die verlorene Einheit der Gesetzessprache wiederhergestellt wird,
daß statt unterschiedlicher Verfahrensvorschriften ein allgemeines Verfahrensrecht angewandt wird,
daß der Versuchung der Spezialgesetze widerstanden wird,
daß Unachtsamkeiten, Überschneidungen und Ungereimtheiten bei Ermächtigungen vermieden werden,
daß in den Ausschüssen nicht noch durch Fragen und Anträge noch mehr Einzelheiten in die Regelung aufgenommen werden.

Dazu gehört auch,

daß im Vollzug klar zwischen Weisung und Erläuterung unterschieden wird und nicht Verwaltungsvorschriften zum Kommentarersatz werden,

daß nicht die Einheitlichkeit des Vollzugs als Vorwand für überflüssige, dem Einzelfall dann doch nicht gerecht werdende Einzelregelung genommen wird,

daß Termine und andere Erfordernisse nicht zur Schikane werden,

daß nicht Einzelfälle in Ministerien und Regierungen entschieden werden, was nur zur personellen Aufblähung der Führungsstäbe und Ablenkung von Führungsaufgaben führt.

Dazu gehört auch,

daß nicht nur die kasuistische Rechtsausbildung für Juristen und die spezifische Fachausbildung für Spezialisten, sondern eine den besonderen Aufgaben der Verwaltung entsprechende und erforderliche Ausbildung in der Verwaltung erfolgt, bei der Verwaltungstaktik, Verwaltungspsychologie, Verwaltungsführungslehre im Vordergrund stehen – denn erst Geist und Menschlichkeit machen den Buchstaben lebendig.

Wir reden dem Bürger nicht nach dem Mund, aber »wir schauen ihm aufs Maul«. Demokratische Ordnung und bürgernahe Politik erlauben nicht, daß die Obrigkeit dem für unmündig gehaltenen Bürger vorschreibt, was für ihn gut sei. Sie erfordert, dem Bürger glaubwürdig das Gefühl zu geben, daß die erlassenen Vorschriften wirklich zu seinem Besten sind.

Bürgernahe Selbstverwaltung

Die bürgernächste Verwaltung ist und bleibt die kommunale Selbstverwaltung. Sie auf allen Ebenen möglichst bürgernah zu erhalten, gleichzeitig aber auch möglichst leistungsfähig zu gestalten, ist eine unserer vorrangigen Aufgaben.

Bei diesen auch selbstkritisch gemeinten Bemerkungen darf ich doch darauf hinweisen, daß die Wurzeln der Übel nicht in Bayern liegen, sondern in der Hektik und Unausgereiftheit der Bundesgesetzgebung und dem überzogenen, inflationären Vorschriftenerlaß der Europäischen Gemeinschaft – das ganze von Jahr zu Jahr sich verschlimmernd.

Ich bejahe grundsätzlich die in den letzten Jahren durchgeführten Reformen, darunter die Landkreisgebietsreform und die Gemeindegebietsreform. Diese Reformen haben die kommunale Tradition des Freistaates Bayern nicht zerstört. Im Vergleich mit den anderen Ländern der Bundesrepublik Deutschland hat die frühere Staatsregierung Augenmaß bewiesen und sich darum gemüht, die Notwendigkeit moderner Verwaltungseinheiten mit der geschichtlich gewachsenen Tradition zu verbinden.

Gleichwohl muß im einzelnen geprüft werden, ob die Gemeindegebietsreform überall die in sie gesetzten Erwartungen erfüllt und den Notwendigkeiten des Bürgers in der Gestaltung seiner gemeindlichen Umwelt dient oder ob Änderungen angebracht sind. Eine Reform ist nicht schon dann gelungen, wenn sie nur eine neue oder eine andere Regelung bringt, sie muß vielmehr objektiv und im Urteil der Bürger eine Verbesserung der öffentlichen Dienstleistungen bedeuten. Da jede Reform dieser Art eine Änderung des Besitzstandes mit sich bringt, ruft sie verständlicherweise Schwierigkeiten und Widerstände hervor, weil sich ein aus der Reform ergebender Fortschritt in aller Regel nicht sofort nachweisen läßt. Es bedarf insgesamt eines Erfahrungszeitraumes, bevor ein endgültiges Urteil über den Nutzen der Reform abgegeben werden kann.

Andererseits läßt sich schon jetzt absehen, daß es in einer Reihe von Fällen zu Unzuträglichkeiten gekommen ist. Das sind Fälle, in denen das Ergebnis der Reform in einem Mißverhältnis zu ihren Zielen und zum erforderlichen Aufwand steht. In diesen Fällen ist eine auf das Wohl des Bürgers und auf seine Zustimmung bedachte Änderung notwendig.

Die Staatsregierung wird daher unter Zugrundelegung und Auswertung der bisher gemachten Erfahrungen die erforderlichen Entscheidungen treffen. Dabei handelt es sich um die Bereinigung von Einzelfällen und nicht um eine Neuauflage der Gebietsreform.

Auch die Funktionalreform wird fortgesetzt. Wir werden durch eine Zuständigkeitsverlagerung von oben nach unten für die Gemeinden neuen Handlungs- und Entscheidungsspielraum schaffen.

Bei der Festlegung der Amtsbezirke der staatlichen Behörden und Gerichte der Unterstufe ist in den letzten Jahren das Augenmerk vor allem darauf gerichtet worden, die Zuständigkeitsbereiche der verschiedenen Behörden deckungsgleich zu gestalten. Hierbei ist nicht zu übersehen, daß die theoretisch begründete Wünschbarkeit mit den praktischen Verhältnissen in unserem Land nicht deckungsgleich ist. Auch wenn gewisse Wegstrecken zu den Ämtern in einem Flächenstaat wie Bayern in Kauf zu nehmen sind, so muß doch als Maßstab für künftige Entscheidungen der Grundsatz der überschaubaren Einheiten und der zumutbaren Entfernungen gelten. Sachlich notwendige Änderungen im Bestand von Dienststellen werden auch in Zukunft nicht völlig zu umgehen sein. Ob eine solche Änderung notwendig ist, wird allerdings nach strengsten Maßstäben und einschränkend ausgelegt werden, wenn eine bürgernahe Verwaltung erhalten und der mit der Auflösung von Ämtern verbundene Zentralitätsverlust nach Möglichkeit vermieden werden soll.

Damit das Leistungsangebot der öffentlichen Verwaltung für den Bürger möglichst gut eingesetzt und zugänglich gemacht werden kann, wird die Staatsregierung auch den Formen der Zusammenarbeit mit dem Bürger besondere Aufmerksamkeit widmen. Beispielsweise wird das Verhältnis des Steuerzahlers zu seinem Finanzamt auch dadurch geprägt, wie dieses Finanzamt organisiert ist. Dem Bürger sollte die an sich schon unangenehme Pflicht des Steuerzahlens vom Verwaltungsvollzug her so leicht wie möglich gemacht werden.

Der Steuerzahler, der ohnehin schon unter der Fülle der Steuergesetze und der Flut ihrer Ausführungsvorschriften leidet, muß im Finanzamt wieder einen für seinen Gesamtfall zur Verfügung stehenden Gesprächspartner haben, der nicht durch einen Computer ersetzt werden kann. Höhere Rationalisierung und höhere Technisierung ergeben offensichtlich weder mehr Gerechtigkeit noch mehr Richtigkeit, geschweige denn mehr Bürgernähe.

Im Rahmen unserer haushaltsmäßigen Möglichkeiten werden wir den schon bisher beispielhaften kommunalen Finanzausgleich weiter ausbauen und das in einer vernünftigen Mischung von frei verfügbaren, allgemeinen Deckungsmitteln und gezielten Finanzhilfen des Staates.

Wir werden auch dafür Sorge tragen, daß die aus Gründen der Gerechtigkeit und der Stärke unserer Wirtschaft notwendige Reform des gegenwärtigen Steuersystems nicht auf dem Rücken der Kommunen ausgetragen wird. Auch ein Abbau bei der Gewerbesteuer, wie ihn die Bayerische Staatsregierung mit der Mehrheit der Länder fordert, wird daher für die Gemeinden nicht zu einem Ausfall von originären Steuerquellen führen, da ihm nach unseren Vorstellungen ein höherer Anteil an der Einkommensteuer und eine Absenkung der Gewerbesteuerumlage gegenüberstehen sollen. Sollten diese Maßnahmen den Ausgleich nicht sicherstellen, so werden wir prüfen, ob die Gemeinden notfalls am örtlichen Aufkommen der Umsatzsteuer beteiligt werden können. Es ist für die Staatsregierung von entscheidender Bedeutung, daß das Interesse der Gemeinden an der Ansiedlung, am Verbleib und an der Erweiterung von Unternehmen auch künftig unter allen Umständen erhalten bleibt.

Auch im Finanzbereich hat das Vorgehen des Bundes leider für Bayern in den letzten Jahren einen kräftigen Zuwachs bei den Staatsausgaben herbeigeführt. Dabei haben Staatsregierung und Landtag verantwortungsbewußt, maßvoll und vernünftig gehandelt, die notwendigen und richtigen Schwerpunkte gesetzt.

Das Volumen des bayerischen Staatshaushalts wuchs zwar seit 1969 von 10,2 Milliarden DM (= 100 Prozent) auf 28,3 Milliarden DM (+ 177 Prozent).

Dabei erhöhten sich aber der Kultusetat von 2,4 Milliarden DM auf 8,5 Milliarden DM (+ 242 Prozent), die Ausgaben für die öffentliche Sicherheit und Ordnung im gleichen Zeitraum von 350 Millionen DM auf 1,3 Milliarden DM (+ 291 Prozent), der Haushalt des Wirtschaftsministeriums von 125 Millionen DM auf 773 Millionen DM (+ 517 Prozent).

Seit Jahren liegen die Investitionsraten Bayerns deutlich über und die Zinslastquoten unter denen des Länderdurchschnitts. Dennoch hat auch Bayern seine Staatsschulden leider erheblich ausweiten müssen. Aber der Freistaat hat sich zusätzlich nur in einem Maß verschuldet, um das uns andere Länder beneiden. In Fortsetzung dieser Politik wird die Staatsregierung die Steigerungsraten des Haushalts 1979/80 spürbar unter denen des Bundes halten, der sich auch 1979 wieder mit einer Steigerungsrate von 8,4 Prozent über die finanzpolitischen Notwendigkeiten hinwegsetzt.

Solange diese Bundesregierung in ihrer Ausgabengebarung so überaus großzügig verfährt, wird sich die Staatsregierung entschieden gegen Forderungen nach Erhöhung des Bundesanteils an der Umsatzsteuer zur Wehr setzen. Die derzeitige Verteilung der Umsatzsteuer, die für den Bund einen Anteil von 67,5 Prozent und für die Länder von 32,5 Prozent vorsieht, läuft am Jahresende aus. Der Bund hat bisher keine konkreten Berechnungen und Vorschläge vorgelegt. Bayern wird jedenfalls weiterhin darauf bestehen, daß die Frage der

Umsatzsteuerverteilung ab 1979 zusammen mit dem Steueränderungsgesetz 1979, das eine überdurchschnittliche Belastung für Länder und Gemeinden bringt, behandelt und entschieden wird. Die Staatsregierung wird sich dagegen wehren, die überzogene Ausgabenpolitik des Bundes auf Kosten der Länder und damit auch Bayerns zu unterstützen, nicht zuletzt auch angesichts der Tatsache, daß eine Vielzahl von Bundesgesetzen von den Ländern vollzogen werden müssen und damit große Belastungen für den Personalhaushalt der Länder mit sich bringen.

Für eine leistungskräftige Wirtschaft

Unerläßliche Voraussetzung der sozialen Sicherheit unserer Bürger – vom sicheren Arbeitsplatz bis zur sicheren Rente – ist die Leistungskraft unserer Wirtschaft. Für die Bundesrepublik Deutschland stehen in den kommenden Jahren große Probleme und lebenswichtige Entscheidungen im internationalen Bereich an, die unser Wirtschaftsleben stark beeinflussen werden.

Ich denke hier vor allem

an die äußere Ausweitung und den inneren Ausbau der Europäischen Gemeinschaft,

an die Vorschläge zur Schaffung eines europäischen Währungsverbundes, der aber nur einen Sinn hat, wenn er zu einer Stabilitätsgemeinschaft führt und nicht zur Inflationsgemeinschaft der beteiligten Länder mit mittlerer Inflationsrate,

an die deshalb sich ergebende Notwendigkeit, die Konjunkturpolitik der einzelnen europäischen Staaten zu koordinieren und zu harmonisieren, dabei Ausbreitung von Dirigismus und Protektionismus zu verhindern,

an die Notwendigkeit, in der Weltwirtschaft die freiheitlichen Grundsätze einer liberalen Wirtschaftsordnung mit ihrer größeren Leistungsfähigkeit für die Menschen zu erhalten und planwirtschaftliche Verteilungssysteme und Verteilungsbürokratien zu verhindern,
an den wachsenden Druck, der auf dem Weltmarkt auf uns mit unseren hohen Arbeitskosten und sonstigen Kostenbelastungen zukommt, vornehmlich aus den USA mit ihrem exportgünstigen Dollarkurs und aus dem Fernen Osten mit seinem unglaublich schnellen Vormarsch auf den Weltmärkten.

Handlungsspielraum und Entscheidungskraft der derzeitigen Bundesregierung reichen nicht mehr aus, um haltbare und langfristig vertretbare Lösungen für die Probleme im internationalen und nationalen Bereich zu erreichen. Obgleich sich der konjunkturelle Horizont in der letzten Zeit etwas aufgehellt hat, ist die wirtschaftliche Labilität in der Bundesrepublik Deutschland keineswegs überwunden. Ganz im Gegenteil: Der gefährliche Stau ungelöster, aufgeschobener und politisch unerledigter Probleme ist von Jahr zu Jahr größer geworden.

Die Entscheidungen über die wesentlichen politischen Rahmenbedingungen der Wirtschaft fallen heute auf den Ebenen des Bundes und der Europäischen Gemeinschaft. Die Wirtschaftspolitik eines Landes kann sich im wesentlichen nur auf korrigierende und flankierende Maßnahmen beschränken.

Wir können unser Gesamtziel nur erreichen, wenn sich auch Bund und Europäische Gemeinschaft in Zukunft an den Grundsätzen der Sozialen Marktwirtschaft orientieren und in ihrem Rahmen eine entschiedene Wachstumspolitik und damit eine Politik der Schaffung und Sicherung von Arbeitsplätzen betreiben.

Immer neue Konjunkturprogramme können – wie die Vergangenheit gezeigt hat – dieses Ziel nicht erreichen. Die Staatsregierung fordert deshalb klare Prioritäten:

1. Die Hebung der Ertragskraft der Unternehmen hat Vorrang vor immer neuen Ausgabeprogrammen, die sich als Strohfeuer erweisen.
2. Wirtschaftsfeindliche Steuerbelastungen sind abzubauen. Beim Abbau der ertragsunabhängigen Steuern ist noch nicht genug geschehen.
3. Die Steuerstruktur muß geändert und wieder dahin gebracht werden, daß sich das Aufkommen der direkten und indirekten Steuern etwa die Waage hält.
4. Bei der Wahl zwischen Mehrausgaben oder Steuersenkungen zur Hebung der Leistungsbereitschaft und Leistungsfähigkeit verdienen Steuersenkungen grundsätzlich den Vorzug.

Die der Bundesregierung mühsam abgerungene, jetzt vorgesehene »kleine Tarifreform« zum 1. Januar des nächsten Jahres bringt zwar wichtige erste Erleichterungen für die Arbeitnehmer, aber noch keine endgültige Lösung, da immer mehr Steuerpflichtige in die Progressionszone des Tarifs geraten. Wir müssen den im mittleren Einkommensbereich zu hart wirkenden Tarif nach und nach senken. Die Rückgabe der »heimlichen Steuererhöhungen« an den Bürger stellt eine Daueraufgabe der öffentlichen Hand dar.

Eine Politik, die den Bürger mit immer mehr Steuern und Abgaben belastet, die ihn immer mehr entmündigt, weil sie ihm die Entscheidung über die Verwendung des erarbeiteten Einkommens mehr und mehr nimmt, weil sie ihr Heil in immer mehr Staat, in immer mehr und neuen Ausgabenprogrammen und immer noch mehr Schulden sucht, ist weder liberal noch sozial. 47 Prozent, also nahezu die Hälfte der gesamten Leistungen aller Erwerbstätigen, werden von den öffentlichen Händen mit Beschlag belegt, der Verfügung derjenigen, die diese Leistung erbracht haben, entzogen und vom Staat verbraucht, verwendet und umverteilt. Der Staat darf nicht mehr und mehr zur Verteilungsmaschine werden. Damit wird die folgerichtige Lösung langfristiger Probleme nur verhindert.

Lassen Sie mich hier ein grundsätzliches Wort sagen: Das Problem, das mit dem Wort »Zukunftsschock« umrissen wird, läuft darauf hinaus, den Bürgern besonders der alten und jungen Generation die glaubwürdige Gewißheit zu geben,

1. daß eine solide Finanzwirtschaft sie davor bewahrt, die Zeche für Leichtsinn, Großmannssucht oder Reformwahn der Politiker von heute durch Unsicherheit der Rente oder Absinken des Lebensstandards zahlen zu müssen – denn wenn es so weitergeht, zahlt die nächste Generation die Schuldenwirtschaft von heute,
2. daß ihre natürlichen Lebensgrundlagen, reine Luft, sauberes Wasser, schöne Landschaft, gesunde Menschen, erhalten bleiben,
3. daß durch Verbesserung der Wirtschaftsstruktur, durch weitsichtige Energiepolitik, durch systematische Förderung des wissenschaftlich-technischen Fortschritts und damit auf hohem Niveau sich vollziehende Produktion die Alten mit Ruhe und die Jungen mit Hoffnung in die Zukunft blicken können.

Aufgabe der Bayerischen Staatsregierung wird auch in Zukunft eine regionale Strukturpolitik sein, die für eine gleichwertige Teilhabe aller Landesteile an der gesamtwirtschaftlichen Entwicklung und damit am materiellen, kulturellen und sozialen Fortschritt unseres Landes sorgt. Notwendig sind zusätzliche Arbeitsplätze und die Sicherung bestehender Arbeitsplätze in strukturschwachen Gebieten. Wir werden unsere erfolgreiche Politik der gezielten Stärkung wirtschaftsschwacher Räume fortsetzen. Dies gilt in besonderem Maße für das Zonenrand- und Grenzgebiet.

Vor allem geht es um

eine Konzentration der Investitionshilfen auf wirklich förderungsbedürftige Gebiete, vornehmlich auf das Zonenrand- und Grenzgebiet,

eine Anhebung der Förderpräferenzen im Zonenrand- und Grenzgebiet,
eine verstärkte Förderung des Fremdenverkehrs und
einen weiteren Ausbau der Frachthilfe zum Ausgleich erheblicher Standortnachteile.

Regionale Nachteile abbauen

Energie- und Verkehrspolitik werden maßgeblich dazu beitragen müssen, regionale Nachteile abzubauen und Bayerns Entwicklungsmöglichkeiten voll zu erschließen. Es geht vor allem um dringend notwendige Autobahnanschlüsse von bisher unzureichend erschlossenen Gebieten, daneben aber auch um die Alpenübergänge in den Mittelmeerraum und um den Ausbau der Verbindungen nach Südosteuropa.

Deshalb wird die Verkehrsplanung in Bayern, soweit sie in bayerischer Zuständigkeit liegt, nach wirtschaftlichen Erfordernissen erfolgen. Das gleiche gilt auch für die Planung von Bundesfernstraßen, die mit den zuständigen Bundesbehörden abgestimmt werden muß. Diese eindeutige Schwerpunktsetzung ist um so notwendiger, als ohne sie der Grundgesetzauftrag, unterschiedliche Wirtschaftskraft auszugleichen, nicht verwirklicht werden kann.

Daher müssen Streckenstillegungen und Betriebseinschränkungen der Bundesbahn dort unterbleiben, wo Standortqualität und Wettbewerbsfähigkeit verschlechtert würden.

Der Bund ist aufgerufen, bei der Aufteilung der Fernstraßenmittel einen bayerischen Anteil von mindestens 20 Prozent, den Bayern 1977 auch nur durch kurzfristige und unbürokratische Aufnahme der in anderen Ländern nicht verbrauchten Gelder erzielen konnte, für die Zukunft als Regelsatz zu sichern.

Der Bund ist ferner aufgerufen, endlich entsprechend dem Zonenrandförderungsgesetz die Bundesverkehrswege im Zonenrand- und Grenzgebiet bevorzugt auszubauen. Grundsätzlich hat für den Verkehrsausbau zu gelten, daß das Erschließungsprinzip nicht dem Bedarfsdeckungsprinzip untergeordnet werden darf.

Die überhöhte Ausweisung von Fördergebieten, die Senkung der Investitionszulage im Jahre 1973 von 10 auf 7,5 Prozent, die unternehmensfeindliche Kostenbelastung durch Steuern und Abgaben in Verbindung mit dem allgemeinen wirtschaftlichen Rückschlag haben sich gerade in den wirklich förderungsbedürftigen Gegenden besonders nachteilig ausgewirkt – und das muß auf das Schuldkonto des Bundes gebucht werden.

Deshalb sollte man mit der irreführenden Behauptung aufhören, daß die Bayerische Staatsregierung die Schwierigkeiten in diesen Gebieten verursacht habe. Die Landespolitik kann nur zum Teil ausgleichen, was in der Bundespolitik gesündigt wird. Es ist deshalb um so notwendiger darauf hinzuweisen, daß Bayern seit Beginn der 60er Jahre dank seiner Wirtschaftspolitik Spitzenreiter im wirtschaftlichen Wachstum unter allen Ländern der Bundesrepublik Deutschland ist. Dies festzustellen, ist ein Gebot der Wahrheit. Die Wirtschaftspolitik der Bayerischen Staatsregierung war sogar so gut, daß die Arbeitslosigkeit in Bayern seit ihrem Höhepunkt im Jahre 1975 doppelt so stark zurückgegangen ist wie im Bundesgebiet.

Erhöhung der Versorgungssicherheit und Abbau preislicher Nachteile sind die Hauptziele der bayerischen Energiepolitik. Die Bundesregierung hat die zum Nachteil Bayerns bestehenden regionalen Ungleichheiten bisher nicht vermindert, sondern eher verstärkt. Ich erwähne nur die Benachteiligung Bayerns durch die neuerliche Verdoppelung der Steuer auf leichtes Heizöl und die unbefriedigende Kohle-Verstromungsregelung. Die nunmehr geplante Erhöhung des sogenannten Kohlepfennigs würde weitere überproportionale Belastungen für Bayern mit sich bringen.

Die Bayerische Staatsregierung fordert den Bund auf, bei der Kraftfahrthaftpflichtversicherung endlich den sich aus Zonenrandförderungsgesetz und Bundesraumordnungsgesetz ergebenden Verpflichtungen gegenüber strukturell erheblich benachteiligten Gebieten Rechnung zu tragen. Es ist unerträglich, wenn zum Beispiel die Oberpfalz neben den Großstädten München und Hamburg der einzige Regierungsbezirk in der ganzen Bundesrepublik Deutschland ist, der sich in der teuersten Regionalklasse befindet.

Langfristige Energiesicherung

Die Sicherung ausreichender Energie erfordert eine langfristige Politik, wie sie im bayerischen Standortsicherungsplan zum Ausdruck kommt: Sie muß sowohl die Erfordernisse des Wirtschaftswachstums und des Umweltschutzes wie auch des Schutzes vor Einbrüchen der internationalen Energieversorgung im Auge haben. Dazu muß die Kernenergie in ausreichendem Umfang zur sicheren und preiswerten Deckung des Strombedarfs in Bayern herangezogen werden. Die Staatsregierung wird weiterhin zugleich die Herstellung eines leistungsfähigen Erdgasversorgungsnetzes und die weitere planmäßige Erdgaserschließung fördern. Sie wird ferner darauf beharren, daß die Maßnahmen des Bundes gegen Versorgungskrisen auch für Bayern gleiche Sicherheit gewährleisten wie für das übrige Bundesgebiet.

Die Staatsregierung wird ihr Augenmerk auch darauf richten, daß die Möglichkeiten der Energieeinsparung sowohl durch Einsatz herkömmlicher als auch durch Entwicklung neuer technischer Verfahren bestmöglich genutzt werden.

Kleine und mittlere Unternehmen prägen weithin das Gesamtbild der bayerischen Wirtschaft. Zu ihnen zählen rund 95 Prozent aller Betriebe, sie beschäftigen mehr als 60 Prozent der Erwerbstätigen in der Privatwirtschaft, und sie haben in der Vergangenheit einen gewaltigen Strukturanpassungsprozeß erfolgreich verkraftet. Neuerungsfähigkeit, Anpassungsfähigkeit, Beweglichkeit und ein überdurchschnittlich hohes Angebot an Arbeits- und Ausbildungsplätzen kennzeichnen kleine und mittlere Unternehmen im Vergleich zu Großbetrieben.

Die Staatsregierung wird deshalb auf der Grundlage des Bayerischen Mittelstandsförderungsgesetzes von 1974, das beispielhaft für andere Länder in der Bundesrepublik wurde, folgerichtig ihre Mittelstandspolitik weiterentwickeln.

Zur Gründung selbständiger Existenzen werden neben günstigen Finanzierungshilfen zusätzliche Möglichkeiten der Information und Beratung gegeben werden.

In der Bundesrepublik Deutschland muß wieder der Wille zur Selbständigkeit gefördert werden. Die gesellschaftspolitische Agitation der linksradikalen »Bilderstürmer« und eine zum Teil damit Hand in Hand gehende Bundespolitik der »Kleinen Schritte« hat nicht die Großbetriebe getroffen, sondern den Mittelstand materiell und psychologisch geschwächt.

Die Bemühungen der bayerischen Wirtschaft um Auslandsmärkte werden weiterhin unterstützt. Besonders auch der mittelständischen Wirtschaft ist der Zugang zu den internationalen Märkten, vor allem nach dem europäischen Süden und Südosten, zu erleichtern.

Beratung auf außenwirtschaftlichem Gebiet und Messebeteiligungen werden verstärkt gefördert. Verstärkter internationaler Wettbewerb und weltweiter Strukturwandel verlangen von den Unternehmen ständig die Entwicklung neuer Produkte und neuer Produktionsverfahren. Mittelständische Unternehmen sollen besseren Zugang zu neuen technischen Verfahren und den Informationen erhalten, auf deren Grundlage neue Produkte und Verfahren entwickelt werden können.

Die finanziellen Risiken der Innovation müssen durch eine entsprechende Steuerpolitik des Bundes auch für kleine und mittlere Unternehmen tragbar gemacht werden.

Im Rahmen ihrer Forschungsförderung und Innovationspolitik wird die Staatsregierung ein Förderinstrumentarium und eine wirksame organisatorische Struktur zur Vermittlung dieses Wissens aufbauen. Bayern soll auch in Zukunft ein Land des technisch-wissenschaftlichen Fortschritts und der Innovation bleiben. Die Staatsregierung wird darauf hinwirken, daß das Wettbewerbsrecht in Zukunft den Erfordernissen kleiner und mittlerer Unternehmen stärker gerecht wird, vor allem durch Sicherung eines Leistungswettbewerbs mit gerechten Wettbewerbschancen.

An dieser Stelle ist auf vier wesentliche Tatsachen hinzuweisen:

1. Es bedarf der verstärkten Anregung für Flexibilität und Mobilität von Unternehmern und Arbeitnehmern, aber auch der öffentlichen Verwaltung und aller anderen öffentlichen Einrichtungen.

2. Die weitere Entwicklung Bayerns ist wegen einer zunehmenden Verknappung und Verteuerung von Rohstoffen und Energie auf die zunehmende berufliche Tüchtigkeit, besonders auf den beruflichen Ideen- und Initiativreichtum seiner Bewohner angewiesen.

3. Wir müssen den Weg der Hochenergie beharrlich weitergehen – wir können es uns nicht leisten, auf die Weiterentwicklung von Kernreaktoren zu verzichten, bis wir über den Fusionsreaktor verfügen. Leider ist durch das Verhalten der Bundesregierung der Standort von JET nicht nach Bayern gelegt worden. Wir müssen trotzdem verhindern, daß wir in der Grundlagenforschung und angewandten Forschung einen unaufholbaren Rückstand erleiden. Die öffentlichen Mittel dafür sind begrenzt. Doch führende Unternehmen einschlägiger Art von Weltruf haben ihren Sitz in unserem Land und ausländische Firmen schätzen das Investitionsklima in Bayern.

4. Wir brauchen mehr neue Produkte. Nur durch ständige Innovationen werden wir zu ausreichenden Investitionen kommen.

In ihrer Agrarpolitik wird die Staatsregierung auch in Zukunft auf das Können, die Bodenständigkeit, die Anpassungsfähigkeit und die Leistungsfähigkeit unserer Bauern setzen. Sie wird den Bayerischen Weg der Agrarpolitik folgerichtig fortsetzen, in dessen Vordergrund die Hilfe zur Selbsthilfe steht, und der in der harten Konkurrenz des Gemeinsamen Marktes unseren Landwirten weiterhin eine gute Zukunft bietet.

Unser Ziel ist die Erhaltung einer bäuerlich betriebenen Landwirtschaft auf der Grundlage eines breitgestreuten Bodeneigentums. Der bäuerliche Betrieb ist eine Unternehmensform, die Anpassungsfähigkeit mit wirtschaftlicher Stabilität und umweltfreundlicher Produktion wie keine andere verbindet.

Wir werden die Bemühungen unserer Ernährungswirtschaft zur Steigerung ihrer Wettbewerbsfähigkeit und zur Sicherung ihres Absatzes weiterhin unterstützen. Wir wollen keine Industrialisierung der Landwirtschaft und werden uns daher allen Bestrebungen Bonns und Brüssels widersetzen, die in diese Richtung gehen. Das setzt aber auch voraus, daß die Bauern solidarisch zusammenstehen und die Möglichkeiten der Selbsthilfe nutzen. Dazu leisten die Genossenschaften einen wertvollen Beitrag.

Ich sehe in der Agrarpolitik einen wichtigen Teil der regionalen Wirtschaftspolitik und ein Instrument zur Sicherung von Arbeitsplätzen. Wir alle müssen ein Interesse daran haben, daß der ländliche Raum seine Funktionen als Lebens-, Arbeits- und Erholungsraum auch in Zukunft erfüllen kann. Welche Bedeutung die Bayerische Staatsregierung der Landwirtschaft beimißt, ergibt sich allein aus der Tatsache, daß der bayerische Agraretat in den letzten fünf Jahren um 56,4 Prozent gestiegen ist, während der Bundesagraretat im gleichen Zeitraum lediglich um 13 Prozent zunahm.

Vorrangige Aufgaben der Agrarpolitik dieser Staatsregierung sind die Fortführung

des Agrarkreditprogramms,

des ländlichen Wohnhausbauprogramms,

der Dorferneuerung,

des Ausbaus der Selbsthilfeeinrichtungen

sowie die Aus- und Fortbildung.

Dabei bleibt die Zu- und Nebenerwerbslandwirtschaft voll in die bayerische Agrarpolitik einbezogen. Gerade ihre Tätigkeit ist für die Landschaftspflege und damit für die Erhaltung der Kulturlandschaft, eines natürlichen Kapitals unseres Landes, unentbehrlich.

Unser Bauerntum ist ein unentbehrliches Element einer gesunden Zusammensetzung einer heimattreuen Bevölkerung und eine Garantie für ausreichende Ernährung unseres Volkes auch in weltpolitischen Krisenzeiten.

Gute Wirtschaftspolitik ist die beste Sozialpolitik

Eine funktionierende Finanz- und Wirtschaftspolitik ist die Grundlage sozialer Sicherheit. Wir stehen heute vor der größten Finanzkrise der Sozialversicherung in der Nachkriegsgeschichte. Ein Defizit in vielfacher Milliardenhöhe gefährdet in hohem Maße die Stabilität der Rentenversicherung. Drei Sanierungsversuche seit 1976 haben nur dazu geführt, daß die Renten allenfalls rechnerisch – auf der Grundlage von wenig wahrscheinlichen Annahmedaten – für die nächsten vier bis fünf Jahre einigermaßen gesichert erscheinen. Die Öffentlichkeit wird weiterhin über die wahren Ausmaße des Problems bewußt im unklaren gelassen. Aus dem »Problemchen« wird spätestens 1982 abermals ein echtes Problem, und dieses Problem wird noch wesentlich durch den verfassungsgerichtlichen Auftrag der Partnerschaftsrente verschärft werden.

Es zeigt sich immer deutlicher, daß eine fehlerhafte Wirtschafts- und Finanzpolitik auch in der Sozialpolitik die bisher sicheren Fundamente zum Wanken gebracht hat.

Das Gesundheitswesen muß im Interesse einer bestmöglichen Vorsorge der Bürger in seiner freiheitlichen Struktur erhalten bleiben. Dazu gehören die freie Arztwahl für den Patienten, die Niederlassungsfreiheit für den Arzt, das Nebeneinander von öffentlichen, freigemeinnützigen und privaten Krankenhäusern, und dazu gehören auch eine gegliederte soziale Krankenversicherung mit Selbstverwaltung der Beteiligten und private Versicherungen.

Für unser Krankenhauswesen gelten auch künftig die bewährten Grundsätze bayerischer Krankenhauspolitik:

Leistungsfähigkeit bei größtmöglicher Bürgernähe,

größtmögliche Trägerfreiheit auch beim Vollzug des Bundesrechts,

Trägerpluralität kommunaler, frei gemeinnütziger und privater Krankenhäuser und

Gleichrangigkeit aller Trägergruppen.

Für den Bürger sollen Einrichtungen vorhanden sein, die eine überschaubare Größe haben und in zumutbarer Entfernung liegen. Ziel kann nicht allein der technisch-perfekte Klinikbetrieb sein, auch das Krankenhaus muß Bürgernähe und Menschlichkeit bewahren.

Bei der Fortschreibung des Krankenhausbedarfsplans wird die Staatsregierung einen vernünftigen Mittelweg zwischen den Erfordernissen moderner Medizin und dem Anspruch auf bürgernahe Versorgung gehen. Es wird darauf Rücksicht genommen werden, daß Kranke, wo immer möglich, nicht zu sehr aus ihrem familiären Umkreis herausgerissen werden. Für ältere kranke und pflegebedürftige Menschen, bei denen eine Behandlung in einer Großklinik nicht erforderlich ist, muß eine ortsnahe klinische Versorgung zur Verfügung stehen.

Die vom Bund beabsichtigte Novellierung des Krankenhausfinanzierungsgesetzes wird für die Länder keine Verbesserungen bringen. Im Gegenteil! Wir werden uns mit allen Kräften dagegen wehren müssen, daß durch diese Novellierung eine zentrale Planung aus Bonn die örtlichen Bedürfnisse überhaupt nicht mehr berücksichtigt.

Ein weiterer Schwerpunkt innerhalb der bayerischen Sozialpolitik ist die Sorge für unsere älteren Mitbürger. Die Staatsregierung wird die Zielsetzungen der bisherigen Landesaltenpläne weiterverfolgen. Vorrangig geht es darum, den alten Mitbürgern möglichst lange ihre Selbständigkeit zu erhalten. Deshalb werden wir den Ausbau der offenen Hilfe in den verschiedensten Formen entschieden weiter fördern. Unser Ziel ist, die bürgernahe Versorgung mit allen sozialpflegerischen Diensten in der ambulanten Kranken- und Altenpflege sowie der Haus- und Familienpflege weiter zu verbessern. Dazu muß das Netz der Sozialstationen, Nachbarschaftshilfen, Krankenpflege sowie Haus- und Familienpflegestationen weiter verdichtet werden. Dafür brauchen wir vor allem den Einsatz einzelner Bürger wie auch die Dienste der freien Wohlfahrtspflege.

Vorrang für die Familie

Untrennbar mit den Altersrenten ist die Bevölkerungsentwicklung verbunden. Die Bundesrepublik Deutschland ist zum geburtenschwächsten Land der Erde geworden. Die Konsequenzen sind klar. Die Altersstruktur wird empfindlich gestört, die Bevölkerung nimmt ab mit allen Folgen für die öffentlichen Einrichtungen und für die Besiedelung des Landes. Die Zerstörung des Gleichgewichts zwischen jung und alt gefährdet unser System der Alterssicherung. Der

»Generationenvertrag« ist angeschlagen. Es ist eine Irreführung der Öffentlichkeit oder eine verantwortungslose Selbsttäuschung, wenn man glaubte, der Sozialversicherung immer neue Aufgaben zuweisen, immer mehr Gruppen und Jahrgänge einbeziehen, andererseits die Finanzierungsgrundlage durch hohe Arbeitslosigkeit und erschreckenden Geburtenrückgang zerfallen lassen zu können. Oder steht hier die Absicht dahinter, eines Tages zur manipulierbaren Volksrente übergehen zu können?

Die Staatsregierung wird deshalb in der Familienpolitik auch in den nächsten Jahren einen Schwerpunkt ihrer Politik sehen. Ich erinnere an: das Darlehen »Junge Familie«, die Landesstiftung »Hilfe für Mutter und Kind«, die Schwangerenberatung, das Sonderwohnungsbauprogramm sowie die Einführung der Erziehungskunde in den Schulen.

Ein Durchbruch auf breiter Front ist aber in der Familienpolitik noch nicht erreicht und kann mit den Mitteln der Landespolitik allein auch nicht erreicht werden. Nach wie vor fehlen die entscheidenden Weichenstellungen des Bundes.

Die Bundesregierung muß die finanziellen Rahmenbedingungen für die Familie verbessern. Das verlangt zumindest:

Eine regelmäßige Anpassung des Kindergeldes an die Einkommens- und Kaufkraftentwicklung,

die Wiedereinführung von Steuerfreibeträgen nach der Kinderzahl,

die Neubelebung des sozialen Wohnungsbaus zugunsten der Mehrkinder-Familien.

Neben der Durchsetzung dieser Maßnahmen fordern wir in erster Linie von der Bundesregierung, daß sie sich überhaupt wieder zum Wert der Familie bekennt.

Die mit dem Familienbericht eingeleiteten, mit dem Scheidungsrecht fortgesetzten und mit den Vorstellungen zur

Neuordnung der elterlichen Gewalt und des Jugendhilferechts erneut deutlich gewordenen Auffassungen der Bundesregierung von Ehe und Familie sind kaum noch mit dem Verfassungsauftrag des Artikel 6 des Grundgesetzes in Einklang zu bringen. Diesen Versuchen einer völligen Verformung des Familienbegriffs werden wir uns widersetzen. Durch diese Bestrebungen wird die Familie vornehmlich ein Objekt staatlicher Gängelung und droht ihre eigenständige Ordnung zu verlieren. Ein Familienbild, das den natürlichen Spannungszustand zwischen elterlicher Sorge und kindlichem Verselbständigungsstreben mißdeutet in eine – gesetzlich zu regelnde – dauernde Gegensätzlichkeit zwischen Eltern und Kind, hat nichts mehr mit Fürsorge für den Menschen zu tun, sondern mit zunehmender Verplanung der Menschen, Kollektivierung ihres Zusammenlebens und einer Umwandlung unserer gesellschaftlichen Werte, auf denen unsere heutige freiheitliche Ordnung aufgebaut ist.

Die freiheitliche Demokratie bedarf des Vertrauens ihrer Bürger, vor allem auch der jungen Generation. Um dieses Vertrauen muß immer wieder von neuem gerungen werden.

Wir dürfen heute nicht die Augen davor verschließen, daß sich unter Teilen der Jugend Zweifel, geistige und ethische Orientierungslosigkeit, Ängste und Unsicherheit über die eigenen Zukunfts- und Lebenschancen, über Sinn und Ziel ihres Tuns und Daseins ausgebreitet haben.

Die Flucht in Drogen und Alkohol, in politische Utopien und Jugendreligionen, also die Flucht aus der Lebensverantwortung, hat bisher nur eine Minderheit angetreten.

Gleichwohl müssen wir diese Symptome ernst nehmen. Sie sind nur der weitestgehende Ausdruck eines tiefsitzenden Unbehagens, das sich in vielfältiger Weise ausdrückt – auch in den Klagen über den sogenannten Schulstreß. Hierbei geht es oft gar nicht um zu hochgesteckte Leistungsziele, sondern darum, daß Lebensschicksale davon abhängen, ob Schüler beispielsweise in der Kollegstufe in einem Fach 10 oder 13 Punkte erhalten.

Wir wissen, was es für Hauptschüler bedeutet, wenn sie nicht in den von ihnen gewünschten Berufen Lehrstellen erhalten oder später keinen Arbeitsplatz im erlernten Beruf finden, oder wenn Abiturienten nicht das gewünschte Studienfach ergreifen können, oder als Hochschulabsolventen später auf der Straße stehen. Deshalb darf auch das Prädikatisierungswesen nicht übertrieben werden.

Die Staatsregierung ist sich des Ernstes und Umfangs dieses Problems bewußt. Sie wird ihm ihre besondere Aufmerksamkeit widmen. Sie wird im Rahmen ihrer Zuständigkeiten alles tun, um dieser Unsicherheit der Jugend entgegenzuwirken. Wir haben unserer Jugend mit Rat und Tat beizustehen, damit sie bereit und fähig ist, in einer freien Gesellschaft ihr Dasein lebenstüchtig und selbstverantwortlich zu führen. Nur so kann die Jugend auch Vertrauen in die freiheitliche Demokratie gewinnen.

Eltern, Erzieher, Verbände und nicht zuletzt die Kirchen, als die traditionellen Sinnvermittler in diesem Lande, sind gleichermaßen in diese Pflicht gestellt.

Die Staatsregierung wird ihre Arbeit an der Erhaltung und Weiterentwicklung des bewährten gegliederten bayerischen Schulwesens fortsetzen.

Bildung und Erziehung, beide gleichwertig und nicht zu trennen, bedeuten nach unserem Verständnis, die jungen Menschen zu sach- und fachgerechtem, zu lebenssinn- und situationsgerechtem Handeln zu bewegen – mit dem Ziel personaler Selbstverwirklichung auf der Grundlage von Werten wie Freiheit, Gerechtigkeit, Wahrhaftigkeit, Gewissenhaftigkeit, Zuverlässigkeit, Solidarität und Partnerschaft.

Zu unserer Vorstellung von Bildung und Erziehung gehört besonders auch, daß der Geschichtsunterricht den ihm gebührenden Platz in der Schule einnimmt. Eine Jugend, die nicht im Wissen um die Geschichte heranwächst – und zwar einer objektiv und wahrheitsgemäß dargestellten Geschichte, frei von verfälschenden Legenden auf der einen, frei von heroisierenden Verklärungen auf der anderen Seite –, ist wurzellos und kann ihren politischen Standort im Leben nicht finden.

In diesem Zusammenhang sei der Hinweis angebracht, daß der Konflikt nicht die einzige und nicht die wichtigste geschichtliche Wahrheit ist, sondern daß die größte Aufgabe der demokratische Konsens, die Übereinstimmung in den Grundwerten des Rechtes und der Freiheit ist. Darum werden wir nie eine konflikttheoretische Verhetzung der Kinder zulassen. Zur Bildung und Erziehung gehört deshalb auch die Vermittlung der großen unvergänglichen Werte der christlich-abendländisch-europäischen Kultur- und Zivilisationsgemeinschaft. Schließlich sei der Notwendigkeit gedacht, unsere gute deutsche Sprache frei von Deutschtümelei und Fremdenhaß zu pflegen und ihren einwandfreien Gebrauch unserer Jugend zu vermitteln.

Geschichte heißt auch Heimat

Geschichtsunterricht heißt auch Kenntnis von Heimat- und Landesgeschichte. Ein Schüler, der vertraut gemacht worden ist mit dem Schicksal und der Entwicklung seiner Gemeinde, seiner Stadt, wird als Gemeindebürger eher bereit sein, verantwortlich zu handeln. Geschichte kann auch nicht durch Sozialkunde ersetzt oder als untergeordnete Teildisziplin ihr nachgeordnet werden. Bayern mit seiner Kultur, seiner Tradition und dem unserem Land eigenen Selbstbewußtsein seiner Bürger hat allen Grund, der Landesgeschichte in der Schule den ihr gebührenden Platz zu sichern.

Der Fortbestand des föderalistischen Systems in der Bundesrepublik ist nicht nur eine Frage der Verfassung, sondern auch der Bereitschaft der Bürger, ihr Land mit seiner Tradition und seinem Eigenwert zu erkennen und bewahren zu wollen.

Für Bildung und Erziehung unserer Jugend wollen wir nicht eine Schule für alle, sondern die richtigen Schulen für jeden, die den unterschiedlichen Begabungen und der Vielfalt der Berufe gerecht werden. Wir werden Hauptschule und Realschule nicht verschmelzen. Wir werden die Eigenständigkeit des Gymnasiums ebenso erhalten wie die des beruflichen Schulwesens, das zügig weiter ausgebaut wird.

Wir werden weiterhin nach dem Grundsatz handeln, daß der Bildungsstand und die wirtschaftliche Wettbewerbsfähigkeit einer Nation nicht nur von der Zahl der Abiturienten und der Akademiker abhängt. Unser Volk, unsere Gesellschaft, brauchen den gutausgebildeten Facharbeiter, Handwerker, Werkmeister, Techniker ebenso wie den qualifizierten Akademiker. Deshalb halten wir an der Gleichwertigkeit der allgemeinen und der beruflichen Bildung fest.

Der Geburtenrückgang bedroht den Bestand nicht weniger Kindergärten vor allem im ländlichen Raum. Bei der Gewährleistung des Platzangebotes wird die Staatsregierung ihren Teil dazu beitragen, daß in zumutbaren Entfernungen die notwendigen Einrichtungen ohne übertriebene Anforderungen erhalten bleiben. Sie wird ferner im Rahmen ihrer familienpolitischen Verantwortung zusammen mit den Trägern prüfen, wie weit die für den Kindergartenbesuch zu erbringenden vielfach hohen Elternbeiträge bei mehreren Kindern verringert werden können.

Trotz des Geburtenrückgangs werden Vergrößerungen der Schulsprengel vermieden werden. Den Grundschülern wird keine Verlängerung der Schulwege mehr zugemutet werden. In diesem Zusammenhang sei auch ein Hinweis auf zwei wichtige Fragen gegeben,

1. daß Schüler und Eltern wieder einen Lehrer als Ansprechpartner haben sollen, mit dem die Gesamtproblematik eines jungen Menschen besprochen werden kann,
2. daß in unserem Schulwesen die Richtigkeit des römischen Rechtsspruches wieder erkannt und beachtet werden möge, der da heißt: Summum ius summa iniuria.

Durch die 1976 eingeleitete und auch zukünftig fortzuführende Neugestaltung der Hauptschule wird diese eine echte

Alternative zur Realschule und zum gymnasialen Bildungsweg. Diese Hauptschule ist eine Schule, die sich in ihrer Zielsetzung an praktischen Berufen orientiert und die ihre Fortsetzung findet im Berufsgrundbildungsjahr. Es stellt die bessere Alternative zu einem zehnten Schuljahr an allgemeinbildenden Schulen dar.

Ich meine auch, daß der qualifizierende Hauptschulabschluß weitere und anspruchsvollere Berufsmöglichkeiten eröffnen muß. Der Staat darf hier kein schlechtes Beispiel geben.

Die in den letzten Jahren erreichten Verbesserungen im Schulwesen werden in der kommenden Legislaturperiode weitergeführt werden. So werden die Klassenstärken aller Schularten weiter gesenkt und zugleich Anstellungsmöglichkeiten für die jungen Lehrer erhalten werden.

Die Hochschulpolitik hat dafür zu sorgen, daß die wissenschaftlichen Hochschulen als Stätten aufeinander bezogenen Forschens und Lehrens voll funktionsfähig bleiben. Die Fachhochschulen sind als Hochschulen mit besonderer Berufs- und Anwendungsgebundenheit des Studiums in ihrer Eigenart und in ihrer Kapazität auszubauen.

Die bayerische Bildungspolitik hat frühzeitig ihr Augenmerk auf die Zusammenhänge zwischen Beschäftigungs- und Ausbildungssystem gerichtet und daher auch die Grenzen gesehen, die einer uferlosen Akademisierung gesetzt sind. Es zeigt sich, daß das Gesetz von Angebot und Nachfrage auf dem Arbeitsmarkt durch idealisierende und egalisierende Bildungsideologien nicht außer Kraft gesetzt werden kann. Dies erkennen unsere Abiturienten schneller als mancher Bildungspolitiker. Unter dem Eindruck schwindender Berufschancen in den traditionellen akademischen Berufen verzichten immer mehr Abiturienten auf ein Hochschulstudium. Auch hier erweist sich, daß eine vernünftige Studien- und Berufsberatung mehr vermag als alle planerischen Utopien und Eingriffe. Dennoch müssen wir in den Jahren zwischen 1980 und 1985 noch mit einer Zunahme der absoluten Zahl der Studienanfänger rechnen, da dann die geburtenstärksten Jahrgänge die Studienberechtigung erwerben. In der kommenden Legislaturperiode sind deshalb ca. 1,8 Milliarden DM für den Hochschulausbau vorgesehen. Schwerpunkte dieses Ausbaus bilden

die Fachhochschulen, besonders in Kempten und Landshut,

die neuen Universitäten in Bayreuth und Passau sowie die Gesamthochschule Bamberg,

die Universitätskliniken.

Darüber hinaus wird die Staatsregierung nach dem im Hochschulgesamtplan vorgesehenen Not- und Überlastprogramm in den nächsten Jahren bis zu 220 Millionen DM bereitstellen mit dem Ziel, durch den befristeten Einsatz von zusätzlichen Lehrkräften und Sachmitteln auch für die geburtenstarken Jahrgänge ein ausreichendes Studienplatzangebot sicherzustellen.

In den vergangenen Jahren hatten die Hochschulen einen ungeahnten Massenansturm zu bewältigen. Forschungsaufgaben traten naturgemäß hinter Lehrverpflichtungen zurück. Wir dürfen aber nicht vergessen, daß die Weltgeltung der deutschen Universität auf ihrer Forschungsleistung beruht.

Hervorragende Forschungsleistungen müssen auch ausgezeichnet werden. Ich beabsichtige daher nicht nur der Förderung der Forschung in den nächsten Jahren besonderes Gewicht zu geben – es soll auch, lange geübter bayerischer Tradition entsprechend, Gelegenheit geboten werden, daß der Staat hervorragende Forscher mit herausragenden Ergebnissen durch Berufung in ein neu zu schaffendes Ordenskapitel nach Art des Pour le mérite ehrt.

Bayern als Kulturstaat

Der heutigen Generation ist ein großes geschichtliches und kulturelles Erbe anvertraut. Die geschichtlich gewachsene kulturelle Vielfalt des Landes mit ihrer geistig-kulturellen Substanz gilt es zu wahren und künftigen Generationen weiterzugeben.

Im Bewußtsein ihrer Verpflichtung gegenüber der kulturellen Vielfalt des Landes wird die Staatsregierung den Trägern und Vermittlern dieser geistig-kulturellen Substanz, den Künstlern und Schriftstellern, mit Bereitschaft und Aufgeschlossenheit begegnen und den Dialog mit ihnen suchen.

Die Staatsregierung wird sich sehr bald mit den Fragen der Durchführung des für München vorgesehenen Pilotprojekts für ein Kabelfernsehen befassen. Sie wird dabei alle menschlichen, rechtlichen, technischen und wirtschaftlichen Gesichtspunkte in ihre Überlegungen einbeziehen.

München ist eine Zentrale der deutschen Filmwirtschaft. Das bedeutet nicht nur einen Schwerpunkt geistig-ideeller Art, sondern auch einige tausend Arbeitsplätze. Die Staatsregierung wird ihre filmpolitischen Initiativen fortsetzen und ein Bayerisches Filmförderungsprogramm vorlegen.

Eine finanziell erweiterte Förderung bewährter Einrichtungen der Musikpflege, der nichtstaatlichen Kulturorchester, der Sing- und Musikschulen sowie der Volksmusik enthält der Musikplan.

Das in bayerischen Museen verwahrte einzigartige Kunst- und Kulturgut wird der Bevölkerung verstärkt zugänglich gemacht werden, mit dem Ziel, das Verständnis für historische und künstlerische Leistungen zu wecken und zu stärken. Hierzu gehört eine weitere Regionalisierung der bayerischen Museen, etwa durch Errichtung weiterer staatlicher Zweigstellen in den Regierungsbezirken. Zur Entwicklung und weiteren Förderung des bayerischen Museumswesens wird die Staatsregierung einen Museumsplan vorlegen.

Besondere Aufmerksamkeit und Förderung verdienen die über 400 nichtstaatlichen Museen in Bayern, deren Träger einen beachtlichen Beitrag zur Pflege unseres Geschichtsbewußtseins, des Wissens um die eigene Identität und deren Bewahrung leisten.

Dazu gehört auch ein vernünftiger und sachgerechter Denkmalschutz. Der richtige Weg liegt hier in einer maßvollen Anwendung des Denkmalschutzgesetzes, die kunsthistorische und wirtschaftliche Interessen miteinander abwägt sowie in einer vernünftigen Verwaltungspraxis.

Wichtigste Aufgabe des Städtebaus ist die Erhaltung des Wohnwerts unserer historisch gewachsenen Stadtkerne.

Hauptprobleme des Wohnungsbaus sind

Entzerrung und Nachsubventionierung von Sozialmieten,

Schaffung von familiengerechten Wohnungen und von Altenwohnheimen,

Sicherung des Einfamilienhausbaus,

Aktivierung der Privatinitiative beim Mietwohnungsbau.

Bayern hat seine Finanzhilfen in diesem Bereich zielstrebig erhöht, während der Bund eine unstete Förderungspolitik betreibt und seine Finanzhilfen laufend kürzt.

Die Staatsregierung wird die Landeshauptstadt bei der weiteren Verschönerung des Stadtbildes unterstützen und in ihre Überlegungen Maßnahmen einbeziehen, die auch die Wiederherstellung des alten Odeonssaales möglich machen sollen.

Leben in Sicherheit

Die Staatsregierung wird die erfolgreichen Bemühungen um ein sicheres Bayern weiterführen. Ich weise darauf hin, daß es durch die Verwirklichung des bayerischen Sicherheitsprogramms gelungen ist, den Anstieg der Kriminalität in Bayern besser als in den anderen Ländern in Grenzen zu halten und ein weit überdurchschnittliches Aufklärungsergebnis zu erzielen. Die Aufklärungsquote lag 1977 in Bayern bei 56,4 Prozent, im Bundesgebiet nur bei 44,8 Prozent. Wir vertrauen darauf, daß die Bevölkerung auch in Zukunft der Polizei und dem Verfassungsschutz ihre volle politische und moralische Unterstützung bei ihrer schweren und verantwortungsvollen Arbeit gewährt.

Zur Deckung des dringenden Personalbedarfs der Sicherheitskräfte werden wir den mittelfristigen Personalentwicklungsplan verwirklichen, der für die Jahre 1979 bis 1982 einen Zuwachs um 3000 neue Stellen vorsieht.

Die Sicherheit des Bürgers soll weiter erhöht und das Vertrauen zwischen Bürger und Polizei weiter verbessert werden. Deshalb werden in den nächsten Jahren Kontaktbeamte eingesetzt, besonders in solchen Gemeinden, die räumlich von der nächsten rund um die Uhr besetzten Polizeidienststelle weiter entfernt liegen.

Eine wirksame Strafverfolgung ist Aufgabe der Polizei und der Staatsanwaltschaften. Die Entscheidung im Einzelfall muß dann durch die Gerichte in verfassungsmäßig gewährleisteter Unabhängigkeit gefunden werden. Damit die Strafrechtspflege ihre Aufgabe erfüllen kann, müssen ihr aber auch die erforderlichen Gesetze an die Hand gegeben werden.

Die Bayerische Staatsregierung hat sich in der Strafgesetzgebung stets für bessere Gesetze gegen die Bedrohung der Freiheit und Sicherheit des Bürgers, vor allem zur Bekämpfung des Terrorismus, eingesetzt. Bedauern und Befremden muß auslösen, daß in Bonn wesentliche Vorschläge aus teilweise unverständlichen Gründen nicht behandelt oder rundweg abgelehnt wurden. Weder parteiinterne Vorgänge noch koalitionsbedingte Rücksichtnahmen dürfen Vorrang vor staatspolitischen Notwendigkeiten haben. Unsere Vorschläge liegen nach wie vor auf dem Tisch. Wir werden sie weiter verfolgen.

Die Zuverlässigkeit des öffentlichen Dienstes wird nur durch eine fachkundige, objektive, loyale und verfassungstreue Beamtenschaft gewährleistet. Ich werde daher weiterhin für das Berufsbeamtentum als tragende Säule unseres öffentlichen Dienstes eintreten.

Nach wie vor lehnen wir es mit aller Entschiedenheit ab, Feinden der demokratischen Freiheit den Zugang zum öffentlichen Dienst zu öffnen. Die Geschichte hat uns gelehrt, daß eine freiheitliche Demokratie auch des Schutzes gegen Unterwanderung und Aushöhlung im Innern bedarf. Unsere Bevölkerung, die extremistischen Parteien von links und rechts bei allen Wahlen stets vernichtende Niederlagen erteilt, hätte kein Verständnis, wenn den Feinden der demokratischen Freiheit, von welcher Seite auch immer, der freie und immer weniger kontrollierte Zugang zu den öffentlichen Ämtern eröffnet wird. Unsere Haltung in dieser Frage ist bestimmt vom Grundgesetz, der Bayerischen Verfassung, dem Beamtenrecht und der dazu ergangenen Rechtsprechung. Hieran scheint sich die Sozialdemokratische Partei Deutschlands mit ihren neuesten Vorschlägen offensichtlich nicht mehr gebunden zu fühlen. Wollte man den SPD-Vorstellungen folgen, so wären vor allem unsere Kinder der Gefahr verfassungsfeindlicher Indoktrination ausgesetzt, denn bei Lehrern würde die Verfassungstreue nicht mehr geprüft.

Das Bundesverfassungsgericht dagegen hat unmißverständlich festgestellt, daß eine Differenzierung bei der Treuepflicht je nach der Art der dienstlichen Aufgaben eines Beamten nicht möglich ist. Wir werden auch in Zukunft verhindern, daß mit den Geldern der Steuerzahler Feinde der demokratischen Freiheit im öffentlichen Dienst unterhalten werden.

Bei psychologisch richtiger und personalpolitisch erfahrener Prüfung der Anwärter wird man es verstehen, durch Würdigung der Gesamtpersönlichkeit und durch richtige Auswahl aus dem Überangebot demokratisch gesinnter Bewerber eine Auswahl zu treffen, die dem wirklich gestellten Problem gerecht wird. Denn es geht um die Sicherheit aller Bürger, nicht um angebliche Rechtsansprüche weniger Außenseiter.

Die Landesentwicklung wird als helfende Planung für den einzelnen Bürger, die Wirtschaft und die Kommunen Richtschnur unserer Politik sein. Eine geordnete Entwicklung des Landes ist weder durch Perfektionismus noch durch Planlosigkeit erreichbar. Es darf weder die Initiative und schöpferische Kraft der kommunalen Selbstverwaltung und ihrer Amtsträger behindert noch darf alles dem bloßen Zufall überlassen werden.

Wenn die Staatsregierung davon spricht, Bayern als lebens- und liebenswerte Heimat fortzuentwickeln, so ist das keine Leerformel, sondern aktuelles politisches Programm. Wir bekennen uns zur Wirtschaftskraft und zu den kulturellen Leistungen unserer großen Städte und ihres Umlandes. Wir wenden uns aber gegen eine einseitige Förderung der Ballungsgebiete, die das flache Land entleert und die Verdichtungsräume zusätzlich belastet.

Wir werden keinem Planungsverständnis erliegen, das unserer Vorstellung über die Ordnung von Staat und Gesellschaft nicht gerecht wird und in Planungsbesessenheit entartet. Planung muß Dienerin sein und darf nicht zur Despotin werden. Landesentwicklung hat dafür zu sorgen, daß sich die Entwicklung in unserem Land in geordneten Bahnen vollzieht.

Wir wollen keine technokratisch-perfektionistischen Zielvorgaben, sondern Rahmenbedingungen. Wir werden die Planungsinhalte auf wesentliche überörtliche und raumbezogene Aussagen beschränken, wobei wir der kommunalen Selbstverwaltung besondere Beachtung schenken werden. Im Vollzug werden wir dafür Sorge tragen, daß der Eigeninitiative Raum gelassen und das regionale Bewußtsein gestärkt wird.

Wir wollen kein dichtes Gestrüpp sich überbietender und sich gegenseitig überlagernder fachlicher und überfachlicher Festlegungen, sondern eine vorausschauende Koordinierung für den wirkungsvollen Einsatz öffentlicher Mittel. Unter Beachtung dieser Vorstellungen werden wir das Landesplanungsgesetz novellieren, es den veränderten Bedingungen anpassen und besonders auf das Instrument der Richtzahlen in der jetzigen Form verzichten.

Saubere Luft, reine Gewässer und natürliche Landschaft sind Lebensgrundlagen Bayerns. Die Bevölkerung Bayerns kann davon allein aber nicht einen modernen Lebensstandard erreichen und behalten ebensowenig wie soziale Sicherheit. Eine leistungsfähige Wirtschaft ist und bleibt Voraussetzung und Rahmen des allgemeinen Wohlstandes und der sozialen Sicherheit.

Die Staatsregierung wird auch weiterhin den goldenen Mittelweg zwischen ökologischen Lebenswichtigkeiten und ökonomischen Notwendigkeiten unbeirrt fortsetzen.

Auch der einzelne Bürger darf nicht übermäßig belastet werden. Manche gutgemeinten und notwendigen Vorhaben müssen deshalb gestreckt werden, so, wenn etwa Anliegerbeiträge für Entsorgungs- und Versorgungsanlagen im kommunalen Bereich unvertretbar hohe Ausmaße erreichen.

Die Staatsregierung wird auch künftig Umweltpolitik nicht einseitig als technischen Umweltschutz verstehen. An erster Stelle bleibt die Aufgabe, den Naturhaushalt als Gesamtheit zu bewahren. Dementsprechend werden wir weiter für eine Sicherung der natürlichen Lebensgrundlage, besonders eines ausgeglichenen Naturhaushalts und für die Erhaltung der Landschaft auch als Erholungsraum sorgen.

Im Bereich des technischen Umweltschutzes, also des Immissionsschutzes, des Gewässerschutzes, der Abfallbeseitigung und des Strahlenschutzes, wird die Staatsregierung auf eine weitere Verbesserung des bereits erreichten Umweltstandards hinarbeiten. In Anbetracht der knapper werdenden Ressourcen werden wir die Wiederverwertung von Rohstoffen verstärkt fördern.

Bayern war nie ein Machtstaat, sondern in erster Linie immer ein Kulturstaat. Nationalismus und Imperialismus waren die gestaltenden staatspolitischen Kräfte des 19. Jahrhunderts, aber nicht bayerische Eigenschaften. Das Militärische als politische Gestaltungsform hat seine frühere geschichtliche Bedeutung verloren, gleichmacherische Ideologien und die aus ihnen entspringenden Verhaltensweisen des Neides und der Gehässigkeit können in Bayern keinen Boden gewinnen. Wir haben in Bayern in zeitgerechten Formen uns immer den Herausforderungen der Idee der Freiheit und den Anforderungen der Demokratie erfolgreich gestellt.

Föderalismus, kultuerelle Leistung und Bürgerlichkeit waren immer charakteristisch für bayerische Denk- und Lebenshaltung. Sie kommen jetzt in ihrem vollen Wert wieder zur Geltung.

Auch die von mir geführte Staatsregierung wird dem Rufe Bayerns gerecht werden, Hüter und Vorkämpfer des Föderalismus zu sein. Das föderalistische Prinzip ist über den Verdacht erhaben, lediglich Teil eines Herrschaftsmechanismus zu sein, der der Opposition im Deutschen Bundestag die Möglichkeit geben soll, über die Hintertür des Bundesrates »mitzuregieren«.

Der Freistaat Bayern und der Bund

Der Föderalismus ist das unverzichtbare Bauprinzip eines freiheitlichen Deutschland, und, nach unserer Auffassung, auch einer in Freiheit sich einigenden Europäischen Gemeinschaft. Föderalismus heißt nicht Selbstbeschränkung und Abkapselung, sondern Handeln in eigener Verantwortung und zugleich freiwilliges Zusammenfinden in größeren politischen Gemeinschaften. Die geschichtliche Erfahrung und die politische Realität unserer Zeit zeigen eindrucksvoll, daß die Existenz einer Mehrzahl von eigenständigen und eigenverantwortlichen politischen Entscheidungszentren, von Gliedstaaten, die kraft originären Rechts selbst gestaltend handeln, die größere politische Gemeinschaft nicht nur stärkt, sondern auch in Krisenzeiten stabilisierend wirkt. Föderative Praxis erlaubt und fordert Kreativität und Phantasie im Gegensatz zu Zentralismus und Uniformität. Ich erinnere nur daran, daß vor allem dank eigener bayerischer Initiativen unser Land im Bund seinen wirtschaftlichen Rückstand aufholen konnte und zum größten Wachstumsland innerhalb der Bundesrepublik Deutschland geworden ist.

Föderalismus bedeutet

größere Orts-, Sach- und Bürgernähe,

die Berücksichtigung von regionalen und landsmannschaftlichen Besonderheiten, Interessen und Bedürfnissen,

mehr Demokratie, mehr politischen Wettbewerb, die stärkere Teilhabe der unmittelbar betroffenen Bürger am Entscheidungsprozeß,

mehr politische Freiheit, größere Verteilung und wirksamere Kontrolle der Macht,

mehr geistig-kulturelle Freiheit, mehr Vielgestaltigkeit, mehr Menschlichkeit, Wahrung der geschichtlichen und kulturellen Kontinuität und Identität gewachsener Gemeinschaften auch bei ihrer Einbettung in größere nationale und europäische Ordnungen.

Föderalismus – nicht nur Dezentralisierung oder Regionalisierung – ergibt sich aus der Existenz echter Staaten; er setzt sie als Bauelemente voraus: historisch gewachsen, auf eigenem Recht gründend, vom Willen der Bevölkerung getragen und in ihrem Bewußtsein verankert. Ein solcher Staat ist Bayern. Die Eigenstaatlichkeit Bayerns wird auch die von mir geführte Regierung ohne Nachgiebigkeit verteidigen. Sie ist Bayerische Staatsregierung und nicht Administrativorgan einer Selbstverwaltungseinheit oder Vollzugsorgan der Bundesregierung.

Eine weitere Aushöhlung der föderalistischen Ordnung und der bayerischen Eigenstaatlichkeit ist daher durch nichts gerechtfertigt. Auch die Forderung nach einer sogenannten »Einheitlichkeit der Lebensverhältnisse« ist kein Grund dafür, daß der verhängnisvolle Weg in den Zentralismus weitergegangen wird. Es ist nicht einzusehen, daß in einer Zeit, in der im freien Teil Europas der Weg der Dezentralisierung, der Differenzierung – und das heißt der größeren Freiheitlichkeit – eingeschlagen wird, in der Bundesrepublik Deutschland auf Gegenkurs gegangen werden soll. Ich bin deshalb auch der Auffassung, daß die Gleichschaltung der Länder durch Selbstkoordination, auch wenn sie sich hinter Stichworten wie »kooperativer Föderalismus« oder »interföderale Vereinbarung« verbirgt, dann ihre Grenzen haben muß, wenn eigenverantwortliches Handeln zum Wohle unseres Landes erschwert oder verzögert wird.

Jeder Versuch, die Selbständigkeit der Länder und das Recht der Länder zu beschränken, an der Gesetzgebung des Bundes mitzuwirken, stellt den vom Grundgesetz gewollten Bundesstaat in Frage. Darum ist es kein Selbstzweck, wenn wir die Erhaltung der Staatlichkeit der Länder betonen, wenn wir gegen zentralistische Tendenzen kämpfen und wenn wir den Föderalismus als ein unerläßliches Element der Freiheitssicherung verteidigen. Wir wehren uns dagegen, daß die Länder gezwungen sind, laufend Angriffe abzuwenden. Nicht ohne Grund wird jetzt im Zusammenhang mit der Diskussion um den sogenannten »Mängelbericht« der Bundesregierung die Frage aufgeworfen, ob nicht schon der von Artikel 79 Absatz 3 Grundgesetz geschützte Kernbereich der Eigenstaatlichkeit der Länder angegriffen ist.

Eine wichtige Aufgabe der Bayerischen Staatsregierung für die nächsten Jahre besteht darin, auf dem Wege, der mit der Debatte über den Schlußbericht der Enquete-Kommission »Verfassungsreform« hier in diesem Bayerischen Landtag eingeschlagen worden ist, weiterzugehen und den Föderalismus aus einer defensiven Haltung herauszuführen.

Die Bayerische Staatsregierung wird keiner Grundgesetzänderung zu Lasten der Länder mehr zustimmen, solange keine befriedigende Einigung in Bundestag und Bundesrat über die Folgerungen aus dem Schlußbericht der Enquete-Kommission »Verfassungsreform« erzielt worden ist. Dieser Bericht droht zerredet zu werden, und es besteht die Gefahr, daß die Mehrheit des Bundestages oder die Bundesregierung einige Vorschläge zur Änderung des Grundgesetzes herausgreifen und in das Gesetzgebungsverfahren bringen werden, welche die Machtstellung des Bundes gegen die Länder weiter stärken. Ein solches Verfahren und jeden anderen Versuch einer isolierten Grundgesetzänderung zu Lasten der Länder werden wir ablehnen.

Wir werden unsere Vorstellungen zur künftigen Gestaltung des Bund-Länder-Verhältnisses, wie sie in der Stellungnahme der Bayerischen Staatsregierung zum Schlußbericht der Enquete-Kommission des Deutschen Bundestages für Fragen der Verfassungsreform ausführlich dargestellt sind, in die Verhandlungen einbringen.

Dies gilt vor allem hinsichtlich der Mischfinanzierung zwischen Bund und Ländern. Einige Teile der Finanzreform des Jahres 1969, das soll hier nicht verschwiegen werden, haben die in sie gesetzten Hoffnungen nicht erfüllt. Die mit der Einführung der Gemeinschaftsaufgaben verbundenen Befürchtungen, die Durchführung der Aufgaben könnten mehr erschwert als erleichtert werden, haben sich leider bestätigt. Dem Bund ist es gelungen, mit Hilfe der Mischfinanzierungen immer mehr in die Zuständigkeiten der Länder einzugreifen.

Die Bayerische Staatsregierung hat sich mit der Problematik der Mischfinanzierung bereits in der vergangenen Legislaturperiode befaßt und vor mehr als einem Jahr einen Grundsatzbeschluß gefaßt, wonach die Abschaffung der Gemeinschaftsaufgaben angestrebt werden soll – allerdings unter der Voraussetzung eines vollen Ausgleichs der wegfallenden Bundesmittel durch eine Erhöhung der originären Steuermasse der Länder.

Dieses Hohe Haus hat am 15. Juni dieses Jahres auch einen

Beschluß mit ähnlicher Zielrichtung gefaßt und darüber hinaus praktisch auch die Abschaffung der Investitionshilfen nach Artikel 104a Absatz 4 des Grundgesetzes gefordert. Finanzhilfen des Bundes sollen danach nur noch zur Abwehr einer Störung des gesamtwirtschaftlichen Gleichgewichts zugelassen werden.

Die Staatsregierung dankt diesem Hohen Haus für die gewährte Unterstützung. Wir müssen uns jedoch darüber klar sein, daß es hier um zwar gemeinsam gesetzte, aber nicht leicht erreichbare Ziele geht.

Die Opposition in Bayern hat in diesem Zusammenhang wiederholt geltend gemacht, diese Mischfinanzierungen seien 1969 von mir als Bundesfinanzminister eingeführt worden. Dazu nur zwei Bemerkungen: Erstens war dies damals ein Beschluß der von der Großen Koalition getragenen Bundesregierung, zweitens galt es damals vordringlich, den »finanzpolitischen Wildwuchs« wenigstens in geordnete Bahnen zu lenken. Daß die Bundesregierung seit 1969 andere Ziele damit verfolgt und die Praxis anders gestaltete als ursprünglich geplant, war nicht im Sinne des Erfinders, der im übrigen nicht der heutige Bayerische Ministerpräsident ist.

Jedenfalls wird auch die von mir gebildete Staatsregierung aus föderalistischer Überzeugung heraus für eine klare Trennung der Aufgabenbereiche und der Finanzierungskompetenzen und damit für eine Beseitigung, zumindest aber für einen Abbau der Mischfinanzierungen eintreten. Vorbedingung ist auch hier selbstverständlich voller Ausgleich der wegfallenden Bundesmittel.

Sie wissen, daß wir jedoch allein nichts bewirken können und daß es zwecklos wäre, eine Bundesratsinitiative einzuleiten, solange deren Ausgang ungewiß ist. Es wird langer Diskussionen und zäher Überzeugungsarbeit im politischen Alltag, in Bundestag und Bundesrat bedürfen, bis wenigstens einige unserer Vorschläge verwirklicht werden.

Bayerische Politik heißt nicht nur Gestaltung des Landes selbst, sie bedeutet nicht nur Mitentscheidung in der Bundesrepublik, sondern immer auch Verantwortung für das ganze Deutschland und Bekenntnis zu Europa. Dies bedeutet, auch weiterhin entschieden einzutreten für das Selbstbestimmungsrecht jener, die nicht für sich sprechen können. Dies heißt immer eintreten für Freiheit, Solidarität, Menschenwürde und Gerechtigkeit. Aus diesem Grunde betone ich auch erneut und ohne Zurückhaltung die Schirmherrneigenschaft des Freistaates Bayern für die Sudetendeutschen und unsere politische Fürsorge für alle Flüchtlinge und Vertriebenen.

Bayerische Politik heißt daher im Rahmen unserer Möglichkeiten einzutreten für ein ganzes, geeintes, freies Europa.

Das Europa, das wir brauchen und wollen, ist nicht allein das Europa der Marktordnungen und des bürokratischen Apparates. Nur ein aus dem Willen der Europäer gewachsenes Europa kann eine starke Gemeinschaft sein. In ihr müssen auch gewachsene politische Einheiten, wie der Freistaat Bayern, ihren Platz finden, und zwar im Rahmen einer übergreifenden föderativen Ordnung.

Europa hat nur dann eine Zukunft, wird nur dann zu einer dauerhaften und lebendigen Einheit finden, wenn es gelingt, enge, nur nationalstaatliche Denkkategorien zu überwinden und die Kräfte der gewachsenen politischen Struktur, also auch der deutschen Länder, für das Zusammenwachsen der Gemeinschaft fruchtbar werden zu lassen.

Durch Europa geht eine kräftige Bewegung des Regionalismus. Sie läßt erwarten, daß die Bereitschaft größer wird, in einem aus den Nationalstaaten zusammengewachsenen Europa, Ländern und Regionen Raum zu geben für ein unmittelbares Teilhaben und Mitwirken an der politischen Willensbildung in Europa.

Die Eigenstaatlichkeit Bayerns in einem vereinten Europa

muß institutionell abgesichert sein. Über der Größe der Zielsetzung darf die Mühe um die Lösung von Einzelfragen der Mitwirkung und der Mitfinanzierung durch die Länder nicht vernachlässigt werden.

Vorschläge zur Lösung dieser Fragen wurden in diesem Hohen Haus anläßlich der Interpellation zum Bund-Länder-Verhältnis am 25. Mai 1977 eingehend erörtert. Hieran müssen wir anknüpfen, wenn wir der europäischen Aufgabe und Chance Bayerns gerecht werden wollen.

Für dieses Bayern wird die Staatsregierung mit all ihrer Kraft arbeiten, damit sein Nutzen gemehrt und Schaden von ihm gewendet wird.

Dafür bitte ich um die Mitarbeit aller Mitglieder des Bayerischen Landtags.

Dafür bitte ich aber auch um Unterstützung und Mitarbeit aller bayerischen Bürger, der Verbände und Organisationen, der Angehörigen des öffentlichen Dienstes, der Presse, des Rundfunks und des Fernsehens.

Bayern muß auf der Straße der Liberalitas Bavariae weitergehen, einem Weg, der den freien Bürgern dieses Landes eine lebenswerte Zukunft in einem liebenswerten Bayern sichert.

(18. November 1978)

Für Sicherheit und Freiheit

Daß bayerische und deutsche Politik keine Beschränkung auf den engen heimatlichen und nationalen Bereich erlauben, macht Strauß, zu dessen politischen Wesensmerkmalen das Denken in weltpolitischen Zusammenhängen gehört, immer wieder deutlich. Auch deshalb plädiert Strauß für langfristige Strategien der Staaten der freien Welt.

Freiheit gibt es nicht umsonst, nicht für den einzelnen und nicht für Völker und Staaten. Freiheit muß erkämpft, bewahrt, befestigt werden, Freiheit hat ihren Preis. Nicht nur die kürzlich in Lissabon stattgefundene 24. Tagung des NATO-Rates, die weltpolitische und die europäische Lage insgesamt bestätigen die unverminderte Aktualität der Parole, unter die von Anfang an das Atlantische Bündnis seine politischen und militärischen Aufgaben gestellt hat: Wachsamkeit ist der Preis der Freiheit.

Politisches Handeln und militärisches Planen setzen die nüchterne Bestandsaufnahme voraus, die von düsterer Schwarzmalerei ebenso weit entfernt sein muß wie von schönfärberischer Selbsttäuschung. Die freie Welt, politisch organisiert in den demokratischen Staaten des Westens, sieht sich einer dramatischen Herausforderung politischer wie militärischer Natur gegenüber. Von der Fähigkeit, diese Herausforderung zu beantworten und zu bestehen, wird es abhängen, ob und wie Europa und die Welt in Freiheit und Frieden überleben werden. Pflicht der westlichen, also auch – und wegen unserer besonderen Lage vor allem – der deutschen Politik ist es, die sonst drohende düstere Alternative von Unfreiheit und Spannung bis hin zum Krieg zu verhindern.

Die idyllische Selbstbescheidung früherer Jahrhunderte – in Goethes Frage, was es denn Europa zu kümmern habe, »wenn hinten weit in der Türkei die Völker aufeinanderschlagen«, markant beschrieben – wäre für unsere Zeit ein selbstmörderisches Rezept. Eine rasante technische Entwicklung, früher nicht einmal vorstellbare und heute zu beängstigender Wirklichkeit gewordene Waffensysteme apokalyptischer Wirkung schaffen zwingende Zusammenhänge, denen sich eine verantwortungsbewußte Politik nicht entziehen kann. Darauf hinzuweisen ist gerade bei der Art der von SPD und FDP in Bonn betriebenen Politik notwendig.

Ich darf daran erinnern, mit welch weitgehender Verständnislosigkeit noch vor wenigen Jahren Bundeskanzler Schmidt und seine Koalition darauf reagierten, als ich im Bundestag auf die gefährlichen Entwicklungen in Afrika und deren Auswirkungen für die europäische und die deutsche Politik hinwies. Mittlerweile ist hier zwar ein gewisses Erwachen der Bundesregierung festzustellen, die Akzente der Afrika-Politik von Schmidt und Genscher aber zeichnen sich dadurch aus, daß sie in aller Regel in blinder Einseitigkeit und gefährlicher Parteinahme vor den politischen Realitäten auf diesem Kontinent die Augen verschließen. Sie werden sich eines Tages verantworten müssen, wenn die von ihnen betriebene, ohne sie nicht mögliche Politik der UN und der fünf Westmächte in eine Katastrophe einmündet. Bis jetzt hat nur die Weigerung Südafrikas, seine Truppen von der angolanischen Grenze abzuziehen, diese Tragödie verhindert.

Das ganze Spektrum sehen

Gerade die Blindheit gegenüber der Wirklichkeit aber kann in der Politik im allgemeinen und in der Sicherheitspolitik im besonderen verhängnisvolle Folgen nach sich ziehen. So muß das ganze geographische und politische Spektrum der NATO, von Nordamerika bis zur Türkei, von Island bis zum

Mittelmeer, gründlich auf seine Schwachstellen abgesucht werden mit dem Ziel, daraus die notwendigen Schlußfolgerungen zu ziehen und in konkretes Handeln umzusetzen.

Es besteht kein Zweifel, daß sich das westliche Bündnis aus psychologisch-politischen, wirtschaftlich-finanziellen und militärisch-strategischen Gründen in einer schwierigen Lage befindet. In einem hat sich seit der Gründung der Allianz nichts geändert: an der Bedeutung des Abschnittes Mitte für Europa und die ganze Atlantische Gemeinschaft. Allerdings ist darauf hinzuweisen, daß grundsätzliche Bedeutung und aktuelle Bedrohung nicht unbedingt identisch sind. Die Frage ist, ob der Westen die richtige Türe bewacht und ob er ausreichend alle Türen bewacht.

Die weltpolitischen Zusammenhänge erfordern eine ausgreifende Betrachtungsweise. So ist es eine Hoffnung auch im ureigensten europäischen Interesse, wenn wir wünschen, daß Sadat und Begin nicht nur den Nobelpreis für Frieden annehmen, sondern daß sie, wenn auch nur in Schritten, zu einer umfassenden und dauerhaften Friedensregelung kommen, die auf Gerechtigkeit für alle, die guten Willens sind, abgestellt sein muß. Das Mittelmeer muß ein Meer des Friedens werden und darf nicht Wetterecke und Krisenherd der Weltpolitik bleiben.

Auch deshalb verdient der Zustand der NATO in diesem Bereich besondere Aufmerksamkeit. Die anhaltenden Spannungen zwischen den formellen Bündnispartnern Griechenland und Türkei haben den östlichsten Pfeiler der Allianz zutiefst erschüttert. Während der Streit um die türkisch-griechische Hoheitsgrenze, bei dem es um die Bodenschätze der Ägäis geht, anscheinend zur Zeit ein unlösbares Problem ist, wäre die Zypern-Frage lösbar, wenn die Gleichberechtigung und der Nutzen aller Volksgruppen im Vordergrund stünden statt überholter nationalstaatlicher Ressentiments oder Interessen.

Zu den Schwierigkeiten zwischen Griechen und Türken einerseits kommen spezielle türkische Probleme andererseits.

Das törichte amerikanische Waffenembargo, wenn auch inzwischen wieder aufgehoben, hat sich, weil es die Türkei gefährlich weit vom Bündnis entfernt hat, geradezu als historischer Fehler erwiesen. Der Westen muß alles unternehmen, um die politischen und militärischen Bindungen der Türkei zum Bündnis wieder zu knüpfen und zu festigen. Es müssen alle Anstrengungen zur Vermeidung einer Entwicklung unternommen werden, an derem Ende die Türkei, vom Westen distanziert, sich politisch zwischen NATO, Warschauer Pakt und Dritter Welt ansiedelt. In das politische Kalkül ist dabei einzubeziehen, daß der Islam eine neue Schubkraft entwickelt hat, die vom Westen wegführen kann, was nur der falschen Seite nützen würde. Atatürks Erbe ist in Gefahr, wenn die NATO nicht wieder als politischer und militärischer Magnet Überzeugungskraft und Stärke gewinnt.

Die am Mittelmeer angesiedelten Existenzfragen des westlichen Bündnisses sind damit noch nicht beendet. Wünschenswert ist sicher die begonnene Modernisierung der Streitkräfte Italiens und Portugals, wobei es außerordentlich wichtig sein wird, die innenpolitischen Spannungen dieser Länder aus dem militärischen Bereich herauszuhalten. Fragen gibt es auch um die politische Zukunft Spaniens, dessen Beitritt zur Europäischen Gemeinschaft nur ein Schritt sein sollte, der andere sollte der Anschluß des Landes an die NATO sein. Das insgesamt hier zu ziehende Resümee für die NATO muß Sorge bereiten: der Zusammenhalt des Bündnisses im Mittelmeerraum ist teilweise zerfallen, jedenfalls höchst gefährdet. Zu sehen ist hier auch das Vordringen der russischen Flotte ins Mittelmeer, das bei zahlreichen Anrainern schon politisch-psychologische Wirkung gezeigt hat. Dazu kommt die Schicksalsfrage: Was soll aus Jugoslawien nach Tito werden? Wird die Rote Armee einmarschieren und wie sieht die Lage dann aus?

Dieser Teilausschnitt aus der NATO-Problematik ist um so bedenklicher, weil die Sowjetunion unter strategischer

Gleichheit mit den USA und der NATO nicht nur militärische Überlegenheit versteht, sondern dieselbe weltweite Präsenz, die früher einmal die Vereinigten Staaten innehatten. Die Sowjetunion hat ihre militärische Position global verstärkt, sie hat die Zahl ihrer militärischen Optionen wesentlich erweitert und sie hat in allen Teilstreitkräften die offensive Komponente vorangetrieben. Beim Heer geschah dies durch Panzer, bei der Marine durch U-Boote. Besonders alarmierend ist die Entwicklung der sowjetischen Luftwaffe: sie ist in der militärischen Konzeption Moskaus von allen Verteidigungsaufgaben befreit und nur noch auf Angriffszwecke ausgerichtet.

Das Gleichgewicht in Europa im taktisch-nuklearen Bereich ist in Gefahr, zuungunsten des Westens ins Wanken zu geraten. Nicht zuletzt trägt dazu auch bei, daß die westlichen nuklearen Abschußsysteme nahezu alle veraltet sind. Dazu ist ihre Reichweite zu kurz, um der neuen Bedrohung durch die sowjetischen Raketen vom Typ SS 20 begegnen zu können. Auch die Frage nach Sinn und Nutzen des AWACS-Frühwarnsystems gehört hierher; dieses ist nur dann sinnvoll und ein ernst zu nehmender Beitrag für mehr westliche Sicherheit, wenn die NATO in Europa auch waffentechnisch in der Lage ist, erkannte feindliche Objekte rechtzeitig auszuschalten. Ich warne vor der oft geäußerten Idee, daß von westlicher Seite alle Ziele durch die Vereinigten Staaten nuklear abgedeckt seien. Das ist falsch, es sei denn, man denke an den sofortigen Einsatz der flächendeckenden strategischen Vernichtungswaffen – was niemand auf westlicher Seite tut.

Westliches Gegengewicht schaffen

Die Politiker aus den Staaten des Bündnisses stehen vor der Aufgabe, zu dieser euro-strategischen Dimension der Bedrohung ein Gegengewicht zu schaffen. Die Amerikaner haben die strategisch-nukleare Überlegenheit, wahrscheinlich für immer, verloren. Deshalb kommt der Westen, wenn er sich nicht selbst aufgeben will, nicht darum herum, sein Abschreckungspotential durch ein taktisch-nukleares Programm aufrechtzuerhalten und abzurunden. Anzuerkennen ist, daß die NATO – und dafür gebührt General Haig und Generalsekretär Luns Dank – im konventionellen Bereich erhebliche Fortschritte gemacht hat. Demgegenüber aber steht die beunruhigende Tatsache, daß die Sowjetunion im konventionellen, im taktisch-nuklearen und im strategisch-nuklearen Bereich gleichermaßen, gleichzeitig und gleich schnell aufrüstet. Dabei versucht die westliche Allianz mühsam und unzulänglich durch Schwerpunktverlagerungen nachzuziehen, in dem einen oder anderen dieser Bereiche.

Zusätzliche Probleme zeichnen sich ab. Die Drahtzieher der neuen Anti-Atom-Kampagne, die sich bis jetzt in Demonstrationen, Protestaktionen und Bürgerinitiativen hierzulande gegen Kernkraftwerke gewandt hat, haben jetzt erklärt, daß sich der Kampf auch gegen nukleare Sprengkörper im Verteidigungsbereich wenden werde; man werde, so die Ankündigung, die nuklearen Depots ausfindig machen, sie auf Karten veröffentlichen und gegen sie die Öffentlichkeit mobilisieren, mit dem Ziel, die Auflösung und den Abzug solcher Depots zu erreichen. Das ist doch kein Zufall mehr! Hier soll die systematisch angeheizte Angst der Bevölkerung in den Dienst der sowjetischen Strategie gestellt werden.

Alles in allem erfordern die anstehenden Probleme für die westliche Allianz von Politikern und Militärs Entscheidungen von historischer Dimension. Der Bundesrepublik Deutschland fällt dabei, ob wir wollen oder nicht, eine Schlüsselrolle zu. Das globale politische Ausgreifen der Sowjetunion ist jetzt dank ihrer weltweit operationsfähigen Militärmacht eine handfeste Bedrohung geworden. Eigenart und Struktur des westlichen Bündnisses erlauben es nicht, dieser Bedrohung geschlossen zu begegnen, wohl aber gibt es Möglichkeiten für einzelne Gruppierungen innerhalb der Allianz, politische, wirtschaftliche und militärische Antworten vorzubereiten und zu geben. Das Eingreifen Frankreichs in Zaire ist im Rahmen dieser Überlegungen zu sehen.

Der Westen muß mit eigenen politischen Plänen auf weltweite, auf regionale und auf lokale Bedrohungen eine Antwort finden. Es fehlt an einer Zusammenschau aller Probleme, zum Beispiel wird nach meinem Urteil der Zusammenhang zwischen Rüstungskontrollvereinbarungen und militärischen Modernisierungsprogrammen, auch unter Einbeziehung der geographischen Gegebenheiten nicht zuletzt im Hinblick auf eine realistische Entspannung, nicht gesehen. Hier sind auf der Seite des Westens neue Denkansätze nötig. Denn man kann natürlich, um ein Beispiel zu nehmen, tausend alte Panzer zurückziehen und durch Einführung einer neuen Panzergeneration ein Vielfaches an Kampfkraft hinzugewinnen, ohne auf dem Papier auch nur einen Panzer mehr zu haben; im Gegenteil, hier kann eine zahlenmäßige Verringerung durchaus eine militärische Verstärkung bedeuten. Auch hat der Westen bisher zwar bei Verhandlungen mit dem Osten Qualität und Quantität der bestehenden Rüstungen verglichen, nicht aber das Tempo der Einführung neuer Waffensysteme.

Breschnew beteuert immer wieder, und er hat dies im Mai auch mir gegenüber getan, daß die Sowjetunion den Frieden will. Ich habe ihn auf die Folgen eines Krieges hingewiesen, der durch die Anhäufung von Konfliktpotential, zum Beispiel in Afrika, nur allzu leicht entstehen könnte. Sicherlich sind Ziel und Sinn der sowjetischen Rüstung nicht der Krieg schlechthin. Es geht Moskau darum, sich durch militärische Überlegenheit politischen Spielraum und ein Instrument für politischen Druck zur Sicherung der Herrschaft im Innern und zur Festigung alter und zur Gewinnung neuer Einflußbereiche nach außen zu schaffen.

Diese von Moskau angestrebte und weitgehend erreichte Verfügbarkeit über alle denkbaren militärischen Optionen im Rahmen einer weltweiten sofortigen Operationsfähigkeit umfaßt auch die Möglichkeit von »Stellvertreterkriegen«, die kubanische Fremdenlegionäre oder, ein anderes Beispiel, »DDR«-Hilfsverbände zu führen haben. Die Vorgänge in Afrika sind für diese Art sowjetischen Vorgehens bezeichnend: In Angola führen seit Wochen nicht nur 10000 Kubaner, sondern auch rund 2000 »DDR«-Soldaten einen Feldzug zur Ausrottung der antikommunistischen Freiheitsbewegung UNITA. Insgesamt stehen etwa 28000 Kubaner und 5000 »DDR«-Soldaten für die strategischen Zwecke der Sowjets zum Eingreifen bereit. Daß im Zusammenhang mit der Entwicklung in Südwestafrika und den zur Zeit dort stattfindenden Wahlen Invasionspläne von Moskaus Legionären und ihren schwarzen »Verbrauchsarmeen« bekannt geworden sind, wirft ein grelles Schlaglicht auf die Wirklichkeit einer Welt, in der hierzulande soviel von Entspannung, von Normalisierung und von Ausgleich zwischen Ost und West die Rede ist. Dabei ist das südliche Afrika nur einer von vielen für den Westen neuralgischen Punkten. Die Entwicklung am Horn von Afrika ist hier zu nennen, in Äthiopien, im Südjemen, in Afghanistan und, aus aktuellem Grund, vor allem im Iran. All diese Krisenherde und Konfliktgegenden stehen im Zusammenhang einer globalen sowjetischen Strategie.

Der Westen muß zu einer zielstrebigen, geschlossenen und langfristigen Strategie kommen, auf der Grundlage einer weltweiten Analyse der zu erwartenden Auswirkungen und mit verteilten Schwerpunkten. Der Westen muß lernen, die entscheidenden Fragen des Überlebens in Freiheit und Frieden nicht in der kurzfristigen Hektik des politischen Alltags und mit dem verengten und verstellten Blick auf den jeweils nächsten Wahltermin zu sehen. Die Überzeugung von der Überlegenheit unserer freiheitlichen Staats- und Gesellschaftsordnung und die Gewißheit von der größeren Leistungskraft unseres Wirtschaftssystems müssen umgesetzt werden in konsequentes politisches Denken und in entschlossenes politisches Handeln. Dann hat die Freiheit, dann hat der Westen, dann haben wir eine Chance.

(9. Dezember 1978)

Doppelspiel um Bastian

Im März 1979 kommt es um den späteren Bundestagsabgeordneten der Grünen, Gert Bastian, damals Generalmajor und Kommandeur der 12. Panzerdivision der Bundeswehr, zu einem Skandal. Strauß nimmt dies zum Anlaß einer kritischen Abrechnung mit der Verteidigungspolitik der SPD/FDP-Bundesregierung im allgemeinen und mit dem Verhalten der SPD im besonderen.

Der Fall des Kommandeurs der 12. Panzerdivision der Bundeswehr, Generalmajor Gert Bastian, ist längst nicht mehr nur der Skandal eines Generals. Er ist ein Skandal der SPD/FDP-Bundesregierung, ein Skandal des zuständigen Verteidigungsministers Apel und vor allem ein Skandal des verantwortlichen Bundeskanzlers Helmut Schmidt. Er ist aber auch ein Alarmsignal für den trostlosen Zustand der von SPD und FDP getriebenen Politik im allgemeinen und des lebensgefährlichen Zerfalls der deutschen Sicherheitspolitik im besonderen.

Als gelehriger Schüler Herbert Wehners, der in der SPD und in der Bundesregierung offensichtlich mittlerweile die Rolle eines Über-Generalinspekteurs der Bundeswehr einnimmt, hat sich Bastian der verharmlosenden Deutung der gigantischen sowjetischen Rüstung und Militärstrategie angeschlossen, mit der der SPD-Fraktionsvorsitzende, den Auswirkungen nach durchaus im Sinne Moskaus, die westliche Sicherheitspolitik diskreditiert, die Zusammenarbeit in der NATO empfindlich gestört und die Zuverlässigkeit des Bündnispartners Bundesrepublik Deutschland ins Zwielicht gerückt hat. General Bastian, der es von seinem Amt als führender Offizier her besser wissen müßte, mißt der beschleunigten sowjetischen Rüstung mit dem bedrohlichen und raschen Ausbau der offensiven Komponenten zu Land, in der Luft und zur See wie sein politisch-strategischer Lehrmeister Wehner nur defensive Bedeutung zu. Eine solche Wertung aus dem Munde eines maßgeblichen Vertreters der Bundeswehr entspringt entweder krasser Unfähigkeit oder bewußter Fehleinschätzung – beide Möglichkeiten verlangen gebieterisch die Ablösung dieses Generals von seiner Führungsposition.

Die sowjetische Militärtheorie ist offensiv wie eh und je, sie lehnt für ihre Streitkräfte den Grundsatz der strategischen Defensive strikt ab. Parallel dazu entfaltet die Sowjetunion Rüstungsanstrengungen, die für das westliche Bündnis immer bedrohlicher werden, weil sie das militärische Gleichgewicht zugunsten Moskaus verschieben. Diese Beurteilung teilen alle maßgebenden militärischen Fachleute des Westens, darunter auch NATO-Oberbefehlshaber Alexander Haig, der erst kürzlich wieder erklärt hat, daß die wachsende militärische Interventionsmöglichkeit der Sowjets politisch bedeutungsvoller geworden sei. Zugleich, so Haig, wurde es schwieriger, vor einer tatsächlichen Intervention der Sowjets abzuschrecken oder ihr zu begegnen.

Auf Wehners Linie

Die militärische Doktrin der Sowjetunion fordert die Fähigkeit zum »präsumptiven« Schlag, der den Kriegsschauplatz auf gegnerisches Gebiet tragen und seine Kontrolle sichern soll. Die taktisch-operative Militärdoktrin Moskaus ist eindeutig offensiv, ihr Schwerpunkt liegt auf dem Angriff. Auch die Antwort auf die Frage, was denn die Sowjetunion mit ihrer kostspieligen Rüstung, die einen ungeheueren Teil ihres Sozialproduktes verschlingt, bezweckt, liegt auf der Hand: Die Sowjetunion baut ein militärisches Druckpotential auf, das ihren Forderungen überall in der Welt den größten Nachdruck verleihen kann. Das ist das politische Hauptziel der sowjetischen Rüstung. Und das militärische Ziel der sowjetischen Rüstung ist es, sich sämtliche militärischen Optionen, sämtliche militärischen Anwendungsmöglichkeiten also, offenzuhalten.

Zum einen liegt der Skandal Bastian in den Äußerungen des Generals an sich, zum anderen, und dies ist noch viel gravierender, in der Untätigkeit des Verteidigungsministers und des Bundeskanzlers. Im Klartext kann dies nichts anderes heißen, als daß ein General, der auf der politischen Linie Herbert Wehners liegt, von Apel und Schmidt nicht mehr zur Ordnung gerufen werden kann. In dieses alarmierende Bild paßt, was Verteidigungsminister Apel schon Anfang Januar im kleinen Kreis einzugestehen gezwungen war: Wehner bestimmt weitgehend die Richtlinien der deutschen Politik; früher sei es so gewesen, daß die SPD/FDP-Bundesregierung mit dem Entwurf eines Vorhabens zu Herbert Wehner gegangen sei; man habe den SPD-Fraktionsvorsitzenden informiert, es sei kurz diskutiert worden, dann sei die Sache gelaufen gewesen. Jetzt, so Apels Klage, sei dies anders: Wehner trete an die Regierung heran und sage, was gemacht werden müsse.

Solche Zusammenhänge machen den Skandal um Bastian und das Folgeverhalten der Bundesregierung zwar nicht entschuldbar, aber in gewisser Weise verständlich. Die Angst vor Wehner und seiner Macht, die sich nicht zuletzt in einem breiten Rückhalt in der SPD und in der Durchschlagskraft des sozialistischen Strategie-Quartetts Wehner-Bahr-Brandt-Ehmke niederschlägt, lähmt den Verteidigungsminister und verurteilt auch Bundeskanzler Schmidt, längst nur noch Aushängeschild einer weit nach links abgetriebenen SPD, zu ohnmächtigem Schweigen. Das Verteidigungsministerium selbst ist dabei, wenn es sein untätiges Verhalten in Sachen Bastian fortsetzt, zu einem Risikopunkt unserer Verteidigungspolitik zu werden. Während nach Presseberichten sich amerikanische Offiziere weigern wollen, dem derzeitigen Kommandeur der 12. Panzerdivision in Zukunft ihre Soldaten bei Manövern und im Verteidigungsfall zu unterstellen, reagiert der Sprecher des Verteidigungsministeriums auf die Forderung nach der überfälligen Ablösung Bastians mit der oberflächlich-dreisten Antwort: »Ich wüßte nicht weswegen.«

In rötlichem Zwielicht

Die Sicherheitspolitik der SPD/FDP-Bundesregierung ist von gefährlicher Doppelbödigkeit gekennzeichnet und in rötliches Zwielicht getaucht. Klar ist daran nur, daß Schmidt und Apel den Deutschen Bundestag und die deutsche Öffentlichkeit in dieser Lebensfrage Deutschlands, Europas und des Westens insgesamt systematisch hinters Licht zu führen suchen. In Beantwortung einer Großen Anfrage der CDU/CSU im Bundestag hatte die Bundesregierung noch am 16. Februar 1979 von einer Bedrohung der gesamten NATO in Europa und von der militärischen Offensivkapazität des Warschauer Paktes gesprochen. Offiziell war damit Wehners langfristig vorbereiteter Aktion der Verharmlosung des sowjetischen Militärpotentials widersprochen worden.

Jetzt erklärt General Bastian ungerügt und ungestraft, daß er auf der verteidigungspolitischen Linie Wehners liege, wobei er zusätzlich um Verständnis für die Sowjetunion wirbt, deren Sicherheitsbedürfnis der Westen doch anerkennen müsse. Bastian gegenüber der »Tauberzeitung«: »Einen inhaltlichen Dissens zwischen meinen Äußerungen und Herrn Wehners bekannter Feststellung sehe ich nicht.« Dennoch sieht nicht nur das Verteidigungsministerium keinen Anlaß zum Handeln, der SPD-Bundestagsabgeordnete und Vorsitzende des SPD-Bezirks Südbayern, Dr. Alfons Bayerl, erklärt zusätzlich, daß sich Bastian »in Übereinstimmung mit den Grundlinien der Sicherheitspolitik der Bundesrepublik« befinde.

Das trügerische Doppelspiel liegt offen zutage. Gilt in der verteidigungspolitischen Grundkonzeption der Bundesrepublik Deutschland das, was Herbert Wehner und seine Anhänger in der SPD und offensichtlich auch in der Generalität vertreten, oder gilt das, was Schmidt und Apel als offizielle Verteidigungspolitik ausgeben? Der Bundeskanzler ist entweder nicht willens oder aus parteiinterner Schwäche nicht mehr in der Lage, für Klarheit zu sorgen. Das erklärt dann auch, warum General Bastian in seinem Auftreten immer unverfrorener wird. Wenn er ausgerechnet in der zum Kommunismus neigenden Zeitung »Die Neue« die Kritik des CDU-Bundestagsabgeordneten Weiskirch, der zudem noch Mitglied des Verteidigungsausschusses ist, als »völlig unsachlich und blöd« bewerten darf, dann wirft dies nicht nur auf Bastians Einstellung gegenüber dem parlamentarisch-demokratischen System ein bezeichnendes Licht. Es beweist auch, wie sicher man sich im Schutze Wehners sein kann, wenn man als General Politiker, soweit sie der Opposition angehören, beschimpft. Die Anmerkung von Adelbert Weinstein in der »Frankfurter Allgemeinen«, wonach es seit der Krupinski-Affäre in der Bundeswehr niemand mehr wage, sich mit Wehner anzulegen, zeigt, wie weit der Verfall politischer Normen hierzulande bereits gediehen ist.

Bundeskanzler Schmidt und seine Regierung brauchen sich nicht zu wundern, wenn bei unseren westlichen Verbündeten das Mißtrauen in die Verläßlichkeit des deutschen Bündnispartners Tag für Tag abnimmt. Die besorgten Kommentare aus den Vereinigten Staaten, aus Frankreich, aus Großbritannien, aber auch aus neutralen Ländern wie der Schweiz häufen sich. Die unübersehbaren Zeichen für eine sozialistische Umorientierung der deutschen Außenpolitik – weg von Washington und näher zu Moskau – sind zu deutlich, als daß sie von kritischen Beobachtern des In- und Auslandes, trotz aller regierungsamtlichen Vertuschungsmanöver in Bonn, übersehen werden könnten. Wenn die gewiß nicht vorschnelle, sondern sorgfältig beobachtende und ihr Urteil wägende »Neue Zürcher Zeitung« in Helmut Schmidt »fast ein Sprachrohr Moskaus« sieht, dann weiß man, was die Glocke geschlagen hat.

Die Schweizer Stimme steht nicht allein. Entgegen dem Eindruck seiner öffentlichen Auftritte, bei denen Helmut Schmidt stets besonders freundschaftliches Einvernehmen mit den Staats- und Regierungschefs unserer westlichen Partnerländer zu spielen pflegt, sieht auch hier die Wirklichkeit anders aus. Offen klagen beispielsweise führende französische Politiker über unterschwellige Tendenzen der liberalsozialistischen Außenpolitik, mit Moskau im Sinne Bahrs und Wehners zu einer »Sonderregelung« zu kommen und zum Westen auf Distanz zu gehen. In den USA sind die diesbezüglichen Sorgen über die deutsche Politik eher noch größer.

Bereits jetzt hat der Skandal um den General Bastian politischen Schaden angerichtet, der ganz kaum mehr wiedergutzumachen ist. Mit aller Dringlichkeit fordere ich Bundeskanzler Schmidt auf, diesen Schaden nicht ins Unermeßliche wachsen zu lassen und endlich zu handeln. Ich darf ihn, auch wenn er dies nicht gerne hört, an seinen Amtseid erinnern: er hat geschworen, Schaden von der Bundesrepublik Deutschland zu wenden. Von der FDP und ihrem ebenfalls dafür zuständigen Außenminister redet ohnehin niemand mehr.

(31. März 1979)

Europa und die Freiheit

Am 10. Juni 1979 wurde zum ersten Mal das Europäische Parlament direkt vom Volk gewählt. Selbstverständlich setzte die CSU, vom Anfang ihres politischen Wirkens an zutiefst europäische Partei, auch in diesem Wahlkampf ihre ganze Kraft ein. Franz Josef Strauß formulierte, worum es an diesem ersten europäischen Wahltag ging.

Anderweitige politische Vorgänge dürfen uns nicht davon ablenken, worum es in diesen Tagen und vor allem am kommenden Sonntag geht. Es geht um Europa – und dies zum ersten Mal in einer alle Bürger unseres Landes persönlich betreffenden Unmittelbarkeit. Wir sind aufgerufen, ein europäisches Parlament in direkter Wahl zu bestimmen. Die CSU nimmt diesen Aufruf, den wir als historischen Auftrag verstehen, außerordentlich ernst. Neben dem bayerischen und dem deutschen ist der europäische Akzent in der Politik der CSU von Anfang an von besonderer Wichtigkeit gewesen. Wir haben mit Konrad Adenauer unseren Beitrag für ein geeintes Europa geleistet. Wir haben gegen erbitterten sozialistischen Widerstand die Fundamente eines freien und einigen Europas gelegt. Diese Freiheit für die Zukunft zu sichern und die Einheit aufzubauen – das ist die Bedeutung des Europa-Wahltages. Deshalb auch hat die CSU ihren Wahlkampf für diesen Tag unter die Losung »Nein zum Sozialismus – Ja zur Freiheit« gestellt.

Bei der ersten Direktwahl zum Europäischen Parlament geht es darum, aus der Europäischen Gemeinschaft, die vorrangig immer noch eine Wirtschaftsgemeinschaft ist, eine geistig-ethische Willensgemeinschaft und eine politische Handlungsgemeinschaft zu schaffen. Wir wollen ein Europa aller Bürger, das auf einer verbindlichen Wertordnung beruht; wir wollen eine Gemeinschaft, die sich zu dem ganzen, ungeteilten europäischen Geschichts- und Kulturerbe bekennt – zu seiner Größe und Leuchtkraft wie zu seinen dunklen Zeiten; wir wollen eine Gemeinschaft, die für das ganze Europa, die für alle Europäer – vor allem für jene, die heute in Unfreiheit leben müssen – sprechen kann; die europäische Gemeinschaft, die wir wollen, muß für die europäischen Mitbürger, die in Unfreiheit zu leben gezwungen sind, ein Leuchtturm der Hoffnung sein, dessen Licht nicht erlöschen darf.

Wo das Gewissen schlägt

So muß das neue Europäische Parlament, wenn es seine Aufgabe richtig sieht, vor allem die Stätte sein, an der das Gewissen Europas schlägt, wo gesagt wird, was ohne Rücksicht auf enge nationale Interessen für Europa insgesamt notwendig ist; wo klar wird, was die Aufgaben und Pflichten Europas in der Welt sind. Europa muß mehr sein als das Betätigungsfeld einer europäischen Bürokratie; es muß aber auch etwas anderes sein als nur ein politisches Werkzeug zur Durchsetzung der Ideologie des Sozialismus. Es muß alle freiheitlichen Kräfte in Europa alarmieren, wenn sich heute plötzlich auch die Sozialisten zu Europa bekennen, von dem sie bis vor wenigen Jahren nichts wissen wollten. Sie haben Europa entdeckt als Schleichpfad und Umweg zur Durchsetzung sozialistischer und kollektivistischer Ziele. Der Propagandamarsch, der den Europäern heute von den vereinigten Linken aller Schattierungen geblasen wird, weist nicht in eine freiheitliche Zukunft unseres Kontinents, sondern beschwört im Gegensatz zur Wirklichkeit unserer freiheitlich-demokratischen und marktwirtschaftlichen Ordnung ein Gespenst aus dem 19. Jahrhundert: ein Europa des Klassenkampfes. Das Europa, für das wir, mit der großen Mehrheit unserer Mitbürger auf unserer Seite, seit vielen Jahren kämpfen, ist nicht das Europa eines reaktionären Klassenkampfdenkens, das ist nicht das Experimentierfeld zur angeblichen Verwirklichung verlogener irdischer Heilslehren, das ist nicht der Tummelplatz planungswütiger Technokraten und perfektionssüchtiger Bürokraten, das ist weder das Europa der Unternehmer noch das der Arbeitnehmer, es ist weder das Europa der Produzenten noch das der Konsumenten.

Das Europa, für das die CSU mit Leidenschaft und Überzeugung kämpft, ist vielmehr ein Kontinent freier selbstverantwortlicher Bürger. Es ist das Europa, das sich seiner Geschichte, seines Kulturerbes und seiner geistig-religiösen Grundlagen bewußt ist und sich zu ihnen bekennt und dadurch die Kraft gewinnt, seiner geschichtlichen Bestimmung gerecht zu werden und seinen Auftrag für die Zukunft zu erfüllen. Europas geschichtliche Bestimmung ist die Freiheit, sein Auftrag der Frieden. Dies gilt doppelt. Zum einen: für die europäischen Völker selbst, die weiterhin in abendländischer Kulturtradition, in moderner Zivilisation, in einer freiheitlichen, durch Jahrhunderte hindurch erkämpften rechtsstaatlichen Ordnung leben wollen. Zum anderen: für die Welt, in der das geeinte, freiheitliche und friedenssichernde Europa für die Menschen und die Völker, die unter totalitären Regimen heute leben müssen, ein Zeichen der Hoffnung bleiben wird.

Diesen Auftrag Europas haben wir vor Jahrzehnten, nach der größten Katastrophe der deutschen und der europäischen Geschichte, erkannt und angepackt. Die Vertreter christlich-sozialer, christlich-demokratischer und konservativer Politik haben die Grundsteine gelegt, auf denen auch am kommenden Sonntag weitergebaut werden muß. Der Anfang und der Aufbau Europas vollzogen sich gegen die heftige Ablehnung durch die SPD und ihre Gesinnungsgenossen, die nicht in der Lage waren, die Bedeutung geschichtlicher Entscheidungen zu erkennen. Die Ausgestaltung eines friedlichen und freien Europas muß deshalb in den Händen jener politischen Kräfte bleiben, die durch überzeugende Leistung glaubwürdige europäische Kompetenz bewiesen haben.

Die Wahl zum Europäischen Parlament ist eingebettet in die große Grundentscheidung unseres Jahrhunderts, in die Entscheidung zwischen Freiheit und Kollektivismus. Auch für Europa bedeutet dies die Entscheidung zwischen Sozialer Marktwirtschaft und Dirigismus, zwischen stabilem Wachstum und Inflation, zwischen Freihandel und Protektionismus; die Entscheidung zwischen freiheitlichem Rechtsstaat und parlamentarischer Demokratie oder sozialistischem und syndikalistischem Kollektivismus. Wir wollen kein Europa soziologischer Mehrheiten gegen soziologische Minderheiten, kein Europa einer Kaste oder Klasse. Wir wollen ein Europa der Bürger, nicht der Funktionäre, der freien Menschen in einer freien Gesellschaft.

Wir sehen Europa als den großen und übergeordneten freiheitlichen Rahmen, in dem das deutsche Vaterland und unsere bayerische Heimat ihren festen und gesicherten Platz haben müssen. Deshalb sind wir gegen jede europäische Gleichmacherei; die Vielfalt seiner Völker gehört für uns untrennbar zur Freiheit Europas. Was für unsere Politik innerhalb der bayerischen und der deutschen Grenzen gilt, gilt auch für unseren europäischen Einsatz. Europa muß wieder zu klaren Wert- und Lebensorientierungen finden. Einfache, grundlegende Werte wie Fleiß, Sparsamkeit, Zuverlässigkeit, Disziplin müssen wieder als selbstverständlich geachtet werden. Es muß ein Ende haben mit der Diffamierung und dem Infragestellen überlieferter, für ein menschenwürdiges Dasein unentbehrlicher Lebensformen und Ordnungen wie der Familie. Allein auf einer festen werthaften Grundlage können wir das freie Europa bauen.

Wir wollen und setzen uns ein für ein handlungsfähiges Europa dort, wo die Mitgliedstaaten allein nicht die Kraft zum Handeln haben, vor allem dort, wo einzelne Regionen die Hilfe der ganzen Gemeinschaft brauchen, um Entwicklungsrückstand und Armut zu überwinden. Wir setzen uns ein für eine freiheitliche und menschenwürdige soziale Wirtschaftsordnung und lehnen es ab, den Irrweg kollektivistischer Staats- und allmächtiger Funktionärswirtschaft zu gehen. Wir setzen uns ein für ein Europa des Fortschritts durch Leistung, für ein Europa, in dem Respekt vor und Verbindung mit den Höhen und Tiefen der europäischen und deutschen Geschichte ungebrochen sind. Wir kämpfen für ein Europa der Freiheit.

Um dieses Europa der Freiheit als unsere geistige Heimat, als politische Kraft und als menschliche Zukunft geht es am 10. Juni. Ich bitte alle Wähler in Bayern, dafür zu sorgen, daß das Gewicht unseres freiheitlichen Staates am Sonntag in die Waagschale der Freiheit für Europa gelegt wird.

(9. Juni 1979)

Für eine Politik mit vollem Einsatz

Am 2. Juli 1979 nominiert die CDU/CSU-Bundestagsfraktion mit 135 gegen 102 Stimmen – diese entfallen auf Ernst Albrecht – den CSU-Vorsitzenden und Bayerischen Ministerpräsidenten Franz Josef Strauß zum Spitzenkandidaten der Union für die Bundestagswahl des Jahres 1980. 29 Jahre hat Strauß dieser Fraktion angehört, 153 große Reden hat er für sie und in ihrem Namen gehalten. Bequeme Verbindlichkeit und Anpassung an einen echten oder auch nur angeblichen Zeitgeist war nie Sache von Franz Josef Strauß – sie ist es auch nicht in seiner neuen Verantwortung. Politik war und ist für Strauß eine Aufgabe, die den ganzen Menschen und seinen ganzen Einsatz verlangt. Deutlich wurde dies auch anläßlich des 35. Landesparteitages der CDU Westfalen-Lippe.

Wir stehen am Beginn eines Abschnitts der deutschen Nachkriegspolitik, in dem mit Geschlossenheit und Entschlossenheit in einer Reihe von Landtags- und Kommunalwahlen der Kurs der Union kraftvoll durchgesetzt, eine politisch zerrissene Landesregierung in Düsseldorf und schließlich eine immer handlungsunfähiger gewordene Bundesregierung in Bonn abgelöst werden müssen. Allein durch den gemeinsamen Kampf um die Erhaltung der Macht werden in Nordrhein-Westfalen und im Bund SPD und FDP, beide beherrscht vom Diktat ihrer linken Gruppen, noch zusammengehalten. Ihre ideologische Spaltung erschüttert die Grundlagen unserer freiheitlichen und sozialen Gesellschaft:

Unsere Arbeitnehmer werden durch Steuern und Sozialabgaben überfordert,

eine Schuldenpolitik ungeheueren Ausmaßes belastet die künftige Generation, die Soziale Marktwirtschaft wird zunehmend ausgehöhlt,

linke Parteiideologen bestimmen die Energiepolitik der Bonner Koalition,

wachsende Reglementierung und ausufernde Bürokratie bevormunden und gängeln die Bürger,

Anspruchsinflation und Subventionsgesinnung werden weiter geschürt,

die Sozialpolitik besteht vor allem aus großen Worten, Täuschungen und der nachträglichen Rücknahme vieler Maßnahmen,

der Zusammenhalt und die Erziehungskraft der Familien werden systematisch geschwächt,

die Ostpolitik der Bonner Koalition vernachlässigt deutsche Interessen, steht im Zwielicht gegenüber unseren Freunden im Westen und ruft Mißtrauen bei den Vertragspartnern in Osteuropa hervor,

die Sicherheitspolitik ist zum Gegenstand parteiideologischer Richtungskämpfe in der Koalition geworden,

Außenpolitik und Entwicklungshilfe sind größtenteils durch Naivität geprägt und durch Ideologie gelähmt.

Abkehr von Ideologien

Diese Politik des Zickzackkurses und der Täuschung, der Halbherzigkeiten, der Illusionen und der ideologischen Horizontverengung muß abgelöst werden durch eine an der Wirklichkeit orientierte, auf klaren Grundsätzen ruhende, wieder Stabilität und sichere Grundlagen schaffende, freiheitssichernde und friedensbewahrende Politik zum Wohle der Bürger der Bundesrepublik Deutschland und im Interesse des ganzen deutschen Volkes.

Die Bundesrepublik Deutschland ist der Staat aller Bürger und aller Schichten der Bevölkerung. Er ist das gemeinsame Werk und die gemeinsame Heimat der Arbeitnehmer und der Arbeitgeber, der arbeitenden und der lernenden Menschen, der Hausfrauen, der Rentner, aber auch all derer, die ohne Arbeit sind, und derer, die in Bedrängnis leben.

Dank dem Fleiß, dem Können und dem Verantwortungsbewußtsein der deutschen Arbeiter und Unternehmer konnte unser kriegszerstörtes Land wiederaufgebaut werden, konnte unser Volk seinen Wohlstand erwerben und der hohe Leistungsstand der sozialen Ordnung in der Bundesrepublik Deutschland erreicht werden. Ohne die innere Standfestigkeit der deutschen Arbeitnehmer gegenüber freiheitsfeindlichen Ideologen von links und rechts gäbe es nicht die Festigkeit unserer parlamentarischen Demokratie und unseres freiheitlichen Rechtsstaates. Die deutschen Arbeitnehmer sind keine entrechteten Proletarier, sondern selbstverantwortliche und selbstbewußte Staats- und Wirtschaftsbürger. Sie wollen geachtete Bürger einer Nation sein, die in der Geschichte nicht nur dunkle Kapitel, sondern auch große und helle Abschnitte aufzuweisen hat.

Sie wollen vor allem das erhalten, was eine fleißige Generation in den Aufbaujahren nach dem Zweiten Weltkrieg geschaffen hat. Die politischen Voraussetzungen für diese Aufbauleistung schufen CDU und CSU. Gegen den teilweise erbitterten Widerstand der SPD haben die Unionsparteien die sicheren Grundlagen durchgesetzt: Die Soziale Marktwirtschaft, die europäische Einigung und die atlantische Partnerschaft. Was damals geschaffen worden ist an wirtschaftlicher Stabilität, finanzieller Solidarität, sozialer Sicherheit und sozialem Frieden ist heute jedoch in Gefahr, zerrüttet zu werden durch finanzielle Mißwirtschaft, schleichende kollektivistische Gesellschaftsveränderung und durch ein zum Zwecke der Machterhaltung voneinander abhängiges Kartell aus Opportunisten und linken Ideologen in der SPD.

Ich habe die untrennbare Verbundenheit der Union mit der

Arbeitnehmerschaft immer wieder betont. CDU und CSU sind stets überzeugte Vorkämpfer und Verteidiger des gewerkschaftlichen Gedankens und des gewerkschaftlichen Auftrags ohne Wenn und Aber gewesen. Die Union hat stets die Leistungen der deutschen Gewerkschaften in Geschichte und Gegenwart, ihr Ringen um soziale Gerechtigkeit, ihre Verdienste in den Zeiten der Unterdrückung, des Widerstandes und der Verfolgung, ihren Anteil am Wiederaufbau von Staat und Wirtschaft nach dem Kriege, ihre Leistung bei der Schaffung, Verbesserung und Verteidigung unserer sozialen Ordnung gewürdigt. Zum Kernstück der Sozialen Marktwirtschaft gehört die Gewerkschaftsfreiheit. Nur in der Sozialen Marktwirtschaft gibt es echte Gewerkschaftsfreiheit. Gerade deshalb hat keine Partei ein offeneres, positiveres und von ideologischer Verkrampfung freieres Verhältnis zu den Gewerkschaften, auch zum DGB, als wir. Deshalb ist es eine Verleumdung, wenn behauptet wird, einige von uns wollten eine Staatsgewerkschaft oder Parteigewerkschaft. Wir wollen nicht die Gewerkschaften für unsere Zwecke einspannen. Wir sagen ja zu den Gewerkschaften, auch zum DGB, aber sagen nein zum Klassenkampf wie zu einem Gewerkschafts- oder auch Unternehmerstaat.

Keine Organisation, keine Partei und keine Gewerkschaft ist jedoch vor Fehlentwicklungen und Identitätszweifeln bewahrt. Ausschließlich darauf beruhen unsere Mahnung und Warnung und auch unsere Kritik an den Gewerkschaften. Auch der DGB muß sich dieser Kritik von außen und innen stellen, vor allem angesichts des gegenwärtigen Ringens um Rolle und Zielvorstellungen der Gewerkschaften, angesichts der kommunistischen Unterwanderung in Teilbereichen, angesichts der parteipolitischen Einseitigkeit und Intoleranz gegenüber der Union im DGB zugunsten der SPD.

Vor großen Aufgaben

Wir stehen in der Bundesrepublik vor großen Aufgaben:

der Sicherung eines gesunden Wirtschaftswachstums,

der Sicherung unserer Zukunft durch die ausreichende Versorgung mit bezahlbarer Energie und lebenswichtigen Rohstoffen,

der Bewahrung unserer natürlichen Umwelt,

der Befreiung unserer Bürger von bürokratischer Bevormundung und finanzieller Überbeanspruchung,

der Stärkung der Familien.

Wir brauchen auch in Zukunft Wirtschaftswachstum. Dies verlangt einen steigenden Energiebedarf. Wer unseren jungen Menschen den Verzicht darauf und das einfache Leben als das Heil der Zukunft vorgaukelt, handelt unverantwortlich. Sinkender Wohlstand, eine ungeheure Kostenwelle, ein neuer Inflationsschub, anschwellende Arbeitslosigkeit bei fallenden Löhnen, die Erschütterung unserer sozialen Sicherheit, das Schwinden unserer Hilfsmöglichkeiten gegenüber der Dritten Welt, Verarmung, erbarmungslose Verteilungskämpfe und eine bedrohliche Verminderung unserer äußeren Freiheit wären die Folgen. Es muß daher mit dem empörenden Doppelspiel Schluß gemacht werden, das die Energiepolitik von SPD und FDP zur Zeit darstellt. Die Energiepolitik der Unionsparteien verfolgt dagegen eine klare Linie. Sie ist getragen vom Bemühen

um sparsame Energieverwendung,

um den Ersatz des Öls vor allem durch Kernenergie, Erdgas und Kohle,

um die Entwicklung neuer Ersatzenergien.

Kernenergie und Kohle sind die einzigen Energieformen, die mittel- und langfristig einen wesentlichen Beitrag zum Ersatz des Erdöls liefern können. Weil die Union die finanziellen, sozialen und Umwelt-Fragen kennt, die mit Kernkraft und Kohle verbunden sind, wird sie sie in Offenheit gegenüber unseren Bürgern und ohne ideologische Verklemmung anpacken.

Ohne gesicherte Energieversorgung gibt es kein Wirtschaftswachstum. Wirtschaftswachstum aber ist die Grundlage unserer sozialen Sicherheit. Sozialpolitik ist in der Bundesrepublik Teil einer freiheitlichen Ordnungspolitik. Aufgabe der Sozialpolitik kann niemals sein, der Ambulanzwagen für wirtschafts- und finanzpolitische Fehler oder Versäumnisse zu sein. Sie ist Politik für freie, selbstverantwortliche Menschen. Sie beruht auf der Eigenverantwortung des einzelnen, wo dies möglich ist, und auf der Hilfe der Solidargemeinschaft, wo dies nötig ist.

Die Überlastung des von der Union gespannten sozialen Netzes durch sachfremde Leistungen und durch die Konjunkturpolitik der SPD und FDP haben zu seiner Gefährdung geführt. Die Rücknahme propagandistisch verkaufter Maßnahmen, Beschönigung und ein gewissenloses Herumspielen mit allen möglichen Kürzungsmodellen durch SPD und FDP haben eine tiefe Unsicherheit unter unseren Rentnern ausgelöst. Wir werden es nicht zulassen, daß sich die Täter gerade gegenüber einer Generation als Retter aufspielen, die in zwei Weltkriegen, zwei Inflationen, in einer grauenhaften Massenarbeitslosigkeit, in Fronteinsatz und Bombennächten, in Vertreibung und Verfolgung unendlich viel erlebt und erlitten haben.

Eine wirklichkeitsnahe Sozialpolitik muß wieder abwägen, ob weitere, vielleicht für den einzelnen durchaus wünschenswerte soziale Leistungen zusätzliche Belastungen für Beitragszahler und Steuerzahler wirklich rechtfertigen.

Die Sozialisten behaupten, sie schaffen die bessere Zukunft. Wir aber schaffen die bessere Gegenwart durch unsere freiheitliche und fortschrittliche Politik für selbstverantwortliche Bürger, nicht für betreute und gegängelte Untertanen. Für diese Politik müssen wir das Vertrauen der Bürger gewinnen, überall in der Bundesrepublik Deutschland, vor allem jedoch auch in Nordrhein-Westfalen, dem Land, das noch immer das wirtschaftliche Herz der Bundesrepublik ist. Um dieses Zieles willen muß ein Ende gemacht werden mit dem Marsch in Sozialismus und Kollektivismus. Es ist unsere Aufgabe, den Deutschen neue Zuversicht zu geben für ein freies und gesichertes Leben in einem sich einigenden Europa und in einer friedlich zusammenarbeitenden Welt.

Dazu brauchen wir den vollen Einsatz aller Mitglieder und Anhänger der Union. Dazu werden wir in CDU und CSU in Geschlossenheit und Gemeinsamkeit, mit Überzeugungskraft und Kampfeswillen zusammenstehen.

(1. September 1979)

Rückblick und Besinnung ohne Legende

Am 1. September 1939 begann mit dem Einmarsch der Deutschen Wehrmacht in Polen der Zweite Weltkrieg. Für den Politiker Franz Josef Strauß, für den das Wissen um geschichtliche Zusammenhänge und die klare Analyse zu ziehender Schlußfolgerungen ein besonderes und unverwechselbares Qualitätsmerkmal ist, war der 40. Jahrestag dieses Ereignisses am 1. September 1979 Grund für eine umfassende Darstellung und Überlegung.

Am 1. September 1939 – genau vor 40 Jahren – begann der Zweite Weltkrieg mit dem Einmarsch der Deutschen Wehrmacht in Polen. Nur 20 Jahre hatte der Friede von Versailles gehalten. War der Ablauf von 1914 bis 1945 unabwendbares Schicksal oder lassen sich Ursachen und Wirkungen erkennen? Das Ergebnis ist klar: 1914 begann mit dem Ersten Weltkrieg der Abstieg Europas von der glanzvollen Höhe seiner politischen, militärischen, wirtschaftlichen, kulturellen Spitzenstellung. Er erreichte seinen tragischen Tiefstpunkt mit dem Ausgang des Zweiten Weltkrieges, als Ende April 1945 bei Torgau an der Elbe amerikanische und russische Truppen sich die Hand gaben.

Am 1. August 1914 sagte der damalige englische Außenminister Sir Edward Grey: »In Europa gehen die Lichter aus. Wir werden sie in unserem Leben nicht mehr leuchten sehen.« Im Mai 1945 stellte sich die Frage, ob die Geschichte Deutschlands und mit ihr die Geschichte Europas nicht ihr Ende erreicht habe, ob Europa ein Verschiebebahnhof der machtpolitischen Interessen nichteuropäischer Großmächte geworden sei, ein blutender, brennender, rauchender, hungernder, verzweifelter Kontinent, der sein Selbstbestimmungsrecht verloren und seine Zukunft in die Hände der Amerikaner und Russen gelegt zu haben schien.

Was bedeutet dieser Ablauf für Bismarcks Schöpfung, das

Deutsche Reich von 1871? Jene Deutung, daß die obrigkeitsstaatliche Struktur des Deutschen Reiches, das Versagen des Bürgertums, die Schuld der »Rechten«, die Schwäche des Liberalismus, seine mangelnde Zusammenarbeit mit der Arbeiterbewegung, der administrative Zwang gegen die Sozialdemokratie durch die Sozialistengesetze diesen Ablauf zwangsläufig herbeigeführt habe, ist unsinnig, ist eine entweder auf Unwissenheit oder auf Absicht beruhende Geschichtsklitterung.

Sie entspricht einem vorgezeichneten Feindbild, verrät eine Schwarzweiß-Denkweise und stellt wahrscheinlich auch eine Alibi-Theorie dar, die auf gewissen Zwangsvorstellungen beruht. Ihre Anhänger glauben, in den Konservativen, die sie irrtümlich mit der politischen Rechten schlechthin gleichsetzen, den Bösewicht der deutschen Geschichte dingfest gemacht zu haben, der für alle Versäumnisse, Fehler, auch Verbrechen der deutschen Geschichte verantwortlich gemacht werden könne. Das ist ebenso unsinnig wie ungeschichtlich.

Es ist müßiger Zeitvertreib, heute über Ernst Moritz Arndts Vaterlandsbegriff »So weit die deutsche Zunge reicht« sich überheblich und hintersinnig zu verbreiten. Die Deutschen hatten Napoleons Herrschaft nicht nur als äußere Knechtschaft mit harten Lasten, sondern auch als innenpolitische Unterdrückung kennengelernt und erlebten in den Freiheitskriegen zum ersten Mal »die Nation«. Aber der Wiener Kongreß führte nicht zum deutschen Nationalstaat, für den die Zeit nicht reif war, sondern zu dem klassischen Staatensystem der Pentarchie in Europa, einer ausgeklügelten Gleichgewichtskonstruktion. Sie entsprach der Statik der machtpolitischen Gesetze, wie sie sich aus der Geschichte Europas nach dem Mittelalter ergeben hatte, und stand natürlich im Widerspruch zu den nationalen und liberalen Ideen, die sich um ein großes deutsches Vaterland bewegten.

Das Europa des 19. Jahrhunderts war beherrscht von dem Staatensystem der fünf Mächte: England, Frankreich, Preußen, später das Deutsche Reich, Österreich/Ungarn, Rußland. Seine ganze Pracht und Problematik zeigte sich beim großen Leichenzug für den englischen König Eduard VII. in London am 20. Mai 1910.

Die Tragik der Deutschen war ihre Mittellage in Europa. England war auf der Seite Preußens gegen Frankreich zu Beginn des Krieges 1870/71, es war auf der Seite Frankreichs zum Ende des Krieges, als die Deutschen den Krieg gewonnen hatten und das Deutsche Kaiserreich proklamiert wurde. Bismarck wußte, daß er das Reich den widerstrebenden Nachbarn sozusagen aus den Zähnen ziehen mußte. Die Haltung Preußens beim polnischen Aufstand 1863, der siegreiche Feldzug gegen Dänemark, der noch ein Unternehmen des Deutschen Bundes gewesen war, die Mäßigung Bismarcks gegenüber dem besiegten Österreich 1866/67, das gerissene Spiel mit der »Emser Depesche« gegen den französischen Usurpator und Diktator Napoleon III. sind die aus Zielsetzung und Zufallsnutzung sich ergebenden Stationen des Weges zur Kaiserproklamation von Versailles. Der Deutsche Bund von 1815 konnte genausowenig deutscher Nationalstaat werden wie das Frankfurter Paulskirchen-Parlament 1848/49 es vermochte, mit seinen romantischen Vorstellungen und Plänen vom Reichsverweser in Gestalt des Habsburger Erzherzogs Johann mit seinem Scheinkabinett bis zur wirklichkeitsfremden Offerte an den preußischen König Friedrich Wilhelm IV., die Kaiserkrone einer deutschen Erbmonarchie anzunehmen, die Wirklichkeit des monarchischen Staatensystems zu beseitigen. In diesem Parlament sitzen die Träger großer Namen wie Grimm, Arndt, Jahn, Uhland. Sie zeigen guten Willen und Begeisterung, aber sie stehen der Wirklichkeit ferne.

Gegen die Fälschung der Geschichte

Es ist auch abwegig, es ist einfach eine Geschichtsfälschung, die deutsche Geschichte jener Zeit nur als endlose Kette von Fehlern und Versäumnissen zu sehen, begangen von den monarchischen Machthabern und ihren Dienern, bejubelt vom versagenden Bürgertum, bekämpft nur von der Arbeiterbewegung und ihren Führern. Es ist auch nicht richtig, daß sie zu einer steigenden Entfremdung gegenüber dem westlichen Ausland führte, das die deutsche Entwicklung nur mit Schaudern zur Kenntnis genommen habe. Diese Darstellungen passen besser in ein Geschichtsbuch der »DDR«. Auch die französische Geschichte des 19. Jahrhunderts weist kriegslüsterne Perioden auf wie unter Napoleon III. Die Behandlung der Iren gehört auch nicht zu den lichtvollen Ruhmesseiten der englischen Geschichte in jener Zeit.

Immerhin scheint Bismarck in späterer Zeit begriffen zu haben, daß er zumindest mit der vom Generalstab erzwungenen Abtretung des Elsaß, vor allem aber Lothringens, zu weit gegangen war. Er wußte, daß die Zukunft des Deutschen Reiches mit seinen militärgeographisch ungünstigen Grenzen nicht auf Gebietserweiterungen oder Hegemonialpolitik abgestellt werden konnte. Die politisch-militärische Autonomie des Bismarck-Reiches bestand in der doppelten Fragestellung: Wie kann eine Ost-West-Koalition, ein Bündnis Rußlands und Frankreichs, gegen das Deutsche Reich durch Bündnisdiplomatie verhindert werden – sein berühmter cauchemar des coalitions –? Wie kann andererseits das Deutsche Reich militärisch stark genug werden, einen Zweifrontenkrieg zu bestehen, ohne durch diese Rüstung ein solches Bündnis geradezu heraufzubeschwören? Er war sich nicht im unklaren darüber, daß ein verlorener Krieg die Ost-West-Sieger in die Versuchung führen und in die Lage versetzen würde, den unbequemen Eindringling in die Familie der Großmächte in Gestalt des Deutschen Reiches der Mitte wieder in seine Bestandteile zu zerlegen. Denn Preußen war eine überschaubare, als Bundesgenosse wertvolle, als Gegner ernstzunehmende Macht gewesen, aber es hatte nicht die Größe, als Hegemonialmacht aufzutreten. Das Deutsche Reich hatte diese Dimension überschritten. Deshalb glaubte Bismarck auch, es sei seine oberste politische Aufgabe, die widerstrebenden Nachbarn mit der Tatsache des Daseins des

Deutschen Reiches zu versöhnen. So muß auch das Wort Bismarcks von »Blut und Eisen« richtig zitiert und in den Ablauf der Dinge eingeordnet werden. Er hatte am 30. September 1862 in der Budget-Commission des Preußischen Landtages in einer nicht stenographisch festgehaltenen, aber mißverstandenen und zum Teil auch absichtlich mißdeuteten Rede gesagt, Preußen könne die Rüstung, deren Deutschland zu seiner Sicherheit bedürfe, allein nicht länger tragen, diese müsse sich auf alle Deutschen gleichmäßig verteilen. »Dem Ziele würden wir nicht durch Reden, Vereine, Majoritätsbeschlüsse näherkommen, sondern es werde ein ernster Kampf nicht zu vermeiden sein, ein Kampf, der nur durch Eisen und Blut erledigt werden könne.

Um uns darin Erfolg zu sichern, müßten die Abgeordneten das möglichst große Gewicht von Eisen und Blut in die Hand des Königs von Preußen legen, damit er es nach seinem Ermessen in die eine oder andere Waagschale werfen könne.« (»Gedanken und Erinnerungen«, Band 1, 12. Kapitel.)

Um keinen Zweifel aufkommen zu lassen, darf ich nebenbei erwähnen, daß meine Vorfahren einschließlich meiner Eltern weder Anhänger Bismarcks waren noch der alldeutschen Bewegung nahestanden noch freundliche Gefühle für Preußen hegten. Sie waren dem Hause Wittelsbach verbunden, traditionstreue bayerische Bürger und strenge Katholiken, Kleinbauern und Handwerker, einfache Leute.

Die Nachfolger Bismarcks haben das schwierige Spiel seiner Bündnisdiplomatie weder verstanden noch beherrscht, also auch nicht fortgesetzt. Ohne Zweifel hat das Säbelrasseln Wilhelm II., seine undiplomatische Instinktlosigkeit, das eindeutige Übergewicht des militärischen Denkens und seiner Träger, die Unfähigkeit der Nachfolger Bismarcks im Amt des Reichskanzlers den Ausbruch des Ersten Weltkrieges psychologisch und praktisch erleichtert. Man kann aber an den Tatsachen auch dann nicht vorbeigehen, wenn sie nicht ins Vorurteil passen. Über diese Tatsachen gibt es einiges zu sagen.

Mit Recht bringt man den Ausbruch des Ersten Weltkrieges mit dem Attentat von Sarajewo am 28. Juni 1914 in Verbindung, als der österreich-ungarische Thronfolger Erzherzog Franz Ferdinand und seine Frau von einem serbischen Nationalisten erschossen wurden. Aber wie alle großen Kriege hatte auch der Erste Weltkrieg eine lange Vorlaufzeit. Die Zeitgenossen merken meistens nicht oder wollen es nicht merken, wenn die Entwicklungen und Ereignisse einem großen Krieg zutreiben. Die einen sind blind und denken, daß nicht sein kann, was nicht sein darf. Die anderen sind verblendet, zum Teil aus nationalistischer Borniertheit, und klatschen noch Beifall, wenn die Dinge sich Mars zuwenden. Die meisten leben vor sich hin, von den Politikern durch schöne und beruhigende Redensarten beschwichtigt, zu immer mehr Ansprüchen vor den Wahlen ermuntert, aber ja nicht zu Opfern für die Erhaltung des Friedens aufgefordert. Manche warnen, aber mit wenig Gehör wie Churchill vor dem Zweiten Weltkrieg, ja sogar noch beschimpft und verlästert, als ob sie das wollten, wovor sie warnen. Es hat noch immer lange vor dem sichtbaren Anlaß und dem äußeren Ausbruch eines Krieges einen Bruchpunkt im Ablauf der Geschichte gegeben, von dem aus die Entwicklung auf einen Krieg zutrieb. Aber auch diese Entwicklung war nicht schicksalhaft, d. h. nicht unaufhaltbar, es hätte immer noch Möglichkeiten gegeben, durch Vermeidung von Fehlern oder Versäumnissen das Unheil zu verhindern. So war es auch in der Vorgeschichte des Ersten Weltkrieges. Nur hat niemand den Bruchpunkt gesehen, niemand hat den Marsch ins Unheil unterbrochen.

Mit zunehmender Rivalität und zunehmendem Mißtrauen der europäischen Machtgruppen gegeneinander, beides noch verstärkt durch die geschichtlichen Belastungen, zeichnete sich die Gefahr eines großen europäischen Krieges schon gegen Ende des 19. Jahrhunderts ab. Man sollte auch heute noch die dramatische Reichtagsrede nachlesen, in der Moltke der Ältere vor diesem großen europäischen Kriege und seinen Ausmaßen gewarnt hat. Massenheere, steigende Rüstung, die Einführung von Maschinenwaffen, Bündnisse, Mobilmachungssysteme mit ihren verhängnisvollen automatischen Abläufen und Kettenreaktionen, imperialistische Kolonialpolitik vor allem Englands und Frankreichs, aber auch anderer Mächte, am wenigsten noch des Deutschen Reiches – all das sind Spannungsquellen von zunehmender Gefährlichkeit.

Dazu kommen in Frankreich die Revanchefront für 1870/71 mit der Hoffnung, Elsaß-Lothringen so oder so zurückzugewinnen, die traditionelle englische Gleichgewichtspolitik, das steigende Mißtrauen gegen die wachsende wirtschaftliche und militärische Stärke des Deutschen Reiches, die Sprengkräfte des ehrwürdigen österreichisch-ungarischen Reiches mit seinen vielen Nationalitäten und ihren Problemen, die in Deutschland wachsende Furcht vor der Einkreisung durch das französisch-russisch-englische Bündnis in Verbindung mit einer Überschätzung der eigenen militärischen Kraft, einer Anbetung der »schimmernden Wehr«, einer damit Hand in Hand gehenden Unterschätzung der Gefahren und der möglichen Folgen eines Krieges, ein säbelrasselnder Kaiser, der überall dabei sein wollte, unfähige Reichskanzler, die den Militärs den Primat der Politik und dem Kaiser ihre Auswahl überließen, der Wandel am russischen Hof zu einer panslawistischen, deutschfeindlichen Politik, verstärkt durch die inneren Probleme, die sich aus der Struktur des despotischen Zarenreiches ergaben (im übrigen kein Hindernis für die angeblich so liberale Gesellschaft Frankreichs, ein enges Bündnis mit dem zaristischen Rußland zu flechten). Dieses Europa war ein Pulverfaß, die Lunte lag in Serbien, an der Spitze seiner Staaten standen durchwegs Epigonen, Politiker kleineren Zuschnitts, aber keine Staatsmänner.

Auch nach dem 28. Juni 1914 hätte der große Krieg noch verhindert werden können. Aber auch damals ging ein törichtes stumpfsinniges Schlagwort um: So geht es nicht mehr weiter, es muß anders werden! Ein Schlagwort, das häufig dazu dient, erträgliche und sicherlich noch verbesserungsfähige Lebensverhältnisse der Menschen und durchaus erhaltungsfähige Beziehungen zwischen den Staaten mit dem Schwerte ändern zu wollen.

Noch immer hat es vor einem Kriege weniger und leichter lösbare Probleme gegeben als nachher. Das gilt für beide Weltkriege. Der serbische Nationalismus hatte die von innen her bedrohte, durch das Selbständigkeitsstreben der Nationalitäten gefährdete österreichisch-ungarische Monarchie herausgefordert. Wien glaubte, den Zusammenhalt des Reiches und die Wiederherstellung seiner Ehre nur durch einen Krieg sichern zu können. Es ging in seinen Forderungen an Serbien, das seinerseits die Unterstützung Rußlands zu verzeichnen hatte, zu weit, es überzog den Bogen. Berlin beging eine riesige Torheit, als es der Wiener Politik freie Hand gab und volle Unterstützung in jedem Falle zusicherte. Die Kriegspartei in Petersburg witterte Morgenluft, Paris zwischen Kriegsangst und Hoffnung auf Rückgewinn von Elsaß-Lothringen sagte Bündnistreue zu, und England hielt sich zu lange abseits, um Berlin wissen zu lassen, wo die Grenzen für Krieg und Frieden für die englische Politik liegen würden.

Wer kennt heute schon die Memoiren des seinerzeit in verschiedener Hinsicht markanten französischen Finanzwissenschaftlers und Ministerpräsidenten der Jahre 1911/12, Joseph Caillaux? Er hat in seinem von Emil Roche herausgegebenen Nachlaß von einem höchst bemerkenswerten Treffen mit Aristide Briand am 9. Februar 1932 berichtet. Hierbei bestätigt Briand die Szene, die Caillaux schon in seinen Memoiren enthüllt hatte, daß nämlich Poincaré, der Präsident der französischen Republik, am 3. August 1914 im

Ministerrat dem Kriegsminister den Vorschlag gemacht hatte, ein Mittel anzuwenden, das den Krieg unvermeidbar machen sollte. Briand kommt dann im gleichen Gespräch auf eine andere geheime Unterredung zu sprechen, zu der Staatspräsident Poincaré am 29. oder 30. Juli 1914 eingeladen hatte. Teilnehmer waren Aristide Briand (1913 und dann von 1915 bis 1917 französischer Ministerpräsident), Außenminister Viviani, der russische Botschafter Iswolskij (der ehemalige russische Außenminister), der englische Botschafter Sir Francis Bertie. Rußland hatte nämlich über Iswolskij, der auftragsgemäß handelte, vielleicht aber auch seine Rolle überzog, in Frankreich nachgefragt, ob Frankreich sein Bündnis mit Rußland auf dem Schlachtfelde beweisen werde, wenn die russische Mobilmachung und als ihre Folge der Krieg ausbrechen würde. Das russische Riesenreich hatte in der Tat zu wissen gegeben, daß die Mobilmachungsorder nicht gegeben werde, wenn die sicher mit Heftigkeit erbetene verbindliche Zusage Frankreichs zur aktiven Teilnahme an diesem Krieg nicht gegeben würde.

Teuflische Kettenreaktion

Das Engagement Frankreichs unter diesen Umständen ging aber über den Rahmen der Bündnisverpflichtungen hinaus. Man wußte jedoch, daß die russische Mobilmachung die deutsche Mobilmachung auslösen würde, und daß es dann eine teuflische Kettenreaktion geben mußte. Denn der Sinn der deutschen Mobilmachung bestand darin, die volle Entfaltung der russischen Dampfwalze zu verhindern. Deshalb mußte der deutschen Mobilmachung eine Kriegserklärung an Rußland auf dem Fuße folgen. So ist es denn auch geschehen. Diesen weitgehenden Schritt wollte aber Rußland nicht wagen, ohne sich des französischen Eingreifens in diesen Krieg zu versichern. Iswolskij war ohne Zweifel ein Galgenstrick. Caillaux berichtet, daß er früher im Zusammenhang mit deutschen Wünschen in Afrika von dem deutschen Botschafter in Paris bestochen worden, aber dann wieder abgesprungen sei, als die Zahlungen aufhörten. Ihm wird das Wort nachgesagt: »Dieser Krieg wäre nicht gekommen, wenn ich ihn nicht gewollt hätte.« Er starb später in Elend und Not als Emigrant. Auch Kerenski hatte ihn fallenlassen.

Der britische Botschafter verfehlte es offenbar, seinen Premierminister zu unterrichten. Er begnügte sich mit der Bemerkung, daß die getroffenen Entscheidungen anfechtbar seien, wusch aber seine Hände wie Pontius Pilatus in Unschuld. Er hätte aber wissen müssen, und er wußte es auch sicherlich, daß die englische Regierung ihr Veto eingelegt hätte, wenn sie von diesen Vorgängen erfahren hätte. Im übrigen hätte er selbst ein Veto einlegen können, ohne Instruktionen von London zu bekommen.

Das Unheil nahm seinen Lauf. Es ist deshalb Unsinn, die Dinge so darzustellen, wie dies von Tendenzschreibern geschieht, als ob nur die Großmannssucht Kaiser Wilhelms, das deutsche Bürgertum der Rechten entgegen den Warnungen und den Widerständen der Sozialisten, die Alldeutschen mit ihren Kriegszielen Deutschland in den Ersten Weltkrieg geführt hätten. Berlin trug Mitschuld, das Schwert saß zu locker in der Scheide, der brausende Kampfruf von der »Wacht am Rhein« ersetzte den kühlen, nüchternen Verstand.

Hätten damals an der Spitze Rußlands, Deutschlands, Frankreichs, Englands wirkliche Staatsmänner gestanden, dieser Krieg wäre trotz allem nicht gekommen. Es gehört aber auch zur geschichtlichen Wahrheit, daß Deutschland militärisch geschlagen und nicht »im Felde unbesiegt, von der Heimat verraten« wurde. Die anderen waren stärker, die Fronten brachen zusammen, zuerst bei den Verbündeten, dann auch bei den Deutschen. Diese Dolchstoßlegende hat die Innenpolitik der Weimarer Republik vergiftet, hat zu den Fememorden rechtsradikaler Nationalisten geführt, hat ein nationalistisches Klima erzeugt, das nicht nur bei der deutschen Rechten angesiedelt war.

Ist nicht die Dolchstoßlegende vergleichbar mit der Versäumnislegende aus den Anfangsjahren der Bundesrepublik Deutschland, Adenauer habe durch seine Westpolitik, durch den Aufbau der Bundeswehr und durch die Ablehnung sowjetischer Angebote die Spaltung herbeigeführt? Wer das behauptet, kann kaum lesen, geschweige denn denken. Der Sinn der sowjetischen »Angebote« war es, die Bundesrepublik Deutschland vom Anschluß an den Westen fernzuhalten, als »Niemandsland« zu erhalten, aber doch nicht auf der Grundlage demokratischer Wahlen die Wiederherstellung eines – wenn auch neutralisierten – schwach bewaffneten deutschen Staates innerhalb der Grenzen der vier Besatzungszonen einzuleiten. Diese Versäumnislegende hat die Innenpolitik der Bundesrepublik Deutschland über lange Zeit vergiftet, sie tut es heute noch. Wer aber die Dolchstoßlegende in der Weimarer Republik verdammt, der ist nicht glaubwürdig, wenn er die Versäumnislegende aus der Zeit nach 1945 aufrechterhält.

Die Niederlage 1918 beschleunigte den Weg vom monarchistischen Obrigkeitsstaat zur parlamentarischen Demokratie. Aber es ist keine Rechtfertigung des Wilhelminischen Systems, wenn man sagt, daß der Erste Weltkrieg und sein Ausgang ein zu hoher Preis für dieses Ergebnis waren, das nämlich auch ohne Krieg und Niederlage, wenn auch etwas später, eingetreten wäre. Man soll die Darstellung des Ablaufs der Geschichte von ideologisch infizierten Legenden freihalten, daß etwa das deutsche Bürgertum die Freiheit an den Militarismus verkauft, sich kritiklos Bismarck und Wilhelm II. unterworfen, das Militär benutzt habe, um seine Privilegien als Ausbeuterklasse gegen die Forderungen der Sozialdemokratie zu verteidigen, während die Arbeiterklasse, selbstverständlich vertreten durch die sozialdemokratischen Führer, mutig, aber alleingelassen gegen den preußischen Militarismus und den heraufziehenden Krieg sowie für die politische und soziale Demokratie gekämpft habe. Allein mit Kasernenhofdrill und obrigkeitsstaatlicher Unterdrükkung lassen sich die Leistungen, Leiden und Opfer des deutschen Heeres nicht erklären.

Legenden haben ein zähes Leben, aber sie werden durch Langlebigkeit nicht wahrer. Wer diese Legende pflegt, der leugnet den nationalen Consensus, der im Jahre 1914 durch das deutsche Volk ging – sicherlich von den nationalistischen Schreiern und Hetzern mißbraucht. Aber diese Schwarzweiß-Malerei, diese Teufel-Engel-Phraseologie entsprechen einfach nicht dem wirklichen Ablauf, genausowenig wie man aus den törichten Kriegszielen der Sieg-Frieden-Politiker darauf schließen darf, daß Berlin 1914 den Ersten Weltkrieg bewußt herbeigeführt habe. Es hat nichts getan, ihn zu verhindern, hat keine sich bietende Gelegenheit benützt, das Gefährt vor dem Abgrund abzuhalten. Es hat durch fehlerhafte Handlungen und Versäumnisse dazu beigetragen, daß das Unheil seinen Lauf nahm. Falsch ist es aber auch, zu sagen, daß sich nach dem Ersten Weltkrieg die Rechte schlechthin aus der Verantwortung gedrückt habe. Unverantwortlich waren diejenigen, die eine Fortsetzung des Krieges der Unterwerfung unter den Versailler Vertrag vorgezogen hätten und zur Fortsetzung des Krieges hetzten. Verantwortungsbereitschaft zeigten diejenigen, die sich zur Verfügung stellten, um das Chaos zu verhindern. Das Bündnis zwischen Ebert und Groener hat das Reich gerettet, als Hindenburg und Ludendorff nach ihren Durchhalteparolen keinen anderen Ausweg mehr sahen, als um schleunigen Abschluß eines Waffenstillstandes zu bitten.

Im Gefolge von Versailles

Der Friedensvertrag 1919 brachte zwar das Ende des Krieges, aber nicht den Beginn eines gesicherten Friedens. Das von Präsident Wilson geforderte Selbstbestimmungsrecht war das Instrument der Auflösung der österreich-ungarischen Monarchie und der Amputation Deutschlands, aber es fand keine Anwendung auf die Deutschen selbst, in Oberschlesien, in Böhmen und Mähren, in Südtirol und anderswo. Als die Deutsch-Österreicher, ihrer nicht deutschen Reichsteile ledig geworden, 1919 im Wiener Parlament einstimmig den Anschluß an das Deutsche Reich verlangten, wurde ihnen dies durch den Friedensvertrag verboten. Als Brüning und Curtius 1931 auf dem Höhepunkt der Weltwirtschaftskrise eine bloße Zollunion mit Österreich anstrebten, wurde ihnen mit einem Ultimatum gedroht. Als aber Hitler den Anschluß 1938 gewaltsam vollzog und damit einer nationalen Sehnsucht Erfüllung gab, die weit über die Reihen der Nationalsozialisten und Deutschnationalen zu beiden Seiten der Grenzen hinausging, begnügte man sich mit einem lahmen Protest und trug damit erheblich zum Entstehen des Mythos Hitler bei.

Als Hitler am 21. 5. 1935 durch die Einführung der Wehrpflicht und andere militärische Maßnahmen ebenso wie 1936 durch den Einmarsch in die entmilitarisierten Zonen des Rheinlandes den Vertrag von Versailles wie einen Fetzen Papier zerriß, gab es so gut wie keine Reaktion von seiten der Sieger des Ersten Weltkrieges. Man brauchte in diesem Zusammenhang nur an die blamablen Reisen des damaligen englischen Premierministers Chamberlain zu Hitler zu denken, die dem Diktator einen vollen persönlichen Erfolg mit dem Abkommen von München sicherten. Damals wurde die wahrscheinlich einzige Möglichkeit der Militäropposition zerstört, gegenüber dem Kriegskurs Hitlers in letzter Stunde aktiv zu werden.

Gewisse Bestimmungen des Versailler Vertrages, so die unter Druck erzwungene Anerkennung der Alleinkriegsschuld durch das Deutsche Reich, die fast völlige Entwaffnung des Deutschen Reiches – und das in Verbindung mit den Vorgängen an der deutschen Ostgrenze –, die Weigerung, einem demokratischen Staatsmann wie Heinrich Brüning auf der Genfer Abrüstungskonferenz auch nur die geringste Konzession zu machen, haben die Atmosphäre vergiftet, den Glauben an die internationale Gerechtigkeit zerstört und das Werk der nationalistischen Hetzer und Demagogen erleichtert.

Die wirtschaftlichen Bestimmungen dieses Vertrages, die verschiedenen Reparationspläne mit ihren unsinnigen Forderungen, die sich über mehrere Generationen erstreckten, trugen ihrerseits zur Weltwirtschaftskrise und zur Massenarbeitslosigkeit bei, aber vor allen Dingen auch dazu bei, daß sich diese im Deutschen Reiche besonders verheerend auswirkten. Auch das war Wasser auf die Mühlen der Prediger der kommunistischen Weltrevolution.

Wenn man im Lichte nationalökonomischer Lehren und Erfahrungen sich heute fragt, warum die Folgen im Deutschen Reich so besonders nachhaltig waren, dann kommt man zu der erstaunlichen Schlußfolgerung, daß einerseits die Höhe der Löhne im besiegten Deutschland zum Teil über dem europäischen Durchschnitt lag, andererseits aber der Mangel an Investitionen zur Zunahme der Arbeitslosigkeit geführt hat. Hitler wäre nicht an die Macht gekommen, wenn nicht Weltwirtschaftskrise und Massenarbeitslosigkeit ihm die Millionen Wähler zugeführt hätten, die er zur Machtergreifung brauchte. Haben die Konservativen, hat das »Bürgertum« ihm diese Wählermassen gestellt? Diese Frage schlechterdings mit Nein zu beantworten, ist falsch; sie mit Ja zu beantworten, ginge an der Wahrheit vorbei. Hitlers Wählerschaft war eine bunte Auswahl, die aus allen politischen Richtungen sich eingefunden hatte. Alle politischen und soziologischen Gruppierungen waren vertreten. Sie reichten vom Strandgut des Ersten Weltkrieges über den verarmten Mittelstand bis in die Reihen des höheren Bürgertums. Die Schwungmasse aber kam von den verzweifelnden Sozialisten, die der Sozialdemokratie in Massen davongelaufen waren.

Konservativer Widerstand

Sebastian Haffner, der als »Stern«-Kolumnist nicht gerade zimperlich mit der CDU/CSU umging, schreibt in seinem bemerkenswerten Buch »Anmerkungen zu Hitler«: »Die einzigen innenpolitischen Gegner oder Konkurrenten, mit denen Hitler in den Jahren 1930 bis 1934 ernsthaft zu rechnen und zeitweise zu kämpfen hatte, waren die Konservativen. Die Liberalen, Zentrumsleute und Sozialdemokraten haben ihm nie im geringsten zu schaffen gemacht, ebensowenig die Kommunisten. Und dabei blieb es auch in den Jahren seiner unumschränkten Macht nach 1934. Aber die Konservativen mit ihren gut verschanzten Positionen in Heer, Diplomatie und Verwaltung blieben immer ein echtes politisches Problem für ihn.«

Darum ist es auch eine Zwecklegende zu sagen, daß Hitler der Testamentsvollstrecker und Erbe Bismarcks und Wilhelms II., Erfüller der Sehnsüchte des konservativen Bürgertums, der Gerichtsvollzieher der Rechten, das Instrument des Großkapitals, angetreten zum Kampf gegen die Sozialdemokraten als die angeblich einzigen Verfechter der sozialen und politischen Demokratie, gewesen sei.

Man kann den Verhängnischarakter der Geschichte nicht schlechterdings leugnen. Wenn man aber fragt, ob Hitler zu vermeiden gewesen wäre, dann spielen die deutschen Sozialdemokraten in dieser Rechnung keine ruhmvolle oder ehrenhafte Rolle. Man braucht nur daran zu denken, wie der sozialdemokratische Reichskanzler Hermann Müller von seiner eigenen Partei und Fraktion am 27. 3. 1930 aus nichtigen Gründen gestürzt worden war. Vielleicht hatte die einzige Möglichkeit, noch im Jahre 1932 Hitler zu verhindern, darin bestanden, ein Bündnis zwischen den Parteien der Mitte, zum Beispiel Sozialdemokraten und Zentrum, den Gewerkschaften und der Reichswehr zu bilden. Aber sicherlich wäre die deutsche Sozialdemokratie bei ihrer notorischen Militärfeindlichkeit gar nicht in der Lage gewesen, ein solches Bündnis einzugehen.

Ich habe es heute noch in den Ohren, wie die Marxisten in den 20er Jahren ihr Kampflied sangen: »Brüder in Zechen und Gruben ...«. Es wurde von den Nationalsozialisten übernommen, mit unveränderter Melodie und angepaßtem Text: »Früher waren wir Kommunisten, Gewerkschaften und SPD, heute sind wir Nationalsozialisten, Kämpfer der NSDAP.«

Der Hitler-Stalin-Pakt

Es ist nicht anzunehmen, daß Hitler den Zweiten Weltkrieg gewollt hat. Aber er wollte einen siegreichen Eroberungskrieg im Osten, eine Unterwerfung des Westens und das große »1000jährige Reich« als größte Machtzusammenballung der Geschichte. Der ehemalige englische Außenminister und Premierminister Antony Eden hat das richtig dargestellt, als er in seinen Memoiren sagte, Hitler habe nicht den Zweiten Weltkrieg gewollt, aber er habe Dinge getan, von denen er hätte wissen müssen, daß sie sich unaufhaltsam zum großen weltweiten Krieg auswachsen würden.

Eine ernsthafte Frage ist allerdings, ob Hitler wirklich den verhängnisvollen Marschbefehl gegen Polen gegeben hätte, wenn ihn nicht der am 23. August 1939 von Ribbentrop und Molotow unterzeichnete Pakt, der sogenannte Hitler-Stalin-Pakt, in dem Glauben bestärkt hätte, der Westen werde ruhig zusehen, weil die Gefahr eines Zweifrontenkrieges mit diesem Pakt nicht mehr gegeben war. Hitler vereinbarte wirtschaftliche und politische Zusammenarbeit mit Stalin im offenen Teil des Paktes, die vierte Teilung Polens und die Abgrenzung der Interessensphären in Osteuropa im geheimen Teil. Die Reaktion der sowjetischen Publizistik am 40. Jahrestag dieses Paktes ist keine überzeugende Argumentation für die Unvermeidlichkeit dieses Vertrages, sondern ein Dokument schlechten Gewissens. Denn dieser Pakt paßt nicht mehr in die heutige Legende. Das ist um so richtiger, weil die sowjetische Regierung unter Stalin nicht nur diesen Pakt abgeschlossen, sondern später Hitler zu seinen großen militärischen Erfolgen im Westen ihren Glückwunsch ausgesprochen hat. Es ist Klassengeschichtsschreibung oder ideologisch getränkte Legende, wenn man von Bismarcks Aufstieg bis Hitlers Fall den roten Faden der deutschen Geschichte nachweisen will.

Im November 1940 wollte Stalin einen größeren Teil der fälligen und noch zu erwartenden Beute einstreichen, als er bisher erreicht hatte. Deshalb kam Molotow nach Berlin und überreichte die Forderungen des sowjetischen Machthabers. Sie zielten auf das Baltikum, in den Balkan, auf die Dardanellen und in den Mittelmeerraum. Hitler lehnte ab. Das »Unternehmen Barbarossa«, der Angriff gegen Rußland, schon vorher als möglicher nächster Schritt ins Auge gefaßt, wurde im einzelnen vorbereitet. Es bleibt der Phantasie überlassen, sich auszumalen, was geschehen wäre, wenn Hitler Stalins Forderungen erfüllt, ihm den geforderten Teil der Beute bewilligt, auf den russischen Feldzug verzichtet, mit den Russen waffentechnisch und rüstungsindustriell zusammengearbeitet, vielleicht sogar die A-Bombe in den für Luftangriffe unerreichbaren Teilen Rußlands entwickelt und die geballte Kraft des »Großdeutschen Reiches« und der besetzten Gebiete auf die Kriegsführung gegen England zusammengefaßt hätte. Die Antwort mag jeder sich selbst geben. Es lag aber außerhalb der Natur Hitlers, in logischen Bahnen zu denken, selbst dann, wenn es um verbrecherische Ziele ging. Darum war mit ihm auch kein Friede zu schließen.

Man geht aber nicht fehl, wenn man glaubt, daß Stalin gerne einen Zermürbungs- und Erschöpfungskrieg Hitlers gegen die Westmächte, vielleicht sogar unter Einschluß der Vereinigten Staaten von Amerika, gesehen hätte, an dessen Ende er mit unversehrter Macht auf dem Schauplatz hätte erscheinen und die Bedingungen der Zukunft diktieren können. Stalin war auch während des Krieges noch mehrmals bereit, mit Hitler Frieden zu schließen, allerdings unter Bedingungen, die Hitler in seinem Größenwahn und in seiner Verblendung ablehnte. Denn Stalin mißtraute bis zur letzten Stunde den Westmächten, vor allem Churchill. Als aber die totale Niederlage, die bedingungslose Kapitulation des »Großdeutschen Reiches« feststand, sicherte sich Stalin die Grenzen seines Nachkriegsimperiums in den Konferenzen von Teheran, Jalta und Potsdam. Die Amerikaner halfen ihm dabei, nicht zuletzt dadurch, daß sie ihm die von ihnen am Ende des Krieges militärisch besetzten Teile des Reiches – zum Beispiel Thüringen, Sachsen, Teile Mecklenburgs – am 1. Juli 1945 vereinbarungsgemäß, aber trotzdem ohne zwingende Notwendigkeit, überließen.

Nach der Stunde Null

In Potsdam 1945 waren sich die Konferenzmächte über die Formulierungen einig – wie häufig –, aber nicht über die Ausfüllung dieser Formulierungen. Denn sie beschlossen, Deutschland innerhalb der Grenzen der vier Besatzungszonen als wirtschaftliche und verwaltungsmäßige Einheit zu behandeln. Als die Westmächte in mehreren Konferenzen an die Durchsetzung dieses Beschlusses gingen und seine Einhaltung anmahnen wollten, mußten sie zur Kenntnis nehmen, daß die Sowjets drei Bedingungen an die Erfüllung dieses Beschlusses knüpften: 1. Reparationen in Höhe von zehn Milliarden Dollar, 2. Beteiligung der Sowjetunion an der Kontrolle über Rhein und Ruhr, 3. Herstellung »demokratischer und friedliebender Verhältnisse« in den drei westlichen Besatzungszonen, wie in der sowjetischen Besatzungszone bereits geschehen, das heißt vollständige gesellschaftliche Umwälzung in ihrem Sinne.

Die drei Westmächte lehnten diese Bedingungen natürlich ab, vor allem deshalb, weil mit der Erfüllung der zweiten und dritten Bedingung die Sowjets im Herzen der deutschen Industrie, im Rhein- und Ruhrrevier, Fuß gefaßt und darüber hinaus noch eine Legitimation zur ständigen Einflußnahme auf die Innenpolitik der drei westlichen Besatzungszonen sich gesichert hätten. Man muß dabei an die Rede des amerikanischen Außenministers James Byrnes im September 1946 in Stuttgart denken, an die vergeblichen Versuche der Westmächte, eine Änderung der sowjetischen Haltung zu erreichen, an die wachsende Erkenntnis der Westmächte, daß man ohne die Sowjetunion vorgehen müsse, wenn die steigende Not und wirtschaftliche Verwahrlosung und die Belastung der eigenen Steuerzahler durch Hilfen für die notleidende Bevölkerung Westdeutschlands beendet werden solle. So entstand der Wirtschaftsrat des vereinigten Wirtschaftsgebietes der amerikanischen und englischen Besatzungszone, so kam die Währungsreform zustande, so kam es zur Bundesrepublik Deutschland.

Die Sowjets verlangten Unterwerfung unter ihren Machtwillen oder sie verweigerten jeden Ausweg aus der Not. So kam die Teilung Deutschlands zustande, weil die Sowjetunion nie ein demokratisches Deutschland nach den Maßstäben des westlichen Liberalismus und seines parlamentarischen Systems, das heißt aufgrund freier Wahlen im normalen Sinne des Wortes, zuzugestehen bereit war. Auch ein waffenloses und neutrales Deutschland war niemals ihre Zielvorstellung, es sei denn, daß dieses Deutschland die kommunistische Gesellschaftsordnung übernommen hätte.

Sie vertrat dabei nicht die Interessen der Arbeiterklasse, sondern eine massive Machtpolitik, bei der unter weltrevolutionären Parolen zur Befreiung der Arbeiterklasse imperialistische Zielsetzungen mit rücksichtslosem Nachdruck betrieben wurden. Darum zeugt es auch von erschreckender Wertneutralität und moralischer Gleichgültigkeit, wenn man die Teilung Europas und die Teilung Deutschlands ausschließlich als die unvermeidbare Folge der machtpolitischen Gegensätze zweier Großmächte und als das natürliche Ergebnis des Bestehens zweier verschiedener und gegensätzlicher, im übrigen wertneutral gleichgestellter Gesellschaftsordnungen in Europa ausgeben will.

Hitler hat den Krieg vorbereitet. Stalin hat ihm geholfen,

ihn zu entfesseln. Aus den Komplizen wurden Feinde. Hitler verlor, Stalin siegte. Beide zusammen haben das Reich militärisch zerstört, aber nicht rechtlich liquidiert. Der von der Roten Armee besetzte und von den Amerikanern den Sowjets noch zusätzlich überlassene Teil Deutschlands spielte von vornherein in der Moskauer Planung eine ganz bestimmte Rolle.

Er sollte westliches Grenzland gegenüber dem Kapitalismus sein, ein Teil des »Cordon Stalinaire«, gleichzeitig aber auch Aufmarschglacis gegen den Westen, sowie Klammer und Sperriegel für die gleichgeschalteten Staaten des eigenen Machtsystems, des späteren Warschauer Paktes. Die Frage, ob die Sowjetunion jemals ein kommunistisches Gesamtdeutschland gewünscht hätte, mag man verschieden beantworten, damals vielleicht mit Ja, heute eher mit Nein. Aber das letzte Wort ist hier noch nicht gesprochen. Denn die strategische Denkweise des sowjetischen Systems ist bei aller Schwerfälligkeit, Plumpheit, reaktionärer Unbeweglichkeit dennoch dynamisch gegenüber dem »kapitalistischen Gegner«, dem demokratischen Westen.

Es ist deshalb eine Verzerrung der Wahrheit und zeugt von ideologischer Verklemmung zu sagen, die Menschen in der »DDR« wollten nicht den »Anschluß« an die Bundesrepublik Deutschland, ihre Sehnsucht nach persönlicher und politischer Freiheit sei keine brennende Sehnsucht nach kapitalistischen Strukturen.

Das ist doch doppelt falsch! Erschreckend dabei ist die moralische Wertneutralität, mit der solche Dinge gesagt werden. Wer spricht denn von Anschluß? Die entscheidende Frage ist doch, ob die Menschen im anderen Teil Deutschlands auf der Grundlage und im Rahmen einer ähnlichen oder vergleichbaren verfassungsmäßigen Wirklichkeit leben wollen wie die Menschen in der Bundesrepublik Deutschland. Zu dieser Ordnung gehört das Recht auf Privateigentum an Produktionsmitteln ebenso wie der private Unternehmer als Mitglied einer freien, demokratischen Gesellschaft. Hier tritt wieder das ganze geistige Elend und die moralische Schizophrenie der sozialdemokratischen Intellektuellen zutage. Sie nehmen für sich den demokratischen Sozialismus in Anspruch, wollen nicht zur Kenntnis nehmen, daß der mächtigere und vielleicht eigentliche Sozialismus vom kommunistischen Machtbereich repräsentiert wird, wettern gegen die kapitalistischen Strukturen der westlichen Demokratie, stottern selbst, wenn sie nach ihrem Verhältnis zu Marx gefragt werden, geraten ins Schwimmen, wenn sie den Begriff des demokratischen Sozialismus, der »contradictio in se ipso«, erklären sollen.

Es gibt doch nur für ideologisch verblendete Schwätzer oder für Narren den geringsten Zweifel, daß die Menschen in der »DDR«, wenn sie könnten, das Leben in der Bundesrepublik Deutschland oder in Frankreich oder in einem anderen Lande der Europäischen Gemeinschaft oder in den Vereinigten Staaten von Amerika dem Dasein im kommunistischen Machtbereich, in der Welt der angeblichen Erfüllung des Sozialismus, vorziehen und dem sofort Ausdruck geben würden, wenn sie nicht durch Mauer, Todesstreifen, Schießbefehl, Selbstschußanlagen, Minenfelder, Bluthunde daran gehindert würden. Beim erfolglosen Versuch, das Lager des Sozialismus zu verlassen, drohen ihnen nach dem Republikfluchtgesetz langjährige brutale Zuchthausstrafen.

Freiheit oder Sozialismus

Die Frage ist nicht, ob drüben der falsche Sozialismus herrsche und hier der wahre Sozialismus verwirklicht werden müsse, sondern ob die Menschen instandgesetzt werden, als gleichberechtigte Bürger in einem liberalen System der parlamentarischen Demokratie, mit geschützten Rechten und Freiheiten, ohne ständige Bevormundung durch Staat oder Gesellschaft, wozu auch die angeblich so demokratischen

Sozialisten neigen, leben können oder nicht. Die als Kapitalismus auch von den demokratischen Sozialisten verteufelte Soziale Marktwirtschaft hat dem Arbeiter allemal mehr Freiheit, mehr Recht, mehr Aufstieg, mehr Wohlstand, mehr Gleichberechtigung, mehr Partnerschaft gebracht als alle sozialistischen Heilslehren und Umverteilungsparolen zusammen.

Man hat manchmal den Eindruck, daß besonders die Intellektuellen unter den demokratischen Sozialisten der Marktwirtschaft besonders böse sind, weil sie dazu geführt hat, daß der Begriff der Arbeiterklasse der Vergangenheit angehört und nurmehr von den ewig Gestrigen für heute und morgen zur Verfolgung ihrer utopischen Ziele strapaziert wird. Soziale Marktwirtschaft ist für den Arbeiter allemal besser als der auf Etatismus und Interventionismus beruhende Sozialismus mit totaler staatlicher Vorsorge und Fürsorge für den Bürger sowie einem Umverteilungsapparat, der immer mehr Mittel für sich selbst in Anspruch nimmt. Diese Mittel werden aber vorher dem Bürger in Form von Steuern, Abgaben oder der Inanspruchnahme seiner Sparbeträge in Form der staatlichen Verschuldungspolitik weggenommen. Wirklich umverteilt wird aber nur wenig, wenn man nämlich das abzieht, was der Staat vorher wegnimmt, und mit dem vergleicht, was er nachher wieder zuteilt. Aber die Umschichtung nimmt gewaltige Mittel in Anspruch und gibt vielen Tausenden von Bürokraten und Funktionären einige gesicherte Pfründe – aber nicht nur das, sondern auch immer mehr Macht.

Ich habe in mehreren Reden im Deutschen Bundestag, 1958 und später, aber auch anderswo, die damals aufsehenerregende, für manche anstößige Denkkette vorgetragen:

1. Es geht in erster Linie nicht um die Einheit, sondern um die Freiheit. Was uns bedrückt und quält, ist nicht so sehr die Tatsache, daß die Menschen im anderen Teil Deutschlands nicht mit uns in staatlicher Einheit unter demselben politi-

schen Dach leben, sondern daß ihnen die menschlichen Rechte und politischen Freiheiten vorenthalten werden.

2. Gerade für uns Süddeutsche, besonders für uns Bayern, darf ich sagen, daß uns z. B. die Österreicher, in den Bundesländern Vorarlberg, Tirol, Salzburg, aber auch in den anderen Bundesländern, in menschlicher und kultureller Hinsicht mindestens genauso nahestehen wie die Menschen im oder aus dem Norden und Osten des Deutschen Reiches.

3. Nach dem Ersten Weltkrieg bestand das Problem der Deutschen Einheit nicht in der Erhaltung des Bismarck-Reiches, das verkleinert, aber nicht zertrümmert war, sondern im Anschluß der Deutsch-Österreicher an das Deutsche Reich. Hitler hat das Problem auf seine Weise gelöst, aber durch den Verlust des Zweiten Weltkrieges auch endgültig negativ entschieden. Das Thema Anschluß gibt es zwischen Deutschland und Österreich nicht mehr. Es ist auch keine Frage der deutschen Einheit mehr.

4. Trotzdem bedrängt uns die Grenze nicht, die zwischen Bad Reichenhall und Salzburg, zwischen Passau und Linz liegt. Sie markiert die Grenze zwar zwischen zwei souveränen Staaten, aber sie trennt nicht die Menschen, sie trennt nicht zwei verschiedene Gesellschaftssysteme. Denn die Österreicher können bei aller Neutralitätspflicht ihres Staatsvertrages ihre inneren Verhältnisse, ihr politisches und gesellschaftliches System, selbst bestimmen. Sie leben genauso wie wir in der Bundesrepublik Deutschland in Recht, Freiheit und beträchtlichem materiellem Wohlstand.

5. Wenn wir die Wahl hätten, in einem marxistisch/leninistischen Gesellschaftssystem und einem Zwangsstaat zusammen mit den Menschen im anderen Teil Deutschlands vereinigt zu sein oder in der Bundesrepublik Deutschland im Rahmen unserer verfassungsmäßigen Ordnung und ihrer Wirklichkeit leben zu können, würden wir uns für die Freiheit und gegen die Einheit entscheiden.

6. Wenn wir in der Bundesrepublik Deutschland der Sowjetunion den Austritt aus der Europäischen Gemeinschaft

und aus der NATO, die einseitige Abrüstung und den Abbau der Bundeswehr, die dauernde Neutralität und gewaltige Reparationszahlungen für die Kriegszerstörungen anbieten, dafür aber nur den Status Österreichs für ganz Deutschland innerhalb der Grenzen der vier ehemaligen Besatzungszonen verlangen würden, wäre die Antwort ein glattes »Njet«. Sie wäre vielleicht gekleidet in den Vorschlag, wir sollten alle diese Schritte ruhig unternehmen. Dann könnte man sich besser über die Gestaltung des endgültigen Verhältnisses unterhalten. D. h., die Sowjetunion wäre nicht bereit, auf diesen Vorschlag einzugehen und unter diesen Voraussetzungen ein in unserem Sinne demokratisches Gesamtdeutschland zuzulassen. Wer das nicht sieht, ist blind. Darum ist es eine Mischung von borniertem Nationalismus und sozialistischer Utopie, Adenauer vorzuwerfen, er habe mit seiner Politik die Spaltung herbeigeführt oder verhärtet.

Welche Entspannung?

Zu den irreführenden und den wirklichen Tatbestand vernebelnden Phrasen gehört auch das Wort, daß es keine Alternative zur Politik der Entspannung gebe, verbunden mit dem unterschwelligen Vorwurf, daß jeder Kritiker der Ostpolitik der Bundesregierung zu den potentiellen Kriegstreibern zähle. Wer ist denn gegen Entspannung? Doch kein vernünftiger Mensch und kein verantwortungsbewußter Politiker! Aber es gilt, folgendes im Auge zu haben:

1. Was Entspannung ist und nicht ist, darf nicht allein von den sowjetischen Machthabern bestimmt werden. Die politische und moralische Unmöglichkeit tritt schon dann zutage, wenn z. B. das Eintreten für die Einhaltung der Menschenrechte als ein Anschlag gegen die Entspannung gebrandmarkt wird.

2. Entspannung darf nicht zur Verharmlosung oder Leugnung der militärischen Gefahren, zum Abbau der Verteidi-

gungsbereitschaft, zur moralischen Neutralisierung, zur Aushöhlung der Europäischen Gemeinschaft oder des nordatlantischen Bündnisses führen.

3. Entspannung muß unteilbar sein. Wer in Europa vom Frieden spricht, in Afrika Stellvertreterkriege führt, durch Export von revolutionärer Ideologie und modernen Waffen den Ausbruch von Bürgerkriegen fördert, eine Mischstrategie weltrevolutionärer Propaganda und imperialistischer Zielsetzung betreibt, der fördert nicht die Entspannung, sondern mißbraucht sie.

Darum heißt die Frage nicht: Entspannung – ja oder nein, sondern: welche Entspannung? Es darf auch nicht derjenige als Gegner der Entspannung verteufelt werden, der sich weigert und in aller Öffentlichkeit erklärt, er sei nicht bereit, die These der Teilung Deutschlands in zwei Nationen sich zueigen zu machen.

Es darf kein Zweifel bestehen, daß die Bundesrepublik Deutschland unser demokratischer Rechtsstaat ist. Er ist aber kleiner als unser Vaterland. Daß Dortmund und München, Magdeburg und Dresden zu unserem Vaterland gehören, ist selbstverständlich. Es ist ebenso selbstverständlich, daß für uns Chemnitz nicht Karl-Marx-Stadt ist. Wie steht es aber mit Danzig, Königsberg und Breslau? Da ist die politische und rechtliche Problematik anders als bei Straßburg oder Wien. Niemand darf es verwehrt sein, das Gebiet des Deutschen Reiches von 1937 als sein Vaterland zu bekennen. Aber bei den anderen Gebieten gehen die Grenzen von Vaterland und Heimatland ineinander über, besonders wenn man an die Vertreibungsgebiete denkt, die nicht zum Deutschen Reiche von 1938 gehört haben. Gemeinsame Sprache, gemeinsame Kultur, gemeinsame Lebensgewohnheiten, gemeinsame Erinnerungen bestimmen Geist und Gefühl. Die ganze Problematik ist aber nicht lösbar, wenn nicht die Grenzen ihren Charakter als Trennungslinien von Gesellschaftssystemen, als Trennungslinien zwischen Freiheit und Unfreiheit verlieren. Auch dann würde der Staat aller Wahrscheinlichkeit nach immer noch kleiner sein als das Vaterland, aber beide hätten ihren Charakter verändert. Auch der Kampf um das Heimatrecht hat keinen praktischen Sinn, sondern nur eine rechtliche Bedeutung, wenn so gut wie niemand bereit ist, von diesem Heimatrecht Gebrauch zu machen, z. B. als ehemaliger Flüchtling oder Vertriebener sich unter den heute geltenden Verhältnissen in Polen oder der CSSR als Landarbeiter oder Handwerker niederzulassen, selbst wenn die heutigen Machthaber es gestatten oder dazu einladen würden. Die Geschichte hat nicht nur einen Verhängnischarakter, eine Gewöhnungskraft, sie hat auch eine Urteilsfunktion. Aber uns bietet sie sich oft nur wie die Rückseite des Teppichs – auch von dem sehen wir nur einen Ausschnitt. Bedenklich wird es nur, wenn linke Professoren der Rechte zwischen den gegebenen Machtverhältnissen und den Rechtspositionen nicht zu unterscheiden wissen oder wünschen.

Zweifacher Unterschied

Daß sich die Bundesrepublik Deutschland anders versteht als die »DDR« – allerdings mit dem zusätzlichen Unterschied, daß in der Bundesrepublik Deutschland zwischen Staat und Bürger eine große Identität besteht, was man von der »DDR« wahrlich nicht behaupten kann –, ist eine Tatsache. Bei der »DDR« wird man zwischen der Meinung der überwältigenden Mehrheit ihrer Bürger und der Selbstdarstellung ihrer offiziellen Machthaber einen gewaltigen Unterschied machen müssen.

Die Bundesrepublik Deutschland versteht sich in ihren Grenzen als Nachfolgerin des juristisch nicht untergegangenen Deutschen Reiches und hat angeblich die Möglichkeit, eine Aufhebung der Teilung Deutschlands auf friedlichem Wege anzustreben, in den Ostverträgen nicht aufgegeben. Sie unterhält angeblich auch kein völkerrechtliches Verhältnis zur »DDR«, obwohl die Ostverträge dazu geführt haben, daß sämtliche anderen Staaten in der Welt ein völkerrechtliches Verhältnis zur »DDR« unterhalten. Es ist allerdings den Vertragsarchitekten und Vertragsinterpreten bisher nicht möglich gewesen, klar zu definieren, was der Unterschied zwischen staatsrechtlicher Anerkennung, die vollzogen worden ist, und völkerrechtlicher Anerkennung, die angeblich verweigert wird, in Wirklichkeit ist. Nach Ansicht der »DDR« ist das ehemalige Deutsche Reich auch juristisch untergegangen. Sie sieht sich als einer von zwei selbständigen souveränen Staaten, die zueinander ein rein völkerrechtliches Verhältnis haben, genauso wie die Bundesrepublik Deutschland zu Portugal oder Thailand, die »DDR« zu Holland oder Mexiko, die im übrigen auch zwei verschiedene Nationen darstellen.

Das Thema besteht aus zwei Problemen:

a) Wie ist die deutsche verfassungsrechtliche Lage?

b) Warum hat man Verträge geschlossen, die beide miteinander unvereinbare Deutungen ausdrücklich erlauben und damit nicht nur verschiedene, sondern gegensätzliche Auslegungen geradezu herausfordern?

Gerade die Doppeldeutigkeit der gewählten und vereinbarten Formulierungen hat zur Klage in Karlsruhe gezwungen. Das Ergebnis sind zwei Urteile, das eine vom 31. Juli 1973 und das andere vom 7. Juli 1975.

In kurzer Zusammenfassung besagen sie folgendes:

Die Ostverträge sind nur dann verfassungsmäßig, wenn folgende Rechtsstandpunkte ohne Einschränkung beibehalten werden:

a) Das Deutsche Reich besteht rechtlich weiter, ist durch das Kriegsende also nicht untergegangen.

b) Es gibt nur ein einziges deutsches Staatsbürgerrecht.

c) Die Grenzen zwischen der Bundesrepublik Deutschland und der »DDR« haben die gleiche Rechtsqualität wie zwischen den Bundesländern der Bundesrepublik Deutschland.

d) Alle staatlichen Organe sind verpflichtet, den Gedanken der Wiedervereinigung lebendig zu erhalten und alles zu unterlassen, was diesem Ziele im Wege steht oder widerspricht.

Daß dieses Urteil Widerspruch herausfordert, ist verständlich. Aber muß die SPD dem Bundesverfassungsgericht aus diesem Grunde bedenklichen Mangel an richterlicher Selbstbeschränkung und an politischem Augenmaß testieren, muß sie damit den Vorwurf einer törichten juristischen Anmaßung verbinden, daß das Gericht sich mehr als übernommen habe?

Man muß diese Vorwürfe gegen das Bundesverfassungsgericht mit dem Kommentar von Radio Moskau am 22. August 1979 vergleichen. Der Verfasser sagt in seinem Kommentar zur Vorbereitung der 30-Jahresfeier der Gründung der »DDR« im Hinblick auf das Karlsruher Urteil, es handele sich um ein dubioses und weltfremdes Dokument, und bezeichnet die Verfassungsrichter als unverbesserliche Träumer oder bezichtigt sie der Pflege revanchistischer Denkweise. Hier liegt ein bedauerlicher Gleichklang der Bewertung, zum Teil sogar der Formulierungen, vor.

Es ist ebenso bezeichnend, daß der gleiche Kommentator in heftigen Tönen sich darüber aufregt, daß in der »Rechts-Presse« der Bundesrepublik Deutschland die neuen presserechtlichen Bestimmungen der »DDR« für ausländische Journalisten und das neue Strafgesetzbuch in der »DDR« angegriffen und damit die Souveränitätsrechte der »DDR« verletzt würden. Das Doppelspiel und der Widersinn wird offenkundig, wenn man sich vergegenwärtigt, daß alle politischen Kräften in der Bundesrepublik, auch die Bundesregierung sowie SPD und FDP, diese wenn auch mit lahmen Erklärungen, dagegen Stellung genommen haben. Jede Kritik an den rechtswidrigen Maßnahmen der »DDR« wird also als Eingriff in die Souveränitätsrechte, als Verstoß gegen die Ostverträge, als Belastung für die Entspannung bezeichnet und der »Rechten« in der Bundesrepublik in die Schuhe geschoben. Die Kritik der Bundesregierung, der sie tragenden Parteien, wird offensichtlich überhaupt nicht zur Kenntnis genommen.

Wahrheit und Lüge

Das ganze ist ein Beweis für die Schizophrenie, aber auch Verlogenheit der Lage. Dazu gilt es folgendes festzustellen:

1. Niemand hätte die Bundesregierung zwingen können, Verträge abzuschließen, die als Instrumente für gegensätzliche Deutung gebraucht werden können und müssen.

2. Die gegensätzliche Sicht der Folgen des Zweiten Weltkrieges für das Verhältnis zwischen Bundesrepublik Deutschland und »DDR« ist eine Tatsache. Aber sie darf nicht durch bewußt doppeldeutige Formulierungen scheinlegalisiert werden.

3. Rechtspositionen sind nicht »Formelkram«, sondern mächtige Waffen, wenn man unnütze Streitigkeiten in der Gegenwart vermeiden und nicht die eigene Lage bei einer künftigen Friedenskonferenz in gefährlicher Weise verschlechtern will.

4. Wenn das Bundesverfassungsgericht die Vereinbarkeit der Verträge mit dem deutschen Verfassungsrecht nicht so ausgelegt hätte wie geschehen, hätte es die Unvereinbarkeit der Verträge mit dem Grundgesetz im Urteil festlegen müssen. Wenn die SPD ehrlich und konsequent wäre, dann hätte sie eine Verfassungsänderung betreiben müssen, die es dem Verfassungsgericht erlaubt hätte, die Verträge ohne eine solche Auslegung für verfassungsmäßig zu erklären. Aus wohlweislich erwogenen Gründen haben SPD und FDP dieses Abenteuer nicht unternommen.

5. Niemand hätte die Bundesregierung hindern können, die Unterschiedlichkeit der Rechtsstandpunkte in den Verträgen klar zu formulieren, aber gleichzeitig die Spielregeln für ein friedliches Nebeneinander und ein vernünftiges Mit-

einander festzulegen. Dann hätte man eben länger, härter, zielstrebiger verhandeln müssen. Es besteht nicht der geringste Grund zur Annahme, daß angesichts der Interessenlage sich auch die östlichen Vertragspartner nicht auf eindeutig formulierte und keiner doppeldeutigen oder gegensätzlichen Auslegung zugängliche Verträge eingelassen hätten.

7. Was ist davon zu halten, daß die Moskauer Presseagentur »Nowosti« mir vor wenigen Tagen vorgeworfen hat, meine Ablehnung der Teilung Deutschlands in zwei Nationen stehe im Widerspruch zu den Verträgen? Die Einhaltung der Verträge erfordere die Anerkennung von zwei Nationen, einer kapitalistischen Nation in der Bundesrepublik Deutschland und einer sozialistischen Nation in der »DDR«! Teilen nun die Bundesregierung und Regierungsparteien meine Auffassung, daß es nur eine deutsche Nation gebe, und stehen sie damit im Widerspruch zu den Verträgen, wie es die Moskauer Agentur behauptet, oder sind sie der Meinung, daß die Einhaltung der Verträge auch die Anerkennung der Teilung Deutschlands in zwei Nationen bedeute? Die deutsche Öffentlichkeit hat ein Recht darauf zu erfahren, welche Position nun die Bundesregierung und die Regierungsparteien in Bonn, SPD und FDP, hier wirklich einnehmen. Hier sind klipp und klare Formulierungen erforderlich. Hier ist unbequeme Eindeutigkeit besser als bequeme Doppeldeutigkeit.

8. Auch unsere Partner im kommunistischen Machtbereich, an der Spitze die Sowjetunion, haben Anspruch darauf, ehrlich behandelt und bedient zu werden. Es ist unerträglich, daß man mit einem regierungsamtlichen Augenzwinkern ihnen zu verstehen gibt, daß die Verträge auch als Anerkennung der Teilung in zwei Nationen ausgelegt werden können, daheim aber das Gegenteil versichert. Das gleiche gilt für das Problem der völkerrechtlichen Anerkennung der »DDR«.

9. Es ist eine Verfälschung der Wahrheit und eine Diffamierung des politischen Gegners, wenn man der CDU und der CSU vorwirft, sie seien nie bereitgewesen, mit kommunistisch regierten Staaten zu verhandeln und Verträge abzu-

schließen. Aber gerade der machtpolitisch schwächere Partner muß peinlichst darüber wachen, daß in Verhandlungen und Verträgen mit dem stärkeren Partner nicht gegensätzlich deutbare und zu strittigen Auslegungen Raum bietende Formulierungen gewählt werden. In der Geschichte wird nur der seine Lebensrechte mit Erfolg verteidigen, der in der Sache hart und in der Form verbindlich ist. Auch Verträge müssen nach dem Grundsatz der klassischen italienischen Diplomatie formuliert sein – patti chiari, amici cari – klare Verträge sind gute Freunde. Das heißt aber auch, daß unklare Verträge schlechte Freunde sind.

10. Es ist unklug, bestehende Machtverhältnisse durch Wunschdenken ändern zu wollen. Es ist unverantwortlich, bestehende Rechtspositionen aus Bequemlichkeit verdrängen zu wollen. Deutsche Politik erfordert geschichtliche Klarheit, Treue zum Recht, einen langen Atem und einen Sinn für die Chance, die man nicht dadurch beschleunigen kann, daß man versucht, die Uhr der Geschichte vorzustellen.

(8. September 1979)

Plädoyer für eine souveräne deutsche Politik

Im Herbst 1979 jährt sich die Gründung der liberalsozialistischen Koalition zum zehnten Mal. Strauß analysiert aus diesem Anlaß die außenpolitische Situation der Bundesrepublik Deutschland und konstatiert verlorengegangene Spielräume. Er belegt dies vor allem mit dem Verhalten der deutschen Politik unter der SPD/FDP-Verantwortung gegenüber der Sowjetunion einerseits und gegenüber China andererseits.

Die außenpolitischen Krankheitssymptome liberal-sozialistischer Politik – der von der SPD selbst so genannte »Machtwechsel« jährte sich in diesen Tagen zum zehnten Mal – sind im Vorfeld und während des Staatsbesuches des chinesischen Ministerpräsidenten und Parteivorsitzenden Hua Guofeng besonders deutlich sichtbar geworden. Was sich beispielsweise Bundeskanzler Helmut Schmidt und sein Sprachrohr Bölling an Ungezogenheiten und Anrempeleien gegenüber dem chinesischen Gast geleistet haben, ist nicht nur kennzeichnend für den Verfall politischer Umgangsformen und diplomatischer Sitten, sondern wirft ebenso ein grelles Schlaglicht auf den Zustand der deutschen Außenpolitik insgesamt, wie er sich nach einem Jahrzehnt Brandt und Schmidt darbietet: offensichtlich hat im politischen Verständnis und in der politischen Praxis der SPD deutsche Politik weniger Spielraum und Handlungsfreiheit, als dies Mitte der 50er Jahre der Fall war, als die Bundesrepublik Deutschland gerade mühsam und Schritt für Schritt ihre staatliche Souveränität gewonnen hatte.

Was Helmut Schmidt und seine Regierung aus Anlaß des Hua-Besuches an Gesten peinlicher Anbiederung und unterwürfigen Wohlverhaltens gegenüber der Sowjetunion geboten haben, hat die Grenzen politischer und nationaler Würdelosigkeit erreicht, ja sogar überschritten. Aus Furcht vor dem drohend erhobenen Zeigefinger Moskaus und gefangen in dem ostpolitischen Netz, dessen Fallstricke Brandt, Bahr, Wehner & Co. selbst geknüpft haben, kann oder darf Schmidt sich nicht mehr so verhalten, wie sich ein deutscher Regierungschef, der seine Verantwortung ernst nimmt und die der deutschen Politik gegebenen Möglichkeiten ausschöpft, verhalten müßte.

Entlarvende SPD-Parole

Ein SPD-Pressedienst gab zur Ankunft des chinesischen Gastes die ebenso bezeichnende wie entlarvende Parole aus, daß die Hand des Besuchers aus Peking zwar gerade noch geschüttelt, keineswegs aber freundschaftlich gedrückt werden dürfe. Die sozialistische Parteilosung – auch dies zeigt die Schwäche Schmidts in der eigenen Partei – wurde mit zusätzlichen Verschärfungen in die regierungsamtliche Wirklichkeit umgesetzt. Vor der SPD-Fraktion, deren Vorsitzender Wehner unerbittlich darüber wacht, daß in Partei und Regierung nur geschieht, was Moskau wohlgefällig ist, setzte Schmidt seine ungehörigen Signale, die ihn als Gastgeber des ersten Mannes eines 1000-Millionen-Volkes völlig disqualifizieren müssen. Man werde, so hieß es, die Bundesrepublik Deutschland gegen die Sowjetunion durch den chinesischen Gast nicht in Stellung bringen lassen, man habe nicht die Absicht, die Bundesrepublik Deutschland gegen Moskau einsetzen zu lassen, man werde an China keine Waffen liefern. Diese Demutsgesten vor Wehner und vor Moskau konnten die chinesischen Gäste nur als Brüskierung verstehen: weder war es deren Absicht, die Bundesrepublik Deutschland gegen Moskau in Stellung oder zum Einsatz zu bringen noch wollten sie ihren Besuch mit Rüstungseinkäufen verbinden.

Als gelehriger Schüler seines Meisters Schmidt stieß Bölling mit schrillen Tönen ins gleiche Horn. Die Auseinandersetzung Chinas mit der Sowjetunion dürfe, so der Regierungssprecher, »nicht auf deutschem Boden ausgetragen« werden, man gehe davon aus, »daß die Gäste sich im Interesse eines erfolgreichen Besuches so verhalten, wie wir uns das erwarten«. In einem kultivierten, auf innere Unabhängigkeit und außenpolitische Manieren bedachten Gemeinwesen hätte ein Regierungssprecher wegen einer solchen Flegelei sofort seinen Hut nehmen müssen. Bei der SPD-geführten Bundesregierung freilich ist dies anders – wie der Herr, so's Gescherr!

Mit zäher Zielstrebigkeit hat deutsche Politik unter der Regierungsverantwortung der Unionsparteien unserem Land bei schwierigster Ausgangslage die politische Souveränität gewonnen. Zehn Jahre liberal-sozialistischer Außenpolitik haben ausgereicht, hier einen bedenklichen Umkehrungsprozeß mit gefährlichen Folgen einzuleiten. Die Bundesregierung ist der Gefangene einer mißverstandenen Ostpolitik und schlecht formulierter, weil doppeldeutiger Verträge. Die Folge dieser Tatsache ist, daß die Sowjets ihre kleinen Gegenleistungen jederzeit widerrufen oder einen zusätzlichen Preis dafür von Bonn verlangen können. Diese Möglichkeit einseitigen Drucks, verstärkt durch seine innerparteilichen Widersacher, erzwingt ein Wohlverhalten Helmut Schmidts, das im Widerspruch stehen muß zu seiner intellektuellen Beurteilung der Lage, wie hoch auch immer die hier gegebene Kapazität eingeschätzt wird.

Hebel in Moskaus Hand

Daß die Koalition von SPD und FDP ihren Vorrat an Gemeinsamkeiten weitgehend verbraucht hat, wird sogar von prominenten Vertretern des liberal-sozialistischen Blocks eingeräumt. Da es aber darum geht, um jeden Preis an der Macht und an der Regierung zu bleiben, gewinnt die Ostpolitik als das einzig verbliebene Kernstück der SPD/FDP-Koalition eine zusätzliche Schlüssel- und Überlebensfunktion. Die Sowjetunion hat aufgrund einer überhastet durchgeführten, dilettantisch vorbereiteten und in vieldeutigen Verträgen formulierten Ostpolitik den Hebel in der Hand, die Bonner Koalition dadurch aus den Angeln zu heben, daß sie das Scheitern von deren letzter Gemeinsamkeit, eben der Ostpolitik, offenkundig werden läßt. Diese von der Bundesregierung verschuldete Abhängigkeit der deutschen Politik von Moskau hat zu einem Zustand labiler Handlungsunfähigkeit geführt.

Wider bessere Einsicht macht Helmut Schmidt beim Tanz um das vermeintlich goldene ostpolitische Kalb mit, obwohl dies längst nur noch aus Blech besteht. Er handelt nicht mehr wie ein souveräner Staatsmann, er ist nur noch der Getriebene selbstverschuldeter Zwänge und jener Kräfte seiner Partei, die dort den bestimmenden linken Ton angeben. Nur so ist zu erklären, daß Schmidt jahrelang die grundsätzliche Veränderung nicht zur Kenntnis nehmen durfte, die durch den Auftritt Chinas auf der weltpolitischen Bühne entstanden war. Wenn er jetzt erklärt, daß er über die Existenz einer starken Volksrepublik China froh sei, scheint er zumindest hier auf meine Linie eingeschwenkt zu sein. Da durch die ostpolitische Selbstfesselung der Bonner Linkskoalition der traurige Grundsatz gilt, daß nicht sein kann, was nach den Vorstellungen Moskaus nicht sein darf, durfte China ebensowenig in die außenpolitische Konzeption Bonns einbezogen wie dessen berechtigte und vor allem durch die sowjetische Überrüstung zweifelsfrei belegte Warnung vor Moskaus Hegemoniestreben zur Kenntnis genommen werden.

Hier liegen die Ursachen für die peinlichen Ergebenheitsübungen der Regierung Schmidt gegenüber Moskau im Zusammenhang mit dem Besuch von Hua Guofeng. Der Kanzler selbst und auch sein Regierungssprecher verhängten prophylaktisch über den Gast Redeverbote und hielten ihn barsch an, gewisse Themen auszuklammern. Ich habe in meiner Tischrede anläßlich des Aufenthaltes des chinesischen Gastes in München darauf hingewiesen, daß die Sowjetunion einen unvernünftig hohen Anteil ihres Bruttosozialprodukts für die Rüstung ausgibt, um sich alle militärischen Optionen offenzuhalten und weltweit präsent zu sein. Ich habe weiter zu den Besuchern aus China gesagt: »Nicht eine Übereinstimmung unseres Urteils über die sicherheitspolitischen Realitäten, die Risiken und die Chancen, gefährdet den Frieden in der Welt. Diese Bedrohung geht von den Tatsachen aus, das heißt von dem, der diese Tatsachen schafft, aber nicht von dem, der diese Tatsachen offen nennt.«

In eigene Fehler verstrickt

Liberal-sozialistische Politik in Bonn aber hat sich dermaßen in die eigenen Fehler verstrickt, daß sie es nicht mehr wagen kann, Tatsachen zu nennen, daß sie darüber hinaus in grober Unhöflichkeit Staatsgäste davon abhalten will, auf weltweit bekannte und anerkannte Tatsachen im ernsthaften politischen Gespräch überhaupt einzugehen. Wenn der Eindruck aufkommt, daß Moskaus Wunsch in Bonn Befehl ist, trägt die Verantwortung dafür allein Helmut Schmidt. Positiv anzumerken ist, daß sich Außenminister Genscher dem Vernehmen nach gegenüber sowjetischen Pressionsversuchen, die auf eine rüde Behandlung der chinesischen Gäste durch Bonn abzielten, widersetzte.

In diesen großen politischen Zusammenhang gehört auch die Reaktion der Bundesregierung und der SPD auf den angeblichen Abrüstungsvorstoß Breschnews, dessen Verwirklichung zu keinerlei ernsthafter Verringerung des überlegenen sowjetischen Rüstungspotentials führen würde. Bei allen Fachleuten der westlichen Welt besteht darüber ebenso ein einstimmiges Urteil wie darüber, daß die forcierte sowjetische Raketenrüstung zur Erhaltung des militärischen Gleichgewichts ein entsprechendes Gegengewicht auf seiten der NATO erfordert. Auch hier drückt sich Schmidt um eine klare, um die einzig mögliche Antwort herum. Breschnews

Vorstoß, wohlberechnet auf die bestimmenden Linkskräfte der SPD um Wehner, Bahr und Brandt, trifft in das Herz der SPD. Helmut Schmidt steht dadurch vor einer tragischen Alternative: Entweder hält er sich an seinen Amtseid und stellt sich den starken Nein-Elementen in der SPD entgegen oder er beugt sich diesem Parteiflügel und verletzt seine beschworene Pflicht.

Die Zeit der Verbalkompromisse ist endgültig vorbei. Schon viel zuviel dieser Zeit hat der Westen, wesentlich mit durch das Versagen der Bundesregierung, verloren. An das Trauerspiel um die Verhinderung der Neutronenwaffe, bei dem sich führende SPD-Politiker wie beispielsweise Bahr ungeniert zu Wortführern der Moskauer Interessen gemacht hatten, ist zu erinnern, wenn man auf die aktuelle Gefahr hinweisen will, in die zu geraten der Westen jetzt erneut, und wieder maßgeblich durch die Schuld der SPD und der von ihr geführten Bundesregierung, im Begriffe ist. Die Bonner Verlegenheitsübungen sind auf jeden Fall das Gegenteil einer verantwortungsbewußten und auf optimale äußere Sicherheit gerichteten Politik.

Politische Verantwortung

Wenn sich das militärische Gleichgewicht dramatisch zugunsten des Westens verschoben hat, ist eine Politik, die ihre Pflicht gegenüber unserem Volk ernst nimmt, zum Handeln dahingehend aufgerufen, dieses Gleichgewicht wiederherzustellen. Bundeskanzler Helmut Schmidt, seine Partei und seine Regierung können sich aus dieser Verantwortung nicht davonreden. Der Versuch etwa, die zwingend notwendige Nachrüstung der NATO mit dem Hinweis auf die mögliche Haltung der Niederlande, die Stationierung von Kernwaffen von mittlerer Reichweite abzulehnen, zu umgehen, ist ein untaugliches Vehikel zur Flucht aus der politischen Verantwortung. Wenn ein drohendes Übergewicht der sowjetischen

Rüstung besteht und wenn Übereinstimmung darüber gegeben ist, daß diesem für die freie Welt gefährlichen Mißstand abgeholfen werden muß, so ändern sich Wahrheitsgehalt und Aussagekraft dieser Analyse nicht dadurch, daß eventuell der eine oder andere Bündnispartner nicht bereit ist, seinen Beitrag zur Abhilfe zu leisten. Schon gar nicht kann solches Verhalten angesichts unserer geographischen Lage und unserer besonderen Gefährdung für die Bundesrepublik Deutschland erlaubt sein.

Es ist die persönliche Tragik Schmidts, daß er in Energiepolitik, Verteidigungspolitik, Chinapolitik das tun muß, was ich seit Jahren öffentlich fordere – oder unter dem Druck der Linkskräfte in seiner Partei seiner Verantwortung nicht mehr gerecht werden kann.

Unter Brandt und dann unter Schmidt ist deutsche Politik in Lebensfragen handlungsunfähig geworden. Die Rückkehr zu einer souveränen deutschen Politik, die sich an den Interessen unseres eigenen Volkes ebenso ausrichtet wie an jenen des freien Europas und der freien Welt, ist überfällig. Wir werden dafür kämpfen, daß diese historische Wende im Jahre 1980 vollzogen wird.

(3. November 1979)

Wem die Stunde schlägt ...

Je länger die SPD/FDP-Koalition in Bonn währt, um so deutlicher wird der Widerspruch zwischen Schein und Sein, zwischen Anspruch und Wirklichkeit. Da die Erwartungen, die zu Beginn dieses Regierungsbündnisses geweckt worden waren, außerordentlich hoch gespannt wurden, sind die Enttäuschungen nicht weniger groß. Der schillernde Begriff »Entspannung« soll die wachsenden Probleme der Regierung in Bonn überdecken. Strauß sieht, vor allem in bezug auf Person und Politik von Helmut Schmidt, das Ende dieses Manövers voraus.

Die Zeit des schönen Scheins ist endgültig vorbei. Die Außenpolitik von SPD/FDP, in ihrem Kern vorrangig bis ausschließlich auf Moskau ausgerichtet und von 1969 an als »Neue Ostpolitik« hochtönend gefeiert, steht jetzt, im Jahre 1980, auf dem harten und unerbittlichen Prüfstand der politischen Wirklichkeit. Diese Wirklichkeit aber hat mit dem Anspruch, den Brandt und Scheel ebenso wie Schmidt und Genscher mit ihrer Ostpolitik verbunden haben und noch immer verbinden, nichts zu tun.

Der Unterschied zwischen Sein und Schein der SPD/FDP-Außenpolitik ist deshalb so besonders groß, weil von Brandt, seinen Jüngern und Nachfolgern ein Erwartungshorizont aufgerichtet wurde, den mit politischen Tatsachen auszufüllen von der Natur und der Zielsetzung sowjetrussischer Politik her gleichermaßen unmöglich war. Wenn das Erwachen jetzt nicht so jäh und die Lage nicht so ernst wäre, könnte ein Wort des israelischen Satirikers Ephraim Kishon zur Beurteilung auch der Bonner Ostpolitik herangezogen werden: »Die Entspannungspolitik hat, wie alle internationalen Abkommen, neben einer großen Menge von Vorzügen auch einige Nachteile. Als ihren Hauptvorzug könnte man die Tatsache bezeichnen, daß die beiden Supermächte ihre Differenzen am Verhandlungstisch regeln, ihr Wettrüsten eindämmen und die allgemeine Kriegsgefahr verringern. Der Hauptnachteil des Abkommens besteht darin, daß sich das nicht so verhält.«

Dabei hätte es nicht des sowjetischen Gewaltaktes gegen Afghanistan bedurft, um die politische Weltlage mit all ihren Bedrohungen und Gefahren so zu zeigen, wie sie ist; sie sich im illusionären Wunschdenken nicht so vorzugaukeln, wie dies brüchige Grundlage liberalistisch-sozialistischer Außenpolitik in Bonn ist. Ich weiß aus der Geschichte, daß Mahner und Warner, vor allem wenn sich ihre Äußerungen auf zukünftige Entwicklungen bezogen haben, nicht sonderlich beliebt waren. Dennoch darf ich noch einmal daran erinnern, daß die Entwicklung in Afghanistan für den, der sehen konnte und sehen wollte, in ihren Grundzügen vorauszuberechnen war: seit Jahren habe ich auf den weltpolitisch gefährlichen Krisenbogen hingewiesen, der sich von Afghanistan bis ins südliche Afrika schlägt. Auch die politisch-militärische und wirtschaftliche Zielsetzung sowjetischer Machtpolitik entlang dieses Krisengürtels liegt nicht erst seit der Besetzung Afghanistans durch die Rote Armee offen zutage, nämlich der strategisch wichtige Durchbruch zum Indischen Ozean und der Griff nach den Erdölvorräten des Mittleren Ostens und nach den Rohstoffen Afrikas.

Zwischen Schuld und Zwängen

An den politischen Grundpositionen der sowjetischen Politik und an der Entschlossenheit Moskaus, zur Erreichung seiner Ziele alle Mittel einzusetzen, konnte nur zweifeln, wer wie Brandt, Schmidt & Co., in ideologischer Blindheit oder als Gefangener selbsthergestellter und selbstverschuldeter ostpolitischer Zwänge, der Wahrheit nicht mehr ins Gesicht zu blicken wagt. So hatte beispielsweise Leonid Breschnew schon im April 1974 auf einer Konferenz des Warschauer Paktes den Inhalt der »Entspannungspolitik« nach Moskauer

Art erläutert: »Wir Kommunisten müssen eine Zeitlang mit den Kapitalisten zusammenarbeiten. Wir brauchen deren Landwirtschaft und Technologie. Aber wir werden unsere massivsten Rüstungsprogramme fortsetzen und Mitte der achtziger Jahre in der Lage sein, zu einer wesentlich aggressiveren Außenpolitik zurückkehren, um in unseren Beziehungen zum Westen die Oberhand zu gewinnen.«

Die Aggression gegen Afghanistan zur Jahreswende 1979/80 zeigt, daß sich die Dinge derart zugunsten Moskaus entwickelt haben, daß man dort mit der Rückkehr zu den brutalen Methoden der eigenen Expansionspolitik nicht einmal mehr bis zur Mitte der achtziger Jahre glaubte warten zu müssen.

Für die deutsche Außenpolitik ist damit die Zeit der Ausflüchte, des Mogelns und Täuschens, der Beschönigung und der Verdrängung unwiderruflich vorbei. Bundeskanzler Schmidt muß, will er seinem Amtseid zur Wahrung deutscher Interessen ebenso gerecht werden wie den Verpflichtungen der Bundesrepublik Deutschland gegenüber dem Bündnispartner USA, Farbe bekennen. Nichts aber fällt ihm schwerer als gerade das.

Der Grund liegt auf der Hand: die Fortsetzung des Scheins einer funktionierenden Entspannungspolitik ist für Schmidt, seine Regierung und seine Koalition zu einer innenpolitischen Lebens- und Überlebensfrage geworden. Der ostpolitische Offenbarungseid der SPD/FDP-Entspannungspolitik soll unterbleiben, obwohl er von den Tatsachen her unvermeidbar ist. Schmidt muß sich, da das Trugbild einer anhaltenden »Entspannungs- und Friedenspolitik« die entscheidende wahltaktische Säule der Linkskoalition ist, um jeden Preis und gegen eigene Einsicht an dem Eingeständnis des Scheiterns der Bonner Außenpolitik vorbeidrücken. Innenpolitische, parteipolitische Überlebenszwänge sind – und dies angesichts einer sich dramatisch verdüsternden Weltlage – zur außenpolitischen Richtschnur einer SPD/FDP-Bundesregierung geworden. Schmidt steht am Schlußpunkt einer

Entwicklung, die Brandt mit der Verheißung eines neuen Friedenszeitalters durch sozialistische Ostpolitik begonnen hatte – das Ziel der anderen Seite wurde nicht erkannt, die bestehende Gefahr nicht zugegeben; die ersten Schritte schienen harmlos bis begrüßenswert, die nächsten Schritte logisch, der weitere Gang der Dinge war dann nicht mehr aufzuhalten.

Gute Miene zum bösen Spiel

So kommt es, daß das Wort Solidarität, das in diesen Wochen so oft zu hören ist, einen hohlen und falschen Klang hat, wenn es in Bonn auf Regierungs- und Koalitionsseite in den Mund genommen wird. Klopft man den Begriff der Solidarität, den Schmidt und seine Regierung eifrig gebrauchen, auf seinen konkreten Inhalt hin ab, untersucht man ihn auf die tatsächliche deutsche Bereitschaft, dem amerikanischen Bündnispartner in der Stunde größter Herausforderung Last und Verantwortung tragen zu helfen, stößt man auf die Phrase, auf sinnloses und peinliches Gerede, auf Gesinnungsgeschwätz. Es spricht nur für die Kurzsichtigkeit der SPD/FDP-Politik, wenn diese glaubt, sich mit unverbindlichen Wortmanövern der Nagelprobe deutsch-amerikanischer Solidarität entziehen zu können. Das Rezept der Täuschung Washingtons auf dem Wege eines verklausulierten Sowohl-als-auch wird nicht tragen. Die Tatsache, daß Schmidt im Kern der Sache vor den Anti-Atlantikern in seiner eigenen Partei kapituliert hat und auf der Linie von Brandt, Wehner und Bahr liegt, kann in Washington nicht übersehen werden. Hier sollte man sich durch amerikanische Freundlichkeit nicht täuschen lassen. Die US-Regierung macht zwar gute Miene zum bösen Spiel mancher europäischer Partner im allgemeinen und des deutschen Verbündeten im besonderen, aber wir können sicher sein, daß die Rechnung uns eines Tages präsentiert wird.

Während Schmidt nach außen hin von Solidarität spricht und den Schein dieser Solidarität durch eigene und seines Außenministers Genscher Reisegeschäftigkeit aufrechtzuerhalten sucht, pflegt er intern in nahtloser Übereinstimmung mit der herrschenden Links-Meinung in der SPD die Argumente gegen diese volle Solidarität mit den USA vorzubringen, wobei er sich durch eine ähnliche Meinung des französischen Staatspräsidenten gestützt sieht. Europa und damit auch Deutschland seien wegen ihrer geographischen Lage näher am Feuer, was im Falle einer weiteren Verschärfung sich gefährlich auswirken könnte; Sanktionen seien sowieso wirkungslos, die USA und die Sowjetunion könnten sich wieder einigen, dann stünden die »Solidarisierer« als die Dummen da, gute wirtschaftliche Geschäfte mit Moskau gingen verloren ...

Ich war immer ein besonderer Anhänger und Förderer der französisch-deutschen Zusammenarbeit, auch aus dem Grunde, weil ich der Meinung war und bin, daß die Europäer nicht in völliger Abhängigkeit von den Vereinigten Staaten ihre Zukunft bestreiten sollten. Aber ich warne vor einer Solidarachse Paris-Bonn, die nicht zuletzt aus innenpolitischen Gründen der beiden Länder im »Fall Afghanistan« darauf hinausläuft, die USA mehr oder minder allein zu lassen. Man spricht jetzt bereits in Washington von einer antiamerikanischen Achse im Gegensatz zu der eindeutigen Haltung Großbritanniens unter der Führung von Margret Thatcher. Ich warne vor einer Abkoppelung der europäischen Interessen von den amerikanischen Interessen. Das mag kleinräumig und kurzfristig richtig erscheinen, ist aber im Gesamtzusammenhang und in der Endrechnung falsch, zumindest solange, bis die Europäer ein echtes weltpolitisches Gewicht erlangt haben.

Mit solchen Argumenten der Selbsttäuschung und der Täuschung anderer kommt deutsche Politik in der Zeit der Herausforderung und der Bewährung nicht über die Runden. Solches Verhalten muß nicht nur in Washington den Eindruck verstärken, daß Moskau bei seinem Versuch, Europa unter Einsatz aller Mittel, auch jenen der psychologischen Einschüchterung durch ein gigantisches Militärpotential, von den USA abzukoppeln, sichtbare Erfolge zu verzeichnen hat. Dadurch, daß sich Schmidt und einige andere europäische Politiker der trügerischen Vorstellung hingeben, sich in der derzeitigen weltpolitischen Krisensituation mit dem angestammten europäischen Sondermotto »Worte statt Taten« aus der geschichtlichen Verantwortung stehlen zu können, offenbart sich eine lebensgefährliche politische Uneinsichtigkeit.

Schmidt und die Sozialisten geben sich – und dies faktisch in Ausfüllung der Moskauer Deutung des Weltgeschehens – der Meinung hin, daß Entspannung teilbar ist. Daß dies der Bündnispartner USA ebenso völlig anders sieht wie beispielsweise Großbritannien oder wie große Teile der Dritten Welt dies sehen, kümmert SPD/FDP dabei wenig – selbstverständlich auch nicht die Tatsache, daß in Urteil und Bewertung von CDU und CSU die Entspannung unteilbar ist. Schmidt, seine Partei und seine Regierung wollen und dürfen nicht sehen, daß Moskaus Einmarsch in Afghanistan, daß sein Griff nach dem Mittleren Osten und nach Afrika die Lebensadern Europas und damit auch Deutschlands bedroht.

Man vermag wahrscheinlich aus verengter europäischer Sicht nicht zu verstehen, daß Äußerungen der Herren Brandt, Schmidt und Wehner, Entspannung sei teilbar und Spannung müsse teilbar werden, verheerende politische Folgen und Wirkungen auslösen müssen und zwar dadurch, daß sie als eine Aufforderung zum Appeasement, ja als eine Einladung, sich sowjetischen Kontrollen zu unterstellen, verstanden werden. Amerikanische Zögerer und europäische Zweifler bilden eine verhängnisvolle Kombination, die besonders in der Dritten Welt zu verheerenden Schlußfolgerungen führen kann, zum Beispiel in Pakistan.

Das Phantom einer angeblich anhaltenden Entspannung ist zur Überlebenslüge der Bonner Koalition geworden, an die man sich mit aller Macht klammert. Zum Schaden unserer Nation halten Schmidt und seine Koalition an innenpolitisch bedingten, außenpolitisch aber längst nicht mehr haltbaren Positionen fest. Das parteipolitische Interesse des eigenen Überlebens, des Festhaltens an der Regierungsmacht steht im Vordergrund, der Glaube an Entspannungs-Zauberformeln wird trotz einer völlig anders gearteten Wirklichkeit weiter gepflegt.

Während die Bundesregierung dieses lebensgefährliche Trauerspiel aufführt, bedroht der Partner, ohne den die sozialistischen Entspannungsträume nicht möglich sind, nämlich Moskau, in kaltschnäuzigem machtpolitischen Selbstbewußtsein die ganze Welt. Nicht nur, daß der Kreml nicht daran denkt, etwa der Verurteilung durch die überwältigende Mehrheit der Vereinten Nationen mit einem Rückzug aus Afghanistan Rechnung zu tragen, bedroht er darüber hinaus ungeniert das benachbarte Pakistan ebenso wie die USA oder alle anderen Kritiker der sowjetischen Politik. Die Sowjetunion beweist eindringlich, daß sie sich in konsequenter Fortsetzung ihrer bekannten Haltung – siehe Ungarn 1956, siehe Prag 1968! – bei der Wahl zwischen der Durchsetzung machtpolitischer Ziele oder der Beachtung der Weltmeinung stets in kalter Rücksichtslosigkeit für die eigenen Ziele entscheidet.

Die eklatante Schwäche deutscher Politik unter SPD/FDP-Verantwortung kann kaum noch augenfälliger werden, als dies zur Zeit der Fall ist. Die geschichtliche Stunde aber schlägt jedem, dem, der die politische Wahrheit aus kurzsichtiger parteipolitischer Taktik verdrängt wie Helmut Schmidt, ebenso wie dem, der bereit ist, sich zur politischen Wahrheit zu bekennen, auch wenn sie unbequem ist. Die Alternative zu Schmidt liegt in einer Politik der Bereitschaft zur Verantwortung auch in schwerster Zeit. Für diese Bereitschaft stehe ich.

(26. Januar 1980)

Die Zeit der Bewährung

Bestand und Funktionsfähigkeit der Atlantischen Allianz sind für die deutsche Außenpolitik seit Konrad Adenauer – und Franz Josef Strauß legte als Bundesverteidigungsminister auf deutscher Seite von 1956 bis 1962 die Fundamente dieses Bündnisses – Kern- und Angelpunkt. In der SPD zeichnen sich Bestrebungen ab, diesen Kurs, der allein Westeuropa seit Jahrzehnten Frieden und Freiheit gesichert hat, zu ändern. Dies fällt zusammen mit einer Schwächeperiode der amerikanischen Politik. Strauß warnt.

Bündnisse haben ihre Bewährungsproben in Krisenzeiten zu bestehen. Bei politischen Schönwetterlagen ist es einfach und risikolos, sich über anhaltende Übereinstimmung und Harmonie in feierlichen Treffen zu äußern, Gleichheit der Interessen und Ansichten zu bekunden, sich zu versichern, wie problemlos doch die gegenseitigen Beziehungen seien. Das Atlantische Bündnis, das politische und militärische Kernstück der freien Welt, steht zur Zeit in der Bewährung, auf dem Prüfstand härtester weltpolitischer Herausforderung. Das nämlich macht das Wesen einer funktionierenden Allianz aus: daß alle Mitglieder herausgefordert sind, wenn ein Mitglied in Bedrängnis ist. Im Verhältnis zwischen den beiden Säulen des Atlantischen Bündnisses, Nordamerika und Europa, gilt dies zur Zeit doppelt deshalb, weil die Belastungsprobe, in der der amerikanische Partner steht, auch eine Belastungsprobe für die europäischen Partner ist.

Nahezu sechs Monate haben die Vereinigten Staaten von Amerika den völkerrechtswidrigen Gewaltakt von Teheran hingenommen. Washington hat alle Versuche unternommen, das Geiseldrama auf dem Wege von Verhandlungen zu lösen, durch diplomatische und politische Maßnahmen die Freigabe der fünfzig Gefangenen zu erreichen. Präsident Carter und seine Regierung haben dabei ein Höchstmaß an Geduld gezeigt, sind in ihren Gesten und Handlungen bis an die Grenze des für die USA Zumutbaren gegangen, vielleicht auch, wie manche meinen, darüber hinaus.

Deshalb hat sich Carter zum Handeln entschlossen, hat den militärischen Befreiungsversuch gewagt. Das Unternehmen ist gescheitert, der amerikanische Präsident hat die schwere Verantwortung dafür zu tragen. Jene, die es jetzt besser wissen, die es schon immer besser gewußt haben wollen, die bedenklich das Haupt wiegen, die Carter tadeln und kritisieren – sie sollten sich fragen, ob sie nicht in den lautesten Jubel der Heldenverehrung ausgebrochen wären, wenn die Befreiungsaktion geglückt wäre.

Diese Frage sollten sich vor allem jene in Europa und in der Bundesrepublik Deutschland stellen, die die Vorgänge in der Salzwüste von Tabas, die zum Abbruch der Rettungsaktion führten, zum willkommenen Anlaß nehmen, den Abstand zum Bündnispartner Amerika wieder ein wenig größer werden zu lassen. Der beleidigte Ton, den der Bonner Regierungssprecher unmittelbar nach Bekanntwerden des mißglückten Unternehmens darüber anschlug, daß doch die Bundesregierung gar nicht über Carters Absichten unterrichtet worden sei, weist in diese Richtung.

Es wäre gegen jede politische und militärische Erfahrung gewesen, hätte Carter vor dem amerikanischen Befreiungsversuch die europäischen Verbündeten über sein Vorhaben informieren oder gar um Rat fragen sollen. Zum einen wäre er bei der bekannten europäischen Ratlosigkeit in weltpolitischen Krisensituationen lange Zeit ohne Antwort geblieben und hätte am Ende wohl eine Reihe sich jeweils widersprechender Ratschläge erhalten, zum anderen wären dann, und die Wahrscheinlichkeit ist hier weit mehr als Vermutung, schon noch zur rechten Zeit, also vor einer Befreiungsaktion, geplante Einzelheiten der Weltpresse zu entnehmen gewesen.

Gerade jetzt hat Europa, gerade jetzt hat die Bundesrepublik Deutschland eine besonders ausgeprägte Bündnispflicht gegenüber den USA, aber auch gegenüber sich selbst – der Gewaltakt der Geiselnahme wie die sowjetische Aggression gegenüber Afghanistan sind keineswegs nur amerikanische, sie sind nicht weniger, und von manchen Auswirkungen her noch mit stärkerer Betonung, europäische Probleme. So könnte nur eine verhängnisvolle politische Kurzsichtigkeit dazu verleiten, jetzt über Präsident Carter herzufallen, sich in selbstgerechter, hämischer und deshalb auch ungerechtfertigter Kritik zu ergehen. Gerade jetzt braucht das amerikanische Volk, braucht die amerikanische Regierung unsere menschliche und unsere politische Solidarität.

Solidarität der Tat

Allerdings ist es dabei mit Worten nicht getan. Wir müssen in den Punkten, in denen wir Solidarität in der Praxis zeigen können, nicht an einen kleinlichen Vorteil des Augenblicks, sondern an unsere langfristige, für unser Überleben in Freiheit entscheidende Gemeinsamkeit mit den USA denken.

In diesen Tagen haben wir besonderen Anlaß, an diese Gemeinsamkeit uns selbst und vor allem auch unsere junge Generation zu erinnern. Vor 25 Jahren trat die Bundesrepublik Deutschland der NATO bei. Mit diesem Schritt, den CDU und CSU gegen den erbitterten Widerstand der SPD durchgesetzt haben, wurde seither unsere Freiheit gesichert. Die Bedrohung, als deren Folge das westliche Bündnis entstand, unsere Entscheidung für einen deutschen Verteidigungsbeitrag, für den Aufbau der Bundeswehr und für ihre Ausstattung mit modernen Waffen fiel, hat sich seitdem nicht verringert.

Die Zeiten des militärischen Übergewichts des Westens sind vorbei. Das Gleichgewicht ist nicht mehr überall gewährleistet, in militärisch entscheidenden Bereichen zeichnet sich jetzt ein sowjetisches Übergewicht ab. Daß Moskau entschlossen ist, sein Militärpotential, dessen Offensivkomponenten in den Land-, Luft- und Seestreitkräften im letzten Jahrzehnt schneller denn je ausgebaut wurden, auch einzusetzen, hat nicht nur die Besetzung Afghanistans bewiesen.

Eine Über-Rüstung der Sowjetunion, die mit einem berechtigten sowjetischen Sicherheitsbedürfnis ebensowenig in Einklang steht wie mit der wirtschaftlichen Leistungskraft des Landes, wird gezielt und rücksichtslos als Mittel des politischen Drucks und der Lähmung gegenüber dem Westen eingesetzt.

Der ungeheuerliche Vorgang zu Beginn dieser Woche spricht für sich: ausgerechnet die Sowjetunion, die mit ihren Waffen und mit ihrer Politik überall rund um den Erdball dabei ist, wo es Krieg und Krise, Revolution und Aggression gibt, wirft der Bundesrepublik Deutschland »militaristische Ambitionen« vor! Ausgerechnet der Aggressor gegen Afghanistan wagt, von seiner Staatsagentur »Nowosti« verbreitet, die verleumderische Behauptung, daß es »in Westdeutschland Kräfte, Menschen, ja ganze Organisationen gibt, die sich ebenso wie vor einem halben Jahrhundert mit den Plänen tragen, sich die Nachbarstaaten zu unterwerfen, Europa umzuverteilen und in den erdölfördernden Ländern festen Fuß zu fassen«.

Offene Drohung

Nach dieser »Analyse«, die, wenn man »Westdeutschland« durch Sowjetunion ersetzt, exakt die Pläne Moskaus beschreibt, kommt die unverhüllte Drohung, nach der das Gebiet der Bundesrepublik Deutschland das sowjetische Ziel für einen atomaren Schlag im Falle des Konflikts sein werde.

Zum fadenscheinigen und mit der Wirklichkeit der eigenen sowjetischen waffenstarrenden Rüstung in keinerlei Wahrheitszusammenhang stehenden Vorwand seines ungeheuerlichen Pressionsversuches gegen die Bundesrepublik Deutschland nimmt Moskau die Tatsache, daß wir uns in Übereinstimmung mit den anderen Partnern der NATO zu einer Nachrüstung entschlossen haben, die wenigstens in einiger Zeit in Europa wieder ein militärisches Gleichgewicht herstellen soll.

Die sowjetische Erpressung zeigt, was es mit Schein und Wirklichkeit einer von den Regierungen Brandt und Schmidt seit einem Jahrzehnt praktizierten Entspannungspolitik auf sich hat. Nach zehn Jahren, in deren Verlauf unserem Volk Tag für Tag eingeredet werden sollte, daß nur die SPD den Frieden sicherer machen könne, während die Unionsparteien Sicherheitsrisiko oder gar Kriegsgefahr bedeuteten, steht die unverhüllte sowjetische Drohung mit einem atomaren Schlag gegen die Bundesrepublik Deutschland.

Der »Friedensredner« Helmut Schmidt ist zum Kanzler der Kriegsandrohung und des Krisengeredes geworden. Immer noch aber unternimmt die SPD den ebenso schäbigen wie bewußt wahrheitswidrigen Versuch, sich der Öffentlichkeit als einzigen Friedensgaranten vorzugaukeln und gleichzeitig die Union als Kriegsrisiko zu verleumden. Dies führt dann zu besonders geschmacklosen Wahlkampfentgleisungen der SPD wie jetzt in Nordrhein-Westfalen, wo die Partei von Brandt, Schmidt und Wehner das leidvolle persönliche Schicksal von Kriegerwitwen und -waisen zu Wahlkampfzwecken ausbeutet und damit den infamen Eindruck erwekken will, als ob im Falle eines Wahlsieges der CDU wieder ein ähnlich tödliches Schicksal in Deutschland drohe. So soll der Wähler eingeschüchtert werden. Dabei ist es die falsch angelegte sozialistische Entspannungspolitik der Regierungen Brandt und Schmidt, die in die verhängnisvolle Alternative von Kapitulation oder Krieg führt.

Die sowjetische Drohung erfolgte, obwohl immer größere Teile der SPD, in der amerikanischen Öffentlichkeit nicht ohne Grund als »Moskau-Flügel« charakterisiert, gegenüber dem Kreml eine Politik der Anbiederung, der Verharmlosung der uns drohenden Gefahren, der Beschönigung sowjetischer

Gewaltakte praktizieren, die mehr an Moskauer Wünschen denn an der Wahrnehmung eigener deutscher und europäischer Interessen ausgerichtet war. Dies sind die gleichen Kräfte in der SPD, die seit langem, von Bundeskanzler Schmidt ungestört und ungerügt, ein schrittweises Abkoppeln der Bundesrepublik von den Vereinigten Staaten von Amerika betreiben.

Wie Moskau eine solche Haltung der Unterwerfung honoriert, hat es jetzt mit seiner Drohung in aller Brutalität gezeigt. Die SPD war und ist unfähig, die stets gültige politische und geschichtliche Erfahrung zu begreifen, daß ein Ungleichgewicht politischer und militärischer Macht, also ein Übergewicht der Sowjetunion, den Frieden nicht sicherer machen kann, sondern unsicherer machen muß. Wir in den Unionsparteien müssen dafür sorgen, daß deutsche Politik wieder auf den Boden der politischen Wirklichkeit zurückkehrt, daß sie sich an den Maßstäben geschichtlicher Erfahrung orientiert, daß sie beharrlich und mit langem Atem die Ziele verfolgt, die allein unser Überleben in Sicherheit und Freiheit gewährleisten können.

Diese Wende in der deutschen Politik ist deshalb doppelt notwendig, weil wir auch der europäischen Politik und der Politik des Atlantischen Bündnisses wieder neue Impulse hin zu einer entschlossenen Politik der Freiheitssicherung geben müssen.

Der Zusammenfall der beiden Ereignisse nämlich könnte nicht augenfälliger und alarmierender sein: während die Sowjetunion die Bundesrepublik Deutschland und damit ein Kernstück des freien Europas mit der Möglichkeit des Einsatzes von Atomwaffen bedroht, scheitert in Luxemburg die Gipfelkonferenz der Staats- und Regierungschefs der Mitgliedsländer der Europäischen Gemeinschaft, weil man sich über Agrarpreise, Fischereizonen und EG-Beiträge nicht einigen kann.

Der Westen und damit auch die Bundesrepublik Deutschland stehen in einer Zeit dramatischer Bewährung. Ein Umdenken ist erforderlich, eine Neuorientierung der deutschen und der europäischen Politik. Wir wollen und können dazu unseren Beitrag leisten. Der Wahltag des kommenden Herbstes ist eine wichtige Station auf dem Weg dorthin.

(3. Mai 1980)

Moskaus Kuckucksei

Je näher der Wahltag des Jahres 1980 rückt, um so massiver mischt sich Moskau in die deutsche Innenpolitik ein. Das Ziel: SPD und FDP sollen in Bonn an der Regierung gehalten, ein Wechsel der Regierungsverantwortung auf die Unionsparteien soll verhindert werden. Propagandistische Wahlhilfeaktionen des Kreml für die Regierung Schmidt/Genscher stehen als Dauerpunkte auf der Tagesordnung. Strauß weist nachdrücklich auf diese Zusammenhänge hin und belegt seine Einschätzung durch konkrete Beispiele.

Die von Moskau und seinen Satelliten geplanten Wahlhilfe-Termine für Schmidt laufen mit der üblichen Vorab-Propaganda wie geplant ab. Schmidts Begegnung mit Polens Staats- und Parteichef Edvard Gierek am 19. August – bei der in Polen herrschenden Wirtschaftskatastrophe sind die Milliarden-Dimensionen der polnischen Forderungen an den Bonner Gesprächspartner ohne Schwierigkeit vorauszuahnen – wird das Treffen mit SED-Chef Erich Honecker folgen. In der Moskauer Wahlkampfstrategie zugunsten der SPD ist Polen, wegen seiner Beliebtheit im Westen, und der »DDR«, wegen ihrer Sonderrolle in den Beziehungen zu Bonn, eine wichtige Funktion zugedacht, um die Moskau-Reise Schmidts angemessen einzurahmen. Sorgfältig werden wir beide Gespräche beobachten, werden Erfolg und Mißerfolg nicht an kurzsichtigen sozialistischen Wahlkampfinteressen, sondern an den Interessen des deutschen Volkes und der freien Welt messen. Die Bilanz von Schmidts Wahl-Fahrt nach Moskau läßt dabei allerdings von den Begegnungen mit Gierek und Honecker ebenfalls mehr publizistischen Wirbel als politische Substanz erwarten.

Helmut Schmidt hat Moskau die Türe geöffnet, um aus der moralischen Quarantäne, in die es durch seinen Überfall auf Afghanistan geraten war, herauszukommen. Er ist zum Transporteur der politischen Ziele Moskaus geworden, die darauf gerichtet sind, den Nachrüstungsbeschluß der NATO in einem allgemeinen Raketen-Palaver untergehen zu lassen und dadurch die militärische Überlegenheit der Sowjetunion zu sichern. Diese sowjetische Strategie, zu deren Vermittler und Briefträger Schmidt geworden ist, richtet sich vor allem gegen Amerika – die europäischen Bundesgenossen sollen durch das sowjetische Verwirrspiel zum Abfall vom NATO-Nachrüstungsbeschluß gebracht werden. Wenn andere europäische Partner nicht mehr zum Mittun bereit wären, würde die SPD dann sagen, daß die Bundesrepublik Deutschland allein auch nicht mehr zu dem Beschluß stehen könne. Moskaus Ziel wäre erreicht. Daß dies verhindert wird – auch darum geht es am 5. Oktober.

Der Besuch Schmidts in Moskau war im Zeitpunkt verfehlt, in der Vorgeschichte zwielichtig und im Ergebnis für Deutschland und die freie Welt langfristig gefährlich. Das sogenannte Verhandlungsangebot der UdSSR ist nichts anderes als ein Druckmittel gegen den amerikanischen Präsidenten. Für Moskau sind diese Vorschläge der Versuch, die eigene nuklear-strategische Überlegenheit abzusichern, den Westen zu schwächen, den Handlungsspielraum der NATO einzuengen und einen Keil in das Atlantische Bündnis zu treiben.

Es ist zwar anzuerkennen, daß Schmidt in der Afghanistan-Frage in Moskau, wenn auch ohne politische Vollmachten, den Standpunkt des Westens deutlich vertreten hat, was sicher die Sowjets wußten, aber ihm nachgesehen haben, weil er damit die ihm zugedachte Rolle als Überbringer alter, aber neuaufgemachter »Abrüstungsvorschläge« leichter spielen konnte. Tatsache ist aber auch, daß er dabei eine glatte Abfuhr erlitten hat, daß sogar die entsprechenden Aussagen seiner Tischrede von der Zensur gestrichen und in der Sowjetunion nicht veröffentlicht wurden. Dieser Mißerfolg kam nicht überraschend. Solange eine Wallfahrt europäischer Staatsmänner nach Moskau stattfindet, wird die Sowjetunion von dem eiskalt beschlossenen, lange vorbereiteten und rücksichtslos ausgeführten militärischen Überfall auf Afghanistan nicht ablassen.

Da Schmidt im Wahlkampf nicht mit leeren Händen, sondern als Friedensfürst aus Moskau zurückkommen wollte, mußte deshalb das neue sowjetische Angebot zu Abrüstungsgesprächen im Bereich der Mittelstreckenraketen als der entscheidende Durchbruch und große persönliche Erfolg Schmidts herhalten. Seit dem allmählichen Durchsickern der Wahrheit, seit dem Bekanntwerden der Protokolle über die Moskauer Gespräche, seit der Richtigstellung der sowjetischen Position in einem Grundsatzartikel der »Prawda« vom 15. Juli und seit den zwar höflich formulierten, aber doch sichtlich verärgerten Ausführungen des stellvertretenden amerikanischen Außenministers Christopher während seiner Europa-Reise wird von Tag zu Tag klarer, daß Schmidt es aus wahltaktischen und aus innerparteilichen Gründen übernommen hat, für die Sowjetunion ein Kuckucksei in das Nest der NATO einzuschmuggeln.

Selbstgesetzter Erfolgszwang

Der unter selbstgesetztem Erfolgszwang stehende Bundeskanzler ist auf den angeblich neuen sowjetischen Vorschlag eingegangen. Damit haben sich die Bedingungen für Abrüstungsgespräche entscheidend zum Vorteil der Sowjetunion verändert. In seiner Ost-Berliner Rede vom 6. Oktober 1979 hatte Parteichef Breschnew als Antwort auf den Nachrüstungsbeschluß der NATO zum Ausgleich der sowjetischen Überlegenheit im Bereich der Mittelstreckenraketen erklärt, daß die Sowjetunion nur dann zu den gleichzeitig von der NATO angebotenen Abrüstungsgesprächen über landgestützte nukleare Mittelstreckenraketensysteme bereit sei, wenn der NATO-Beschluß entweder zurückgenommen oder doch wenigstens faktisch ausgesetzt werde. Breschnew wiederholte in dieser Rede auch den Vorschlag, die gesamte

Problematik nuklearer Mittelstreckensysteme im Rahmen von SALT III zu verhandeln. Dafür machte er jedoch die Ratifizierung des SALT-II-Vertrages durch den amerikanischen Kongreß und die Einbeziehung der Waffensysteme Englands und Frankreichs zur Voraussetzung. Der neue Vorschlag Moskaus, den Schmidt im Reisegepäck mit nach Hause brachte, sieht dagegen zweiseitige Gespräche der USA und der Sowjetunion über die nuklearen Mittelstreckenwaffen der beiden Großmächte unter Einschluß der sogenannten Forward Based Systems (FBS), das heißt der vorne stationierten nuklearen Verteidigungswaffen der USA auch mit kurzer Reichweite vor. Diese Wortbildung ist aber die englische Übersetzung eines sowjetrussischen Begriffes, mit dem der Kreml die Amerikaner unter psychologischen Druck setzen wollte. Weder die USA noch die NATO haben sich bisher auf diesen Begriff eingelassen. Nicht mehr einbezogen werden sollen die französischen und englischen Kernwaffen. In diesen zweiseitigen Gesprächen getroffene Vereinbarungen sollen jedoch wiederum erst nach der Ratifikation von SALT II in Kraft treten. Der Pferdefuß dieses Vorschlags ist leicht auszumachen. Enthielten die *bisherigen* Angebote Vorbedingungen Moskaus, die von den Westeuropäern zu erfüllen waren,

– Aussetzung des NATO-Nachrüstungsbeschlusses im einen,
– Einbeziehung der französischen und englischen Kernwaffen in SALT-III-Verhandlungen im anderen Fall,

so hängt das dritte Verhandlungsangebot nur noch von einer einzig und allein vom amerikanischen Kongreß erfüllbaren Vorbedingung, der Ratifizierung des SALT-II-Abkommens, ab.

Ausgehend von der Tatsache, daß in der gegenwärtigen weltpolitischen Lage eine Mehrheit für den SALT-II-Vertrag im amerikanischen Kongreß nicht zu finden ist, verschweigend, daß die USA sich im Gegensatz zur Sowjetunion verpflichtet haben, die Beschränkungen von SALT II schon jetzt einzuhalten, hat die Sowjetunion Bundeskanzler Schmidt dazu benutzt, die politische Verantwortung für die Verwirklichung der NATO-Nachrüstung den europäischen NATO-Partnern abzunehmen und den USA zuzuschieben.

Schmidts »Verständnis«

Die Stoßrichtung dieser sowjetischen Strategie ist klar, Moskau erwartet, daß die europäischen NATO-Partner in einer unheiligen Allianz mit der Sowjetunion Amerika unter politischen Druck setzen, das SALT-II-Abkommen zu ratifizieren, was zu einer zusätzlichen schweren Belastung des angeschlagenen europäisch-amerikanischen Verhältnisses führen müßte oder aber, daß die Europäer die Ausführung des NATO-Nachrüstungsbeschlusses mit der Begründung verweigern, die USA hätten durch die Nichtratifizierung erfolgreiche Abrüstungsverhandlungen torpediert. Selbst nach einem Inkrafttreten von SALT II hätte Moskau durch die von Schmidt mit »Verständnis« aufgenommene und als »logisch« bezeichnete Einbeziehung der amerikanischen FBS den Inhalt möglicher Abrüstungsgespräche über die Mittelstreckenraketensysteme so kompliziert, daß ein erfolgreicher Abschluß nicht mehr wahrscheinlich ist.

Eine Einigung zwischen Ost und West darüber, was FBS ist und was nicht, erscheint völlig ausgeschlossen. Während die Sowjetunion zu den amerikanischen FBS die kernwaffentragenden Flugzeuge der USA in Europa, die kernwaffentragenden Flugzeuge an Bord amerikanischer Flugzeugträger in europäischen Gewässern und die dem europäischen NATO-Oberkommando unterstellten amerikanischen Raketen-U-Boote, ja sogar die Pershing I mit 700 km Reichweite, rechnet, schließt z. B. die NATO die beiden letzten Kategorien ganz aus. Die Sowjetunion geht einfach davon aus, daß alle diese Waffensysteme Rußland erreichen können, was aber nicht zutrifft. Dazu kommt, daß Flugzeuge verhältnismäßig leicht abzuschießen sind, Raketen überhaupt nicht. Flugzeuge haben eine Chance zu überleben, wenn sie im Tiefflug sich bewegen, aber dann wird ihre Reichweite wesentlich geringer.

Genau hier beginnen aber bereits die Probleme. Wie sollen unterschiedliche Vorstellungen über die Reichweite geklärt werden? Sind amerikanische Trägerflugzeuge dann keine FBS mehr, wenn sie auf Flugplätze außerhalb der Reichweite verlegt oder ihr Flugzeugträger vom östlichen ins westliche Mittelmeer wechselt, obwohl dies jederzeit kurzfristig rückgängig gemacht werden kann? Angesichts dieser fließenden Grenzen besteht im Kreise westlicher Militärexperten kein Zweifel, daß in absehbarer Zeit in Vorgesprächen für Abrüstungsverhandlungen keine für beide Seiten annehmbare Abgrenzung der FBS gefunden werden kann, geschweige denn, daß innerhalb des Zeitplans für die NATO-Nachrüstung (Beginn 1983) eine vertragliche Einigung hierüber mit der Sowjetunion möglich sein wird.

Das wissen auch die sowjetischen Militärstrategen, die seit 1969 die Einbeziehung der FBS in die SALT-Verhandlungen fordern. Die Wahlkampfreise Schmidts nach Moskau hat ihnen aber die einmalige Chance eröffnet, die FBS als westliche Verhandlungsmasse festschreiben zu lassen, ohne das eigene Angebot inhaltlich erweitern zu müssen. Durch diese Einbeziehung der FBS erhofft sich Moskau auch – wie unschwer aus dem »Prawda«-Artikel vom 15. Juli erkennbar ist – ein Kontroll- und Mitspracherecht bei der amerikanischen Nutzung westeuropäischer Stützpunkte und bei den Schiffsbewegungen im Mittelmeer. Dies könnte angesichts der schleichenden Zerrüttung des europäisch-amerikanischen Verhältnisses zum Hebel für eine Isolierung, Verringerung und schließlich Beseitigung des nuklearen amerikanischen Potentials in Europa und damit für die nukleare Entkoppelung Europas werden. Der plötzliche Verzicht auf die Einbeziehung der englischen und französischen Nuklearwaffen ist der Beweis für die Absicht, den Keil in den europäisch-amerikanischen Beziehungen tiefer zu schlagen.

Man würde Schmidts Verstand und seiner Problemkenntnis als eines ehemaligen Verteidigungsministers Unrecht tun, wenn man angesichts der kaum verschleierten Absichten der Kremlstrategen glaubt, er habe sich in Moskau überrumpeln lassen. Die Lösung ist viel einfacher: Schmidt wollte Verhandlungen um jeden Preis, und die Einbeziehung der FBS war ein Preis, der zwar den Westen schwächt, aber in den politischen Fahrplan Schmidts paßt. Er war es doch, der schon 1977 die Nachrüstung der NATO mit Mittelstreckenraketen in London gefordert hat. Heute will er um jeden Preis aus wahlpolitischen Gründen – ohne Rücksicht auf Verluste – als Überbringer von unbrauchbaren und gefährlichen Abrüstungsvorschlägen die Wähler betören.

Durch die Einbeziehung der FBS als gleichwertige Waffensysteme will Moskau seine Behauptung untermauern, in Europa bestünde längst ein nukleares Gleichgewicht, das die NATO unter dem Druck aus Washington durch eine Überrüstung zu ihren Gunsten verschieben will. Durch diesen von Schmidt jetzt den Amerikanern übermittelten Trick soll die Aufstellung der SS-20-Mittelstreckenraketen als sowjetische Nachrüstung international ausgewiesen, der Nachrüstungsbeschluß der NATO vom Dezember 1979 als abermalige Vorrüstung des Westens deklariert werden.

Die pannenreiche Vorgeschichte des NATO-Nachrüstungsbeschlusses trotz der offensichtlichen Bedrohung Westeuropas durch die mittlerweile 20 Raketen vom Typ SS 20 mit ihrem Dreifach-Sprengkopf und ihrer Reichweite bis in die entlegensten Winkel Europas sollte nicht nur Moskau, sondern auch Schmidt die Einsicht vermittelt haben, daß zumindest ein großer Teil der am Nachrüstungsbeschluß beteiligten NATO-Staaten die neuen Waffensysteme solange nicht auf seinem Boden stationieren wird, solange man sich an den Hoffnungsschimmer eines Verhandlungserfolgs klammern kann, solange die Sowjetunion bescheidenste Zugeständnisse oder den Abbruch der Verhandlungen zur Wahl stellt. Damit hätte die Sowjetunion auf einem anderen Wege ihr erklärtes Ziel erreicht: Den NATO-Nachrüstungsbeschluß zu Fall zu bringen, mit dem eine annähernde Wiederherstellung des nuklearen Gleichgewichts erreicht werden sollte. Dafür konnte sie nun Schmidt als Transporteur einspannen.

Diese militärische Schwächung des Atlantischen Bündnisses gibt Schmidt die Möglichkeit, die SPD, die nur zähneknirschend um der Erhaltung der politischen Macht in Bonn willen dem Nachrüstungsbeschluß zugestimmt hat, zufriedenzustellen. Von nun an ist es nicht länger notwendig, die tiefe Zerrissenheit der SPD in dieser Lebensfrage der westlichen Welt zu tarnen und zu verschleiern. Die absehbare Dauer allein der Vorgespräche über die FBS garantiert der europäischen Linken und Moskau, daß die Entscheidung der NATO für eine annähernde Wiederherstellung des nuklearen Gleichgewichts dann nicht mehr ernstgenommen werden muß. Auf kaltem Wege wäre es damit der Sowjetunion gelungen, den NATO-Beschluß doch noch zu Fall zu bringen und dadurch die einseitige östliche Atombedrohung Westeuropas für die Zukunft zu sichern. Gerade um der Situation der Erpressung durch diese Einseitigkeit zu entgehen und die Amerikaner in die Lage zu versetzen, ihre nukleare Garantie aufrechterhalten zu können, ist aber doch der Nachrüstungsbeschluß der NATO gefaßt worden.

(9. August 1980)

Bereit zur Verantwortung

Am 5. Oktober 1980 finden die Wahlen zum Deutschen Bundestag statt. Noch einmal umreißt Franz Josef Strauß, worum es bei dieser Entscheidung geht, was auf dem Spiel steht. In einer grundsätzlichen Aussage zur Politik von CDU und CSU wendet er sich an die Bürger, bittet um Unterstützung für eine Politik, für die Frieden und Freiheit oberste Richtlinie sind.

Die letzten Tage vor der Wahlentscheidung des 5. Oktober 1980 sind überschattet von dem Entsetzen über die mörderische Bluttat von München, von der Trauer über die Toten, von der Anteilnahme für die Verletzten ... Auf grauenhafte Weise haben sich unsere ständigen Warnungen und Mahnungen bestätigt, die anhaltende Bedrohung durch den Terrorismus, gleich von welcher Seite er ausgeht, ernst zu nehmen. Seit Jahren haben wir uns in dieser Frage gegen jede Verharmlosung gewandt, gegen jedes Nachlassen der Wachsamkeit des Staates, gegen jeden Versuch, unserem freiheitlichen Rechtsstaat die Waffen aus der Hand zu nehmen, die dieser braucht, um sich seiner geschworenen Feinde erwehren zu können.

Gerade weil wir, CDU und CSU, einen freiheitlichen, einen liberalen Staat wollen, wollen und brauchen wir einen starken Staat, der in der Lage ist, Leben und Sicherheit seiner Bürger wirksam zu schützen. Immer wieder haben wir darauf hingewiesen, daß die Ruhe an der Front des Terrorismus trügerisch und nur vordergründig ist. Die Erfahrungen der Weimarer Republik sind für uns nicht nur abschreckende Erinnerung, sondern politische Verpflichtung. Sie fordern von allen demokratischen Kräften, die Gefahren, die unserer freiheitlichen Ordnung und jedem Bürger drohen, klar zu erkennen und ihnen entschlossen zu begegnen.

Wenn wir hier in den vergangenen Jahren immer wieder warnend unsere Stimme erhoben und von der Bundesregierung und der sie tragenden Koalition entschlossenes und konsequentes Handeln verlangt haben, so hatten wir dazu dringenden und berechtigten Anlaß. Immer wieder waren und sind in der SPD/FDP-Koalition Kräfte am Werk, die dem Staat und seinen zuständigen Sicherheitsorganen die rechtlichen Mittel verweigern, die zur Bewältigung gewalttätiger und terroristischer Angriffe notwendig sind.

In den letzten Jahren hat auch eine Zerstörung von Werten, die für ein friedliches und gedeihliches menschliches Zusammenleben unentbehrlich und die die Grundlage unserer Rechts- und Lebensordnung sind, ein Klima geschaffen, in dem die böse Saat der Gewalt aufgehen konnte. In diesen Bereich, der unsere Mitbürger aus verständlichen Gründen in besonderer Weise ängstigt und sorgt, gehört die in den letzten Wochen offenkundig gewordene politische Gewaltkriminalität auf unseren Straßen ebenso wie die entsetzliche Bluttat von München.

Absichten und Pläne

Als CDU und CSU in ihrem gemeinsamen Wahlprogramm dem Bürger offen und verbindlich sagten, was für die Zeit nach dem 5. Oktober unsere Absichten und Pläne sind, nahm die innere Sicherheit, die allen Bürgern ein Leben in Freiheit ohne Angst um Leib und Leben garantieren muß, einen besonderen Platz ein. Die Ereignisse der letzten Wochen und Tage haben uns in unserer Haltung nur noch bestätigt. Wir werden der Justiz und der Polizei endlich wieder alle wirksamen Mittel an die Hand geben, die sie brauchen, um die von Gewalttätern aller Art und aus jeder Richtung drohende Gefahr abwehren zu können. Wir werden wieder in das Bewußtsein unserer Mitbürger bringen, daß unsere Sicherheitskräfte der vollen Unterstützung aller bedürfen. Wir werden wieder zweifelsfrei klarstellen, daß die erste Sorge des

Staates dem Schutz seiner Bürger und den Opfern von Gewalttaten, nicht aber den Tätern zu gelten hat.

Hier haben die Bonner Koalitionsparteien Schuld auf sich geladen. Der in erster Linie zuständige FDP-Innenminister Baum hat sich begründet den Beinamen eines Unsicherheitsministers erworben. Seine Bemühungen, den Staat in seinen rechtlichen und gesetzlichen Möglichkeiten gegen Gewalttäter einzuschränken, seine Anstrengungen, die letzten Schranken zu beseitigen, damit Staatsfeinde ungeniert in den Staatsdienst kommen können, seine Verunsicherung der staatlichen Sicherheitsorgane auf allen Ebenen, seine peinlichen gemeinsamen Auftritte mit Ex-Terroristen – all das schafft nicht nur ein der inneren Sicherheit in unserem Staat abträgliches psychologisches Klima, sondern konkrete Gefährdung.

Den Frieden in Freiheit zu sichern ist die bestimmende Grundlinie unserer Politik. Zu dieser Friedenssicherung gehört aber an vorderster Stelle auch die Sicherung des inneren Friedens. Wir werden dazu das Unsere tun. Wir sind sicher, daß wir dabei die Zustimmung einer großen Mehrheit unserer Bevölkerung, unbeschadet der jeweiligen parteipolitischen Ausrichtung, haben werden.

Auch wenn man kein Freund von großen Worten ist: Am kommenden Sonntag, am Wahltag, geht es um eine große politische Entscheidung von geschichtlicher Tragweite, die ich von ihrem Rang und von ihrer Bedeutung her mit der ersten Bundestagswahl des Jahres 1949 vergleichen möchte. Damals, lange ehe dreißig Jahre später die SPD den Begriff Friedenspolitik zu einem Totschlagwort gegen die Unionsparteien mißbrauchen wollte, haben wir die entscheidenden Grundlagen einer Politik des Friedens und der Freiheit, des Friedens in Freiheit für die Bundesrepublik Deutschland gelegt. Die SPD war damals unfähig, die Zeichen der Zeit und das Gebot der Stunde zu erkennen – an dieser Unfähigkeit hat sich bis heute, trotz aller angeblichen Wandlungen, nichts geändert.

Damals, 1949, ging es um die Durchsetzung der Sozialen

Marktwirtschaft in einer freien Gesellschaft, gegen bürokratische Planwirtschaft in einer sozialistischen Gesellschaft. Wir haben damals mit unserem Volk auf die Freiheit gesetzt und sozialistischen Zwang abgelehnt. Diese Entscheidung hat, in Verbindung mit der beispielhaften Leistung unseres fleißigen Volkes, einen wirtschaftlichen Aufstieg und eine soziale Sicherheit gebracht, durch die die stabilen Fundamente gelegt wurden, auf denen allein all das aufbaut, was SPD und FDP heute als ihre Erfolge auszugeben bemüht sind. Mit unserer Entscheidung für die Soziale Marktwirtschaft haben wir die reaktionären sozialistischen Klassenkampfideologien des 19. Jahrhunderts überwunden und einen bestimmenden Beitrag zum inneren sozialen Frieden in unserem Volk geleistet.

Unserer damaligen Friedenspolitik nach innen entsprach unsere Friedenspolitik nach außen. CDU und CSU haben die Sicherung des Friedens in Freiheit und der Freiheit in Frieden zumindest in der Bundesrepublik Deutschland gewährleistet. Wir haben ja gesagt zum Anschluß an den freien Westen, wir haben ja gesagt zu einem friedenssichernden Verteidigungsbeitrag unseres Volkes, wir haben ja gesagt zu unserem Eintritt in das Atlantische Bündnis, wir haben ja gesagt zur europäischen Einigung – die SPD aber sagte nein! Und zu wesentlichen damaligen Entscheidungen, die allein unseren Frieden und unsere Freiheit gesichert haben, sagte auch der SPD-Kandidat Schmidt nein, der uns heute als friedensunfähig diffamieren will. Dieser bösartige und ungeheuerliche Vorwurf bedarf nicht der Widerlegung durch uns, er wird von der geschichtlichen Wahrheit widerlegt!

Auch wenn sich in den mehr als drei Jahrzehnten seit 1949 viele Dinge geändert haben, so stehen wir am 5. Oktober 1980 wieder vor einer gleichwichtigen und gleichartigen Entscheidung. Heute geht es um die Erhaltung, die Stärkung, den Ausbau unserer gemeinsamen demokratischen Grundordnung, um die Sicherung der Sozialen Marktwirtschaft als der freiheitlichen Ordnung der Zukunft, um die Überwindung des Volksfrontterrors auf den Straßen, um die Beseitigung des bürokratischen Sozialismus, um die Wiedergewinnung des inneren Friedens in unserem Staat. Wir haben im gemeinsamen Wahlprogramm von CDU und CSU dem Wähler offen gesagt, was wir vorhaben. Darüber hinaus haben wir in einem Programm für die ersten hundert Tage konkret angekündigt, womit wir unsere Arbeit beginnen werden.

Unser Tun und Wollen

Wir haben keinen Wahlkampf der unerfüllbaren Versprechungen geführt. Sozialistische Täuschungsmanöver und Vieldeutigkeiten sind unsere Sache nicht – wir sagen, was wir denken, und wir denken, was wir sagen. Deshalb sagen wir auch, daß wir Frieden in Freiheit für unser Volk nur in einem wirksamen und funktionsfähigen Bündnis mit dem freien Europa und mit den Vereinigten Staaten von Amerika sichern können, nicht aber durch Unterwerfung unter einen sowjetischen Herrschaftsanspruch über Europa. Frieden heißt für uns nicht Friedhofsruhe, sondern menschenwürdiges Leben in Freiheit. Deshalb muß die Atlantische Allianz wieder gefestigt, gestärkt und ausgebaut werden. Und deshalb wird, wenn die Wähler uns am Sonntag eine Mehrheit geben, meine erste Reise nicht nach Moskau, Warschau oder zu SED-Chef Honecker führen, sondern nach Washington, um das durch SPD-Schuld notleidend gewordene Bündnis der freien Welt wieder in Ordnung zu bringen.

Bei der Bundestagswahl 1980 geht es nur vordergründig um Personen oder Parteien. Es geht um zwei grundsätzlich verschiedene Wege der deutschen Politik, um den freiheitlichen Weg oder um den sozialistischen Weg. CDU und CSU stehen mit ihrem Programm, mit ihrer Mannschaft und mit mir ohne Wenn und Aber für die Freiheit. Nur wenn Frieden und Freiheit gleichrangig nebeneinanderstehen, kann für die

Menschen in unserem Lande, vor allem auch für die junge Generation, eine lebenswerte Zukunft gesichert werden.

Wir wissen um den Berg von Problemen, der zur Bewältigung vor uns liegt. Wir wissen um das verlotterte politische Erbe, das uns nach mehr als einem Jahrzehnt liberalistisch-sozialistischer Mißwirtschaft erwartet. Wenn wir trotzdem bereit und entschlossen zur Verantwortung sind, dann deshalb, weil wir das Konzept und die Kraft haben, die Herausforderungen der Zukunft zu meistern. CDU und CSU haben in schwerster Zeit und nach der größten Katastrophe der deutschen Geschichte bewiesen, daß sie harte und solide politische Arbeit zu leisten in der Lage sind. Jetzt steht unser Volk vor neuen Schwierigkeiten. Wir werden entschlossen die Wege aus der Krise gehen, wir werden dies im Miteinander aller Bürger tun, die zu unserem Staat stehen und die mit uns der Überzeugung sind, daß es sich lohnt, für diesen Staat zu arbeiten und zu kämpfen.

Wir garantieren einen Frieden in Freiheit. Wir sind bereit, die schwere Aufgabe anzupacken, die lebenswichtige Versorgung mit Energie und Rohstoffen in der notwendigen Menge und zu bezahlbaren Preisen sicherzustellen, die Vollbeschäftigung, die allein aus den Finanzproblemen heraushelfen kann, wiederherzustellen, die Verschuldung abzubauen, den Rentnern wieder eine berechenbare, menschenwürdige Lebensgrundlage zu geben, der Familie wieder den ihr zukommenden Platz in Gesellschaft und Staat zu verschaffen, der Jugend wieder Mut und Zukunftschance zu geben.

Wir haben einen Wahlkampf der Argumente geführt. Wir haben die verhängnisvollen Entwicklungen aus einem Jahrzehnt verfehlter SPD/FDP-Politik aufgezeigt, wir haben aber, vor allem, gesagt, was wir, wenn uns die Wähler in der notwendigen Weise das Vertrauen schenken, anders und besser machen werden. Wir haben uns dabei nicht von einem Wahlkampf gegen uns im allgemeinen und gegen mich im besonderen irremachen lassen, der mit seinen widerwärtigen Entgleisungen jedes demokratische Maß gesprengt hat. Die

SPD trägt die Verantwortung für die Verwilderung der politischen Sitten im Lande, die bis an die Erzeugung eines geistigen Bürgerkriegs-Klimas heranreicht. Die Volksfront wurde mobilisiert, auf der Straße haben Kommunisten und Sozialisten gemeinsam uns, der demokratischen Opposition, und damit der Demokratie schlechthin den Krieg erklärt. Die SPD und ihr Kandidat Schmidt haben vor allem gegen mich einen Verleumdungsfeldzug ohne Beispiel geführt. Darüber hinaus haben die SPD und Schmidt wieder, wie schon im nordrhein-westfälischen Landtagswahlkampf, ihr schäbiges Spiel mit dem Schüren von Kriegsangst und mit dem Mißbrauch der Urängste des Menschen getrieben. Allein der von der SPD und von Schmidt zu verantwortende »Wahlkampf« beweist die Dringlichkeit einer Ablösung der derzeitigen Bundesregierung.

Für Frieden in Freiheit

Ich stehe für die freiheitlich-demokratische Grundordnung,

gegen den Volksfront-Terror auf der Straße,

gegen den bürokratischen Sozialismus,

gegen die Zerstörung des Wertebewußtseins und gegen die kulturrevolutionäre Umwälzung dieser Werte.

Ich stehe für einen Frieden in Freiheit, den wir garantieren durch die von uns wiederbelebte Atlantische Allianz,

gegen die schrittweise Einbeziehung in das sowjetische Machtsystem,

gegen die Kapitulation auf Raten,

gegen die Unterstützung kommunistischen Machtwillens.

Wer mit uns dieser Zerstörung der Demokratie entgegentreten will, wer mit uns den inneren Frieden eines freiheitlichen und demokratischen Rechtsstaates erhalten will, wer mit uns unserem Volk seine wirtschaftliche und soziale Zukunft gewährleisten will, wer mit uns besonders der jungen Generation wieder Kraft und Hoffnung für die Zukunft geben will, wer mit uns den Frieden in Freiheit sichern will, den bitte ich herzlich und dringlich, uns am 5. Oktober sein Vertrauen zu geben. Eine gute Politik und die Leistungskraft unseres Volkes müssen wieder miteinander in Einklang gebracht werden. Ich bin bereit, unter Einsatz meiner ganzen Kraft meinen Beitrag dazu zu leisten. Meine Bitte an alle Bürger in unserem Staat geht dahin, mir am Sonntag durch die Stimmabgabe für CDU und CSU dabei zu helfen!

(4. Oktober 1980)

Der Kampf geht weiter

Ihr Ziel, die Regierung von SPD und FDP in Bonn zu beenden, erreichen CDU und CSU am Wahltag des Jahres 1980, den 5. Oktober, nicht. Franz Josef Strauß hat als Spitzenkandidat die Festung des Gegners nicht erobert, aber er hat sie, wie die Entwicklung zwei Jahre später zeigen wird, sturmreif geschossen. Strauß verbindet seinen Dank an die Wähler, welche die Unionsparteien wiederum zur stärksten politischen Kraft gemacht haben, mit der Zusicherung, den Kampf für eine bessere Politik in Deutschland unvermindert und mit aller Kraft fortzusetzen.

Die Unionsparteien haben am 5. Oktober ihr Hauptziel nicht erreicht, die SPD/FDP-Herrschaft in Bonn zu beenden und die Wende in der deutschen Politik herbeizuführen. Obwohl CDU und CSU einen Wahlkampf der Information, der Argumentation und der politischen Alternative geführt haben, ist es nicht in ausreichendem Maße gelungen, die dichten propagandistischen Nebelwände und Hetzbarrieren zu durchstoßen, hinter denen SPD und FDP die verhängnisvolle Wirklichkeit ihrer Politik vor den Wählern verbargen. Der Schein hat noch einmal über die Wirklichkeit gesiegt, über eine Wirklichkeit, die in den nächsten Jahren in bitterer Weise und Stück für Stück unaufhaltsam auf die Bürger unseres Landes zukommen wird.

Denn es bleiben nicht nur Schmidt/Genscher an der Regierung, es bleiben auch die Probleme, die dieses Gespann zu verantworten hat und die in ihren künftigen Auswirkungen noch weit belastender und bedrohlicher sein werden als allein schon in ihren Folgen für die Gegenwart.

Wir haben unser Hauptziel nicht erreicht, obwohl CDU und CSU als funktionierende Kampfgemeinschaft einen Wahlkampf des vollen Einsatzes geführt haben. Ein zweites

Ziel aber haben wir erreicht: CDU und CSU sind nach wie vor die stärkste politische Kraft in der Bundesrepublik Deutschland. Anders ausgedrückt: hinter Strauß und den Unionsparteien stehen mehr Wähler als hinter Helmut Schmidt und der SPD. Diese Feststellung ist notwendig und geboten, wenn man der begreiflichen Enttäuschung vor allem unter den Anhängern und Wählern der Unionsparteien entgegentreten will. Ein weiterer Hinweis: wäre nicht in der Bundesrepublik Deutschland 1969 von SPD und FDP die in allen anderen demokratischen Ländern übliche Spielregel außer Kraft gesetzt worden, daß selbstverständlich die stärkste politische Partei die Regierung bildet, wäre es schon damals, 1969, wie auch 1976 und 1980 nicht zu einem »Wahlsieg« der SPD gekommen.

Daß CDU und CSU ihr zweites Ziel, im Bundestag stärkste Fraktion zu werden, erreichen konnten, ist einem entschlossenen und kraftvollen Wahlkampfeinsatz in beiden Unionsparteien zuzurechnen. Für diesen Einsatz gilt mein Dank allen Bürgern, die sich für CDU und CSU entschieden haben, er gilt den Mitarbeitern beider Unionsparteien, er gilt besonders der CDU-Spitze mit Helmut Kohl und Gerhard Stoltenberg. Auch wenn uns vor allem die publizistischen Hilfstruppen des SPD/FDP-Blocks Lähmung einreden und Streit aufschwätzen wollen: Das gemeinsame Programm, die gemeinsamen Erfahrungen und der gemeinsame Kampf der zurückliegenden Monate haben den Unionsparteien eine tragfähige Grundlage geschaffen, von der aus wir auch in Zukunft unsere Verantwortung für Deutschland wahrnehmen werden.

In dieser Woche schon haben wir in Bonn erste wichtige Weichenstellungen für unsere künftige Arbeit als demokratische Opposition vorgenommen. Der politische Kampf ist mit dem 5. Oktober nicht zu Ende gegangen. Resignation steht nicht im Kalender von CDU und CSU als den beiden Parteien, die Deutschland nach der größten Katastrophe seiner Geschichte in zwei Jahrzehnten politischer Verantwortung aufgebaut haben. Wir werden aus unserer Verpflichtung gegenüber unserem Volk der SPD/FDP-Koalition unnachsichtig auf den Fersen bleiben, wir werden wachsam sein, wir werden warnen, wir werden sagen, was anders, was besser gemacht werden sollte. Eines aber werden wir auf keinen Fall tun: der Regierung Schmidt im Parlament durch unsere Mithilfe jene Mehrheiten besorgen, die ihr künftig bei der eingetretenen Vermehrung der radikalsozialistischen Abgeordneten in der SPD-Fraktion noch weit häufiger fehlen werden als schon in der Vergangenheit.

Über den Tag hinaus

Auch wenn es viele Kommentatoren nicht wahrhaben wollten und auch wenn ihnen manche Wähler dabei gefolgt sind – wir haben immer wieder gesagt, worauf es in diesen Krisenzeiten deutscher Politik ankommt und was wir aus zwingender Notwendigkeit eines deutschen Überlebens in Freiheit anders machen werden. Unser Wahlprogramm war keine kurzfristige Formulierung mit Blick auf den 5. Oktober. Unsere programmatischen Aussagen, unsere Prioritäten gelten über diesen Tag hinaus. Die Anforderung, die die kommenden Jahre gerade an die Unionsparteien stellen, werden deshalb noch größer sein, weil sich die politische Gesamtlage in Deutschland, in Europa und in der Welt noch dramatischer entwickeln wird.

In Bonn bleiben mit Schmidt/Genscher nicht nur die bekannten Probleme, diese werden sich vielmehr noch erheblich verschärfen. Diejenigen, die die Fehlentwicklung deutscher Politik zu verantworten haben, waren und sind zu einer Umkehr unfähig. Was uns im Wahlkampf als Panikmache unterstellt wurde, wird in seinen gefährlichen Auswirkungen in den nächsten Jahren mit voller Wucht auf das deutsche Volk niederbrechen. Auch wenn unter einem propagandistischen Trommelfeuer ohne Beispiel SPD/FDP die Stunde der Wahrheit noch einmal verschieben konnten, zu verhindern ist sie nicht. Der Druck der Schuldenlawine, die Helmut Schmidt in Gang gesetzt hat, wird immer erstickender auf unserem Volk lasten.

Die Finanzierung der Renten unserer älteren Mitbürger in Verbindung mit der nicht kostenneutralen Gleichstellung von Mann und Frau im Rentenrecht wird zu einem immer größeren Problem werden.

Die Arbeitslosigkeit wird erst in der Mitte der achtziger Jahre, zusätzlich verstärkt durch einen technisch bedingten Strukturwandel, ihre wirkliche und bedrohliche Dimension annehmen. Die schleichende Abwürgung der Sozialen Marktwirtschaft zugunsten einer immer stärkeren Einflußnahme des Staates wird mit einer Lähmung des freiheitlichen Unternehmertums und mit einer langfristig für unsere Wirtschaft lebensgefährlichen Kapitalflucht ins Ausland unabsehbare Folgen haben.

Die Unfähigkeit von SPD und FDP, in der lebensnotwendigen Frage der Energiepolitik die zwingend gebotenen Entscheidungen zu treffen, wird vor allem für Arbeitnehmer und Arbeitsplätze sowie für die Sicherung unseres sozialen Netzes Folgen haben, über die am 5. Oktober eine Mehrheit noch einmal hinweggetäuscht werden konnte.

Die Sicherung des Friedens in Freiheit in einem funktionierenden Bündnis mit der freien Welt wird als aktueller und grundsätzlicher Auftrag der Unionspolitik um so dringlicher sein, je dreister die Moskau-Fraktion der SPD, die im neuen Bundestag kräftigen Zuwachs erfahren hat, die langsame Herauslösung der Bundesrepublik Deutschland aus der Atlantischen Allianz betreibt. Die freudige Reaktion Moskaus auf das Bleiben der Regierung Schmidt/Genscher und die vom Kreml damit verbundenen Hoffnungen und Erwartungen sprechen ihre eigene Sprache.

Ich habe es im Wahlkampf immer wieder gesagt, und ich wiederhole es heute: Es ging am 5. Oktober nicht um Personen und also auch nicht in erster Linie um eine Entscheidung zwischen Schmidt und Strauß. Es ging um die Entscheidung zwischen freiheitlicher und sozialistischer Politik. Ich wünsche jenen Teilen eines sich gegenüber der Wirklichkeit blind und taub stellenden Bürgertums, dem allein auf dem Umweg über die zu momentaner Scheinblüte aufgestiegene Abstauber- und Klingelbeutelpartei FDP, die Sozialisten hierzulande ihre Regierungsmehrheit verdanken, nicht das bittere Erwachen, das eintreten würde, wenn eines Tages die Entscheidung für den Sozialismus endgültig wäre.

Sozialisten können in der Bundesrepublik Deutschland in offener Auseinandersetzung keine Mehrheit beim Wähler finden. Sie bedürfen dazu verdeckter Schleichwege, verwirrender Ablenkungsmanöver und eines nicht-sozialistischen Mehrheitsbeschaffers. Die FDP hat diese Rolle übernommen, und sie spielt sie bis hin zu der absurden Vorgabe, sie allein könne die sozialistische Politik jener Sozialisten verhindern, denen sie überhaupt erst zur Regierungsmehrheit verhilft.

Die sozialistische Umwandlung unserer Staats- und Gesellschaftsordnung, wie sie sich immer deutlicher als das Ziel von Jungsozialisten und Altmarxisten in der SPD zeigt, wird sich nicht in einem spektakulären revolutionären Akt vollziehen. Viele kleine Schritte im Innern und zunehmender Druck von außen, bei dessen Herstellung die Moskau-Fraktion ihre Sonderrolle spielt, sollen vielmehr zu dieser schleichenden Veränderung beitragen. Dem Instrumentarium des bürokratischen Sozialismus kommt dabei besondere Wichtigkeit zu.

Auch wenn es zur detaillierten Analyse des Wahlergebnisses noch zu früh ist, so haben doch die letzten Wochen in beiden Unionsparteien endgültig und hoffentlich auf Dauer die Einsicht wachsen lassen, mit welcher Art politischem Gegner wir es in der SPD zu tun haben. Wahlkampf und Wahlentscheidung sind für die SPD weit mehr als demokratisches Wechselspiel zwischen Regierung und Opposition. Als im Oktober 1969 Willy Brandt Bundeskanzler wurde, sollte damit nicht nur erst die Demokratie in Deutschland, sondern das sozialistische Zeitalter schlechthin beginnen. Die Sozialisten beschlossen damals – und Wehner und viele andere haben es offen ausgesprochen –, sich nie mehr aus der Macht vertreiben zu lassen. Dies führte zu einem ideologischen Fanatismus, der zwangsläufig im SPD-Wahlkampf den Einsatz aller Mittel, einschließlich der Mobilmachung der Volksfront, des Marschierens der politischen Unterwelt und des Einsatzes krimineller Methoden, als erlaubt, geboten und empfehlenswert ansah.

Erkenntnisse umsetzen

Die hier im Jahre 1980 gewonnenen Erkenntnisse müssen bei den Unionsparteien anhalten. Wer immer sich an der Spitze der Union dem totalen sozialistischen Machtanspruch entgegenstellt, ob Helmut Kohl 1976 oder ich 1980, der wird eine Kampagne der Infamie, der Verleumdung und des Hasses auf sich ziehen, die Sozialisten und Kommunisten in geradezu selbstverständlicher Volksfrontgemeinschaft miteinander marschieren läßt. Schlußfolgerung für CDU und CSU daraus muß sein, die in den letzten Wochen gewonnene und bewiesene gemeinsame Kampfkraft nicht nur zu erhalten, sondern weiter zu festigen. Politisch bequeme Zeiten wird es nicht mehr geben.

Ruhigen Zeiten sieht aber auch die Regierung Schmidt nicht entgegen. Die über die FDP erzielte zahlenmäßige Verstärkung der Koalition bedeutet für das liberalistisch-sozialistische Bündnis keine innere Verstärkung. Schmidt, der trotz seines ungeheuren Propagandaaufwandes und trotz massiver Unterstützung durch große Teile der Medien – ich erinnere nur an die skandalöse parteiische Diskussionsleitung bei der Vierer-Fernsehdiskussion drei Tage vor der Wahl – für seine Partei keinerlei Zugewinn verzeichnen konnte, wird mit immer größeren partei- und koalitionsinternen Schwierigkeiten zu rechnen haben. Wehners zorniges Knurren ist hier nur ein erstes Alarmsignal.

Die Unionsparteien werden von ihrer Position als stärkster politischer Kraft der Bundesrepublik Deutschland aus in den kommenden Jahren ihren politischen Auftrag erfüllen. Sie werden Schwachstellen analysieren und die notwendigen Lehren daraus ziehen. Die politische Gesamtwetterlage läßt für das langwährende Pflegen von Enttäuschung weder Raum noch Zeit. Der Kampf geht weiter. Dies gilt für CDU und CSU gleichermaßen.

In Bayern ist es uns gelungen, ein hervorragendes Ergebnis zu erzielen, wofür ich als Vorsitzender der CSU unseren treuen Wählern in besonderer Weise zu danken habe. Bayern hat mit der CSU seinen Rang als Bastion freiheitlicher und antisozialistischer Politik bewahrt und dies mit einem Ergebnis, das sich in einer Höhe bewegt, die anderswo und für andere Parteien als geradezu unvorstellbar gilt. Für die CSU ist dieser erneute Vertrauensbeweis der Bürger Bayerns kein Anlaß zu Selbstzufriedenheit, sondern Verpflichtung zu noch härterer und fleißigerer politischer Arbeit. Die Landtagswahlen von 1982 sind dabei das nächste Ziel. Politische Arbeit kennt keine Pause. Was für die Bundesrepublik Deutschland gilt, gilt auch in Bayern: Der Kampf zwischen Freiheit und Sozialismus geht weiter. Und kein Zweifel besteht daran, daß wir die Partei der Freiheit sind.

(11. Oktober 1980)

Markierungen für einen Neubeginn

Abschied von Illusionen, Rückkehr zur Realität – in den Jahren der liberal-sozialistischen Koalition hatte Franz Josef Strauß immer wieder dringliche Veranlassung, diese Forderung zu erheben. Der CSU-Vorsitzende tut dies stets mit dem Blick für die weltpolitischen Zusammenhänge, auch zum Jahreswechsel 1980/81. Die Entwicklung in Polen steht dabei im Vordergrund.

Meine Voraussage, daß das neunte Jahrzehnt das dritte große Krisenjahrzehnt unseres Jahrhunderts sein wird, eine Voraussage, die ich lange vor dem Einmarsch der Sowjets in Afghanistan gemacht habe, ist von der Wirklichkeit in dramatischer Weise bestätigt worden. Diese Voraussage wurde bestätigt nicht nur durch die brutale militärische Besetzung Afghanistans durch sowjetische Truppen und durch die dort nach wie vor anhaltenden Kämpfe, die in ihrem Ausmaß in manchem durchaus auch Ausrottungscharakter haben. Diese Voraussage wurde auch bestätigt durch die Fortsetzung des Geiseldramas in Teheran und durch den Krieg zwischen dem Iran und dem Irak. Bei diesem bewaffneten Konflikt handelt es sich für uns Europäer um keine kriegerische Auseinandersetzung von der Art, wie sie Goethe einst beschrieben hatte, als er selbstzufriedene Bürger sprechen ließ: »Nichts Bessers weiß ich mir an Sonn- und Feiertagen, als ein Gespräch von Krieg und Kriegsgeschrei, wenn hinten, weit, in der Türkei, die Völker aufeinanderschlagen.« Von diesem Krieg sind wir in Deutschland, sind wir in Europa, ist die westliche Welt insgesamt unmittelbar und an lebenswichtigen Entscheidungslinien betroffen.

Diese bedrohlichen Entwicklungen vollziehen sich vor dem Hintergrund des vollständigen Scheiterns einer illusionären Entspannungspolitik. Mehr als ein Jahrzehnt haben uns die Wortführer dieser falsch angelegten und trügerischen

Scheinkonzeption Tag für Tag gesagt, daß es zu ihrer Politik keine Alternative gebe und daß nur diese Politik den Frieden sicherer mache. Jetzt hat der eine Partner dieser Entspannungspolitik – für den dieser Begriff immer nur eine andere Art der politischen und psychologischen Kampfführung auf dem Wege zu machtpolitischer und ideologischer Expansion war und in keiner Weise das enthielt, was westlich-sozialistische Entspannungsträumerei davon erwartete – von einem Tag auf den anderen umgeschaltet auf frostige Kälte, auf rigorose Abgrenzung, auf massive Drohung.

Wer sich zum Ende dieses Jahres 1980 und mit Blick auf das Jahr 1981 politisch äußert, wer analysiert, wer versucht, die Wirklichkeit so zu sehen, wie sie ist, und nicht, wie er sie gerne hätte, und wer die Konsequenzen daraus zu ziehen vermag, für den muß das Phänomen Polen einen überragenden Stellenwert haben. Auch wenn es ähnliche Vorläufererscheinungen gab – wie 1953 in Berlin, 1956 in Budapest und 1968 in Prag –, so sind die Entwicklungen in Polen doch von einer unbestreitbaren Einmaligkeit. Nach der Lehre des Marxismus-Leninismus und seiner Geschichtsphilosophie, die das politische Denken und Handeln im kommunistischen Machtbereich bestimmen, ist der Ablauf der Weltgeschichte unaufhaltsam, unwiderruflich und unumkehrbar festgelegt. Diese Philosophie drückt sich aus in der Vorstellung einer klassen- und staatenlosen Gesellschaft. Diese Lehre schließt weiter ein, daß der Kommunismus als Herrschafts- und Gesellschaftsidee die höchste Form der Herrschaft der arbeitenden Klasse überhaupt ist. In einer solchen Vorstellungswelt können also Gewerkschaften nur Teile des führenden Establishments, Werkzeuge der herrschenden Lehre, eingeordnet in die vorgegebene Nomenklatura, sein.

In diese monolithische Ideallandschaft der kommunistischen Funktionäre passen freie Gewerkschaften nicht nur nicht, sie stellen eine Herausforderung schlechthin dar, weil sie ja in sich etwas verkörpern, was es nach der herrschenden Lehre nicht geben darf: Eine besondere Vertretung der Arbeiterklasse gegenüber den Regierungen ist ein unauflösbarer Widerspruch in sich, weil ja die nicht einer solchen Vertretung bedürftig sein können, die nach herrschender Theorie die allein bestimmende Klasse sind. Hier ist nicht nur das kommunistische Herrschaftssystem im Konkreten, sondern das ganze ideologische kommunistische Fundament gefährdet.

Vor dieser Ausgangslage erst kann das, was zur Zeit in Polen vor sich geht, angemessen beurteilt werden. Aus diesem Blickwinkel heraus erst kann auch der Mut und die Persönlichkeit eines Mannes wie Lech Walesa richtig gesehen und angemessen bewertet werden. Personen wie der unerschrockene Pole Walesa bewegen heute mehr, als früher ganze Heere bewegt haben. Die angesprochene Einmaligkeit der Ereignisse in Polen gilt auch für die Tiefe und Breite des im polnischen Volk aufgebrochenen Freiheitswillens, für den Lech Walesa als Symbol steht, das, wie und wo immer die gegenwärtigen Entwicklungen in Polen enden werden, seinen Platz im Geschichtsbuch hat. Dazu wiegt die Überzeugungstreue und Tapferkeit dieses Mannes doppelt, wenn man sie in Vergleich setzt zu Haltung und Verhalten vieler Politiker im Westen, die das Heil nur noch in feiger Anpassung sehen. Wenn ein prominenter SPD-Politiker wie der Parteigeschäftsführer Egon Bahr, der Drahtzieher der unheilvollen Bonner Ostpolitik des letzten Jahrzehnts, die Polen ermahnt, sie sollten sich gefälligst loyal gegenüber Moskau und dem Warschauer Pakt verhalten, so markiert dies einen Verfall der politischen Moral in Teilen der westlichen Politik, der alarmierender nicht sein könnte. Daß Bahr dies tun kann, ohne von seinem stellvertretenden Parteivorsitzenden und Bundeskanzler Schmidt zur Ordnung gerufen zu werden, macht die Sache nur noch schlimmer.

Illusionäre Politik

Die großräumigen weltpolitischen Veränderungen und Bedrohungen, die nicht ohne Auswirkung für uns Europäer und für uns Deutsche sein können, laufen parallel zu wirtschaftlichen Entwicklungen, die nicht weniger an die Wurzeln unserer Existenz gehen. Das wirtschaftliche System der freien Welt, dessen Funktionieren Grundlage sowohl unserer politischen wie wirtschaftlichen Stabilität ist, ist durch die ständige Verteuerung des Energieträgers Erdöl lebensgefährlich bedroht. Welche Illusion in der Politik der vergangenen Jahre, aber in der Bundesrepublik Deutschland noch der letzten Monate und Wochen und – sieht man die jetzt vorgelegten fragwürdigen Haushaltsrechnungen des Bundes an – der letzten Tage, von festen Rechnungen und Kalkulationen ausgehen zu wollen! Prognosen waren in den meisten Fällen schon in dem Augenblick hinfällig, in dem sie niedergeschrieben wurden. Wie brüchig hier alle westlichen Rechnungen sind, hat erneut die soeben zu Ende gegangene Erdölkonferenz von Bali gezeigt. Wenn sogar ein besonnener und maßvoller Ölminister wie Yamani, der Vertreter Saudi-Arabiens, einen Preis je Faß Rohöl von 50 Dollar im Gegensatz zu dem jetzt üblichen Preis von 32 und 40 Dollar für möglich hält und wenn andere Vertreter erdölproduzierender Länder noch weit über diese schon schwindelerregende Marke hinausgreifen wollen, dann müßten wir alle wissen, was auf uns zukommt.

Leider gehört es zu den Grundmängeln westlicher Politik, daß sie sich gerne um die bitteren Wahrheiten herumdrückt, daß sie vorhandene Probleme, selbstverständlich vergeblich, auf dem Wege des Nicht-zur-Kenntnis-Nehmens lösen will. Zu diesen bitteren Wahrheiten gehört auch, daß das Problem der für den Westen lebenswichtigen Erdölversorgung in ausreichendem Maße und zu vertretbaren Preisen entscheidend mit der Lösung des israelisch-arabischen Konfliktes zusammenhängt. Dazu sind beispielsweise die Europäer ernsthafte und praktikable Hilfe schuldig geblieben.

Die mangelnde Bereitschaft vieler verantwortlicher westlicher Politiker, die Wahrheit zur Kenntnis zu nehmen und die Konsequenzen daraus zu ziehen, wird begleitet von einer mangelnden Bereitschaft, dem Volk die Wahrheit zu sagen. Konkret bedeutet diese bittere Wahrheit beispielsweise, daß reale Einkommenszuwächse nicht mehr möglich sind. Auch hier ist das Ende der Illusionen gekommen, des Traums eines gewissermaßen automatischem Immer-Mehr und Immer-Besser. Wir werden uns wieder an einfachere Maßstäbe gewöhnen müssen.

Schwieriger Umstellungsprozeß

Leider scheint es für viele Politiker, für viele Funktionäre, für viele Vertreter gesellschaftlicher Gruppen – manchmal mehr als für den Normalbürger, der sich durchaus ein Gespür für die bedrohlichen Entwicklungen und für die Möglichkeiten und Grenzen des Machbaren bewahrt hat – schwer bis unmöglich zu sein, diesen Umstellungsprozeß zu vollziehen. Sie merken nicht mehr, daß die Ansprüche, die sie erheben, und die Forderungen, die sie stellen, nicht mehr erfüllt werden können, daß sie nur auf dem Wege einer selbstzerstörerischen Verteilung der Substanz nur noch kurzfristig den Schein aufrechterhalten können, als ob alles wie bisher weitergehen könne.

Für die deutsche Politik rückt die Stunde der Wahrheit im Innern genauso in atemberaubender Geschwindigkeit näher wie im Bereich der Außenpolitik. Die Wahl von Ronald Reagan zum Präsidenten der Vereinigten Staaten von Amerika und jetzt die Berufung des weitsichtigen Realisten Alexander Haig zum amerikanischen Außenminister markieren die Einleitung einer realistischen Phase der Politik des Westens, signalisieren das Ende einer ins Schwimmen gekommenen westlichen Bündnispolitik, zu deren Zweifeln und Verwerfungen eine vorrangig auf Moskau orientierte SPD/FDP-Ostpolitik einen ebenso umfänglichen wie unrühmlichen Beitrag geleistet hat. Die Europäer waren und sind groß in politischen Worten, zu denen ihre politische Handlungsfähigkeit in einem gegenteiligen Verhältnis steht. Die Europäer zeigten über Jahre hin weniger Interesse für die eigenen sicherheitspolitischen Probleme, als sie von den Amerikanern für deren Lösung zu erwarten pflegten. »England erwartet, daß jedermann seine Pflicht tut«, hat Admiral Nelson einst formuliert. Um dieses Wort auf die Situation des westlichen Bündnisses umzuändern: Alle Europäer erwarten, daß die Amerikaner die Pflichten der Europäer tun!

Die Rückkehr zu einer realistischen Politik des Westens, die allein für die kommenden Jahre und Jahrzehnte wieder Frieden, politische Stabilität und wirtschaftliche Sicherheit dort, wo noch vorhanden, festigen, und dort, wo schon verloren, wiederherstellen kann, schließt beispielsweise auch eine realistische Politik gegenüber Afrika und Lateinamerika ein. Die Länder dieser Kontinente brauchen nicht ständig besserwisserische und bevormundende Belehrungen vom Westen, sie brauchen konkrete und behutsame Hilfe zur politischen Evolution, um nicht in das Chaos der Revolution zu stürzen, das von Moskaus politischen und militärischen Sendboten an vielen Plätzen der Welt systematisch herbeigeführt werden soll.

Wahrheit und Wirklichkeit

Mit der Vertuschung der politischen Wahrheit und Wirklichkeit haben sich SPD und FDP noch einmal über einen Wahltermin gerettet. Seit dem 6. Oktober vergeht kein Tag, und kein Bereich der Politik bleibt dabei ausgespart, an dem nicht alle politischen Positionen, wie CDU und CSU sie in diesem Jahr gegenüber dem Wähler vertreten haben, in umfassender Weise bestätigt würden. Und politische Freunde wie Gegner des Bundeskanzlers fühlen sich an Bewertungen und Prognosen erinnert, wie ich sie seit Jahren abgegeben habe, wenn sie heute Helmut Schmidt in kleinem Kreis das zur wirtschaftlichen, finanziellen und politischen Wirklichkeit der Bundesrepublik Deutschland sagen hören, was er, seine Partei und seine Koalition der Bevölkerung systematisch vorenthalten haben. Durch burschikose Selbstanklagen, durch pauschale Schuldzuweisung an alle Politiker – wenn die Unionsparteien in Schmidts Augen auch nicht fähig zum Frieden sind, fähig, die bösen Folgen der von Schmidt zu verantwortenden Fehler und Versäumnisse mitzutragen und zu beseitigen, sollen sie offensichtlich durchaus sein! – und eine in weiten Bereichen von Naivität getragene Ignoranz gegenüber den riesigen Problemen, die vor uns liegen, können keine Markierungen gesetzt werden, mit denen unser Volk und unser Land aus der Krise herausgeführt werden können.

Jahresende und Jahreswechsel sind im privaten Bereich aus gutem Grund Anlaß zu bilanzierendem Rückblick und umsichtiger Vorausschau. Diese Übung empfiehlt sich nicht weniger für den politischen Bereich. Ein Farbspektrum, das nur aus schwarz und weiß besteht, reicht dabei als Beurteilungsskala nicht aus. Schönfärberei vermag ebensowenig wie Panikmache den Blick freizumachen für das, was auf uns zukommt, und für das, was von uns getan werden muß, um die Dinge zum Besseren zu wenden. Die Wiedergewinnung vielfach verlorengegangener Maßstäbe, die Besinnung auf die Tugenden, die den politischen und wirtschaftlichen Auf- und Ausbau unseres Staates als gemeinsame Leistung aller Bürger möglich gemacht haben, die Einsicht, daß das Zeitalter ständig steigender Ansprüche vorbei ist, der Wille, von Illusionen loszukommen, der Mut, auch bittere Wahrheiten zur Kenntnis zu nehmen – über diese Dinge nachzudenken und aus dem Nachdenken für die Zukunft Schlußfolgerungen zu ziehen, macht den politischen Sinn der Tage um Weihnachten und um Neujahr aus.

(27. Dezember 1980)

Politik für Arbeitnehmer

Immer wieder versuchte und versucht der politische Gegner, den Unionsparteien, also auch der Christlich-Sozialen Union, soziale Gesinnung und sozialpolitische Kompetenz abzusprechen. Strauß mißt soziale Politik, eine Politik für den Arbeitnehmer im besonderen, nicht an kräftigen Worten, sondern an konkreten politischen und wirtschaftlichen Ergebnissen. Die beste Sozialpolitik ist deshalb eine funktionierende Politik der Sozialen Marktwirtschaft. Anläßlich eines 1. Mai erinnert Strauß daran.

Es gehört seit vielen Jahren zur parteipolitischen Taktik der SPD, sich selbst zum Thema der Vertretung von Arbeitnehmerinteressen eine Alleinzuständigkeit zuzusprechen und anzumaßen, gleichzeitig aber die Unionsparteien als wirtschaftshörig und arbeitnehmerfeindlich zu verleumden. Dabei wurde und wird die SPD bei der Vertretung dieser Position – freilich nur in kräftigen Worten, nicht aber in der politischen Wirklichkeit – um so radikaler, je weiter und je schneller sich die SPD von ihrem einstigen Selbstverständnis als Arbeiterpartei entfernt.

Es ist eine unbestrittene und auch von besorgten gemäßigten Sozialdemokraten immer wieder beklagte Tatsache, daß Arbeiter in der Mitgliederschaft der SPD eine immer kleinere Minderheit werden und im Funktionärsbereich der Partei ebenso wie unter ihren parlamentarischen Vertretern auf allen Ebenen nur noch in spärlichen Ausnahmen anzutreffen sind. Wenn die breite Verankerung unserer Partei im Vertrauen der bayerischen Bevölkerung wesentlich auf die starke Stellung der CSU in der Arbeitnehmerschaft zurückzuführen ist, so erfüllt mich das mit besonderer Freude.

Unsere Wahlerfolge in Größenordnungen von rund 60 Prozent waren und sind nur deshalb möglich, weil wir auch in der Arbeitnehmerschaft – und bemerkenswerterweise auch in jenen Teilen, die im DGB organisiert sind – absolute Mehrheiten erzielen. Dies ist für uns kein Anlaß zu Selbstüberheblichkeit, sondern Verpflichtung, den Begriff »sozial« im Namen unserer Partei auch in Zukunft durch eine vernünftige, das heißt an den Gesetzen der wirtschaftlichen Erfahrung und an den Tatsachen orientierte Politik in die Wirklichkeit umzusetzen. Auf die besondere Verbindung der CSU mit der Arbeitnehmerschaft hinzuweisen besteht in diesen Tagen deshalb gegebener Anlaß, weil nicht selten eifernde Sozialisten den 1. Mai, den Tag der Arbeit, zu Rückfällen in reaktionäres Klassenkampfdenken und zum Verbreiten von der CDU und CSU abträglichen Parolen mißbrauchen.

Die Qualität einer Politik für den Arbeitnehmer mißt sich nicht an der Zahl und Lautstärke von Worten, sondern an konkreten politischen und wirtschaftlichen Ergebnissen. Dieser Maßstab muß auch an die Politik des stellvertretenden SPD-Vorsitzenden Helmut Schmidt angelegt werden – und das Ergebnis einer solchen Prüfung fällt vernichtend aus, wovon ich mich in den letzten Monaten nicht zuletzt in zahlreichen Gesprächen mit Arbeitnehmern in großen und kleinen Betrieben und in verschiedenen Regionen Bayerns überzeugen konnte.

Jahrelang hat die SPD die von mir vertretene Ansicht, daß die beste Politik für den Arbeitnehmer, die beste Sozialpolitik, eine gute Wirtschaftspolitik ist, nicht zur Kenntnis nehmen wollen. Ideologische Verengung und sozialistische Reformwut machten die Regierungsverantwortlichen in Bonn blind für diesen Zusammenhang, obwohl er zum kleinen volkswirtschaftlichen und politischen Einmaleins gehört. Trunken von dem Gefühl der einmal errungenen Macht, ging die SPD daran, die Grenzen der Belastbarkeit unserer Wirtschaft zu erkunden, immer wieder von neuem zu erproben. Die von den Unionsparteien gegen erbitterten sozialistischen Widerstand durchgesetzte Ordnung der Sozialen Marktwirtschaft wurde unbekümmert in Frage gestellt, eingedämmt, gelähmt, in ihrer Funktionsfähigkeit und ihrer Überlebensfähigkeit beschnitten. Der Anbruch eines paradiesischen sozialistischen Zeitalters wurde verkündet, allen alles versprochen, gefragt, woher das Geld für die Erfüllung dieser Versprechungen kommen sollte, wurde nicht mehr. Rücksichtslos wurden dem Anspruchsdenken der Gegenwart, von den sozialistischen Begründern hemmungslos geschürt und angeheizt, die Erfordernisse der Zukunft geopfert. Konsum erhielt absoluten Vorrang vor Investitionen, Warnungen und Mahnungen, wie nicht nur ich sie rechtzeitig und immer wieder vorbrachte, wurden überhört oder gar verlacht.

Das Ergebnis dieser abenteuerlichen sozialistischen Wirtschaftspolitik liegt jetzt offen zutage und wird auch von jenen besonders schmerzlich gespürt, als deren alleiniger Fürsprecher aufzutreten sich die SPD so gerne anmaßt, von den Arbeitnehmern.

Die konsequente Politik der Sozialen Marktwirtschaft, wie wir sie Ende der vierziger Jahre durchgesetzt und bis Ende der sechziger Jahre praktiziert hatten, hatte dazu geführt, daß der Begriff Arbeitslosigkeit in der Bundesrepublik Deutschland nahezu zu einem Fremdwort geworden war. Die Ergebnisse und Erfolge der Sozialen Marktwirtschaft, bemerkenswerte und regelmäßige Einkommenssteigerungen beispielsweise und die freie Auswahl unter einer Vielzahl offener und sicherer Arbeitsplätze, waren selbstverständlich geworden. Das hat sich in 11 Jahren SPD/FDP-Herrschaft gründlich geändert.

Trauriges Markenzeichen

Eine seit Jahren anhaltende hohe Arbeitslosigkeit, inzwischen und auf unabsehbare Zeit weit jenseits der Millionengrenze, ist zum traurigen Markenzeichen sozialistischer Wirtschaftspolitik geworden. Rechtzeitige Gegenmaßnahmen wurden in sinnlosen Konjunkturprogrammen vergeudet. Der einzig mögliche Ausweg, eine kraftvolle Wiederbelebung der Möglichkeiten der Sozialen Marktwirtschaft und die Schaffung eines investitionsfreundlichen Klimas für die Wirtschaft, wurde nicht gegangen. Die Folge sind Milliardenausfälle bei den Steuern und den Sozialausgaben auf der einen, Milliarden Mehrausgaben für die Arbeitslosen auf der anderen Seite. Nur diejenigen, die Augen und Ohren vor der Wirklichkeit verschließen, können also nicht zur Kenntnis nehmen, wer in Sachen Arbeitsplatz und Arbeitslosigkeit eine Politik für die Arbeitnehmer getrieben hat und nicht gegen ihre Interessen! Der schlimmste Feind der Arbeitnehmer ist der, der ihre Arbeitsplätze vernichtet – eine Feststellung, die sich mit voller Wucht gegen die SPD-Regierungen in Bonn richtet.

Ebenso stellt sich die Situation auf dem Feld der sozialen Sicherung dar. Auf stabilem marktwirtschaftlichen Fundament haben CDU und CSU in der Bundesrepublik Deutschland eine Sozialordnung geschaffen, die mit ihrer Überwindung einer spätmarxistischen Klassenkampfideologie und mit einem in den kühnsten Träumen sozialistischer Utopisten nicht vorstellbaren wirtschaftlichen und sozialen Aufstieg gerade der Arbeitnehmer zum Gegenstand weltweiten Staunens wurde. SPD-Politik, die großsprecherisch ankündigte, das Füllhorn sozialer Wohltaten nun endlich in unbeschränkter Weise über die Bevölkerung ausschütten zu wollen, hat das Gegenteil erreicht: Das soziale Netz ist brüchiger geworden, seine Zukunft fragwürdiger.

Das soziale Jahrhundert-Reformwerk der dynamischen Altersrente, das, von CDU und CSU durchgesetzt, vor dem Urteil der Geschichte einst schwerer wiegen wird als all das, was seit 1969 in sozialistischem Wortrausch als Reform ausgegeben wird, ist durch eine schlampige und unsolide Finanzpolitik von SPD-Kanzlern und SPD-Finanzministern in seiner Substanz gefährdet. Auch hier also, zum Thema soziale Sicherheit, beantwortet sich die Frage, wer nun in seiner Politik arbeitnehmerfreundlich ist, CDU und CSU oder SPD, von selbst und zu unseren Gunsten.

Es gehört zum klassischen Fehlverhalten der Politik der SPD, drohende Fehlentwicklungen leugnen und eingetretene Mißstände nicht zur Kenntnis nehmen zu wollen. So setzte die Partei der Genossen Schmidt, Brandt und Wehner geradezu eine Verleumdungskampagne gegen mich in Gang, als ich es schon vor Jahren wagte, darauf hinzuweisen, daß der Sozialstaat an die Grenzen seiner Leistungsfähigkeit stoße und daß die Frage des Mißbrauchs sozialstaatlicher Einrichtungen gestellt werden müsse. Man warf mir und anderen, die in ähnlicher Weise warnten, schlichtweg die »Demontage des Sozialstaats« vor und unterstellte uns, wahrheitswidrig wie immer, »Arbeitnehmerfeindlichkeit«. Heute sprechen selbst SPD-Bundesminister davon, daß dem Mißbrauch sozialer Einrichtungen ein Ende gesetzt werden müsse – allerdings bleibt es, auch das SPD-typisch, bei Redensarten, denen keine Taten folgen.

Warnungen mißachtet

Wer vertritt also Arbeitnehmerinteressen? Einer, der wie ich rechtzeitig und früh genug darauf hingewiesen hat, daß sozialstaatliche Ausuferungen beseitigt und Mißbrauchsmöglichkeiten verhindert werden müßten, die einer kleinen Minderheit zu Lasten und auf Kosten der überwältigenden Mehrheit unserer fleißigen Arbeitnehmer eine »Ausbeuterposition« umgekehrter Art verschaffen – oder jene, die den Warner verteufelt und seine Ratschläge mißachtet haben? Auch hier beantwortet die Wirklichkeit die Frage nach dem Grad der jeweiligen Arbeitnehmerfreundlichkeit – und hätte die SPD nicht längst weitgehend den Kontakt zu den Arbeitnehmern verloren, dann wüßte sie, wie eindeutig gerade dort und in dieser Frage die Position der Arbeiter ist.

Die ideologische Verbissenheit der SPD, darauf gerichtet, mit marxistisch-sozialistischen Rezepten eines vergangenen Jahrhunderts die Herausforderungen der Gegenwart und des

Jahres 2000 bestehen zu wollen, hat die Partei von der Arbeitnehmerwirklichkeit unserer Zeit ebenso weit entfernt wie von der Fähigkeit zur Einsicht in wirtschaftliche Zusammenhänge. So ist die SPD – und Bundeskanzler Schmidt ist stellvertretender Vorsitzender dieser Partei und kann sich somit auch nicht aus seiner unmittelbaren persönlichen Verantwortung stehlen – schuld an einer arbeitnehmerfeindlichen Energiepolitik, die Investitionen verhindert, Arbeitsplätze zerstört und Zukunftschancen verspielt.

Die Erkenntnis ist angesichts der internationalen Preisentwicklung und allzeit drohender Versorgungsrisiken allgemein, daß unsere Abhängigkeit vom Erdöl verringert werden muß. Dafür brauchen wir sowohl neue Kohlekraftwerke wie Kernkraftwerke in einem sinnvollen Verbund. Und weil wir, im Gegensatz zur SPD, die sich feige um ihre Entscheidungsverantwortung herumdrücken will, für eine ehrliche Politik gegenüber unserem Volk sind, sagen wir, daß trotz aller Sparbemühungen und trotz wirkungsvollerer Ausnutzung der vorhandenen Energien kein Weg an der Kernkraft vorbeiführt, wenn nicht unsere wirtschaftliche, soziale und staatliche Ordnung zusammenbrechen soll. Die weit überwiegende Zustimmung, die wir hier mit unserer Haltung gerade in der Arbeitnehmerschaft finden, zeigt, wie arbeitnehmerfern die SPD inzwischen geworden ist.

Diese harte, aber mehr als berechtigte Kritik an der SPD darf nicht den Blick von der Tatsache ablenken, daß diese Politik der Demontage nicht ohne kräftige Mitwirkung des Koalitionspartners FDP möglich geworden ist. Die Sonntagsreden des selbsternannten »Erhard der achtziger Jahre« – im übrigen eine peinliche Bezeichnung – dienen ausschließlich der Selbstdarstellung des Grafen Lambsdorff, der Beschwichtigung und der Erweckung zukünftiger Hoffnungen, haben aber nichts verhindert, alles gedeckt und ihren Hauptzweck damit erfüllt, die jeweiligen Zuhörer von der Wirklichkeit abzulenken und zukunftsfreundliche Gefühle hervorzurufen. Allerdings: Hier naht das Ende. Denn es gibt zwar eine normative Kraft des Faktischen, aber keine Fakten schaffende Kraft des Phraseologischen.

An diese Sachverhalte und Zusammenhänge zu erinnern besteht zum 1. Mai dieses Jahres besondere Veranlassung deshalb, weil die allfälligen Pro-Arbeitnehmer-Reden der SPD-Prominenz bei den diversen Kundgebungen in so schreiendem Gegensatz zur Realität der Arbeitnehmerpolitik der SPD-geführten Bundesregierung stehen. Der kritische Widerspruch, auf den in dieser Frage das Bonner Eigenlob bei den Arbeitnehmern mehr und mehr stößt, ist erfreuliches Anzeichen dafür, daß das Bewußtsein für die Probleme der deutschen Politik in unserer Zeit trotz aller gegenläufigen Bonner Unterdrückungsversuche immer mehr wächst. Politik für die Arbeitnehmer ist nicht an ihren Worten, sondern an ihren Taten zu messen. Ich erinnere für die CSU und ihre Politik aus Anlaß des 1. Mai deshalb offen an diesen Grundsatz, weil wir uns hier dem prüfenden Vergleich gerne stellen. Unsere Leistungen für die Arbeitnehmer in der Vergangenheit, unsere Politik für die Arbeitnehmer in der Gegenwart und unser Rezept für die Arbeitnehmer in der Zukunft sprechen für uns und unsere Leistung.

(2. Mai 1981)

Wo Schmidt versagt

Immer wieder spielt in der innenpolitischen Diskussion der Bundesrepublik Deutschland die Frage nach der geistigen Führung der Nation durch die Politik und die Politiker eine Rolle. Helmut Schmidt sieht darin keine Aufgabe einer Bundesregierung oder eines Bundeskanzlers. Strauß bezieht Gegenposition.

Die geistige Führung der Nation, so wußte Helmut Schmidt vor einiger Zeit zu verkünden, könne nicht Aufgabe der Bundesregierung oder des Bundeskanzlers sein. In den Verdacht freilich, diese Führung je ausgeübt zu haben oder auszuüben, ist Schmidt nie gekommen – nicht nur das: Auch jene Führung, die eigentlich seines Amtes wäre, die politische, findet längst nicht mehr statt. Dabei macht es sich der Bundeskanzler zu einfach, wenn er der Politik schlichtweg einen geistigen Führungsanspruch aberkennt. Er begeht dabei den Fehler, von eigenen Unmöglichkeiten, die sich aus dem trostlosen Zustand seiner Regierung im allgemeinen und seiner Partei, der SPD, im besonderen und aus seinen eigenen Grenzen erklären und ergeben, ein allgemeines Gesetz abzuleiten.

Auf dem Kirchentag in Hamburg hätte dabei Schmidt – dem zusätzlich noch breiteste exklusive Äußerungsmöglichkeiten in den öffentlich-rechtlichen Medien eingeräumt wurden – vortreffliche Gelegenheit gehabt, geistige und politische Führung zu demonstrieren, er hat aber vor der Herausforderung, die in dem Motto »Fürchte dich nicht« enthalten ist, versagt und kapituliert. Dabei wäre es gerade in einer Zeit zunehmender utopischer Verwirrung und politischer Orientierungslosigkeit die besondere Pflicht eines Bundeskanzlers gewesen, überzeugend zu einer Klärung der Begriffe und zu einer glaubwürdigen Darstellung des Kerns freiheitlicher westlicher Politik beizutragen.

Schmidt hat es versäumt, das Leitwort des Kirchentages in die politische Wirklichkeit zu übersetzen. Statt dessen hat er sich in eine ratlose Unverbindlichkeit geflüchtet, die sich immer wieder in forscher Unentschlossenheit äußerte und in einen gefährlichen Wertneutralismus flüchtete, wenn er in markigen Worten seine Rolle pathetisch so formulierte, als ob er die Aufgabe habe, Washington und Moskau gleichermaßen unter Druck zu setzen und an den Verhandlungstisch zu zwingen. Obwohl Schmidt mit seiner politischen Großmannssucht schon mehrfach peinlichen Schiffbruch erlitten hat (es sei nur an seinen Moskau-Besuch im vorigen Jahr erinnert, dessen propagandistisches Getöse in umgekehrtem Verhältnis zum politischen Ertrag stand), versucht er noch immer den Eindruck zu erwecken, als ob er die weltpolitischen Entwicklungen maßgebend beeinflussen könne. Das kann er weder in Moskau noch in Washington.

Kanzler ohne Mut

Schmidt hätte in Hamburg darlegen müssen, warum wir uns nicht zu fürchten brauchen. Er hätte die Methode der Linken, Angst zu machen und Furcht zu schüren, um dadurch das Bündnis von innen auszuhöhlen und von außen unwirksam zu machen, durchleuchten und widerlegen müssen. Hierzu aber fehlten ihm Worte, Argumente und, vor allem, Mut.

»Fürchte dich nicht« – für die Politik des freien Deutschland heißt das doch, daß nur das westliche Bündnis, materiell und moralisch glaubwürdig, die Voraussetzung dafür ist, daß kein Krieg kommen wird. Diese Leistungsfähigkeit des Bündnisses, die nicht in theoretischen Überlegungen bewiesen werden muß, weil sie durch eine für Deutschland ungewohnt lange Friedensperiode belegt wird, muß außerhalb jeden Zweifels und jeder Diskussion stehen.

Unsere Sicherheit beruht auf der Risikoscheu der Sowjetunion. Eine sittlich verantwortungsbewußte Politik des Westens, die sich jeder Provokation und selbstverständlich jeder militärischen Tat enthält, muß dieses Risikobewußtsein der Sowjets am Leben erhalten. Ein pazifistisches und ein von den Vereinigten Staaten von Amerika aufgegebenes Europa wäre für die Sowjetunion kein Risiko mehr – wer also auf die Zerstörung des westlichen Bündnisses und auf die Abschaffung eines militärischen Gleichgewichts hinarbeitet, der schafft in Wirklichkeit Risiko und Gefahr eines Krieges. Ein zeitgeschichtlicher Rückblick sollte Illusionisten und Träumer warnen: Es gibt keinen Zweifel, daß Hitler über die starken pazifistischen Strömungen im Westen, beispielsweise in England und Frankreich, unterrichtet war und daß er deshalb um so bedenkenloser glaubte, ohne ernsthaftes Risiko Polen angreifen und gemeinsam mit der Sowjetunion von der Landkarte streichen zu können.

Dies klarzustellen, hat Schmidt in Hamburg unterlassen. Dabei ist die Frage des NATO-Nachrüstungsbeschlusses nur einer von drei zentralen Punkten, die derzeit, aktuell wie grundsätzlich, auf der politischen Tagesordnung Vorrang haben. Zur Frage der westlichen Verteidigungsbereitschaft und Friedenssicherung kommen die Probleme der Kernenergie sowie der Gesundung der Staatsfinanzen und der Wiederherstellung der wirtschaftlichen Leistungskraft unseres Volkes. Alle drei Herausforderungen haben gemeinsam, daß Schmidt, seine Regierung und seine Partei darauf nicht mit mutigen und konsequenten Konzepten, sondern mit Verzagtheit, Zerstrittenheit und Untätigkeit antworten.

Auflösungsprozeß der SPD

Die Zeit ist endgültig vorbei, in der Schmidt glaubte, sich mit vieldeutig auslegbaren Sowohl-Als-auch-Beschlüssen an der Wirklichkeit der SPD vorbeimogeln zu können. Die SPD ist durch unauflösliche Gegensätze heillos zerklüftet. Die Partei, deren stellvertretender Vorsitzender Helmut Schmidt immerhin ist, hat ihre moralische und politische Regierungsfähigkeit eingebüßt. Der Weg zur Handlungsunfähigkeit der SPD und damit der Bundesregierung wurde auf dem Parteitag vom Dezember 1979 vorgezeichnet, als Beschlüsse verabschiedet wurden, mit denen Gegner und Befürworter der Kernenergie, Gegner und Befürworter des NATO-Doppelbeschlusses gleichermaßen zufrieden sein konnten. Weil Schmidt dort nicht den Mut und die Kraft zu einer klaren Linie hatte, beschleunigte sich von diesem Parteitag an die Erosion der politischen Verantwortungsfähigkeit der SPD immer mehr. Ich habe unmittelbar nach jenem Parteitag in einer Bundestagsrede auf diese Gefahr hingewiesen, erntete aber von der SPD nur höhnische Zwischenrufe.

Der Auflösungsprozeß der Partei des Bundeskanzlers ist eine Dauererscheinung, auch wenn sie in letzter Zeit durch das Scheitern der SPD in Berlin, durch den Aufstand der hessischen Parteibasis gegen den eigenen Ministerpräsidenten Börner und durch das sozialistische Selbstzerstörungsspiel von Hamburg besonders spektakulär zutage trat. Gerade angesichts der Zerfallserscheinungen in Bundesregierung und Koalitionsparteien (auch Genschers FDP ist, wie der breitangelegte Widerstand von großen Teilen der Partei gegen die Außenpolitik des Vorsitzenden zeigt, angeschlagen) kommt es für CDU und CSU um so mehr darauf an, ihr größtes Kapital, eine überzeugende Geschlossenheit in der Sache, zu hüten und zu festigen.

Rezepte, die den Unionsparteien kontroverse Dauerdiskussion und Streit verordnen wollen, weil dadurch angeblich die Attraktivität von CDU und CSU in den Augen der Öffentlichkeit erhöht wird, sind zu offenkundig töricht, um auch nur einen Augenblick ernst genommen zu werden. Ohne opportunistische Verrenkungen, wie sie einen in seiner Partei immer schwächer werdenden Bundeskanzler Schmidt kennzeichnen, haben CDU und CSU zwei Lebensfragen unseres Volkes, jene der Sicherung der Freiheit und jene der ausreichenden Energieversorgung, klar beantwortet. An dieser klaren Antwort wird es bei CDU und CSU auch nicht fehlen, wenn es um die schmerzliche und in mehr als zehnjähriger liberal-sozialistischer Mißwirtschaft notwendig gewordene Sanierung der zerrütteten Staatsfinanzen geht. Für uns wird es kein Tabu geben. Zuerst aber ist die SPD/FDP-Bundesregierung am Zug. Sie hat den Karren in den Dreck gefahren, deshalb ist es auch zuerst ihre Pflicht zu sagen, wie sie ihn wieder flottmachen will. Für CDU und CSU ist es um so weniger notwendig, durch einzelne Spar- und Kürzungsvorschläge der Bundesregierung Gelegenheit zu lautstarken Ablenkungsmanövern zu geben, da Helmut Schmidt erst während der letzten Haushaltsdebatte in seiner maßlosen Überheblichkeit CDU und CSU wissen ließ, daß er auf die Hilfe der Opposition in keiner Weise angewiesen sei.

Aber auch diese Entgleisung, die bei Schmidt keine bedauerliche Ausnahme, sondern traurige Regel ist, bestätigt nur zusätzlich, daß die geistige und die politische Führung der Nation bei ihm in den denkbar schlechtesten Händen ist.

(27. Juni 1981)

Zum Frieden gehört die Freiheit

Daß Frieden ohne Freiheit kein wahrer Friede ist, daß vielmehr beide Begriffe und Werte untrennbar zusammengehören – Franz Josef Strauß weist immer wieder darauf hin, belegt an weltpolitischen Beispielen, von Polen bis Afghanistan, die Richtigkeit seiner Einschätzung. Er tut dies auch anläßlich einer politischen Weihnachtsbetrachtung im Dezember 1981.

I.

Wie sehr die göttliche Botschaft und der göttliche Auftrag des Friedens von Menschen in Frage gestellt, mißachtet und verletzt werden – in den Tagen des Festes, das in christlich-abendländischer Überlieferung und Vorstellung in besonderer Weise als Fest des Friedens gilt, wird das auch und besonders im Jahre 1981 wieder in schmerzlicher und unmenschlicher Weise deutlich. Es ist wohl mehr als dramatischer Zufall, daß die Tage um Weihnachten und um den Wechsel des Jahres sich seit langem als eine Zeit der Bedrohung und Angst, des Unfriedens und der Gewalt erweisen. Gerade deshalb aber müssen wir auch in diesem Jahr und an der Schwelle eines neuen Jahres aus einer Politik christlicher Verantwortung, die ihren Auftrag im Dienst am Menschen sieht, diese Tage nützen. Wir müssen nachdenken, ob wir diesem Anspruch gerecht geworden sind, überlegen, was wir besser machen können, Kraft schöpfen aus unserer Weltanschauung heraus, die Kompaß sein soll, den richtigen Kurs im rasch sich ändernden Weltbild zu finden. Nicht Resignation, sondern Mut, nicht Kapitulation vor der Gewalt, sondern Bereitschaft zum Kampf für die bessere, die menschliche Sache, nicht Angst, sondern Zuversicht – diese Positionen gilt es für uns zu halten und zu festigen.

II.

Die Fähigkeit, trotz aller Rückschläge immer wieder anzutreten, die Kraft und den Willen dazu, gewinnt unsere Politik aus ihrer Orientierung an der Würde und Freiheit des Menschen. Dem Menschen als Einzelpersönlichkeit und von seiner Einordnung in das gesellschaftliche und staatliche Ganze her ein Dasein in menschlicher Würde und Freiheit – und zu beidem gehört der Friede – zu sichern, ist die Grundlinie des politischen Tuns der Christlich-Sozialen Union.

Wir haben uns danach gerichtet in den schweren Not- und Elendsjahren der Nachkriegszeit, als wir nach der größten Katastrophe der deutschen Geschichte und auf dem größten Trümmerhaufen der Weltgeschichte mit unserer politischen Arbeit begannen.

Wir haben uns danach gerichtet, als wir, zusammen mit der großartigen Leistung eines fleißigen Volkes, die Markierungen für den politischen, sozialen und wirtschaftlichen Aufbau setzten.

Wir haben uns danach gerichtet während des letzten Jahrzehnts einer weitgehend verfehlten, gescheiterten Politik, als unsere Warnungen überhört und unsere Ratschläge verachtet wurden – obwohl jetzt die Richtigkeit unserer Positionen von der politischen und wirtschaftlichen Wirklichkeit in der Bundesrepublik Deutschland – und nicht nur hier – in nachdrücklicher Weise bestätigt werden.

Wir werden uns auch danach richten, wenn wir unsere Politik für die bayerische Heimat, für das deutsche Vaterland, für unseren europäischen Kontinent und in weltweiter Verantwortung im nächsten Jahr fortsetzen werden.

III.

Eine Politik, die sich voll und ganz ihrer Verantwortung stellt, darf nicht vom Bestreben getragen werden, sich in ein enges Hieronymus-Häuschen zurückzuziehen. Die Flucht in die vermeintliche Idylle ist kein Ausweg, sondern nur ein Weg in die Sackgasse. Die Entwicklung der Verkehrstechnik, der Nachrichtentechnik und auch – wir können es beklagen, aber wir müssen damit leben und damit fertig werden! – der Zerstörungstechnik hat die Welt so klein werden lassen wie nie zuvor, die politische Verantwortung dafür um so größer. Politische Verantwortung ist keine Frage beliebiger Auswahl. Auch wer nur das eigene Haus in Ordnung halten will, muß über den Zaun hinausschauen. Wenn es beim Nachbarn brennt – und heute kann dieser Nachbar durchaus auch einige tausend Kilometer entfernt sein! –, sind auch wir in Gefahr.

»Nichts Bessers weiß ich mir an Sonn- und Feiertagen,
Als ein Gespräch von Krieg und Kriegsgeschrei,
Wenn hinten, weit, in der Türkei,
Die Völker aufeinander schlagen.«

läßt Goethe im »Faust« den selbstzufriedenen Bürgersmann sagen – ein Rezept, das schon damals fraglich war, heute aber geradezu selbstmörderisch wäre.

IV.

Politischer Weitblick mag im Getümmel des politischen Alltags für eine gewisse Zeit von einem Mehrheitsgeschrei der Kurzsichtigen verdeckt werden – auf Dauer setzt er sich durch, vor allem dann, wenn seine Richtigkeit von der Wirklichkeit bewiesen worden ist. Als ich 1975, bei den Beratungen über die Schlußakte der »Konferenz für Sicherheit und Zusammenarbeit in Europa« in Helsinki und auf dem Höhepunkt eines sozialistischen Entspannungsrausches, im Deutschen Bundestag mahnend darauf verwies, daß Entspannung und damit wirkliche Friedenspolitik nicht teilbar sein dürften und auf den durch die sowjetischen Militärlieferungen ermöglichten Krieg in Angola hinwies, der vor der Tür stehe, schallte mir von den Koalitionsbänken der SPD/FDP Hohngelächter entgegen. Bundeskanzler Schmidt, der heute diesbezüglich freilich mit wesentlich kleinerer Münze bezahlt, wollte mich spottend dahingehend belehren, daß doch die Ereignisse im fernen Afrika mit der strahlenden Entspannungslandschaft in Europa nichts zu tun hätten.

Was sich seither – und gleichzeitig mit der Verabschiedung der gefeierten Schlußakte von Helsinki beginnend – auf unserem südlichen Nachbarkontinent an Gewalt und Krieg, an Not und Elend abgespielt hat und abspielt, zeigte und zeigt, wie falsch es von der Konzeption der SPD/FDP-Entspannungspolitik war, dem Partner dieser Politik, der Sowjetunion, außerhalb Europas freie Hand für eine Politik gewalttätiger Expansion und Aggression zu geben. Um es, weihnachtlicher Gedankenführung angemessen, auf einen christlichen Nenner zu bringen: Mein Nächster bleibt in meiner Verantwortung, auch wenn er im fernen Afrika lebt.

V.

Das gilt ebenso für Afghanistan. Auch hier wird das kommende Weihnachtsfest einen traurigen zweiten Jahrestag markieren. Der Überfall der kommunistischen Großmacht Sowjetunion auf ein kleines Land, die anhaltende brutale Besetzung, die Flucht von Millionen, der Tod von Hunderttausenden, der verzweifelte Widerstandskampf eines tapferen Volkes gegen seine und seiner Eigenart Ausrottung – all das sind Tatsachen, die nicht nur eine flammende Anklage gegen den kommunistischen Aggressor sind. Auch die freie Welt, der Westen, die deutsche Politik müssen sich fragen lassen, ob sie genügend – oder überhaupt etwas! – unternommen haben, der Sowjetunion bei diesem Tun politisch entschlossen entgegenzutreten. Es scheint jedoch, als ob nicht wenige Politiker im Westen, die Regierungsverantwortung tragen – und das gilt auch für Bonn –, ein unangenehmes Thema durch Verschweigen verdrängen wollten. Dabei gilt selbstverständlich auch für Afghanistan, daß die Sorge für Menschenwürde, Freiheit und Frieden weltweit unteilbar ist.

VI.

Von Asien nach Europa, von Afghanistan nach Polen. Vor einem Jahr noch stand das polnische Weihnachten im Zeichen banger Hoffnung und vorsichtiger Erwartung. Ein tapferes Volk, durch Jahrhunderte hin von der Not der Geschichte in besonderer Weise heimgesucht, hatte begonnen, an den Ketten zu zerren, sich gegen die kommunistische Diktatur aufzulehnen. Unter der Führung des Arbeiters Lech Walesa – von dem die Geschichte eines Tages sagen wird, daß er politisch mehr bewegt hat als viele Staatsmänner in Amt und Würden – formierte sich ein Aufbegehren, das die Warschauer Statthalter ebenso wie die Moskauer Oberherren des Weltkommunismus mehr und mehr in Verlegenheit brachte. Die bewegende Gestalt des polnischen Papstes tat ein übriges, die Ereignisse in Polen nicht mehr aus dem Scheinwerferlicht der Weltöffentlichkeit gelangen zu lassen.

VII.

Vorläufig ist der polnische Versuch, in einem kommunistischen System, das von seinem Wesen her auf absolute Unfreiheit angelegt ist, auch nur ein geringes Maß an Freiheit möglich zu machen, am brutalen Durchgreifen der militärischen Macht gescheitert. Diese Macht beruft sich darauf, nur damit verhindern zu können, daß der sowjetische Bruder mit »brüderlicher Hilfe« das Land vergewaltige. Das heißt: Das polnische Militär und seine kommunistischen Generäle haben sich zum Gerichtsvollzieher der Breschnew-Doktrin gemacht, nach der kein Land die Erlaubnis hat, das sozialistische Lager zu verlassen. Dies gilt nicht nur für das militärische System des Warschauer Paktes, sondern auch genauso für das sozialistische System seiner Gesellschaft. »Realen Sozialismus« nennen das die Kommunisten. Auch in Polen aber läßt sich die Entwicklung nicht mehr auf die Zeit vor dem August 1980 zurückdrehen. Das ist der Sinn des Dramas, das zur Tragödie geworden ist. Die marxistisch-leninistische Sowjetherrschaft, die vorgibt, nur sie allein verwirkliche die Herrschaft der Arbeiterklasse, kann ihre Herrschaft gegen die Arbeiter nur noch mit Bajonetten und Panzern aufrechterhalten. Gewalt und Tod, Terrorurteile und unmenschliche Internierungslager entlarven wieder einmal ein System, dessen eine Hand zu Ablenkungszwecken mit der Friedenspalme wedelt, damit die andere Faust um so unbarmherziger zuschlagen kann. Noch konnte die polnische Gleichung nicht aufgehen – das Ziel, das sich die Frauen und Männer der »Solidarität« und mit ihnen die überwältigende Mehrheit des polnischen Volkes gesetzt hatten, war und ist in einem kommunistischen Herrschaftssystem nicht zu erreichen. An diesem Widerspruch in sich, nur aufzulösen bei einer völligen Veränderung der sozio-ökonomischen Wirklichkeiten, hätte die kommunistische Macht zerbrechen müssen. Dies konnte Moskau, aus seiner Sicht, nicht zulassen: Ein Herausbrechen des polnischen Ecksteins wäre der Anfang vom endgültigen Zusammenbruch des ideologischen und machtpolitischen Gebäudes des Weltkommunismus gewesen. Eine Lehre für Marxisten: Freie Gewerkschaften sind nur in einem freien Staat mit offener Gesellschaft und freier Wirtschaft möglich.

VIII.

Dennoch ist die vorläufige Durchsetzung des sowjetkommunistischen Machtanspruchs mit der ganzen Gewalt des militärischen Apparates nur ein Scheinerfolg. Walesa und seine Freunde haben die Kremlherrschaft bis in ihre Grundmauern erschüttert. Die Risse mögen notdürftig und für eine gewisse Zeit zu überkleistern sein, bleiben werden sie. So ist trotz aller Bedrückung, Sorge und Anteilnahme das Geschehen in Polen gerade in diesen weihnachtlichen Tagen nicht

Anlaß zur Verzweiflung, sondern ein Leuchtfeuer der Hoffnung. Auch jahrzehntelanger kommunistischer Zwangsherrschaft gelingt es nicht, die den Menschen angeborene Sehnsucht nach einem Leben in Frieden und Freiheit auszurotten.

IX.

Die polnische Tragödie ist auch Anlaß, wieder an Deutschland in seiner Gesamtheit zu denken, auch wenn es manchen unbequem ist, weil sie ihr schlechtes Gewissen drückt. Auch wenn die Bonner Liberal-Sozialisten im freien Teil Deutschlands seit mehr als einem Jahrzehnt in verhängnisvoller Weise dazu beitragen, die Gewaltherrschaft im anderen Teil Deutschlands als »zweiten deutschen Staat« zu verharmlosen und das zutiefst Anomale als »normal« darzustellen: Solange Mauer und Stacheldraht unser Vaterland trennen, solange Leib und Leben in Gefahr bringt, wer von Deutschland nach Deutschland will, solange 17 Millionen Deutsche ihrer Freiheit beraubt sind, so lange können auch biedermännische Begegnungen von Regierenden aus Bonn und Ost-Berlin die deutsche Wirklichkeit nicht aus dem Bewußtsein verdrängen. Wirkliche Entspannung jedenfalls und wirklicher Friede sehen anders aus, als dies im Raum zwischen Lübeck und Hof oder in Berlin in unmenschlicher Weise demonstriert wird. Daran ändern auch fernsehwirksam übertragene Begegnungen des Bundeskanzlers mit dem Ost-Berliner Zwingherrn nichts. Er ist in steriler Verpackung, vom Staatssicherheitsdienst lückenlos abgeschirmt, von der Bevölkerung ferngehalten worden. Aber solche Galaaufführungen des kommunistischen Protokolls tragen zur Verwischung der Wirklichkeit, zur Abstumpfung der Herzen und zur Einschläferung des Gewissens bei, besonders wenn sie noch durch Mätzchen – Schneebälle, Hustenbonbon durchs Waggonfenster – verbrämt werden.

Beide Vorgänge, in Polen und in Deutschland, zeigen in erschreckender Deutlichkeit, daß Friede und Freiheit unteilbar und unabtrennbar voneinander sind. Auch in Polen gibt es keinen Krieg, aber Angst und Not, auch in der »DDR« gibt es keinen Krieg, aber Furcht und Armut. Die Menschen bei uns sollten begreifen, welche Gnade der Geschichte – sagen wir lieber Gottes, des Herrn der Geschichte – sie auf Erden auch bei diesem Weihnachtsfest erleben, und sie sollten an ihre Nachbarn denken, in Polen, in der »DDR« und anderswo, die dasselbe Weihnachten feiern – die einen feiern Weihnachten in Frieden und Freiheit, die anderen mit Frieden ohne Freiheit. Friede aber ist mehr als Nicht-Krieg.

X.

Die Politik des freien Deutschland, jeden Tag an der Nahtstelle zur Unfreiheit mit einer unfriedlichen Wirklichkeit konfrontiert, hat im eigenen Land wie auf europäischer Ebene oder in weltweiter Einbindung eine besondere Verpflichtung für Freiheit und Frieden. Der Auftrag dazu, dem sich die Partei, für die ich sprechen kann, vom ersten Tag ihres Wirkens an unbeirrbar verpflichtet wußte, umfaßt auch die Verpflichtung zum inneren Frieden. Außenpolitisch wie innenpolitisch stehen wir vor einem schweren Jahr. Mit ihrer Politik wird die CSU wie bisher das Ihre dazu beitragen, die großen Probleme, die vor uns liegen, zu bewältigen. Wir beweisen in Bayern, daß wir dazu in der Lage sind, ebenso wie wir es bewiesen haben, als wir im Bund Regierungsverantwortung getragen haben. Weil wir wissen, daß der Friede unteilbar ist, wissen wir auch, daß die Zukunft nur dann zu meistern ist, wenn wir alle in innerem Frieden zusammenstehen. Nicht egoistisches oder gar klassenkämpferisches Gegeneinander, sondern solidarisches Miteinander ist der Weg dorthin. Daß unser Volk diesen Weg findet, ist mein Wunsch für das Weihnachtsfest des Jahres 1981 und für das neue Jahr 1982.

(26. Dezember 1981)

Eine Bilanz der Allianz

Als Bundesverteidigungsminister von 1956 bis 1962 und schon in seinen Parlamentarier- und Ministerjahren vorher hat Franz Josef Strauß von deutscher Seite aus und für die deutsche Seite an entscheidender Stelle Fundamente gelegt für das Bündnis der freien Welt. Für Strauß ist der Atlantik die Lebenslinie der deutschen und der europäischen Freiheit. Nach Begegnungen mit US-Präsident Ronald Reagan und anderen führenden amerikanischen Politikern faßt der CSU-Vorsitzende seine atlantischen Grundüberlegungen noch einmal zusammen.

Kürzlich, beim Politischen Aschermittwoch des Jahres 1982 in Passau, habe ich es wieder gesagt, nicht zum ersten und sicherlich nicht zum letzten Mal: Die Lebenslinie unserer Freiheit ist der Atlantik. Vor mehr als zwei Jahrzehnten habe ich die Beziehungen zwischen Bonn und Washington und damit die Grundlagen des westlichen Bündnisses dahingehend definiert, »daß Freundschaft, Vertrauen und Sicherheitsgarantie der Vereinigten Staaten von Amerika durch eine deutsche Politik, die die Europäische Gemeinschaft und die atlantische Solidarität bejaht, aktiv zu gestalten, zu sichern und zu stärken sind«. Dennoch mußte ich vor über zwanzig Jahren – und dies mit eindeutigem Blick auf die SPD – feststellen, »daß man immer wieder eine ahistorische Rückständigkeit, eine unpolitische Dimensionslosigkeit oder provinzielle Engstirnigkeit trifft, die unter mancherlei Verkleidung davon spricht, daß Amerika und Europa zwei verschiedene Kontinente seien, zwischen denen der Atlantik liege, der möglichst bald dazu benützt werden müßte, um die Truppen des amerikanischen Partners in ihr Mutterland heimzubefördern. Als ob das militärische Disengagement ein

Weg zum politischen Disengagement wäre, wenn der andere Partner der Kreml ist!«

Ich habe nie eine Veranlassung gesehen, von dieser grundsätzlichen Einschätzung atlantischer, europäischer und deutscher Politik abzugehen, wenn diese darauf gerichtet sein soll, Frieden und Freiheit gleichermaßen und gleichrangig nicht nur für die Gegenwart zu bewahren, sondern auch für die Zukunft zu sichern. Nach den Erfahrungen, Einsichten und Erkenntnissen meiner jüngsten Reise nach Washington habe ich weniger denn je Anlaß, etwa an dieser fundamentalen Beurteilung eine Korrektur vornehmen zu müssen. Im Gegenteil, gerade für die achtziger Jahre, die nach meiner hinlänglich bekannten Einschätzung das dritte kritische Jahrzehnt unseres Jahrhunderts sein werden, muß dieses Lebensgesetz deutscher und atlantischer Politik mit neuer Glaubwürdigkeit und Kraft erfüllt werden, wenn die politischen und wirtschaftlichen Herausforderungen der nächsten Jahre gemeistert werden sollen.

Die Einsicht in die politischen Wirklichkeiten, wie sie allgemein und auf den deutschen Fall bezogen besonders bei unserem wichtigsten Bündnispartner, den Vereinigten Staaten von Amerika, gegeben sind, ist die Voraussetzung für das angemessene und folgerichtige eigene politische Handeln. An dieser Selbstverständlichkeit hat es die SPD/FDP-Koalition hinsichtlich der deutsch-amerikanischen Beziehungen in den letzten Jahren fehlen lassen – und dies ist ein durchgehender Eindruck, den ich aus allen Gesprächen, die ich in Washington – begleitet von dem Vorsitzenden der CSU-Landesgruppe im Deutschen Bundestag, Dr. Friedrich Zimmermann – führen konnte, gewinnen mußte.

Fünf wichtige Einsichten

Erste Einsicht: Das Amerika Ronald Reagans – und dies machte nicht nur die eindrucksvolle Begegnung mit dem

Präsidenten deutlich – ist nicht mehr das Amerika, wie es unter seinen Vorgängern war. Nicht nur der Mann an der Spitze signalisiert diesen Wandel, eine breite und tiefe Grundströmung in der amerikanischen Politik und in der amerikanischen Bevölkerung macht die USA heute zu einer anderen Weltmacht und damit auch zu einem anderen Partner für Deutschland, als dies in der Vergangenheit der Fall war. Die Vereinigten Staaten sind nicht länger ein von Vietnam-Trauma und Watergate-Syndrom geplagtes, in ihrem Selbstbewußtsein angeschlagenes, von Selbstzweifeln zerfressenes und gedemütigtes Land. Die USA sind sich ihrer Macht und ihrer Möglichkeiten, politisch wie wirtschaftlich, wieder bewußt geworden, und sie sind entschlossen, beides zum Einsatz zu bringen.

Dies schließt ein, daß die Vereinigten Staaten auch nicht länger bereit sind, sich zum Prügelknaben für alles und jeden machen zu lassen. Die Zeiten sind vorbei, in denen Washington, in hausgemachter Verunsicherung und im Sog einer überzogenen illusionären Entspannungspolitik, dem imperialistischen und weltrevolutionären Sowjetblock rund um den Globus widerstandslos militärische und politische Machtausweitung gestattete. Aber auch jene Zeiten sind vorbei, in denen sich manche Europäer und eine SPD/FDP-verantwortete deutsche Politik glaubten daran gewöhnen zu können, unter dem sicheren militärischen Schutzschirm der Amerikaner andere politische Wege zu gehen und Absetzbewegungen vom Bündnis, hin zu einer diffusen Pseudo-Neutralität zwischen Washington und Moskau, durchzuführen, zumindest eine Sonderrolle für die Bundesrepublik Deutschland zu verlangen.

Zweite Einsicht: Im westlichen Bündnis, zwischen Amerika und Europa im allgemeinen und zwischen Amerika und Deutschland im besonderen, wird wieder eine klare und offene Sprache gesprochen. Die Periode unsicherer Unverbindlichkeiten ist vorbei, vorbei auch die jahrelang geübte Praxis, durch freundlich-nichtssagende Konferenzkommuniqués die Probleme im Bündnis zu überdecken, aufgetretene Spannungen und Risse durch schlichtes Nicht-zur-Kenntnisnehmen-Wollen als nicht vorhanden zu betrachten.

Die Atlantische Allianz ruht, und das war ihr Selbstverständnis von Anfang an, auf zwei Säulen, auf einer amerikanischen und auf einer europäischen. Dieses Prinzip ist von manchen in Europa in letzter Zeit verdrängt oder bewußt vergessen worden. Unter vielen anderen von links gekommenen Alarmsignalen markiert dieses Rütteln am europäischen Bündnispfeiler der fatale und bezeichnenderweise vom listigen Ost-Strategen der SPD, Egon Bahr, erfundene Begriff der »Sicherheitspartnerschaft« mit der Sowjetunion, der, doppelt alarmierend, auch von Helmut Schmidt eilfertig und in opportunistischer Anpassung an die starken linken Kräfte in seiner Partei übernommen wurde. »Sicherheitspartnerschaft« des freien Teils Deutschlands mit einem System, das unsere Nation mit einer Tag für Tag perfekter und mörderischer werdenden Demarkationslinie spaltet, das das polnische Volk unter eine kommunistische Militärdiktatur zwingt, das in Afghanistan einen Ausrottungskrieg in einem besetzten Land führt, das sich in militärischem Ausgreifen längst in Afrika festgesetzt hat, das desgleichen in Ostasien tut, das im lateinamerikanischen »Hinterhof« der Vereinigten Staaten Krieg und Revolution schürt und unterstützt – wen kann es wundern, daß solche Art von Partnerschaftsverständnis in Washington nicht nur erstauntes Kopfschütteln, sondern mehr oder weniger offen gezeigte Empörung auslösen muß?

Dritte Einsicht: In den USA weiß man über die politische Gesamtlage in der Bundesrepublik Deutschland außerordentlich gut Bescheid. Man sieht auch, und dies ist die Ursache bohrender Fragen und tiefgreifender Verstimmung, die weite Kluft, die sich zwischen regierungsamtlichen Bekundungen und offizieller Bonner Politik auf der einen sowie zwischen der Parteiwirklichkeit von SPD und teilweise auch FDP auf der anderen Seite auftut. Man versteht nicht, wie einerseits Schmidt und Genscher als die offiziellen Repräsentanten deutscher Politik unablässig die Treue zum Bündnis und die freundschaftliche Partnerschaft zu Amerika immer wieder beschwören können, ohne andererseits etwas dagegen zu unternehmen, daß große Teile und einflußreiche Politiker der Koalitionsparteien alles tun, der Glaubwürdigkeit des Bündnisses zu schaden und immer wieder Stichworte für die antiamerikanische Stimmungsmache zu geben. Man ist in den USA bestens darüber informiert, daß Schmidts jungsozialistischer Parteinachwuchs eine der Kerntruppen der Anti-Amerika-Partei hierzulande ist. Und man weiß auch, daß dies nur möglich ist, weil es von der SPD-Führung nicht nur geduldet, sondern von wichtigen Mitgliedern dieser Führung – Brandt, Bahr und Eppler beispielsweise – immer wieder unterstützt wird.

Der Schock von Berlin sitzt tief, wo im vorigen Jahr Zehntausende gegen den Besuch von Außenminister Haig mobil machten. Immer wieder wird gefragt, wie dies und warum dies gerade in Berlin möglich sein konnte.

Ebenso sorgfältig wie erstaunt wird in Washington registriert, daß die SPD und daß Helmut Schmidt nicht mehr die Kraft aufbringen, einen klaren Trennungsstrich zu jenen Parteigenossen zu ziehen, die heute schon ihre Vorbereitungen treffen, um mit Kommunisten und Linksradikalen aller Art im Juni gegen den Deutschland-Besuch des amerikanischen Präsidenten Ronald Reagan zu demonstrieren. Für solche Entwicklungen in der Bonner Regierungspartei SPD gibt es in den USA bei niemandem Verständnis, unabhängig davon, ob der Gesprächspartner zur Republikanischen Partei des Präsidenten oder zu den oppositionellen Demokraten zählt. Schon gar kein Verständnis gibt es dafür im amerikanischen Volk.

Vierte Einsicht: Bei Blitzbesuchen von Schmidt und Genscher in Washington mag und muß immer wieder auf Regierungsebene deutsch-amerikanisches Einvernehmen hergestellt werden; jenseits der vorgestanzten und in der Mappe mitgebrachten Kommuniquéformeln ist in den Vereinigten

Staaten aber ein tiefsitzendes und weit verbreitetes Unbehagen und Mißtrauen gegenüber manchen Entwicklungen in Deutschland festzustellen. Diese Grundstimmung wird um so deutlicher artikuliert, je weniger der Gesprächspartner durch hohe regierungsamtliche Funktionen zu diplomatischer Rücksichtnahme veranlaßt ist. Führende Beamte der Administration, die politisch außerordentlich wichtige Gruppe der Senatoren, einflußreiche Publizisten und Kolumnisten ebenso wie der Mann auf der Straße – sie alle fragen unverhüllt, was denn mit den Deutschen los sei, ob man das Bündnis mit Amerika in Frage stellen wolle, ob man der Hunderttausende von amerikanischen Soldaten in Europa überdrüssig sei. Noch ist der Vorstoß einer kleinen Gruppe von Senatoren, die einen Rückzug der USA aus Europa zur Diskussion gestellt haben, ohne ernsthaftes Gewicht. Die große Mehrheit aller Politiker lehnte solche Ideen ab. Vorausgesetzt wird aber dabei stillschweigend, daß all das, was an Antiamerikanismus seit geraumer Zeit aus der Bundesrepublik Deutschland über den Atlantik kommt, ein verbindliches Ende findet, zumindest insoweit, als maßgebliche Kräfte der Bonner Regierungsparteien darin verwickelt sind. Ein Prüfstein dafür wird die weitere Behandlung des NATO-Doppelbeschlusses durch die deutsche Politik sein.

Fünfte Einsicht: Die USA sind entschlossen, den zweiten Teil des Doppelbeschlusses, nämlich die westliche Nachrüstung, ohne Wenn und Aber zu vollziehen, wenn bis zum Oktober 1983 in Genf keine konkreten Ergebnisse für einen Abbau der sowjetischen Raketen-Überrüstung in den Verhandlungen mit Moskau erzielt werden können. In dieser Zielsetzung läßt sich Washington durch sowjetische Stör- und Ablenkungsmanöver, zu denen auch Breschnews jüngster Moratoriumsvorschlag gehört, in keiner Weise beirren. Deshalb auch reagieren die Amerikaner so empfindlich, weil auch in diesem Punkt von der SPD Signale der Verunsicherung und der Unzuverlässigkeit ausgehen, wenn Brandt in einer für Moskau hilfreichen Weise die Möglichkeiten über diesen Zeitpunkt hinaus fortgesetzter Verhandlungen öffentlich erörtert oder wenn das SPD-Präsidiumsmitglied Eppler dem Partner jenseits des Atlantik in verleumderischer Weise unterstellt, in Wirklichkeit gar keine Abrüstung der Sowjets, sondern um jeden Preis die Stationierung der eigenen Raketen zu wollen. Wenn Moskau ernsthaft die Abrüstung will, dann könnte und müßte es in Genf in den nächsten eineinhalb Jahren zu einem handfesten Ergebnis kommen – darin bestand in allen Gesprächen, die ich führen konnte, Übereinstimmung. Eine Verschleppungstaktik wiederum könnte nur dazu führen, die gigantische militärische Überlegenheit der Sowjetunion auf unabsehbare Zeit zu zementieren und die Bedrohung für Europa durch das zu unseren Lasten zerstörte Gleichgewicht unerträglich werden zu lassen.

Die Stunde der Wahrheit

Deshalb wird im Herbst 1983 die Stunde der Wahrheit für das Bündnis schlagen, aber auch für die Beziehungen der USA zu uns. Sollte sich der europäische wie der deutsche Teil der Allianz als handlungs- und damit verantwortungsunfähig erweisen – was der Fall wäre, wenn sich in der SPD die Linie von Brandt, Bahr und Eppler durchsetzen sollte –, so müßte dies nicht nur zu einer tiefen Erschütterung im Gefüge des Bündnisses führen. Dann könnten auch die USA, wie es nicht nur aus einer Unterredung herauszuhören war, sich veranlaßt sehen, »die Karten neu zu mischen«.

Deshalb war es so außerordentlich wichtig, der amerikanischen Politik eine glaubwürdige Alternative zu jenem Szenario der Verunsicherung, der Unzuverlässigkeit und auch einer gewissen Amerikafeindlichkeit zu demonstrieren, wie es in den letzten Jahren und Monaten sich den Vereinigten Staaten angesichts mancher Entwicklungen in Deutschland aufdrängen mußte. Wir haben auf offene Fragen offene Antworten gegeben. Die gespielte Entrüstung, mit der Sprecher von SPD und FDP, mit der Schmidt und Genscher auf meinen Besuch in Washington reagierten, zeigt nur das schlechte Gewissen jener, die nichts so sehr treffen kann wie die Wahrheit. Wenn aber die Wahrheit zur Beleidigung für Schmidt und Genscher wird, dann ist vieles faul im Staate. Der Vorwurf, wir seien der Bundesregierung in den Rücken gefallen, ist zu absurd, als daß er näherer Widerlegung bedürfte. Es heißt zudem die Amerikaner gewaltig unterschätzen, wollte man annehmen, sie wüßten nicht bis ins kleinste Bescheid über den großen Unterschied zwischen der Regierungs- und der Parteiwirklichkeit der SPD/FDP-Koalition.

Wir haben in Amerika daran erinnert, daß es CDU und CSU waren, die die Politik der westlichen und der atlantischen Orientierung der Bundesrepublik Deutschland durchgesetzt haben. Wir haben klargemacht, daß diese unsere Grundposition außerhalb jeder Diskussion steht. Und wir haben nachdrücklich verdeutlicht, daß CDU und CSU die stärkste politische Kraft in unserem Lande sind und daß wir nach der Übernahme der Regierung in Bonn – keine Frage des Ob, sondern nur des Wann – dafür sorgen werden, daß die Bilanz der Allianz wieder von jener Zuverlässigkeit und Klarheit geprägt sein wird, wie dies war, als wir gegen erbitterten Widerstand der SPD die Fundamente für das Atlantische Bündnis und damit für Frieden und Freiheit in unserem Land gelegt haben.

(27. März 1982)

Woran Schmidt zu messen ist

Der SPD-Parteitag vom April 1982 in der Münchner Olympia-Halle markiert einen wichtigen Punkt der Endphase der SPD/FDP-Koalition: Strauß legt den Maßstab an, an dem Wort und Wirklichkeit der Politik von Helmut Schmidt zu prüfen sind. Der Bundeskanzler und stellvertretende Parteivorsitzende der SPD besteht diese Prüfung nicht.

Als zweifache Überlebensübung findet in dieser Woche in München der SPD-Parteitag statt, da in der SPD/FDP-Koalition, im Bundeskabinett und vor allem in der SPD längst der nackte Notstand ausgebrochen ist. Die SPD will trotz ihrer tiefen Spaltung und Krise um jeden Preis als Regierungspartei, Helmut Schmidt will trotz offenkundiger und inzwischen weithin bekannter Schwäche und zunehmender Handlungsunfähigkeit ohne Rücksicht auf die Folgen für Deutschland ebenfalls nochmals als Kanzlertitelträger überleben, zumindest das unvermeidbare Ende seiner Kanzlerschaft hinausschieben – für beide Katastrophenfälle sollen auf dem SPD-Parteitag propagandistische Rettungsringe gebastelt und neue Täuschungsformeln gefunden werden.

Mit der Wahrheit kann die SPD und kann ihr stellvertretender Vorsitzender Helmut Schmidt längst nicht mehr vor den Bürger treten. Mit systematischem Wählerbetrug konnten sich Schmidt und seine Partei bei der Bundestagswahl noch einmal an der Macht behaupten. Seitdem verwirklicht sich in grausamer Schärfe, was ich am Abend des 5. Oktober 1980 feststellte, daß nämlich Schmidt nur einen Pyrrhussieg errungen habe und daß durch die Stärkung der Linken in der SPD und durch die Zunahme der nichtsozialistischen Stimmen für die FDP des Kanzlers Schwierigkeiten erst beginnen würden. Am 6. Oktober 1980 begann dieses Drama des Niedergangs – der SPD-Parteitag 1982 ist darin nur eine Station. Der Zerfall der SPD und der Zerfall der politischen und persönlichen Autorität von Schmidt sind aber zu weit fortgeschritten, als daß von dieser Station noch eine Wende zum Besseren oder gar eine grundsätzliche Umkehr erwartet werden könnte.

Kapitulation schon im Vorfeld

Vor wenigen Monaten noch wollte Helmut Schmidt großspurig und lautstark sein persönliches politisches Schicksal mit dem Verlauf des Münchner SPD-Parteitages verbinden. Nach dem Ergebnis vieler regionaler SPD-Parteitage, die in ihren Beschlüssen offene Kriegserklärungen an die Politik der Bundesregierung und des Bundeskanzlers waren, hat Schmidt schon im Vorfeld von München kapituliert. Auch hier, im Verhalten gegenüber seiner eigenen Partei, zeigt Schmidt sein wahres Gesicht – Worten zorniger Stärke folgen nicht Taten, sondern ohnmächtige Schwäche. Nicht umsonst fragte vor wenigen Tagen ein bekannter Hamburger Verleger – nicht Axel C. Springer, sondern einer, der immer zu den Bewunderern von Helmut Schmidt gerechnet wurde –, warum Helmut Schmidt nicht zurücktrete. »Die Luft würde rein sein, jetzt hat man Erstickungsgefühle«, sagte er. Die Antwort darauf wäre einfach: weil Helmut Schmidt zu den Sozialdemokraten gehört, die – im Gegensatz zu Friedrich Ebert – zuerst an die Partei denken, auch wenn sein Amt oft den Rücktritt gebieten würde. Er begnügt sich damit, in der Zeitung zu lesen, daß er den darob spottenden Genossen da und dort gelegentlich die Leviten gelesen habe.

Mit einer bemerkenswerten Standpunkt- und Grundsatzlosigkeit, verbunden mit politischem Handeln gegen die eigene bessere Einsicht, hat sich Schmidt längst den jeweiligen Mehrheitsströmungen in seiner Partei angepaßt. Der mächtige linke Flügel nimmt gelegentliche Drohungen des Genossen Schmidt längst nicht mehr ernst. Das ist verständlich, weil Schmidt noch niemals ernsthaft den Versuch unternommen hat, einer weitverbreiteten Radikalisierung seiner Partei und einer für die deutsche Politik lebensgefährlichen Doppelzüngigkeit entgegenzutreten und sogar versucht, das mit seiner Hilfe verleumderisch gemalte Feindbild »CSU und Strauß« zur betrügerischen Ablenkung von den eigentlichen Problemen ebenfalls aufzufrischen.

Die CSU wird es nicht zulassen, daß der SPD-Parteitag von München durch Schmidt und Genossen zu einem großen politischen Betrugsmanöver mißbraucht wird. Die CSU wird es der SPD nicht durchgehen lassen, daß sie auf dem kleinsten gemeinsamen Nenner politischer Unverbindlichkeit sich über den politischen Abgrund, an dem sie selbst steht und an den sie die deutsche Politik geführt hat, hinwegschwindeln kann. Aus staatspolitischer Verantwortung fordern wir Klarheit von der SPD im allgemeinen und von Helmut Schmidt im besonderen. Die CSU als echte Volkspartei wird es nicht erlauben, daß die SPD durch vieldeutige Wortkompromisse unserem Volk gegenüber weiterhin politische Lebenslügen dort aufrechterhalten kann, wo in Wirklichkeit eine Politik längst an ihrem Ende angekommen ist.

Was ein Ende haben muß

Es muß ein Ende damit haben,

– daß die eine Partei in der SPD radikalen Feinden des Rechtsstaates den Zugang in den Staatsdienst ermöglicht, während die andere Partei in der SPD den Anschein erweckt, Staatsfeinde selbstverständlich vom öffentlichen Dienst fernhalten zu wollen;

– daß die eine Partei in der SPD mit ihrem Rückfall in reaktionäre marxistisch-sozialistische Anfänge die Soziale Marktwirtschaft abschaffen will und dabei schon mit Hilfe der FDP beachtliche Fortschritte erzielt hat, während die andere Partei in der SPD sich in unverbindlichen Sonntagsreden zu unserer freiheitlichen Wirtschaftsordnung bekennt;

– daß die eine Partei in der SPD im Bündnis mit dem politischen Untergrund gegen die friedliche Nutzung der Kernenergie, deren Einsatz für die Sicherung des wirtschaftlichen Wohlstandes und des sozialen Netzes in der Zukunft unerläßlich ist, bis hin zu gewalttätigen Ausschreitungen mobil macht, während die andere Partei in der SPD in lustloser Pflichtübung den Einsatz der Kernkraft vertritt;

– daß die eine Partei in der SPD systematisch die Bundesrepublik Deutschland aus der politischen Verankerung im westlichen Verbund der freien Völker der Welt herauslösen und allmählich in eine neutralistische Position nach den Zielvorstellungen Moskaus führen will, während die andere Partei in der SPD immer wieder ihre Zugehörigkeit zum Westen und ihre NATO-Treue betont, ohne in entscheidenden Fragen der Verteidigung klar Farbe zu bekennen;

– daß die eine Partei in der SPD im volksfrontartigen Bündnis mit Kommunisten und anderen radikalen Linken das Herausbrechen der Bundesrepublik Deutschland aus dem Verteidigungsbündnis der Atlantischen Allianz offen betreibt, während die andere Partei in der SPD sich vor allem bei Gipfelkonferenzen und Staatsbesuchen in der Beteuerung ihrer Bündnistreue nicht genug tun kann;

– daß die eine Partei in der SPD der Politik der USA vorwirft, sie sei von allen guten Geistern verlassen, sie wolle die Sowjets totrüsten und beschwöre eine Kriegsgefahr herauf, und einseitige Abrüstung fordert, während die andere Partei in der SPD, so besonders Helmut Schmidt, der deutschen Öffentlichkeit vorgaukelt, zwischen Bonn und Washington sei alles in Ordnung und die SPD-Führung habe die besondere Gunst der USA, denn dafür habe er bei seinem letzten Besuch gesorgt;

– daß die eine Partei in der SPD zunehmend in eine unmoralische Wertneutralität verfällt und von den eben verschiedenen Gesellschaftssystemen in Ost und West spricht, ohne die Inhalte zu werten, während die andere Partei in der SPD noch den Unterschied zwischen den demokratischen und marxistischen Systemen mehr oder minder schüchtern zugibt;

– daß die eine Partei in der SPD sich mit den Untaten der Sowjetunion in Afghanistan und in Polen abzufinden begonnen hat, sie sogar noch verlegen zu rechtfertigen versucht, aber sich über die türkische Militärregierung und über Chile empört, auch mehr um das Schicksal der schwarzen Bevölkerung in Südafrika als über die Lage der Deutschen im kommunistischen Machtbereich besorgt ist, während die andere Partei in der SPD noch die kommunistische Unterdrückung von 100 Millionen Europäern beim Namen nennt;

– daß die eine Partei in der SPD mehr oder minder die Zerrüttung von Ehe und Familie betreibt, während die andere Partei in der SPD so tut, als ob ihr an der Erhaltung und Stärkung der Familie gelegen wäre, ohne zu merken, daß Einkommens- und Umverteilungspolitik der Bundesregierung, genauso wie die seit Jahren bis zur Zerstörung erfolgte Umschichtung der Werte, die materiellen und moralischen Grundlagen für Ehe und Familie in breiten Schichten vernichtet haben;

– daß die eine Partei in der SPD dem Volke nach wie vor vormacht, die liberal-sozialistische Politik werde dem Volke alle Wünsche auf Erden erfüllen und neue Lebensqualität für jedermann bringen, ohne daß jemand dafür zu bezahlen brauche, während die andere Partei in der SPD längst erkannt hat, daß die Grenzen des Sozial- und Bildungsstaates vor Jahren überschritten worden sind, aber nicht den Mut hat, das vor der Öffentlichkeit zu bekennen.

Die SPD besteht längst aus – mindestens – zwei Parteien, die nur noch durch ein gemeinsames politisches Firmenschild verbunden sind. Helmut Schmidt hat beim Münchner SPD-Parteitag hier für Klärung zu sorgen – und diese Klärung ist keine parteiinterne Angelegenheit der SPD, sondern eine Forderung, auf deren Erfüllung alle Bürger unseres Landes so lange einen unabweisbaren Anspruch haben, solange sich die SPD noch anmaßt, in Bonn Regierungspartei sein zu wollen. Alle traurigen Erfahrungen mit Schmidt und der SPD sprechen dafür, daß der Münchner Parteitag die Antworten auf diese politischen Kernfragen nicht geben wird. Dann sprechen aber auch alle politischen Gepflogenheiten einer funktionierenden parlamentarischen Demokratie dafür, daß Schmidt seinen Hut nimmt und geht und damit seiner Partei in der Opposition die Gelegenheit zu Besinnung und politischer Klärung und Erneuerung gibt.

(24. April 1982)

Die rote Götterdämmerung

Das Scheitern von Bundeskanzler Helmut Schmidt zeichnet sich ab, ein Scheitern, das entscheidend damit zusammenhängt, daß der stellvertretende SPD-Vorsitzende Schmidt in seiner Partei mehr und mehr an Rückhalt verliert. Das Ende einer mit größten Erwartungen begonnenen Ära zeichnet sich ab.Der SPD-Parteitag von München, so analysiert Strauß, war eine weitere Station des Niedergangs.

Die Woche der Täuschung ist vorbei und sie ist mißlungen. Der Versuch der SPD, in einem fünftägigen Parteispektakel in der Münchner Olympiahalle Geschlossenheit und Handlungsfähigkeit der Partei sowie Überlebensfähigkeit der Bonner SPD/FDP-Koalition demonstrieren zu wollen, ist gescheitert. Selbst Kommentatoren, die im allgemeinen die SPD mit ausgesprochenem Wohlwollen behandeln, konnten sich der durchweg kritischen und negativen Bewertung des SPD-Parteitags nicht entziehen. Nach Lage der Dinge und als Schlußfolgerung aus einer sich vor allem seit der Bundestagswahl von 1980 beschleunigenden Entwicklung politischer Ohnmacht und parteilichen Zerfalls hatte ich den Münchner Parteitag vorab als weitere Station auf dem Weg des SPD-Niedergangs eingeschätzt. Verlauf und Wirklichkeit des Parteitages haben mir recht gegeben.

Helmut Schmidt, Bundeskanzler und stellvertretender SPD-Vorsitzender zugleich, hat seine Bewährungsprobe nicht bestanden, hat versagt vor der Herausforderung, eine Klärung darüber herbeizuführen, wo der Standort und was die Politik der SPD ist, hat in opportunistischer Anpassung an vieldeutige Formelkompromisse persönliche Führungsunfähigkeit und politische Verantwortungslosigkeit bewiesen.

Weiterhin, und nach München mehr denn je, besteht die SPD aus zwei Parteien – aus einer, die den Kurs der SPD-geführten Bundesregierung unterstützt, und aus einer, die diese Regierung bis aufs Messer bekämpft. Es gehört ein hohes Maß an Arroganz sowie an Mißachtung und Unterschätzung des Bürgers dazu, wenn die SPD den Anschein erwecken will, daß solch tiefklaffender Zwiespalt die selbstverständlichste Sache der Welt sei!

Genosse Bundeskanzler

Schmidt hat es in München tatenlos zugelassen, daß der SPD-Parteitag auf weite Strecken, in Dutzenden von Anträgen und in vielen Beschlüssen zu einer Veranstaltung schärfster Opposition gegen die Politik der Bundesregierung, an deren Spitze er immerhin noch steht, ausufern konnte. In richtiger Einschätzung der tatsächlichen Machtverhältnisse in der SPD und damit in angemessener Erkenntnis der eigenen Ohnmacht, nahm der Genosse Bundeskanzler die ihm von den Delegierten seiner Partei fünf Tage lang verpaßten Prügel willig hin. Darüber hinaus übte sich der sonst so arrogante Schmidt in einer Weise, wie man sie gemeinhin nur von sozialistischen Parteien aus dem Bereich einer ganz anderen politischen Wertordnung kennt, in peinlicher Selbstkritik. Gegenüber dem selbstbewußten linken Flügel, der sich mit gutem Grund als die künftig allein bestimmende Macht in der SPD sieht, spielte Schmidt den reuigen Sünder. Als er sich ein einziges Mal dazu aufraffte, wenigstens zu einem Punkt das zu sagen, was er vielleicht wirklich denkt, daß nämlich die »Friedensbewegung« im Westen in der Zielsetzung und Strategie Moskaus eine herausragende Rolle spielt, führten die Epplers und Lafontaines samt starkem Anhang eine zornige und öffentliche Bestrafungsaktion durch. Schmidt mußte klein beigeben, mußte widerrufen und sich entschuldigen.

Was Schmidt als Bundeskanzler schon vor langem angekündigt hat und was er seit langem praktiziert, den Verzicht auf geistig-politische Führung als Regierungschef, tut er auch in seiner Partei – der stellvertretende SPD-Vorsitzende sagt den Genossen nicht mehr, was nach seiner besseren Einsicht wirklich ist und was notwendig wäre, er paßt sich vielmehr geschmeidig und rückgratlos jenen an, deren Position er im Grunde seines Herzens zutiefst verabscheut.

Wer sich so verhält, hat seinen Führungsanspruch als stellvertretender Parteivorsitzender wie als Bundeskanzler endgültig verwirkt. Auch in anderer Hinsicht hat der Münchner Kongreß die Grenzen des dem Bürger in einer funktionierenden parlamentarischen Demokratie Zumutbaren gesprengt. Könnte man die Stoßrichtung des SPD-Parteitages gegen die SPD-geführte Bundesregierung noch als parteiinterne Angelegenheit und als alarmierendes Anzeichen für die Krise der SPD abtun, so kann solche Eingrenzung des Übels mit Blick auf den Zustand der Bundesregierung und der Regierungskoalition nicht mehr gelten. Fünf Tage lang tanzte der sozialistische Knüppel auf dem Rücken des freidemokratischen Koalitionspartners, fünf Tage lang ließ man Zorn und Unmut über den Mehrheitsbeschaffer in Bonn freien Lauf – ohne den freilich SPD-Politik in der Bundesrepublik Deutschland nie möglich geworden wäre! So sah der Bundeskanzler in der Münchner Olympiahalle wohlwollend-duldend zu, wie seine Genossen zur Generalabrechnung mit seinem Vizekanzler und Koalitionspartner Genscher schritten.

Hätten die Grundsätze politischer Redlichkeit und Seriosität im zerfallenden Bonner Regierungsbündnis sowie in den beiden Koalitionsparteien SPD und FDP auch nur noch geringe Geltung, könnte nach dem, was die SPD in München gegen die FDP veranstaltet hat, die Koalition in Bonn auch nicht einen Tag länger bestehen. Daß weder die SPD noch die FDP zu einem sauberen Trennungsstrich in der Lage sind, verrät nicht nur miserablen Umgang mit demokratischen Verhaltensweisen, was eine der Ursachen für eine mancherorts aufkommende Staatsverdrossenheit ist, sondern signalisiert auch eine erschreckende Schwäche beider Koalitionsparteien. In ihrer Zukunftsangst und in ihrem taktischen Superspiel klammert sich die FDP auch dann noch an den Koalitionspartner, wenn dies nur um den Preis des völligen Verlustes liberaler Selbstachtung geschehen kann.

Die liberal-sozialistische Koalition hat, nach den SPD-Beschlüssen von München mehr denn je, keinerlei gemeinsame Regierungsplattform mehr. Das politische Überleben an der Macht um jeden Preis ist zur einzigen Richtlinie liberal-sozialistischer Politik geworden. Das ist zu wenig, das hat unser Volk nicht verdient, und das hat auch mit der vom Bundeskanzler und seinen Ministern nach dem Grundgesetz beschworenen Pflicht, Schaden vom deutschen Volk zu wenden und seinen Nutzen zu mehren, nichts mehr zu tun. Der Zustand der Koalition entspricht dem Zustand ihrer Politik und umgekehrt: Die Verwaltung des Mangels bestimmt die Szene, Notstand herrscht allenthalben. Es bedarf schon einer die Grenzen zu kaltschnäuziger Unverfrorenheit überschreitenden Dreistigkeit, wenn Brandt und Schmidt nach dem Münchner Parteitag mit ihrer Praxis systematischer Bürgertäuschung den Eindruck erwecken wollen, daß Ablauf und Beschlüsse des Parteikongresses durchaus zu einer Stärkung der Bonner Regierungsarbeit beitragen könnten. Für wie dumm hält eigentlich die SPD unser Volk?

Die Koalition in Bonn ist am Ende und die SPD als Regierungspartei ist es auch. München hat bewiesen, daß die SPD, von der Führung bis in die Delegierten hinein, in allen wesentlichen Lebensfragen so zerstritten ist, daß eine einheitliche politische Linie nicht zu erkennen ist. Mit dem falschen Schein des faulen Kompromisses, der zudem nur auf dem Papier steht, soll Geschlossenheit dort vorgetäuscht werden, wo in Wirklichkeit offener Krieg der Genossen gegeneinander herrscht.

Auf keine einzige der drängenden Fragen, auf deren Beantwortung die Bürger unseres Staates gegenüber der Bundesregierung und gegenüber der größten Regierungspartei Anspruch haben, wurde in München eine Antwort gegeben. Als Partei ohne Konzept und ohne Kurs, als Partei des Sowohl-Als-auch, als Partei ohne jede Glaubwürdigkeit – so präsentierte sich die SPD. Wer nicht einmal mehr in der eigenen Partei ein Mindestmaß an gemeinsamen Überzeugungen auch nur in politischen Lebensfragen schaffen kann, der ist nicht mehr in der Lage, den Staat zu regieren. Alles in allem hat die SPD einerseits an sozialistischen Dummheiten aber auch nichts vergessen, andererseits hat sie an Weisheiten und Erfahrungen nicht das geringste dazugelernt.

Im Marxismus befangen

Die Partei, die sich mit anmaßendem Anspruch als Arbeitnehmerpartei ausgibt, hat in München ihre traurige Rolle als Arbeitsplatzvernichtungspartei nachdrücklich bestätigt. Gefangen in marxistischen Denkkategorien und besessen von einer reaktionär-sozialistischen Ideologie wurden im Bereich der Wirtschafts-, Finanz- und Sozialpolitik Beschlüsse gefaßt, deren Verwirklichung das vorhandene Übel nur noch größer machen, die Krise zur Katastrophe werden lassen müßte.

Die erbarmungslose Ausbeutung des Bürgers durch den Staat auf dem Wege immer neuer und zusätzlicher Steuerbelastungen, die völlige Zerstörung der Leistungsbereitschaft des einzelnen, die gründliche Vernichtung der Leistungsfähigkeit der Unternehmen und der Wirtschaft, die Abschaffung der Sozialen Marktwirtschaft und ihre Ersetzung durch eine sozialistische Staatswirtschaft – mit diesen selbstmörderischen Rezepten können Schmidt und die SPD ihren Ruf als Kanzler und Partei der Arbeitslosigkeit nur zementieren. Zwei Millionen arbeitslose Mitbürger und Hunderttausende, die um ihren Arbeitsplatz bangen, müssen sich verhöhnt vorkommen, wenn ihnen Brandt in seiner »Münchner Erklärung« versichern will, daß die SPD auf die Schaffung neuer

Arbeitsplätze setzt und ein »Zurückwälzen der großen Lebensrisiken auf den einzelnen Bürger« nicht zulassen werde. Wer trägt denn die Lebensrisiken, wenn nicht der Bürger mit seinen Steuern und Abgaben, eine Last, die zudem im Zuge einer verfehlten sozialistischen Wirtschaftspolitik immer größer wird?

Zwar will die Parteipropaganda der SPD der Öffentlichkeit weismachen, daß sich Schmidt in München mit seiner Regierungspolitik durchgesetzt habe, aber das Gegenteil ist wahr. Die völlige Niederlage Schmidts bei den wirtschafts-, finanz- und sozialpolitischen Beschlüssen des Parteitages setzte sich in durchsichtigen Scheinerfolgen, die im Grunde ebenfalls nur Niederlagen sind, bei den Themen Kernenergie und NATO-Doppelbeschluß fort. Wiederum haben Schmidt und die SPD nicht die Kraft aufgebracht, ein ehrliches Ja zum verantwortungsbewußten Einsatz der Kernenergie zu sagen. Sozialistisches Zwielicht soll es auch in dieser Frage Befürwortern und Gegnern der Kernkraft ermöglichen, sich auf ihren jeweiligen Standpunkt als den der Partei berufen zu können.

Ähnliches gilt für den zentralen außenpolitischen Punkt des NATO-Doppelbeschlusses. Schmidt war unfähig, ob aus Schwäche oder aus mangelndem Willen sei dahingestellt, mit seiner und für seine Partei ein unumschränktes Bekenntnis zur Position des Bündnisses und der westlichen Partner abzulegen. Der pazifistisch-neutralistische Aufweichungsprozeß ist in der SPD mit der Förderung durch Brandt und unter Duldung von Schmidt so weit fortgeschritten, daß ehrliche Aussagen nicht mehr möglich sind. Das Bemühen, einerseits Washington noch einigermaßen zufriedenzustellen, andererseits aber Moskau hoffnungsfroh zuzuzwinkern, führt im Ergebnis dazu, daß der Ruf einer SPD-geführten Bundesrepublik Deutschland als eines unzuverlässigen Bündnispartners noch weiter zunimmt. Zu der einfachen und klaren Aussage, wie sie eigentlich immer noch offizielle Bonner Regierungspolitik ist, daß nämlich im Herbst des nächsten Jahres an der Stationierung amerikanischer Mittelstreckenraketen in Europa kein Weg vorbeiführt, wenn nicht Moskau bis dahin seine Europa bedrohende Atomraketenüberlegenheit abgebaut hat, hat die SPD längst nicht mehr die politische und moralische Kraft. Einer der Hauptschuldigen daran ist Helmut Schmidt.

Verantwortungslose Agitation

Bei dieser Lage von Partei und Regierung greift die SPD im allgemeinen und greift Schmidt im besonderen ungehemmt wie eh und je zum Instrumentarium der infamen Verleumdung des politischen Gegners, der demokratischen Opposition, der Unionsparteien. Schon bisher konnte Schmidt für sich den traurigen Ruhm in Anspruch nehmen, bei der Diffamierung von CDU und CSU einen bis dahin für unmöglich gehaltenen Tiefpunkt erreicht zu haben, als er 1980, im Wahlkampf von Nordrhein-Westfalen ebenso wie in jenem zur Bundestagswahl, den Unionsparteien die Plakette der Kriegsgefahr und des Kriegsrisikos anheften und die SPD als die einzige Friedenspartei darstellen wollte.

Auf diesen Weg verantwortungsloser Agitation und bösartiger Hetze ist Schmidt im Zuge des SPD-Parteitages zurückgekehrt. Gewissermaßen zur Anwärmung der Delegierten, aber auch zur Anbiederung bei den Radikalen seiner Partei, äußerte sich Schmidt vor Beginn des SPD-Parteitages in einer Art und Weise über die Opposition, die ihm jedenfalls die CSU wird nicht durchgehen lassen. Auf infame Weise unterstellte Schmidt im »Zweiten Deutschen Fernsehen« CDU und CSU, daß es im Falle einer Regierungsübernahme der Unionsparteien »zu grauenhaften Veränderungen in ganz Europa« kommen müßte. Dieser ungeheuerliche Satz folgte verleumderischen Andeutungen dahingehend, daß eine CDU/CSU-Bundesregierung dem zweiten Teil des Doppelbeschlusses, der nuklearen Aufrüstung Westeuropas, den Vorrang geben würde und daß dann von der Verhandlungsbereitschaft gegenüber der Sowjetunion nichts übrig bliebe. Also: »grauenhafte Veränderungen« durch CDU und CSU!

So macht das Herr Schmidt! Unterschwellig soll wieder den Unionsparteien der Stempel des Kriegsrisikos und der Kriegsgefahr aufgedrückt werden. Als Ausrutscher eines Bundeskanzlers, der weiß, daß er am Ende ist, und der in seiner Verzweiflung wild um sich schlägt, kann eine solche Äußerung nicht abgetan und entschuldigt werden. Hier wird bewußt politische Brunnenvergiftung betrieben. Hier sollen die politischen Kräfte der Bundesrepublik Deutschland aufgeteilt werden in Friedensfreunde auf der einen Seite, bei der SPD selbstverständlich, und in Kriegsriskierer auf der anderen, bei CDU und CSU.

Ich kann Helmut Schmidt nur warnen. Wer so handelt, zerstört die Grundlagen des demokratischen Staates. Wir werden nicht zulassen, daß das, was als Gemeinschaftsleistung einer vernünftigen CDU/CSU-Politik und der Arbeit eines fleißigen und tüchtigen Volkes wirtschaftlich und politisch aufgebaut worden ist, im Zeichen einer roten Götterdämmerung durch den Amoklauf eines gescheiterten sozialistischen Kanzlers zerstört wird.

(1. Mai 1982)

Positionen und Perspektiven

Am 17. September 1982 vollendete sich, was mit der Bundestagswahl des 5. Oktober 1980 begonnen hat – die Regierung Schmidt scheitert, die einst als »historisches Bündnis« gefeierte SPD/FDP-Koalition zerbricht. Am 1. Oktober 1982 wird auf dem Wege eines konstruktiven Mißtrauensvotums Helmut Kohl mit 256 von 495 Stimmen zum Bundeskanzler gewählt. Noch vor dieser Entscheidung markiert Strauß die Positionen und Perspektiven der CSU.

Wofür wir dreizehn Jahre gekämpft haben, tritt nach dem parlamentarischen Fahrplan am Freitag dieser Woche ein: die Wende in Bonn. Nach der Entscheidung der FDP vom Dienstag sind die Weichen endgültig gestellt. Hans-Dietrich Genscher hat verbindlich zugesagt, daß aus den Reihen der FDP eine klare und eindeutige Mehrheit an Stimmen bereitsteht, um ein konstruktives Mißtrauensvotum erfolgreich durchzuführen. Helmut Kohl wird zum Bundeskanzler der Bundesrepublik Deutschland gewählt. Um eine Selbstverständlichkeit dennoch zu erwähnen: Der CDU-Vorsitzende konnte und kann sich bei dieser Entscheidung voll und ganz auf die CSU verlassen. Für uns stand in den letzten Jahren die Loyalität zu Helmut Kohl gemäß getroffenen Vereinbarungen nie in Frage, selbst und gerade dann nicht, als anderwärts gelegentlich eine unnötige und überflüssige Personaldebatte aufkommen wollte.

Der geschlossenen und entschlossenen Unterstützung der CSU wird sich Bundeskanzler Kohl in besonderer Weise bei der harten und schweren politischen Arbeit, die auf die neue Koalition und auf die neue Bundesregierung wartet, sicher sein können – wie dies noch bei jedem von der CDU gestellten Bundeskanzler der Fall war. Unsere politischen Gegner würden sich täuschen, wollten sie sich der trügerischen Hoffnung auf einen Zwiespalt zwischen den Schwesterparteien CDU und CSU hingeben. Eine gelegentlich unterschiedliche Beurteilung einzelner Vorgänge oder Entscheidungen ist gerade bei freiheitlichen Parteien wie CDU und CSU eine unvermeidliche Notwendigkeit, die der Geschlossenheit im Grundsätzlichen, der Bereitschaft zum gemeinsamen Handeln und der Fähigkeit zum gemeinsamen Durchstehen auch schwerer Entscheidungen keinerlei Abbruch tut.

Soll ein Neuanfang, für den der 1. Oktober 1982 mit der Wahl eines neuen Bundeskanzlers Markierung und Datum setzt, der Beginn einer tatsächlichen Wende, einer wirklichen Besserung deutscher Politik und des Einläutens eines neuen und zukunftsorientierten Abschnitts der deutschen Nachkriegsgeschichte sein, muß zuerst Bilanz gezogen, eine Bestandsaufnahme dessen vorgenommen werden, was die Regierung Schmidt hinterlassen hat. Diese Hinterlassenschaft ist im konkreten Fall ein Scherbenhaufen – und dies mag vielleicht erklären, warum sich Helmut Schmidt, der im Parlament längst seine Mehrheit verloren hat, bis zum letzten Augenblick so verzweifelt an seinen Amtssessel klammert.

Das Ausmaß des Unheils

Erst der Wechsel nämlich macht das ganze Ausmaß des Unheils deutlich, das seit 1969 unter zwei SPD-Kanzlern angerichtet worden ist. So haben erst die Beratungen, die von CDU, CSU und FDP in den letzten Tagen geführt worden sind, den vollen Umfang der Finanzkatastrophe sichtbar werden lassen, in die unser Staat in den letzten Jahren geführt worden ist – trotz unserer rechtzeitigen und alarmierenden Warnungen, wobei ich nicht zuletzt auf meine schier zahllosen Appelle zu einem Kurswechsel hinweisen darf, die mir freilich über dreizehn Jahre hin aus dem Koalitionslager nur Hohn und Spott sowie ein kaum darstellbares Maß an persönlicher Diffamierung und Verunglimpfung eingebracht haben.

Das trostlose Ergebnis unserer Bestandsaufnahme in Bonn zum Zeitpunkt der Regierungsübernahme können CDU und CSU der Öffentlichkeit nicht oft genug und nicht deutlich genug vor Augen führen. Dies ist aus zwei Gründen unbedingt notwendig: Zum einen gilt es, bereits einsetzenden sozialistischen Geschichtsklitterungen entgegenzutreten, die die ursächliche Schuld der SPD am angerichteten Schaden vergessen machen sollen. Zum anderen geht es darum, unserem Volk eindringlich klarzumachen, daß alle Eingriffe, Belastungen und auch schmerzlichen Opfer voll und ganz von jenen verschuldet sind, die in den letzten dreizehn Jahren in Bonn die Regierungsverantwortung getragen haben.

Damit es deutlich wird: Die über zwei Millionen Arbeitslosen, die es im kommenden Winter geben wird, sind die Arbeitslosen Helmut Schmidts und Hans-Dietrich Genschers; das Milliardenloch, das im Bundeshaushalt für das Jahr 1983 klaffen wird und das durch neue Schulden geschlossen werden muß, ist das Milliardenloch Helmut Schmidts und Hans-Dietrich Genschers, der SPD und FDP; die Belastungen, die auf alle Bürger zukommen werden, sind Belastungen, für die sie sich bei SPD und FDP bedanken dürfen. Es kann nicht oft genug wiederholt werden: Hätte man auf unseren frühzeitigen Rat gehört, hätten kleine Korrekturen genügt, jenen Schaden zu vermeiden, für dessen mühsame und langsame Bewältigung jetzt schmerzhafte Eingriffe notwendig sind!

Auch wenn man große Worte wie jenes von »Blut, Schweiß und Tränen« nicht ohne Not gebrauchen oder gar überstrapazieren sollte, vor Illusionen muß gewarnt werden. Ein Trümmerhaufen, der durch eine verfehlte Politik in dreizehn Jahren angerichtet wurde, kann nicht von heute auf morgen beseitigt werden. Vor allem aber kann er nicht beiseitegeräumt werden ohne eine gemeinsame Anstrengung aller Bürger, die dabei freilich nicht vergessen dürfen und vergessen sollten, wem sie dies zu verdanken haben. Es bedarf des Zusammenwirkens einer vernünftigen Politik und des Fleißes, der Tüchtigkeit und der Leistungsbereitschaft unseres ganzen Volkes, damit die Dinge in Bonn wieder in Ordnung kommen. SPD und FDP jedenfalls haben das Übel angerichtet und die bittere Suppe eingebrockt. Die SPD wird zur Bewältigung der eingetretenen Miß- und Notstände keinen Beitrag leisten – die bösartige Polemik und Hetze der letzten Tage hat hier einen ersten Vorgeschmack dessen geliefert, was auf das neue Regierungsbündnis in Bonn und auf die Parteien CDU, CSU und FDP zukommen wird.

Zur Abwehr von verfälschenden Darstellungen gehört auch, daß dem Versuch der SPD, einem demokratischen und verfassungsmäßig einwandfreien Regierungswechsel den Ruch einer heimtückischen und illegalen Aktion anzuhängen, entschlossen entgegengetreten wird. Wenn Herbert Wehner nach dem Auseinanderbrechen der SPD/FDP-Koalition sofort mit dem Verschwörerwort »Komplott« zur Stelle war, so brachen sich damit nicht nur Denkkategorien aus den kommunistischen Anfängen des SPD-Fraktionsvorsitzenden Bahn. Damit wurde vielmehr ein Stichwort ausgegeben und seither von der SPD in allen Varianten zum Einsatz gebracht, mit dem vom eigenen Scheitern abgelenkt und für das zu erwartende sozialistische Verleumdungsfeuer gegen die neue Bundesregierung die Richtung gewiesen wird.

Wer wen verraten hat

Zur Bestandsaufnahme anläßlich des Wechsels in Bonn gehört auch, daß der von der SPD im Rahmen ihrer Dolchstoßlegende in besonders widerwärtiger Weise als Rufmordwaffe eingesetzte Begriff des »Verrates« einer Betrachtung unterzogen wird. Auch wenn sich die SPD heute sogar in ihren radikalsten Exemplaren in scheinheiliger Geschlossenheit hinter Helmut Schmidt schart, darf nicht vergessen werden, wer wirklich wen verraten hat: Seine Partei selbst war es, die Helmut Schmidt in den letzten Jahren im Stich gelassen, die von ihm geführte Bundesregierung zum Abschuß freigegeben, den atlantischen Kurs des Regierungschefs durch einen militanten Antiamerikanismus unterlaufen, die Wirtschafts- und Finanzpolitik des eigenen Kanzlers durch den reaktionären Rückfall in radikalsozialistische Rezepte eines vergangenen Jahrhunderts zum Gespött gemacht hat. Wenn sich Schmidt also in wehleidiger Selbstgefälligkeit als die verfolgte Unschuld vom Lande ausgeben will, so sollte er in einer vielleicht doch noch zu erhoffenden Stunde der Selbsteinsicht einmal zu der Wahrheit finden: daß es seine eigene Partei war, über die er zuerst gestürzt ist. Und nachdem das Verpassen diffamierender Etiketten in der SPD zur Zeit besonders im Schwange ist, könnte Helmut Schmidt, der ja dann dafür Zeit hat, einmal an der »Baracke« seines Parteivorsitzenden und »Freundes« Brandt vorbeigehen und dort den SPD-Standardaufkleber »Verrat« anbringen. Das glückliche Gesicht des SPD-Vorsitzenden Willy Brandt war im Fernsehen nicht zu verkennen, als Helmut Schmidt seinen Rücktritt ankündigte.

Zur Bestandsaufnahme im Augenblick des Wechsels in Bonn gehört auch ein Blick auf den neuen Koalitionspartner von CDU und CSU, auf die FDP. »Spät kommt Ihr, doch Ihr kommt« heißt es in Schillers »Piccolomini«. Der Beginn einer politischen Arbeitsgemeinschaft mit der FDP darf aus Gründen der Redlichkeit und Glaubwürdigkeit nicht dazu führen, jenen unauslöschlichen Anteil an Verantwortung, den sich die FDP für das Zustandekommen der dramatischen Fehlentwicklungen in Bonn zuschreiben lassen muß, zu vergessen oder zu verdrängen. Nicht übersehen werden darf auch, daß es sicherlich vielen unserer Mitglieder, Wähler und Anhänger nicht allzusehr gefallen kann, die CSU in einem Regierungsbündnis mit der FDP zu sehen. Mit Schlachten der Vergangenheit aber sind die Probleme der Gegenwart nicht zu meistern und die Herausforderungen der Zukunft nicht zu bestehen. Immerhin: Auch späte Einsicht ist Einsicht!

Den Blick nach vorn zu richten besteht nicht nur angesichts

des Riesenberges an Bonner Problemen dringlicher Anlaß. Eine neue Gefahr für unseren Staat zeichnet sich, nach der Hessen-Wahl mehr denn je, am politischen Horizont der Bundesrepublik Deutschland ab. Am Abend der Wahl – wobei für das konkrete Ergebnis wie für den beispiellosen Aufstieg, den die hessische CDU unter seiner Führung genommen hat, Alfred Dregger in besonderer Weise Dank und Anerkennung verdient – hat Willy Brandt in gelöster und bemerkenswerter Offenheit enthüllt, was bisher nur an den radikalen Rändern der SPD als Zukunftsstrategie erörtert wurde: Bei den teilweise tiefrot eingefärbten Grün/Alternativen, bei der »Friedensbewegung«, bei den »Umweltschützern«, in der Frauenbewegung will Brandt die neue radikalsozialistische Mehrheit sichern.

Brandts neue Partner

Brandt liefert damit nicht nur den Beleg, daß Genscher und sein FDP-Flügel den gegenwärtigen Zustand der Koalitionsunfähigkeit der SPD richtig analysiert haben. Er straft nicht nur seinen Stellvertreter Schmidt und seinen hessischen Genossen Börner Lügen, die immer wieder ihre kompromißlose Absage an SPD-»Partner« dieser Art und Farbe bekräftigt haben. Brandt signalisiert nun hemmungslos die Bereitschaft der SPD zum Zusammengehen mit politischen Kräften, die eine andere Demokratie und eine andere Republik wollen. Hier zeichnet Brandt, durchaus in Übereinstimmung mit dem radikalrevolutionären Schwung seiner politischen Jugend, eine Zukunftsvision, deren Verwirklichung eine andere Republik und eine grundlegende Veränderung unserer freiheitlich-demokratischen Ordnung bedeuten müßte.

Angesichts dieser Gefahr – und Brandts Wort ist ja mittlerweile von vielen in seiner Partei begeistert aufgegriffen worden – müssen alle geringer wiegenden Bedenken zurücktreten. Alle freiheitlichen, alle bürgerlichen, alle antisozialistischen Kräfte müssen zusammenstehen, um dem Vormann des internationalen Sozialismus einen kräftigen Strich durch seine für unser Land verhängnisvolle Rechnung zu machen.

Auch hier ist der Wechsel in Bonn ein wichtiger Schritt in die richtige Richtung. Nach den Grundsätzen der Freiheit, der Gerechtigkeit und der sozialen Verantwortung nach innen wie nach außen haben CDU und CSU aus dem größten Trümmerhaufen der deutschen Geschichte einen politisch gesicherten, wirtschaftlich stabilen und sozial geordneten Staat gebaut. Mit diesen Grundsätzen werden wir auch das katastrophale Erbe bewältigen, das Schmidt hinterläßt. Wir machen keine großen Versprechungen, im Gegenteil, wir sagen offen, daß harte und schwere Entscheidungen vor uns liegen. Versprechen können wir nur, und dies ergibt sich allein schon aus dem Selbstverständnis der CSU als einer breit und tief verankerten Volkspartei, daß wir nach der Verpflichtung zu sozialer Gerechtigkeit und nach den Leitlinien wirtschaftlicher Vernunft handeln werden.

Die CSU wird in Bonn mit ihren Ministern und Staatssekretären, mit ihren Abgeordneten und Mitarbeitern tun, was zu tun ist. Die Wähler und Anhänger unserer Partei können sich darauf verlassen, daß wir die Bewährungsprobe bestehen werden. Denn wir wissen, wovon wir reden: Gerade bei allen schwierigen und richtungweisenden Entscheidungen der deutschen Nachkriegspolitik hat die CSU ihre politische Handlungs- und Verantwortungsfähigkeit unter Beweis gestellt.

Was für Bonn gilt, gilt in gleicher Weise für Bayern – und mit Blick auf den 10. Oktober in besonderer Aktualität. Wir bitten die Wähler in unserer bayerischen Heimat um ihr Vertrauen. Wir fordern sie auf, mit uns dafür zu sorgen, daß das bayerische Haus in Ordnung bleibt. Hamburg ist unregierbar. Hessen ist unregierbar. Bayern bleibt regierbar dank der CSU und ihrer Verwurzelung in der bayerischen Bevölkerung. Die Bundesrepublik Deutschland muß wieder regierbar werden nach den Grundsätzen geschichtlicher Erfahrung, nach den Lehren der Wirklichkeit und nach den Maßstäben politischer Vernunft. Dafür habe ich seit der unseligen Wahl Willy Brandts am 21. Oktober 1969 gekämpft.

Mit ihrer Entscheidung für die CSU sorgen die Bürger des Freistaates Bayern dafür, daß auch in Bonn der begonnene richtige Weg Absicherung und Unterstützung erfährt. Am 10. Oktober geht es in der Tat um jede Stimme – für Bayern und Deutschland!

(2. Oktober 1982)

Verpflichtung und Auftrag

Am 10. Oktober 1982 finden in Bayern Landtagswahlen statt. Sie fallen in eine nach dem Regierungswechsel in Bonn politisch turbulente und für die Unionsparteien nicht leichte Zeit. Dennoch – die CSU erringt mit ihrem Vorsitzenden Franz Josef Strauß an der Spitze einen eindrucksvollen und großartigen Wahlsieg. 58,3 Prozent der bayerischen Wähler sprechen der CSU ihr Vertrauen aus. Seinen Dank verbindet Strauß mit einer umfassenden politischen Gesamtbeurteilung.

In doppelter Eigenschaft, als Vorsitzender der CSU wie als Bayerischer Ministerpräsident, betrachte ich es an dieser Stelle und aus diesem Anlaß als Herzenspflicht, ein bewegtes und aufrichtiges Wort des Dankes zu sagen. Dieser Dank gilt zuerst und zuoberst dem bayerischen Wähler. Mit ihrer eindrucksvollen Bekundung des Vertrauens in Politik und Personen der CSU haben die Bürgerinnen und Bürger Bayerns erneut einen Maßstab für Kontinuität und Stabilität des Freistaates gesetzt. Dafür gibt es in der Geschichte der Bundesrepublik Deutschland kein vergleichbares Beispiel.

Mein Dank gilt all jenen, die mit ihrem überzeugungsstarken und unermüdlichen Einsatz, jeder an seinem Platz, das Ihre zum Erfolg beigetragen haben: den Mitgliedern der Bayerischen Staatsregierung, unseren Abgeordneten in Landtag und Bundestag und Europäischem Parlament, unseren Kommunalpolitikern in Gemeinden und Städten, Landkreisen und Bezirken, den haupt- und ehrenamtlichen Mitarbeitern der CSU, unseren Bezirks-, Kreis- und Ortsvorsitzenden. Das Zusammenwirken aller hat dazu beigetragen, daß an diesem 10. Oktober 1982 Rang und Rolle der CSU als der einzigen und großen bayerischen Volkspartei erneut eine machtvolle und für politische Zukunftsarbeit tragfähige Bestätigung erfuhren.

Auch wenn mit rückblickendem Wenn und Aber nichts mehr verändert werden kann: Hätten sich seit 1969 die Wähler überall in der Bundesrepublik Deutschland so entschieden, wie sie dies in Bayern mit ihrer Stimme für unsere Partei und für unsere Politik immer wieder getan haben, so wäre uns allen der bittere Spuk der vergangenen dreizehn Bonner Jahre erspart geblieben. Es wäre eine Politik verhindert worden, mit der ein politischer, wirtschaftlicher und sozialer Scherbenhaufen ohnegleichen angerichtet worden ist. Ihn zu beseitigen – soweit dies überhaupt noch in vollem Umfang möglich ist – wird viele Jahre dauern und schmerzliche Belastungen für alle Bürger bringen. Dabei kann es gelingen, mit der neuen Koalition in Bonn die finanz-, wirtschafts- und sozialpolitischen Probleme einigermaßen in Ordnung zu bringen. Viele der in den vergangenen dreizehn Jahren unter SPD/FDP-Regierungsverantwortung eingetretenen kulturrevolutionären Verwerfungen und außenpolitischen Fehlentwicklungen aber werden auch mit dem neuen bürgerlichen Bündnis nicht zu korrigieren sein.

Die Entscheidung des 10. Oktober war – auch der Bedeutung Bayerns in der föderativen Ordnung der Bundesrepublik Deutschland angemessen – ursprünglich als Landtagswahl angelegt, wobei selbstverständlich auch bei Landtagswahlen Bundesprobleme nie auszuklammern sind. Dabei war es schon in der Anlaufphase des Wahlkampfes klar, daß angesichts des dramatischen und sich ständig beschleunigenden Verfalls der SPD/FDP-Koalition in Bonn die Bundespolitik eine wichtige Rolle spielen würde. Mit dem 17. September aber, dem Tag, an dem Helmut Schmidt seinen politischen Konkurs und das Scheitern seiner Regierung im Bundestag offiziell verkündete, änderte sich die politische Szene noch einmal, obwohl die Gründe, die zum politischen Offenbarungseid Schmidts geführt hatten, bis zum bayerischen Wahltag und selbstverständlich darüber hinaus unverändert weiter galten und gelten. In einer aufgeregten und aufgewühlten politischen Atmosphäre war plötzlich aus einer Landtagswahl eine halbe Bundestagswahl geworden.

Für eine politische Partei empfiehlt es sich, wenn ihr Erfolg von Dauer sein soll, in der Deutung von Siegen ebenso behutsam und vorsichtig zu sein wie in der Deutung von Niederlagen. So hält es die CSU auch mit ihrem großartigen Erfolg vom 10. Oktober. Seit 1961, seit ich Vorsitzender der CSU bin, erinnere ich die Partei immer wieder daran, daß einmal errungenes Vertrauen nicht als ein für allezeit gesichertes Kapital angesehen werden darf, sondern ständiger Verteidigung und Bestätigung durch politische Leistung bedarf. So machen uns die 58,3 Prozent des 10. Oktober nicht selbstzufrieden oder gar überheblich. Im Gegenteil, je höher das Maß des uns vom Wähler geschenkten Vertrauens ist, um so höher liegt die Meßlatte der daraus wachsenden Verantwortung, um so schwerer wiegt der politische Auftrag.

Bayerischer Kern

Trotz aller bundespolitischen Überlagerungen darf der bayerische Kern der Wahl nicht übersehen werden. Das Wahlergebnis sowohl wie der Wahlkampf mit seinen vielfältigen und landesweiten Begegnungen mit dem Bürger haben gezeigt, daß die Politik der CSU für Bayern anerkannt und respektiert wird. Unser Wort, daß wir das bayerische Haus in Ordnung halten, hat gegolten und gilt weiter. Bayerns Bürger haben ihre Zufriedenheit mit unserer Politik des Maßes, der Mitte und der Menschlichkeit bekundet. Auch in der kommenden Legislaturperiode, in der die Fraktion der Christlich-Sozialen Union im Bayerischen Landtag die nie zuvor erreichte Zahl von 133 Mitgliedern erreichen wird, werden wir zielstrebig und unbeirrt den Ausbau der politischen, wirtschaftlichen und sozialen Fundamente Bayerns fortsetzen, damit unser Land auch in Zukunft seinen Menschen gesicherte und lebenswerte Heimat bleibt.

Zweifellos hatte die Entwicklung seit dem 17. September einen heftigen politischen Gegenwind nicht nur gegen die FDP, sondern auch gegen die Unionsparteien entfacht. Geschürt wurden diese Stimmungen noch von einer hemmungslosen SPD-Kampagne, die mit Schlagwörtern wie »Königsmord« und »Komplott«, »Verschwörung« und »Verrat« die katastrophale Hinterlassenschaft der Regierung Schmidt/Genscher und vor allem die Hauptrolle der SPD dabei vergessen machen sollte. Die Art und Weise, wie Genscher den teilweisen Koalitionswechsel seiner Partei, dem sich ja immerhin rund zwei Fünftel der Fraktion und weite Teile der FDP insgesamt versagt haben, durchgeführt hat, lieferte dabei der SPD willkommene Vorwände, Stichworte und für die Beeinflussung der Wahlpsychologie schlagfertige Argumente.

Es ist meine feste Überzeugung: Hätte sich Genscher aus Anlaß des Wechsels, der in der Tat überfällig war, an die Spitze einer Neuwahlbewegung für den Bundestag gestellt, die FDP wäre nicht in die schwerste Existenzkrise ihrer Geschichte geraten. Ein sauberes Verfahren hätte der infamen SPD-Propaganda den Boden entzogen, den politischen »Hygieneinstinkt« des Wählers nicht provoziert, Genschers Legitimation bestätigt, der FDP bei einer Bundestagsneuwahl über die 5-Prozent-Hürde geholfen sowie die Halbierung der FDP in Hessen und Bayern verhindert. Auch müßte Genscher mit Blick auf den kommenden FDP-Parteitag in Berlin nicht um sein politisches Überleben zittern. Das Verhalten der FDP selbst ist es – siehe den Anti-Genscher-Beschluß von Baden-Württemberg oder die Verzweiflungsmaßnahme der bayerischen FDP, Genscher und seinen Kurs zu öffentlicher Abstimmung und Verurteilung zu stellen –, das die Partei an den Rand des Abgrunds und vielleicht darüber hinaus bringt.

Damit einer Legendenbildung von vornherein vorgebeugt wird: Die CSU im allgemeinen oder ich im besonderen haben keinen »Vernichtungsfeldzug« gegen die FDP geführt. Nicht ich habe die FDP, die FDP hat die CSU und mich als Gegner

Nummer eins ihres Wahlkampfes in Bayern bezeichnet. Ich habe auch nicht, wie es eine verkürzte und zweckgerichtete veröffentlichte Meinung gelegentlich darstellen wollte, auf die FDP »eingedroschen«. Abgelehnt habe ich es allerdings, mich einer nicht nur vereinzelt aufkommenden Neigung zu Geschichtsklitterung und Tatsachenverfälschung zu beugen. Dies werde ich auch in Zukunft nicht tun. Die Feststellung der Tatsache, daß dreizehn Jahre einer verfehlten Bonner Politik mit den bekannten katastrophalen Ergebnissen ohne die erst die Mehrheit dafür schaffende Mitwirkung der FDP nicht möglich gewesen wären, ist ein Stück politischer Glaubwürdigkeit und intellektueller Redlichkeit.

Historische Schuld

Zudem hat dieser Sachverhalt nichts damit zu tun, daß es von der CSU selbstverständlich begrüßt wird, wenn sich der Genscher-Flügel der FDP zu einem Abbruch des für die Bundesrepublik Deutschland lebensgefährlichen liberalsozialistischen Abenteuers in Bonn entschlossen hat. Die CSU ist dem liberalkonservativen Teil der FDP, der bereit ist zu einem Neuanfang an der Seite von CDU und CSU, selbstverständlich ein fairer und kooperationswilliger Partner. Geradezu absurd sind in diesem Zusammenhang Versuche, meine wahrheitsgemäßen Hinweise auf die historische Schuld der FDP in der Vergangenheit als Kritik an der neuen Bundesregierung darstellen zu wollen. Die Regierung von Bundeskanzler Kohl ist selbstverständlich auch die Bundesregierung der CSU, was sich nicht zuletzt durch eine vielfältige und qualifizierte personelle Vertretung der CSU im neuen Kabinett ausdrückt.

War das Verschwinden der FDP aus dem Bayerischen Landtag weder Anliegen noch Ziel der CSU im zurückliegenden Wahlkampf, so sind wir stolz darauf, daß es uns gelungen ist, die widersprüchlichen, antiparlamentarischen und in ihrem harten Kern tiefrot gefärbten Grünen aus dem Parlament des Freistaates Bayern herauszuhalten. Wir haben nicht nur – siehe die Negativbeispiele von Berlin, Hamburg und Hessen! – Bayern regierbar erhalten, wir haben auch den Mythos vom angeblich unaufhaltsamen Aufstieg der Grünen gebrochen. Wir haben damit ein Zeichen demokratischer Handlungsfähigkeit und Stärke gesetzt, wie überhaupt die Entscheidung der bayerischen Wähler nicht nur eine außergewöhnliche Vertrauensbekundung für die CSU, sondern ein markantes Signal über die Grenzen unseres Landes hinaus bedeutet: In verwirrende und gegensätzliche Meinungs- und Gefühlsströme wurde durch eine besonnene und kraftvolle Entscheidung der bayerischen Bürgerinnen und Bürger wieder Ordnung gebracht.

Es ist bekannt, daß ich gegenüber Meinungsumfragen aller Art von erheblicher Zurückhaltung bin, weil ich es eines Politikers, der die Bezeichnung Staatsmann verdient, für unwürdig halte zu fragen, was ankommt, und nicht zu sagen, worauf es ankommt. Dennoch deutete in der Zeit vor dem 17. September alles darauf hin, daß die CSU bei der diesjährigen Landtagswahl ein Ergebnis deutlich jenseits der 60-Prozent-Grenze würde erzielen können. Obwohl aber die von der Regierung Schmidt/Genscher hinterlassenen Probleme seit diesem Tag um kein Jota kleiner geworden sind, sondern im Gegenteil noch viel deutlicher zutage traten, setzte ein irrationalerStimmungsumschwung ein, der in weiten Bereichen des politischen Lebens, aber auch bei manchen Wählern Verwirrung und Unsicherheit auslöste. Vor diesem Hintergrund gewinnen die 58,3 Prozent der CSU ihre über den Tag und über das Jahr hinausreichende Bedeutung.

Ich habe im Laufe eines langen politischen Lebens viele Lehrmeister gehabt. Von einem von ihnen, von Konrad Adenauer, habe ich gelernt, daß es nach geschlagener Wahlschlacht darum geht, für die nächste Auseinandersetzung den Helm fester zu binden. Nach einer kurzen Pause des Dankes und der Freude gilt dies in besonderer Weise nach der bayerischen Landtagswahl. Obwohl dies, wie allgemein bekannt, nicht der Fahrplan der CSU war, gehen wir davon aus, daß die nächste Bundestagswahl am 6. März 1983 stattfindet, also in nicht einmal mehr fünf Monaten.

Für diese Entscheidung wurde am 10. Oktober ein stabiles Fundament gelegt und eine hervorragende Ausgangsposition geschaffen. Wir haben uns am vergangenen Sonntag den Wählerinnen und Wählern in Bayern mit einer zweifachen Zusage gestellt: das bayerische Haus in Ordnung halten und die Dinge in Bonn in Ordnung bringen. Die erste Station dieses doppelten Weges liegt hinter uns. Auf dem Weg zur zweiten Station werden wir in unserem Einsatz und in unserer Arbeit nicht nachlassen. Das Vertrauen, das uns unsere Mitbürger in so reichem Maße geschenkt haben, ist dafür Verpflichtung und Auftrag.

(16. Oktober 1982)

Bayern in Ordnung halten – Deutschland in Ordnung bringen

In seiner Regierungserklärung, die der Bayerische Ministerpräsident Franz Josef Strauß am 18. November 1982 vor dem Bayerischen Landtag abgibt, zieht dieser nicht nur die Bilanz seiner ersten Amtsperiode als Regierungschef des Freistaates Bayern. Strauß zeigt auch die Perspektiven auf, an denen sich eine verantwortungsbewußte und zukunftsorientierte Politik auszurichten hat. Dabei ist es für den Ministerpräsidenten eine Selbstverständlichkeit, die Aufgaben der bayerischen Politik in den größeren Rahmen der deutschen und europäischen Politik, ja weltpolitischer Zusammenhänge zu stellen.

Als ich vor vier Jahren hier vor dem Bayerischen Landtag meine erste Regierungserklärung abgab, konnte man zwar schon ahnen, daß als Folge der verfehlten Politik der damaligen Koalitionsregierung in Bonn große Schwierigkeiten auf uns alle, auch in Bayern, zukommen würden. Aber welches Ausmaß der wirtschaftliche und finanzielle Niedergang tatsächlich erreicht hat, übersteigt die schlimmsten Vorstellungen, die wir damals hatten.

In meiner Regierungserklärung am 14. November 1978 habe ich ausgeführt:
»Handlungsspielraum und Entscheidungskraft der Bundesregierung reichen offensichtlich nicht mehr aus, um haltbare Lösungen für die Probleme im internationalen und nationalen Bereich durchzusetzen ... Der gefährliche Stau ungelöster, aufgeschobener und politisch unerledigter Probleme ist von Jahr zu Jahr größer geworden.«

Das Scheitern der liberal-sozialistischen Koalition in Bonn

Die alte Koalition ist – äußerlich gesehen – gescheitert an der Unfähigkeit, diesen Problemstau abzubauen. Ihr fehlte die Kraft zur Entscheidung. Machterhalt war über viele Monate hin die einzige Klammer.

Die liberal-sozialistische Koalition, die sich als eine Art historisches Bündnis der Parteien der Arbeiterbewegung und des progressiven Bürgertums verstand, wollte das moderne Deutschland verwirklichen, die Aufklärung vollenden, die soziale Sicherheit als Schutz vor jedem denkbaren Risiko des Lebens perfektionieren, die Traditionen der deutschen Geschichte überwinden, vor allem die, die man mittelbar oder unmittelbar für den Sieg des Nationalsozialismus in völliger Verkennung der wirklichen Zusammenhänge glaubte verantwortlich machen zu können. Sie wollte eine fundamentaldemokratische Verwandlung der deutschen Gesellschaft, Demokratisierung aller Lebensbereiche, auch aller gesellschaftlichen und wirtschaftlichen Institutionen, mit dem angeblichen Ziel, Demokratie im Bewußtsein und als Lebensform zu begründen und emanzipatorische Befreiung für jeden einzelnen als Realutopie am Horizont geschichtlich erreichbarer Zukunft aufscheinen zu lassen.

Diese Koalition ist nur dem äußeren Schein nach an Wirtschafts- und Finanz-, besonders an Haushaltsfragen gescheitert. In Wirklichkeit ist sie an ihrer Ideologie, an falscher oder verweigerter geistiger Führung gescheitert.

Alle Verheißungen und Versprechungen waren an eine Voraussetzung geknüpft: eine jährliche wirtschaftliche Wachstumsrate von real 4 bis 6 Prozent.

Das Ganze war angelegt als eine beständige Vermehrung der zur Umverteilung zur Verfügung stehenden Mittel. Dazu kam der versprochene Abbau des sogenannten Obrigkeitsstaates, seine Umwandlung in ein bürokratisches Instrument zum Vollzug von Kompromissen, die zwischen den gesellschaftlichen Gruppen und Interessen ausgehandelt werden sollten.

All das aber war in dem Augenblick nicht mehr haltbar, in dem die Solidarität, die solidarische Gemeinschaft, wie es so schön hieß, zusammenbrach, nämlich sobald es darum ging, den öffentlichen Sozialhaushalt um 2 bis 3 Prozent zu kürzen. Dazu werden jetzt Reizworte eingeführt wie: »Kaputtsparen« und »neokonservative Umverteilung von unten nach oben« und »Klassenkampf von oben nach unten« und ähnliche klassenkämpferische Parolen.

Bittere und harte Eingriffe, die seit langem notwendig gewesen wären, wurden versäumt. An eine konsequente Sparpolitik war nicht zu denken. Verfehlte beschäftigungspolitische Rezepte haben weder bestehende Arbeitsplätze halten können noch neue geschaffen.

Der Bevölkerung wurde bewußt der Ernst der Lage verschleiert. Das Problembewußtsein der Bürger wurde durch illusionistische Schönfärberei und Wunschdenken betäubt. Zum längst fälligen Offenbarungseid fehlte der Mut. Statt dessen gab es regelmäßig wiederkehrende Aufschwungprognosen, deren Fragwürdigkeit und Unglaubwürdigkeit schon erkennbar waren, als sie geäußert wurden.

Der sicherste Weg zu einer neuen Krise ist eine vom Wunschdenken bestimmte, von der Wirklichkeit nicht gerechtfertigte Aufschwungsprognose.

Wirtschafts- und finanzpolitische Bilanz von 13 Jahren

Aus der wirtschafts- und finanzpolitischen Bilanz von 13 Jahren sozialdemokratisch geführten Bundesregierungen muß ich im Zusammenhang mit den bayerischen Problemen einige Positionen herausgreifen:

1. Die Zahl der Arbeitslosen im Bundesgebiet ist von 107 800 im Oktober 1969 auf 1,92 Millionen im Oktober 1982 gestiegen und das mit steigender Tendenz. Darunter sind 187 000 Jugendliche. Es ist zu befürchten, daß in diesem Winter rund 2,5 Millionen Menschen in Deutschland arbeitslos sein werden.
   828 400 Arbeitnehmer sind von Kurzarbeit betroffen.

Anzeigen für mehr als 400 000 weitere Kurzarbeiter liegen bereits vor. Im Oktober 1982 waren 15 300 Betriebe betroffen.

Während die Arbeitslosenquote von 0,5 Prozent im Oktober 1969 auf 7,9 Prozent im Oktober 1982 anstieg, ging die Zahl der offenen Stellen von 787 000 im Oktober 1969 auf 69 800 Ende Oktober 1982 zurück. Das Verhältnis Arbeitslose zu offenen Stellen stieg von 9:1 auf 27:1 innerhalb des letzten Jahres.

2. Die drastisch gestiegenen Arbeitslosenzahlen erforderten, daß der ursprünglich im Haushalt 1982 mit 3,5 Milliarden DM vorgesehene Zuschuß an die Bundesanstalt für Arbeit im ersten Nachtragshaushalt 1982 auf 7,6 Milliarden DM erhöht werden mußte. Zum Ausgleich des Defizits der Bundesanstalt für Arbeit hatte die alte Bundesregierung bereits 1981 den Bundeszuschuß an die Rentenversicherung um 3,5 Milliarden DM gekürzt.
3. Die Bundesrepublik Deutschland ist die einzige westliche Industrienation, in der die Zahl der Arbeitsplätze seit 1970 zurückgegangen ist. Sie fiel von 26,7 Millionen im Jahre 1970 um 1,3 Millionen auf 25,4 Millionen (mein Zeuge: Helmut Schmidt vor der SPD-Fraktion am 22. Juni 1982).
4. Die Zahl der Konkurse ist beängstigend angestiegen. 1981 waren es rund 12 000 Insolvenzen, davon rund 8500 Unternehmensinsolvenzen. 1982 werden es rund 16 000 Insolvenzen sein. Damit ist die Insolvenzhäufigkeit fast viermal so hoch wie zu Beginn der siebziger Jahre. Allein die Konkurse des letzten Jahres vernichteten mehr als 100 000 Arbeitsplätze.
5. Es gibt kein Wirtschaftswachstum mehr. Das reale Bruttosozialprodukt wuchs 1969 noch um 7,9 Prozent. 1981 lag es um 0,3 Prozent unter dem Vorjahresniveau. 1982 wird es voraussichtlich um ein Prozent unter 1981 liegen.
6. Die Nachfrage ist schwach; die Mehrzahl der Betriebe klagt über unzureichend ausgelastete Kapazitäten. Auch

der Export, bisher eine der letzten Stützen der Konjunktur, ist stark zurückgegangen.

7. Aus parteipolitischen und ideologischen Gründen wurden mit arbeitsplatzvernichtenden Investitionshemmnissen Milliardeninvestititionen im Bereich des Kraftwerkbaues, auf dem Feld neuer Medien und in anderen Bereichen, wie etwa dem Mietwohnungsbau, blockiert. Der Verkabelungsstopp vom September 1977 hätte in den nächsten Jahren allein bei der Bundespost über 50 000 Arbeitsplätze gefährdet.
8. Der Anteil der Investitionen am Bruttosozialprodukt, lebensnotwendige Voraussetzung für technische Innovation und damit für die Leistungsfähigkeit der Wirtschaft, fiel von 25,6 Prozent im Jahre 1970 auf 21,7 Prozent im Jahre 1982. Dazu trägt auch bei, daß von 1969 bis 1981 die Lohnquote, das heißt der Anteil des Einkommens aus unselbständiger Arbeit im Verhältnis zu allen Bruttoeinkommen, von 66,1 Prozent auf 73,7 Prozent gestiegen ist, während die relative Lohnquote kleiner geworden ist.
9. Die betriebliche Eigenkapitalquote sank von 33 Prozent in den sechziger Jahren auf unter 20 Prozent im Jahr 1981, bei Klein- und Mittelbetrieben sogar auf 15 Prozent.
10. Die Verschuldung der Landwirtschaft stieg von 27,6 Milliarden DM 1969 auf 43,5 Milliarden DM 1981. Damit erhöhte sich die Verschuldung pro Hektar von rund 2100,– DM auf rund 3600,– DM.
11. Die Lohnnebenkosten der Unternehmen erhöhten sich von 46,2 Prozent des Bruttolohns im Jahre 1969 auf 77 Prozent im Jahre 1982.
12. Die Verbraucherpreise stiegen 1969 durchschnittlich um 1,9 Prozent, 1982 werden es fast 5 Prozent sein.
13. Schon im zweiten Jahr hintereinander werden besonders die Arbeitnehmer, aber nicht nur sie, reale Einkommensverluste hinnehmen müssen. Die Preise stiegen stärker als die Löhne. 1982 wird die Inflationsrate um etwa 2 Pro-

zent über den Lohnerhöhungen liegen. Damit aber nicht genug. Die tatsächlichen Einkommensverluste liegen noch höher, denn:

14. Die Beiträge der Arbeitnehmer zur Sozialversicherung stiegen von 12,9 Prozent auf 14,3 Prozent des Bruttolohns. Auch die Steuerlast stieg ständig an. Steuer und Sozialversicherungsbeiträge verschlingen bei Lohnerhöhungen oft 60 Prozent und mehr. In den letzten 10 Jahren stiegen die Steuer- und Sozialabgaben fast doppelt so schnell wie die Bruttolöhne und -gehälter. Dies hat dazu geführt, daß der Abstand zwischen Netto- und Bruttogehalt immer größer geworden ist und das verfügbare Einkommen nicht unerheblich zurückgegangen ist.
15. Die ungünstige wirtschaftliche Entwicklung führte zu einem Rückgang der erwarteten Steuereinnahmen. Die Steuerschätzungen der alten Bundesregierung mußten laufend korrigiert werden. Gleichzeitig stiegen die Belastungen: 2 Millionen Arbeitslose kosten den Staat an Unterstützungszahlungen sowie an Steuer- und Beitragsausfällen rund 50 Milliarden DM im Jahr.
16. Die Ausgaben des Bundes explodierten infolge der hemmungslosen Ausweitung der Staatsaufgaben von rund 88 Milliarden DM im Jahre 1970 auf rund 247 Milliarden DM 1982. Die Steigerungsraten bei den Ländern und Gemeinden waren zwangsläufig zum Teil noch höher.
17. Die Staatsquote, d. h. der Anteil der Ausgaben der Gebietskörperschaften und der Sozialversicherungsträger am Bruttosozialprodukt, stieg von 37,9 Prozent im Jahre 1969 auf ca. 48 Prozent im Jahre 1982.
18. Die Investitionsquote des Bundes fiel von 17 Prozent im Jahre 1969 auf 13,5 Prozent im Jahre 1982. Die Mittel wurden in wichtigen Investitionsbereichen, wie beim Straßenbau, bei den Gemeinschaftsaufgaben, beim Wohnungsbau, gekürzt – für Bayern 1982 allein um über 700 Millionen DM – und in einem wirkungslosen Beschäftigungsprogramm verschleudert. Die alte Bundesre-

gierung hatte nichts daraus gelernt, daß schon vorher Milliardenbeträge – insgesamt 70 Milliarden DM – in dreizehn Beschäftigungsprogramme ziemlich wirkungslos geflossen waren.

19. Die Sozialausgabenquote des Bundes stieg von 30 Prozent im Jahre 1969 auf 36 Prozent im Jahre 1981.
20. Der Schuldenstand des Bundes – einschließlich Altschulden – erhöhte sich von 45 Milliarden DM im Jahre 1969 auf über 300 Milliarden DM im Jahre 1982. In den ersten 20 Jahren der Republik sind zusammengenommen nur 14 Milliarden DM neue Schulden aufgenommen worden.
21. 1969 habe ich als Finanzminister keinen Pfennig Schulden aufgenommen, im Gegenteil: der Bund konnte noch 1,3 Milliarden DM an Krediten zurückzahlen. 1982 beträgt die Nettoneuverschuldung rund 40 Milliarden DM nach einem Haushaltsansatz von 28,7 Milliarden DM. Für 1983 wäre mit einer Neuverschuldung von über 60 Milliarden DM allein im Bunde zu rechnen gewesen, wenn keine Änderung eingetreten wäre.
22. Die Zinsausgaben des Bundes betrugen 1969 2,2 Milliarden DM, 1982 22,8 Milliarden DM. Nach nur 2,7 Prozent Zinsbelastung 1969 müssen 1982 rund 9,2 Prozent des Haushaltsvolumens für Zinsen aufgebracht werden. Wegen der gewaltigen Vorbelastungen werden es 1983 über 11 Prozent der Gesamtausgaben sein.
23. Die Deckungsquote des Bundes, d. h. das Verhältnis der ordentlichen Einnahmen zu den Ausgaben, das 1970 noch ausgeglichen war, hat sich so verschlechtert, daß 1981 über 16 Prozent der Ausgaben durch Kredite finanziert werden mußten.

Die Überforderung des Sozialprodukts

Die alte Bundesregierung hat über Jahre hinweg den Zusammenhang zwischen Wirtschafts-, Finanz- und Sozialpolitik verkannt nach dem Motto: Die Belastbarkeit der Wirtschaft muß laufend getestet werden. Die Überforderung des Sozialprodukts ist eine der Hauptursachen für die Talfahrt der Wirtschaft, für den Verfall der öffentlichen Finanzen. Das Sozialprodukt ist in den letzten 13 Jahren mehr und mehr auf den Konsum umverlagert worden, Leistungsfähigkeit, Leistungsbereitschaft und Leistungswilligkeit wurden abgebaut. Für die Finanzierung der Aufgaben der Zukunft fehlten die Mittel. Die Investitionslücke allein im privaten Sektor wird seit den siebziger Jahren bis heute auf etwa 150 Milliarden DM geschätzt.

Bereits 1975 auf dem Bundesparteitag der CDU in Mannheim wie in meiner Rede vor dem Institut »Finanzen und Steuern« 1976 habe ich darauf hingewiesen, daß der Sozial- und Bildungsstaat seine Grenzen erreicht und zum Teil überschritten hat. Von seiten der damaligen Bundesregierung wurde mir vorgeworfen, ich sei von der Absicht besessen, den Sozialstaat zu zerstören und alle sozialen Leistungen wieder aufzuheben. Kurz vor ihrem Ende mußte aber selbst die alte Bundesregierung erkennen, daß sie an ihrer ideologisch verblendeten Maßlosigkeit und Maßstablosigkeit gescheitert war.

Über 80 Sozialleistungen wurden von der letzten Bundesregierung gekürzt, beschränkt oder gestrichen. Schwerbehinderte, Sozialleistungsempfänger, Arbeitslose, Familien mit Kindern, Rentner waren betroffen.

Wir ringen heute mit den Folgen einer Bundespolitik – ich sage das bewußt im Zusammenhang mit dieser Regierungserklärung und unseren Möglichkeiten für die nächsten vier Jahre –,

- die durch ihre Konzeptionslosigkeit, Widersprüchlichkeit, Unstetigkeit, Maßlosigkeit und fehlende Verläßlichkeit in höchstem Maße Investoren und Verbraucher verunsichert hat und
- die in ihrem Umverteilungswahn, ihrer Staatsgläubigkeit,

ihrem Hang zum Dirigismus und Interventionismus die Investitions-, Beschäftigungs- und Wachstumsbedingungen systematisch untergraben hat.

Die Beschlüsse des Münchner Parteitags zeigen, daß die SPD in der Regierung diesen verhängnisvollen Weg weitergegangen wäre. Daran ist die alte Koalition zerbrochen.

Daß die neue Bundesregierung ein schweres Erbe übernehmen mußte, war klar. Wie schlimm die Lage aber tatsächlich ist, wurde erst in den letzten Wochen deutlich.

Die neue Bundesregierung hat Kassensturz gemacht. Sie hat unpopuläre Maßnahmen angekündigt. Sie hat den Bürgern gesagt, daß die Zeit der Illusionen und des Wunschdenkens endgültig vorbei ist. Sie hat klargemacht, daß auf Gesundung nur zu hoffen ist, wenn alle bereit sind, die Folgerungen zu ziehen und ihren Anteil an der Konkurslast zu übernehmen.

Bayerische Politik im bundespolitischen Rahmen

In diesen bundespolitischen Rahmen muß ich als Bayerischer Ministerpräsident heute meine Regierungserklärung einpassen. Über das Wohl und Wehe unseres Landes wird nicht allein in Bayern entschieden, sondern maßgebend auch in Bonn und Brüssel.

Es kann keine Regierungserklärung im traditionellen Sinne sein, in der für alle Bereiche der Landespolitik mehr oder weniger umfangreich aufgezählt wird, was die Staatsregierung in den nächsten vier Jahren beabsichtigt.

Wir müssen auch im Land alle Kräfte mobilisieren, wenn wir aus der schwierigen Lage, in die uns die Politik der Bundesregierung seit 1969 gebracht hat, wieder herauskommen wollen. Die Staatsregierung wird dabei bemüht sein, die bisher erreichten Ergebnisse zu erhalten und fortzuentwikkeln.

Die Grundsätze unserer Politik, die ich Ihnen 1978 und 1980 vorgetragen habe, gelten unverändert weiter. 1983 und 1984 muß aber nicht nur am bloß Wünschenswerten, sondern oft auch am eigentlich Nötigen gespart werden. Ich habe die Hoffnung, daß sich in den restlichen Jahren dieser Legislaturperiode 1985/86 die Lage der Staatsfinanzen wieder bessern wird und einiges von dem, was jetzt dem Rotstift zum Opfer fällt, fortgeführt werden kann. Es wäre aber unredlich, auf solchen Erwartungen aufbauend, heute Versprechungen abzugeben.

Der Kurs der alten Bundesregierung hat die Zustände seit meiner ersten Regierungserklärung vor vier Jahren drastisch und dramatisch verschlechtert.

Heute stehen auch in Bayern die wirtschafts- und finanzpolitischen Sorgen im Vordergrund.

– Immer mehr Menschen verlieren auch in unserem Land ihren Arbeitsplatz. Immer mehr müssen um ihn bangen, obwohl die Arbeitslosenquote auch heute noch in Bayern dank der nach wie vor großen arbeitsmarkt- und strukturpolitischen Anstrengungen mit 6,7 Prozent niedriger ist als der Bundesdurchschnitt von 7,9 Prozent. Auch bei uns häufen sich die Konkurse, müssen Firmen mit großen Namen Mitarbeiter entlassen. Managementfehler, die in Zeiten günstiger wirtschaftlicher Entwicklung nicht ins Gewicht fielen, rächen sich in der Krise, sind aber nicht die einzige Ursache.
– Die Unfähigkeit der alten Bundesregierung, die Wirtschaftstätigkeit wieder zu beleben, hat auch in Bayern dazu geführt, daß die Schätzungen der Steuereinnahmen immer wieder korrigiert werden mußten. Bereits im Nachtragshaushalt 1982 mußten wir den Ausfall von 950 Millionen DM verkraften, mit der Folge einer unausweichlichen, wenn auch noch maßvollen Erhöhung der Neuverschuldung von 300 Millionen DM. Obwohl nach der Oktoberschätzung für 1982 die Steuereinnahmen und die Einnah-

men aus dem Länderfinanzausgleich für 1982 nochmals um 250 Millionen DM hinter den Erwartungen zurückbleiben, ist es vor allem dank konsequenter Sparpolitik in Bayern nicht erforderlich, einen zusätzlichen Nachtragshaushalt vorzulegen. Für 1983 werden nach den neuesten Schätzungen voraussichtlich 630 Millionen DM weniger als noch bei der Schätzung vom Juni 1982 erwartet zur Verfügung stehen. Dabei sind bereits die Veränderungen des Länderfinanzausgleichs und die Haushalts-Beschlüsse des neuen Bundeskabinetts berücksichtigt. Der Handlungsspielraum wird auf diese Weise laufend eingeengt.

– Der Verfall der Bundesfinanzen und verfehlte haushaltspolitische Entscheidungen der alten Bundesregierung haben in den letzten Jahren auch in Bayern dazu geführt, daß für wichtige Investitionen zu wenig Bundesmittel zur Verfügung standen. Am deutlichsten wird dies am Beispiel des Hochschulbaues, bei dem der Bund die Länder in unverantwortlicher Weise und zu Lasten der jungen Generation im Stich gelassen hat. Gestrichen wurde aber auch bei den Mitteln für die Verbesserung der regionalen Wirtschaftsstruktur, für die Verbesserung der Agrarstruktur, bei den Mitteln für den Straßenbau, den Wohnungs- und den Städtebau, für den Studentenwohnraumbau, den Aussiedlerwohnungsbau und nicht zuletzt bei den Mitteln für den Rhein-Main-Donau-Kanal. Trotzdem liegt 1982 die Investitionsquote des bayerischen Staatshaushalts bei 22,3 Prozent und damit an der Spitze aller Länder, deren Durchschnitt bei 18,1 Prozent liegt: Dies sind Investitionen in Höhe von 7,6 Milliarden DM. Auf vielen Gebieten gemeinsamer Finanzierungen gelang es Bayern wenigstens teilweise, die finanzielle »Bestrafung« Bayerns durch den Bund mit Landesmitteln auszugleichen.
– Staatsausgaben und Staatsverschuldung stiegen auch in Bayern, aber wir können mit Stolz noch immer darauf verweisen, daß die Pro-Kopf-Verschuldung zum Stichtag 31. 12. 1982 in Bayern mit 1652 DM pro Einwohner am

niedrigsten ist, während der Durchschnitt der Länderhaushalte bei 2892 DM pro Einwohner liegt. Der Reformeifer ohne Augenmaß der alten Bundesregierung weckte ständig neue Ansprüche und zwang auch Länder und Gemeinden zu ständig höheren Ausgaben.

Überzogene Vorstellungen im Jugendhilferecht konnten über den Bundesrat gerade noch verhindert werden. Auch die Entschädigungsansprüche nach dem gescheiterten Verkehrslärmschutzgesetz, das sicher nötig ist, und nach dem Staatshaftungsgesetz, das das Bundesverfassungsgericht vor wenigen Wochen für nichtig erklärt hat, müssen angesichts der Lage der öffentlichen Finanzen überdacht werden. Schon vor mehr als zwei Jahren haben in diesen und anderen ausgabewirksamen Bereichen die unionsregierten Länder als Mehrheit des Bundesrats die Notbremse gezogen und im Wahljahr 1980 sieben kostenwirksame Gesetze mit finanziellen Auswirkungen zwischen 2 und 2,5 Milliarden DM abgelehnt, die vom Bundestag bereits verabschiedet waren.

Außer den schon genannten Gesetzen waren dies: das Strafvollzugsfortentwicklungsgesetz, das inzwischen in Kraft getretene, aber verfassungsgerichtlich angefochtene Künstlersozialversicherungsgesetz, die Änderung des Krankenhausfinanzierungsgesetzes und das 4. Gesetz zur Änderung des Bundessozialhilfegesetzes. Diese von der alten Bundesregierung eingebrachten und vom Bundestag beschlossenen Gesetze hätten die Finanzmisere nochmals drastisch verschlechtert.

Wo Bonner Politik scheiterte

Aber der Scherbenhaufen, der nach diesen 13 Jahren geblieben ist, besteht nicht nur – und ich lege großen Wert auf diese Feststellung – aus ungelösten wirtschafts- und finanzpolitischen, also rein materiellen Problemen. Es gibt nahezu keinen Bereich, in dem die Folgen der Politik der alten Bundesregierung nicht zu beklagen wären. Sie werden bis weit in die 80er Jahre hineinwirken:

Der Zusammenbruch der alten Bundesregierung hat auch das Scheitern der liberal-sozialistischen Bildungsideologie deutlich gemacht.

Die Reformer, die einst die Parole von »mehr Chancengleichheit« ausgerufen haben und durch einseitiges, ideologisch bestimmtes, quantitatives Bildungsdenken die Zukunftschancen der jungen Generation nicht erhöht, sondern vermindert haben, sind gescheitert. Die Voraussetzungen für die große Bildungsexpansion der 60er und 70er Jahre sind brüchig geworden. Planungen und Zukunftserwartungen sind in Frage gestellt worden. Die Entwicklungsmöglichkeiten vieler Bildungseinrichtungen wurden leichtfertig und verantwortungslos aufs Spiel gesetzt.

Die verfehlten bildungspolitischen Vorstellungen haben zu einer Inflation an Studienwünschen geführt, die nicht in vollem Umfang erfüllt werden können. Numerus clausus, nahezu unerträgliche Studienbedingungen in vielen Bereichen sind die Folge. Der Beschäftigungsmarkt kann die Erwartungen der Hochschulabsolventen nach mühsamem Studium nicht erfüllen. Frustration und Arbeitslosigkeit bleiben das Ergebnis der vollmundigen Versprechungen früherer Jahre.

In der Energiepolitik konnte die alte Bundesregierung den von ihr als richtig erkannten Weg nicht gehen. Ständige Sabotage aus den eigenen Reihen behinderten den erforderlichen Ausbau der Kernenergie und die Lösung der Entsorgungsfrage.

Die einseitige Bonner Agrarpolitik führte zu einer Vernachlässigung der bäuerlichen Landwirtschaft und einer beispiellosen Verschuldung unserer landwirtschaftlichen Betriebe.

Auf europäischer Ebene hielt die alte Bundesregierung wider alle Vernunft an der Förderschwelle fest. Dadurch werden die bäuerlichen Betriebe gerade in den schwierigen Regionen benachteiligt, der Wettbewerb verfälscht und die Chancengleichheit zerstört.

In der Wohnungsbaupolitik haben nicht nur die hohen Zinsen der letzten beiden Jahre dämpfend gewirkt. Zum Erliegen ist der Wohnungsbau auch dadurch gekommen, daß der Bund im Gegensatz zu Bayern die Förderung eingeschränkt hat und steuerliche Anreize abgebaut wurden. Die Miet- und die Mieterschutzgesetzgebung ließen keine rentablen privaten Investitionen zu. 1973 wurden noch 714 222 Wohnungen im Bund fertiggestellt, 1982 werden es voraussichtlich nur noch 320 000 sein. Die wohnungspolitische Situation ist heute wesentlich schlechter als zu Beginn der 70er Jahre.

Vor allem in Ballungsgebieten fehlen immer mehr Wohnungen. Für kinderreiche und junge Familien, für alte Menschen, Aussiedler und Schwerbehinderte stehen weiterhin viel zu wenig preiswerte Wohnungen zur Verfügung. Sozialwohnungen sind in großem Umfang fehlbelegt. Wir haben mit dem Abbau dieses Unfugs begonnen.

Die Staatsregierung hat den sehr begrenzten Spielraum beim Wohnungs- und Städtebau nach Kräften genutzt. So wurden die Landesmittel kontinuierlich erhöht, die Haushaltsmittel für Darlehen im sozialen Wohnungsbau stiegen von 305 Millionen DM 1979 auf 410 Millionen DM 1982.

1982 wurden zudem zwei Sonderwohnungsbauprogramme mit einem Volumen von 230 Millionen DM zusätzlich aufgelegt.

Bayern, das die in Bonn nicht zustandegekommenen grundsätzlichen Konzepte durch eigene Leitsätze und Konzepte ersetzte, konnte aber damit die Versäumnisse des Bundes nicht völlig auffangen.

Für 1984 wäre nach dem Kurs der alten Bundesregierung mit nur noch etwa 230 000 neuen Wohnungen zu rechnen gewesen. Wohnraum, vor allem in Ballungsgebieten, wäre noch knapper und damit noch teurer geworden. Zehntausende von Bauarbeitern hätten zusätzlich ihren Arbeitsplatz verloren. Welche Impulse seit Jahren nötig gewesen wären, hat jetzt die neue Bundesregierung gezeigt. Sie hat damit begonnen, Festlegungen im Koalitionspapier umzusetzen, die den Anteil der investiven Ausgaben der öffentlichen Hand erhöhen – meine nachdrückliche Forderung bei diesen Verhandlungen –, den Baumarkt beleben und durch mehr Eigenverantwortung und weniger Staat die wirtschaftlichen Rahmenbedingungen im Mietrecht verbessern werden. Beispielhaft sind

- die Verwendung der obligatorischen Anleihe für die Förderung des sozialen Wohnungsbaus,
- die Vereinfachung des Zeitmietvertragsrechts und
- der Verzicht auf ein Gesetz zur vorgezogenen Einheitsbewertung.

In der Städtebaupolitik sind die Leistungen des Bundes in den letzten Jahren stets weit hinter dem Bedarf der Gemeinden zurückgeblieben, die 1982 nicht einmal ein Viertel der vorgesehenen Investitionen tätigen konnten. Im Gegensatz zu Bayern, das seine Mittel in einem landeseigenen Programm kontinuierlich erhöht hat, war die Förderpolitik des Bundes unstet und unberechenbar.

Die neue Bundesregierung hat demgegenüber trotz des vorgefundenen Finanzchaos beim Städtebau, einem Investitionsbereich erster Ordnung, eine Erhöhung der Bundesmittel um 60 Millionen DM für 1983 beschlossen.

In der Ausländer- und in der Asylantenpolitik hat die alte Bundesregierung jahrelang die Dinge einfach treiben lassen. Wir erleben ja die schmerzlichen Auswirkungen bei uns mit den Protesten von allen Seiten. Wiederholte Vorstöße der Länder – ich sage bewußt »der Länder« – waren erforderlich, damit wenigstens bescheidene Ansätze einer Lösung erzielt werden konnten.

Die innere Sicherheit der Bundesrepublik war in den letzten 13 Jahren erschüttert wie nie zuvor. Der geistige Boden für Terrorismus und Gewalttaten konnte nahezu ungehindert bereitet werden. Das Erwachen war schrecklich, die Besinnung kurz.

Kaum war das Schlimmste überstanden, wurden gesetzliche Vorschriften gelockert und die Arbeit der Polizei und der Justiz erschwert. Es war erschreckend, wie schwach die Reaktionen waren auf gewalttätige Demonstrationen, auf die an Brutalität oft nicht zu überbietenden Angriffe gegen Polizeibeamte, auf Mord und Mordversuch an Polizisten durch Terroristen, im Gegensatz zu den gespielten Entrüstungsszenen bei pflichtgemäßen polizeilichem Einschreiten.

Das Verhältnis vom Bund und Ländern

Verschlechtert hat sich unter der alten Bundesregierung auch das Bund-Länder-Verhältnis insgesamt. Dies war keineswegs eine nur von Unionsländern beklagte Tatsache.

Ich erinnere an die wiederholten und verfassungsrechtlich mehr als bedenklichen Versuche, Länder und Gemeinden über Sonderprogramme und Modellvorhaben unter die Angebotsdiktatur des Bundes zu stellen.

Ich erinnere an die weitgehende, zum Teil unnötige Ausschöpfung der konkurrierenden Gesetzgebungszuständigkeit des Bundes bis hin zu klaren Verfassungsverstößen, wie sie zuletzt das Bundesverfassungsgericht beim Staatshaftungsgesetz festgestellt hat.

Ich erinnere an die Regelungssucht und den Perfektionismus bei der Bundesgesetzgebung, deren Last dann die mit der Ausführung betrauten Länder und Gemeinden zu tragen hatten.

Ich erinnere vor allem an die zutiefst zerstörten, von Wort- und Vertrauensbrüchen seitens des Bundes gekennzeichneten Finanzbeziehungen zwischen Bund und Ländern.

Bundeskanzler Kohl hat bereits zum Ausdruck gebracht, welch hohen Stellenwert für ihn die Verbesserung des Bund-Länder-Verhältnisses besitzt.

Ich habe in den Koalitionsverhandlungen mit Nachdruck darauf gedrungen, daß der Neubeginn sich auch in der Verbesserung des Bund-Länder-Verhältnisses ausdrücken muß. Der Bund muß wieder zu einem partnerschaftlichen Umgang mit den Ländern zurückkehren.

Mit Befriedigung können wir feststellen, daß sich auch hier bereits eine Wende abzeichnet:

- Der Bund verzichtet bereits im Jahre 1982 im vollen Umfang auf die Kindergeldmilliarde.
- Der Länderanteil an der Umsatzsteuer wird ab 1983 um 1 Prozentpunkt auf 33,5 v. H. erhöht.
- Die Bundesmittel für wichtige gemeinschaftliche Finanzierungsvorhaben wie Hochschulbau, Verbesserung der Agrarstruktur, regionale Wirtschaftsförderung, Wohnungsbauförderung, Städtebauförderung, Zonenrandförderung und Fortführung des Rhein-Main-Donau-Kanals werden um rund 500 Millionen DM erhöht.
- Der Bund ist bereit, mit den Ländern ernsthaft über die Entflechtung von Mischfinanzierungen zu verhandeln. Zunächst sollen die Zuständigkeiten für die Krankenhausfinanzierung und Krankenhausgesetzgebung sowie für die Städtebauförderung auf die Länder übergehen.

Was ich bereits in meiner Rede vor dem Deutschen Bundestag am 14. Oktober dieses Jahres ausgeführt habe, versichere ich auch dem Bayerischen Landtag:

»Ich sehe als Bayerischer Ministerpräsident keinen Grund, gegenüber einer von der Union geführten Bundesregierung dort, wo es um die Interessen der Länder oder um die Verteidigung der bundesstaatlichen Ordnung geht, andere Maßstäbe anzulegen, als ich es vor dem Regierungswechsel getan habe. Unsere Kritik richtete sich ja nicht gegen die Bundesregierung, weil sie eine SPD/FDP-Regierung war, sondern weil sie auf die Gestaltung des Bund-Länder-Verhältnisses einen schlechten Einfluß genommen hat!«

Vieles in unserem Land ist dank einer vernünftigen, an der Wirklichkeit orientierten und verantwortungsbewußten Landespolitik besser als im Bund oder in anderen Ländern.

So war unsere Finanzpolitik solide und wird es auch bleiben.

Ich möchte in diesem Zusammenhang noch einmal meinem Vorgänger Alfons Goppel und seinen Regierungsmitgliedern danken. Sie haben zu einer Zeit, als andere hemmungslos Schulden machten, sparsam gewirtschaftet. Dem finanziellen Spielraum, der uns auf diese Weise erhalten blieb, haben wir es zu verdanken, daß Bayern die Krise bisher besser überstanden hat als andere Länder.

Trotzdem müssen wir jetzt auch in Bayern bereit sein, manches in Frage zu stellen, was bisher selbstverständlich war. Verzichte und Opfer sind auch bei uns unvermeidbar. Es wird viele Bereiche treffen und es wird Bereiche treffen, in denen ich es selbst ganz besonders bedauere, daß auch dort Einschnitte nicht ganz vermeidbar sind.

Ich habe nicht die Absicht, mit meiner Regierungserklärung die Haushaltsrede des Herrn Finanzministers vorwegzunehmen. Ich werde deshalb auch nicht die Einzelheiten möglicher Kürzungsvorschläge in dieser Erklärung vortragen.

Darüber wird in den nächsten Wochen noch ausführlich zu reden sein. Alle müssen sich jedoch schon jetzt darauf einstellen, daß nichts mehr so sein wird, wie es einmal war. Neue Programme wird es nicht geben. Steigerungsraten gehören der Vergangenheit an. Einschränkungen müssen hingenommen werden. Im einzelnen müssen

- die Personalausgaben durch einen Stellenabbau gesenkt,
- landesgesetzliche Leistungen eingeschränkt,
- der kommunale Finanzausgleich an die geänderte Lage angepaßt und
- freiwillige Leistungen des Staates gekürzt werden.

Die Knappheit des Geldes darf aber nicht das Ende der Politik sein. Verantwortungsbewußte Politik zeigt sich gerade in Zeiten knapper Mittel. Ich habe nicht die Absicht, die Grundlinien bayerischer Politik zu ändern, weil wir unverschuldet in eine Lage gekommen sind, die uns zwingt, darüber nachzudenken, wie die Kontinuität unserer Politik auch in schwierigen Zeiten gewahrt bleibt. Gerade jetzt muß sich zeigen, daß Politik nicht allein auf rasch zunehmenden Staatseinnahmen und -ausgaben, auf administrativen Lösungen von Problemen, auf der Durchsetzung von Interessen und Befriedigung von Wünschen allein aufgebaut sein darf.

Politik muß von Wertvorstellungen getragen sein, denn unser freiheitlicher Rechtsstaat ist zwar ein weltanschauungsneutraler, aber keinesfalls ein wertneutraler oder gar wertfreier Staat. Seine Ordnung ist eingebunden in ein Wertesystem, das auf unserem Bild vom Menschen und seiner Freiheit ruht, das in unserer Tradition und in unserer Geschichte wurzelt auf der Grundlage des christlichen Menschenbildes und des christlichen Sittengesetzes. Von sich aus hat der Staat keine Wertordnung zu schaffen, letzte Ziele zu bestimmen oder Grundwerte – wie etwa das Recht auf Leben – der demokratischen Mehrheitsentscheidung zu überlassen. Der freiheitliche Rechtsstaat hat aber die Pflicht zum Schutz und zur Verwirklichung der seine Ordnung tragenden Werte.

Erneut zu einer aufrichtigen und glaubwürdigen Politik auf der Grundlage klarer Wertvorstellungen zu finden, auf denen der moderne liberale, aber nicht liberalistische Rechts- und Verfassungsstaat aufgebaut ist, und auf denen wir in der Nachkriegszeit unseren freiheitlichen Rechtsstaat aufgebaut haben, das ist es, was mit dem Begriff der »geistigen Führung« sicher nur unzureichend und für manchen mißverständlich umschrieben wird.

Ein solcher Appell richtet sich nicht allein an die Politiker. Er richtet sich an alle Institutionen und Personen, die seit jeher in unserem Volke Sinnvermittler waren – allen voran Kirchen und Eltern.

Ich appelliere aber auch an das Verantwortungsbewußtsein der Publizisten und Pädagogen.

Leistungswille, Disziplin, Verantwortungsbewußtsein – aber auch Geschichts- und Nationalbewußtsein – müssen im öffentlichen Bewußtsein, müssen in der Schule wie in den Medien wieder den Rang erhalten, der ihnen als unentbehrliche Grundlagen einer freiheitlichen Gemeinschaft und einer humanen Leistungsgesellschaft zukommt. Es muß Schluß sein mit einer Haltung, die jede Ordnung, jede Tradition, jede Autorität einem maßlosen Kritizismus und Skeptizismus mit Häme unterwirft. Es muß auch ein Ende damit nehmen, daß die moralische Überlegenheit der freiheitlichen Grundordnung gegenüber dem totalitären Kommunismus in Frage gestellt wird. Moralische Blindheit, die die politischen Ziele des Westens und des Ostens gleichrangig nebeneinanderstellt, ist mitverantwortlich auch für die Schwächung des Verteidigungswillens vor allem unter der Jugend.

Es ist in unserer wie in jeder anderen Demokratie eine Selbstverständlichkeit, daß die Einsicht in die Notwendigkeit der Landesverteidigung an den Schulen auch vermittelt wird. Dabei geht es nicht um Wehrpropaganda an den Schulen, sondern darum, die Bereitschaft zur Verteidigung des Rechts und der Freiheit zu wecken und zu stärken.

Der erfolgreichste Weg, die freiheitliche Ordnung eines Volkes zu zerstören, führt

- über die Verformung des Bewußtseins und die Veränderung des Sinns der Wörter, über den semantischen Betrug,
- über die Infragestellung und Aushöhlung der Werte, auf denen diese Gesellschaft ruht,
- über die Diffamierung der Traditionen eines Volkes und der Verformung seines Geschichtsbildes,
- über das Auseinanderfallen der Gesellschaft in eine Vielzahl von Sub- und Sonderkulturen, die keine gemeinsame Sprache mehr haben, wenn sie sich auch nur über die

Tatsache der gemeinsamen Wirklichkeit verständigen sollen.

Der neue Bundeskanzler hat angekündigt, er wolle seinen Beitrag zur geistigen Führung der Nation übernehmen, um die geistig moralische Krise zu überwinden, in die unsere Gesellschaft nach 13 Jahren liberal-sozialistischer Herrschaft geraten ist. Die mit dem Beginn der Herrschaft der liberal-sozialistischen Ära versprochene Freiheit erwies sich als leer, weil sie ohne Bindung und Verantwortung gedacht war. Die formalen Regeln und die eines geistig-sittlichen Inhalts beraubten Institutionen drohten dem Druck anarchistischer Verweigerung und irrationalen Widerstands zu erliegen.

Die Überwindung der geistig-moralischen Krise durch geistig-politische Führung ist keine Sache des Überbaues oder der Restauration einer überholten bürgerlichen Wertethik. Die fundamentale Aufgabe einer jeden politischen Führung muß es sein, moralisch-geistig zu ermöglichen, was politisch-ökonomisch und sozial notwendig ist. Auch die SPD würde scheitern, wenn sie sich dieser Aufgabe entziehen würde. Ohne eine geistig-moralische Dimension ist Politik bloßes Krisenmanagement und im schlechteren Falle Verwaltung der Konkursmasse.

Was geistige Führung bedeutet

Bei der geistigen Führung geht es nicht darum, die Illusion zu nähren, man könne durch Mobilisierung moralischer und patriotischer Energien Probleme lösen, die nicht zu lösen sind: Möglichst gleichzeitig die öffentliche Schuldenlast abzubauen, die Wirtschaft zu beleben, das soziale Netz zu verschonen, die Zahl der Arbeitslosen drastisch und schnell zu senken und neue Wünsche zu erfüllen. Keine Regierung kann diese Ziele annähernd gleichzeitig verfolgen. Wer geistig und politisch führen will, der muß die Frage beantworten, was das freiheitliche Gemeinwesen der Bundesrepublik über Bedürfnisse und Interessen hinaus zusammenhält, worin substantiell dies Land sich von einem Verein zur Ausbeutung der Natur und zur Befriedigung des Verlangens nach einem ständig steigenden Lebensstandard unterscheidet. Er kommt an der Frage nach den Inhalten nicht vorbei, an denen sich auch die nationale Identität der Deutschen neu bilden könnte. Geistige Führung muß die Fundamente des Gemeinwesens neu legen. Wenn Bonn nicht Weimar werden soll, muß das Schicksal unserer repräsentativen Demokratie, des freiheitlichen Rechts- und Sozialstaates, aus der fast totalen Abhängigkeit von dem Ausgang ökonomischer und sozialer Krisen befreit werden. Denn eine Lehre von Weimar ist es, daß kein soziales und ökonomisches Problem auf Dauer gelöst werden kann, wenn einmal mit der Freiheit bezahlt worden ist.

Es sind die Folgen und Auswirkungen eines epochalen Umbruchs, mit denen wir es zu tun haben:

Der Zusammenbruch des durch die Prozesse der Aufklärung genährten Glaubens an eine utopische Vollendung der Geschichte, an ein universales Endreich emanzipatorischer Freiheit und definitiven Friedens, die Erschöpfung des ideologischen und politischen Potentials, der auf dieser Annahme entwickelten politischen Programme und Organisationen, eine fundamentale Orientierungskrise, die die Jugend in die Apathie oder in den irrationalen Ausbruch aus einer Gesellschaft treibt, deren Legitimation systematisch in den kulturrevolutionären Erscheinungen der letzten 12 Jahre aufgelöst wurde. Hand in Hand damit ging die völlige Perversion des Begriffes Widerstand, dessen moralisch-geistige Berechtigung in der Diktatur auf einem sittlichen Postulat beruht, dessen Anwendung aber gegen legitime demokratische Entscheidung der dafür zuständigen und vom Volke berufenen Entscheidungsträger als Auflösungserscheinung gewertet werden muß.

Auch die Bürger, die das Recht auf Widerstand in Anspruch nehmen, zum Teil in Übereinstimmung mit der Verfassung, zum Teil gegen sie, müssen begreifen, daß es auch mit ihrem Widerstandsrecht zu Ende ist, wenn der Staat das Monopol auf legale Gewalt verliert. Wer das Monopol auf legale Gewalt des Staates verteidigt, verteidigt damit auch das Widerstandsrecht, das dieser Staat generöser gewährt als irgend ein anderer Staat. Die in unserem Land Widerstand gegen den Staat leisten, können das nur solange tun, solange der Staat sie in diesem Recht schützt, das sie gegen ihn in Anspruch nehmen. Nach der Auflösung des staatlichen Gewaltmonopols tritt zwangsläufig eine Situation ein, in der eine der größten zivilisatorischen Errungenschaften der neueren Geschichte verlorengehen würde, nämlich der liberale Rechts- und Verfassungsstaat.

Wir müssen das moralische Versagen und die moralische Schuld der alten Bundesregierung und der sie tragenden Parteien an dieser Fehlentwicklung ebenso offen darlegen wie ihr Versagen in der Wirtschafts-, Finanz- und Sozialpolitik.

Wir haben in Bayern nach Kräften diesen Fehlentwicklungen gegengesteuert. So wenig wir jedoch verhindern konnten, daß wegen der engen Verzahnung der Entwicklung in Bayern mit der Bonner Politik die wirtschafts- und finanzpolitischen Fehler und Versäumnisse der alten Bundesregierung auch auf unser Land durchschlugen, so wenig konnten wir verhindern, daß auch in Bayern der Sog der geistigen und psychologischen Fehlentwicklungen und Verformungen zu spüren war.

Es ist daher die vorrangige Aufgabe im Bund und im Land, unserem Volk mit aller Eindringlichkeit wieder klarzumachen, daß unsere Demokratie nicht nur eine Schönwetterdemokratie sein darf und daß nur ein Staat mit handlungsfähigen demokratischen Institutionen die Freiheit sichern kann.

Unserem Volk muß wieder klarwerden, daß Wohlstand und soziale Sicherheit nicht geschenkt, sondern hart erarbeitet werden müssen. Unser Volk muß lernen, Belastungen zu ertragen und Opfer zu bringen.

Zeichen der Wende – vordringliche Aufgaben

Die neue Bundesregierung hat Zeichen für eine Wende gesetzt. Es wurden erste Schritte getan, mit dem Ziel, die

Staatsfinanzen in Ordnung und die Wirtschaft wieder in Schwung zu bringen. Die geistige Erneuerung muß diese Entwicklung begleiten. Vordringlich sind jetzt drei Aufgaben:

- Die Sanierung der Wirtschaft,
- die Konsolidierung der zerrütteten öffentlichen Finanzen und
- die Stabilisierung eines finanzierbaren Systems der sozialen Sicherheit.

Diese Ziele werden nur zu erreichen sein, wenn in den öffentlichen Haushalten der investive Bereich gestärkt und wenn die Identität von Sachplanungen und Finanzplanung wiederhergestellt wird.

Alle Planungen müssen sich an dem orientieren, was finanzierbar ist. Planungen ohne Rücksicht auf Finanzierbarkeit darf es nicht mehr geben.

In der Steuerpolitik ist die neue Bundesregierung bereits in den wenigen Wochen ihrer Arbeit darangegangen, die von der liberal-sozialistischen Koalition angelegten Investitionsbremsen zu lockern und wieder die Grundlage für die Schaffung langfristig sicherer Arbeitsplätze zu legen. Dieses Ziel wird nachhaltig gestützt durch eine Reihe investitionsentlastender Maßnahmen bei den Ertragssteuern:

- Wer investiert und dafür Kredite aufnehmen muß, soll nicht über die Gewerbesteuer zusätzlich belastet werden – eine alte Forderung der Bayerischen Staatsregierung.
- Durch einen verbesserten Schuldzinsenabzug soll der Eigenheimbau zusätzlich angekurbelt werden – auch das eine alte Forderung der Bayerischen Staatsregierung.

Zur Finanzierung dieser und einer Reihe anderer notwendiger Maßnahmen ist eine Erhöhung der Umsatzsteuer zum 1. Juli 1983 unabdingbar. Ich habe die Umsatzsteuer-Erhöhung schon lange vor der Regierungsübernahme als mögliches Instrument, aber nicht für eine Vermehrung der Steuereinnahmen, sondern für eine Umstrukturierung im Steuerrecht bezeichnet.

Ich begrüße es nachdrücklich, daß die Bundesregierung

zusätzlich zu den ab 1. 1. 1983 in Kraft tretenden Entlastungen weitere steuerliche Entlastungen für die kommenden Jahre angekündigt hat, die dann aus dem ab 1984 voll zur Verfügung stehenden Mehraufkommen aus der Umsatzsteuer-Erhöhung finanziert werden können.

Diese Maßnahmen zur Verbesserung der Investitionsmöglichkeiten dienen zugleich einer breiten Streuung des Eigentums. Sie leisten einen wichtigen Beitrag zur Festigung der Sozialen Marktwirtschaft, zur Entschärfung kommender Tarifverhandlungen, zur Überwindung der Arbeitslosigkeit und zur langfristig besseren sozialen Absicherung der Arbeitnehmer. Die Staatsregierung wird entsprechende Initiativen unterstützen.

Ich möchte auch ein Wort zu der viel gescholtenen Investitionshilfe-Anleihe sagen. Sie wissen, daß ich ein erklärter Gegner von Ergänzungsabgaben und ähnlichen Steuererhöhungen bin. Ich bin es deshalb, weil ich die Sorge habe, daß die durch die Ergänzungsabgabe zustande gekommenen neuen Spitzensteuersätze dann wieder als Normalmaß empfunden und bei der nächsten finanzpolitischen Enge als Basis für neue Steuererhöhungen dienen würden. Ich erinnere an die Tatsache, daß ich als Bundesfinanzminister der Großen Koalition die Ergänzungsabgabe kraft Koalitionsbeschlusses und Kabinettsbeschlusses eingeführt habe. Sie sollte zeitlich begrenzt sein und sollte dann wieder wegfallen, wenn die Bundesfinanzen geordnet waren. Sie waren 1969 geordnet. Sie ist aber nicht mehr weggefallen, sondern in den Tarif eingebaut worden und damit ist ein Stück Spielraum finanzpolitischer Möglichkeiten vertan worden. Ich bin überhaupt der Meinung, Abgabenbelastungen, die mehr als 50 Prozent des verdienten Einkommens betragen, sind finanz- und wirtschaftspolitisch ebenso bedenklich wie moralisch fragwürdig. Selbst der ehemalige Bundeskanzler Schmidt hat in der Endphase seiner Regierungszeit das Ergebnis seiner Arbeit so dargestellt, daß es unerträglich sei, wenn Arbeitnehmer von jeder zusätzlich verdienten Mark mehr als 50 Pfennige abführen müssen. So in seinem Brief an den Vorsitzenden des Deutschen Gewerkschaftsbundes.

Deshalb heißt es für mich: Keine Ergänzungsabgabe, keine Erhöhung des Spitzensteuersatzes, keine Arbeitsmarktabgabe. Die Einführung einer Investitionshilfe-Abgabe in Form einer Anleihe dient der sozialen Ausgewogenheit von Einsparmaßnahmen im überzogenen sozialen Netz. Sie ist rückzahlbar ohne Zinsen, das Opfer besteht im Verzicht auf Zinsen, im Verzicht auf einen Teil des Geldwertes, denn am Tag der Rückzahlung werden 1000 oder 5000 DM eine geringere Kaufkraft haben, als sie am Tage der Leistungserbringung hatten. Aber dies schien mir mit unserer Glaubwürdigkeit im Hinblick auf die Zweckbindung Wohnungsbau noch verträglich zu sein.

Schließlich trifft diese befristete Abgabe auch deshalb ins Ziel, weil sich der Steuerpflichtige durch Investitionen von ihr befreien kann, durch Investitionen im eigenen Betrieb in Höhe des Fünffachen seiner Abgabeschuld. Begünstigt werden die Anschaffung und die Herstellung von neuen abnutzbaren beweglichen und unbeweglichen Wirtschaftsgütern des Anlagevermögens. Begünstigt werden auch nachträgliche Herstellungsarbeiten an solchen Gütern.

Einen nachteiligen Einfluß auf die Investitionstätigkeit und die Leistungsbereitschaft befürchte ich nicht, weil die Rückzahlung der Abgabe gesetzlich zugesagt werden wird. Damit ist auch die Gefahr ausgeschlossen, daß die Abgabe wieder in den Einkommensteuertarif eingebaut wird.

Ich begrüße auch die Erklärung des neuen Bundesfinanzministers, daß das Problem der heimlichen Steuererhöhungen nicht aufgehoben werden, sondern nur aufgeschoben sein soll, und daß bereits im nächsten Jahr die Arbeiten an der Neufassung des Einkommensteuertarifs und damit auch des Lohnsteuertarifs beginnen werden.

Durch den Weg der neuen Bundesregierung in die richtige Richtung wird die künftige Politik der Bayerischen Staatsregierung auch in der derzeitigen schwierigen Situation etwas erleichtert. Unser Ziel bleibt dabei unverändert die überdurchschnittliche Investitionsquote im Landeshaushalt zu halten. Ich denke dabei an mindestens 20 Prozent als Richtlinie meiner Politik. Denn eine überdurchschnittliche Investitionsquote sichert einen wirksamen Beitrag für eine aktive Beschäftigungspolitik.

Ferner bleiben unsere Ziele

– das Land mit der geringsten Pro-Kopf-Verschuldung aller Länder zu bleiben und
– in diesem eingeschränkten Rahmen noch eine vernünftige und wirkungsvolle Landespolitik zu betreiben.

Ausgewogene Landesentwicklung

Je schwieriger die wirtschaftliche Lage und je enger der finanzielle Spielraum wird, desto wichtiger ist es, die knappen Mittel so wirksam wie möglich einzusetzen. Aufgabe der Landesplanung ist es, vorausschauend zu koordinieren und die Maßnahmen von Staat und Kommunen aufeinander abzustimmen.

Die Staatsregierung wird die erfolgreiche Politik einer ausgewogenen Entwicklung aller Landesteile konsequent fortsetzen. Im Vordergrund wird dabei stehen, Arbeitsplätze zu sichern und nach Möglichkeit neue zu schaffen.

Die Staatsregierung wird die im April dieses Jahres beschlossene und dem Parlament schon in der vorigen Legislaturperiode zugeleitete Verordnung zur Fortschreibung des Landesentwicklungsprogramms nochmals behandeln und dem Landtag in Kürze erneut zur Zustimmung vorlegen.

Mit dem Landesentwicklungsprogramm setzen Staatsregierung und Parlament jedoch nur den notwendigen Rahmen. Die Staatsregierung erwartet in dieser Legislaturperiode die Fertigstellung aller Regionalpläne, die diesen Rahmen ausfüllen. Anders als etwa in Hessen oder Nordrhein-Westfalen, wo den Kommunen die Regionalplanung genommen wurde, können in Bayern die Kommunen und Landkreise über ihre eigenen Zukunftsvorstellungen selbst beschließen und so auch den Staat auf ihr Entwicklungskonzept verpflichten. Die bayerische Form der Regionalplanung bietet damit Gewähr dafür, daß Landesplanung nicht über die Kommunen und die Köpfe der Bürger hinweg geschieht.

Die konsequente und kontinuierliche Landesentwicklungspolitik der Staatsregierung hat bewiesen, daß der ländliche Raum als attraktiver und gleichwertiger Lebensraum neben den Verdichtungsräumen erhalten und weiterentwikkelt werden kann. In den 80er Jahren wird vor allem der Bevölkerungsrückgang Anlaß zu noch größeren Anstrengungen sein müssen, um strukturelle Rückentwicklungen zu vermeiden. Der »Maßnahmenkatalog für den ländlichen Raum«, den die Staatsregierung 1982 vorgelegt hat, soll dazu ein wichtiger Beitrag sein.

Er wird ergänzt durch eine Palette weiterer Maßnahmen, wie das Baulandkonzept für den ländlichen Raum, das die Bedürfnisse der einheimischen Bevölkerung besonders berücksichtigt, Maßnahmen der Flurbereinigung, der Dorferneuerung und der Infrastruktur. Auch im ländlichen Raum muß gewährleistet sein, daß wohnortnahe, der Versorgung der Bevölkerung dienende Infrastruktureinrichtungen wie Kindergärten, Schulen und Krankenhäuser gehalten werden können.

Verkehrserschließung und Verkehrsanbindung

Unabdingbar für die gleichwertige Entwicklung aller Landesteile sind und bleiben die Verkehrserschließung und die weiträumige Verkehrsanbindung des ganzen Landes.

Die alte Bundesregierung hatte die Leere der öffentlichen Kassen zum Anlaß für massive Kürzungen im Bereich der Verkehrsinvestitionen genommen. Dies ging zu Lasten von Flächenstaaten wie Bayern und hier vor allem zu Lasten der Verkehrsanbindung und Verkehrserschließung wirtschaftsschwacher Gebiete, des Zonenrand- und Grenzlandes.

Investitionsmittel, die Bayern für den Fernstraßenbau vom Bund erhalten hat, sind seit 1979 von rd. 1,5 Milliarden DM auf ca. 760 Millionen DM im Jahre 1982 zurückgegangen, also um mehr als 50 Prozent, wenn man die Preissteigerungen einbezieht. Die Staatsregierung wird sich bei der neuen Bundesregierung für einen gerechteren Anteil an den Bundesverkehrsinvestitionen, vor allem im Bundesfernstraßenbau einsetzen. Für unser Land ist ein leistungsfähiges Fernstraßennetz lebensnotwendig.

Vordringlich sind neben der längst überfälligen Fertigstellung der Autobahn Regensburg – Passau vor allem der Ausbau – ich nenne wichtige Beispiele –

– der Bundesautobahn München – Freising-Moosburg – Landshut – Deggendorf aus strukturpolitischen Gründen,
– der Bundesautobahn Elsendorf – Regensburg – Weiden,
– der Maintalautobahn Schweinfurt – Bamberg mit Anschluß an die Autobahn München – Berlin.

Die Vorwegfinanzierung der Bundesautobahn Würzburg – Ulm muß in eine Sonderfinanzierung umgewandelt werden.

Neben der Straße bleibt die Bahn in einem Flächenstaat wie Bayern wichtigster Verkehrsträger.

Die Staatsregierung wird sich daher einem weiteren Rückzug der Bahn aus der Flächenbedienung auch weiterhin entschieden widersetzen.

Streckenstillegungen und Betriebseinschränkungen sind kein geeignetes Mittel für eine nachhaltige Verbesserung der wirtschaftlichen Lage der Deutschen Bundesbahn. Sie muß modernisiert werden, um leistungsfähiger und attraktiver zu werden.

Aus energiepolitischen und gesamtwirtschaftlichen Gründen befürwortet die Staatsregierung den Ausbau des öffentlichen Personennahverkehrs in Stadt und Land. In den Ballungsräumen München und Nürnberg ist schon viel erreicht. Für die Zukunft ist beim weiteren Ausbau der Schnellbahnsysteme jedoch wegen der Haushaltssituation des Bundes mit Problemen zu rechnen. Das Mineralölsteueraufkommen, aus dem die Investitionen gefördert werden, stagniert oder geht sogar zurück.

Die alte Bundesregierung hat es abgelehnt, diesen Rückgang durch Haushaltsmittel auszugleichen und damit ein kontinuierliches Bauvolumen zu sichern.

Im Gegensatz dazu hat die Bayerische Staatsregierung notwendige Komplementärmittel im Rahmen des Nahverkehrsprogramms Bayern bereitgestellt. Nur deshalb und wegen der Bereitschaft der Stadt München, ausgefallene Bundesmittel vorzufinanzieren, konnte zum Beispiel das Bauvolumen beim U-Bahnbau gehalten werden. Dadurch wurden erhebliche negative beschäftigungspolitische Auswirkungen vermieden. Für die Zukunft ist es jedoch Ländern und Kommunen nicht möglich und auch nicht zuzumuten, Aufgaben des Bundes auf längere Frist zu übernehmen.

Noch 1979 waren sich Bund und Bayern darüber einig, die Rhein-Main-Donau-Schiffahrtsstraße so schnell wie möglich fertigzustellen. Bis dahin waren die Mittel aus Bonn so bemessen, daß eine Fertigstellung der Main-Donau-Verbindung für die zweite Hälfte der 80er Jahre zu erwarten war. Von 1980 an begann der Bund jedoch seine Finanzbeiträge zu kürzen. Schließlich forderte er sogar die Einstellung des Kanalbaues.

Die Staatsregierung hat stets die Einhaltung der Verträge und die zügige Vollendung der Wasserstraße gefordert. Für uns steht der volkswirtschaftliche, der regional- und strukturpolitische sowie der europapolitische Nutzen der Main-Donau-Verbindung außer Frage. Der Kanal ist zudem Teil eines großangelegten wasserwirtschaftlichen Projekts, mit dem das reichlich vorhandene Donau- und Altmühlwasser in das wasserarme Regnitz-Main-Gebiet übergeleitet wird. So ist mittlerweile die größte Baustelle Bayerns und das größte wasserwirtschaftliche Projekt Europas entstanden. Kanalüberleitung und Brombachspeichersystem bilden zusammen ein wasserwirtschaftliches Ganzes. Gleichzeitig entsteht damit für die Menschen im Ballungsraum Nürnberg-Fürth-Erlangen ein neuer, attraktiver Erholungsraum. Mit dem Brombachsee, dem Altmühlsee und dem Rothsee wird eine Seenlandschaft entstehen, die auch wichtige Impulse für den Fremdenverkehr gibt. Wer »nein« zum Kanal sagt, sagt auch »nein« zu diesen Zielen der Landesentwicklung.

Ein Baustopp würde nicht nur wesentlich mehr Kosten verursachen als die Fertigstellung, sondern volkswirtschaftlichen Schaden anrichten und Tausende von Arbeitsplätzen vernichten. In der vergangenen Woche wurden die zwischen dem Bund und Bayern auf Wunsch des Bundes geführten Gespräche über »Daten und Tatsachen« zu dieser Wasserstraße mit dem Ergebnis zu Ende geführt, daß volle Übereinstimmung über fast alle wesentlichen Zahlen und Prognosen auf einmal zwischen Bonn und Bayern erreicht worden ist. Beide Seiten kamen einmütig zu der Schlußfolgerung, daß der Kanal zügig fertigzustellen ist. Die Bundesregierung bleibt jetzt aufgefordert, das mir und in der Öffentlichkeit gemachte Versprechen des Bundeskanzlers durch Bereitstellung der erforderlichen Haushaltsmittel zu erfüllen, wenn wir auch wissen, daß keine Wunder jetzt und in naher Zukunft möglich sind.

Zur weiträumigen Verkehrsanbindung Bayerns benötigen wir den Flughafen München II.

Die Staatsregierung wendet sich nachdrücklich gegen die von der alten Bundesregierung angestrebte Zentralisierung des internationalen Luftverkehrs in der Bundesrepublik.

Die Flughäfen München und Nürnberg haben ihren festen Platz in diesem System und müssen ihn behalten. Der den Anforderungen nicht mehr genügende, die Münchner Bevölkerung unzumutbar belastende Flughafen München-Riem muß daher durch den Flughafen München II baldmöglichst ersetzt werden.

Die Notwendigkeit eines neuen Flughafens aus Gründen der Sicherheit, des Umweltschutzes und der Kapazität sowie die Wahl des Standorts sind inzwischen auch vom Verwaltungsgericht München und vom Bayerischen Verwaltungsgerichtshof bestätigt worden. Jetzt müssen die rechtlichen Voraussetzungen für die Wiederaufnahme der Bauarbeiten so schnell wie möglich herbeigeführt werden. Die Flughafen München GmbH hat inzwischen, um den Bedenken des Verwaltungsgerichtshofes wegen des hohen Flächenverbrauchs Rechnung zu tragen, bei der Regierung von Oberbayern eine Änderung des Planfeststellungsbeschlusses beantragt.

Erfolgreiche regionale Strukturpolitik

In der regionalen Strukturpolitik wird die Staatsregierung ihren seit Jahren erfolgreichen Weg fortsetzen. Unsere wirtschaftsschwachen Gebiete haben an der bayerischen Gesamtentwicklung, die deutlich besser war als der Bundesdurchschnitt, überproportional teilnehmen können:

- Die wirtschaftliche Leistung ist in den Regierungsbezirken mit hohem Zonenrandanteil seit 1970 überdurchschnittlich gestiegen.
- Der Dienstleistungsbereich konnte gerade in den strukturschwachen Gebieten überdurchschnittlich gestärkt werden.
- Regionale Einkommensunterschiede wurden weiter abgebaut.
- Mit staatlicher Unterstützung geschaffene neue Betriebe haben sich in aller Regel gut entwickelt.

Allerdings ist uns dieser Weg durch zahlreiche bundespolitische Fehlentscheidungen nicht gerade leicht gemacht worden. Was in Bayern erreicht wurde, mußte seit Beginn der 70er Jahre im Gegenwind einer Bundespolitik erkämpft werden, deren wirtschafts- und beschäftigungsfeindliche Folgen sich besonders in den Fördergebieten immer deutlicher ausgewirkt und unsere Erfolge der Vergangenheit immer stärker gefährdet haben.

Die gegenwärtige wirtschaftspolitische Situation erfordert erhebliche Anstrengungen auch finanzieller Art, damit arbeitsmarktpolitisch notwendige Investitionen in strukturschwachen Gebieten in ausreichender Zahl durchgeführt werden können. Allerdings zwingen die knappen Mittel zu einer noch strengeren Auswahl der zu fördernden Vorhaben nach arbeitsmarktpolitischen und regionalwirtschaftlichen Auswirkungen.

Der Zonenrandförderung wird die Staatsregierung auch in Zukunft Priorität einräumen. Sie wird aber auch den Vorstellungen der EG-Kommission entschieden Widerstand entgegensetzen, die von Bund und Ländern als regionale Fördergebiete anerkannten Räume gegenüber der erfolgten Reduzierung um 20 Prozent weiter zu vermindern. Europäische Durchschnittswerte sind als Kriterium für die Förderbedürftigkeit in unserem Land wegen seiner besonderen Grenz- und Randlage nicht geeignet.

Förderung des Mittelstandes

Auf der Grundlage des Mittelstandsförderungsgesetzes wird die Staatsregierung ihre erfolgreiche Mittelstandspolitik aktiv und zielgerecht fortführen.

Handwerk, Handel und Fremdenverkehr sind zusammen mit einer breiten Schicht leistungsfähiger mittelständischer Industrieunternehmen traditionell besonders wichtige Teile des bayerischen Mittelstandes.

Die Förderung des Mittelstandes dient allen Bürgern unseres Landes. Kleine und mittlere Unternehmen sowie die freien Berufe sind tragende Säulen unserer wirtschaftlichen und gesellschaftlichen Entwicklung:

- Sie beschäftigen 6 von 10 Arbeitnehmern.
- Sie haben eine große Bedeutung bei der Heranbildung des beruflichen Nachwuchses.
- Sie sind auch Träger des technischen Fortschritts und
- sie sind auch stabiler in der Erhaltung von Arbeitsplätzen.

Unsere Mittelstandspolitik muß sich auf folgende Schwerpunkte konzentrieren:

- die Hilfe zur Gründung neuer Unternehmen. Dabei sollte die von Bayern seit langem beklagte Doppelförderung von Bund und Ländern aufgegeben und die Zuständigkeit ausschließlich den Ländern überlassen bleiben;
- die Stärkung der Selbstfinanzierungskraft;
- die Verbesserung der Wettbewerbsfähigkeit.

Die Stabilisierung bestehender und die Erschließung neuer Märkte, vor allem internationaler Märkte, setzen voraus, daß die bayerische Wirtschaft im weltweit beschleunigten technischen Wandel den Anschluß hält. Die Staatsregierung begegnet dem bestehenden Informationsmangel durch Förderung dezentraler Dokumentationseinrichtungen und Fachinformationszentren, durch ein landesweites Netz regionaler Informationsvermittlungsstellen und durch individuelle technische Beratung. Mit ihrem Innovations-Förderungsprogramm setzt sie dort an, wo das Risikokapital der Betriebe zur Verwirklichung neuer Ideen nicht ausreicht.

Schutz für Natur und Umwelt

Der Schutz von Natur und Umwelt, die Sicherung der natürlichen Lebensgrundlagen wird auch in dieser Legislaturperiode ein Schwerpunkt der Politik der Staatsregierung sein. Wir haben in Bayern diese Aufgabe schon frühzeitig erkannt und viel geleistet, lange bevor andere Gruppierungen den Umweltschutz als politische Parole entdeckt und mißbraucht haben.

Dabei können wir mit Stolz sagen: Unsere bayerischen Leistungen und Anregungen auf den Gebieten des Natur- und Umweltschutzes haben frühzeitig nationale wie internationale Anerkennung gefunden. So wird der Beitrag der Staatsregierung zur Internationalen Gartenbauausstellung 1983 in München auf die vielfachen Möglichkeiten aufmerksam machen, wie der Mensch die Natur erleben, schützen, erhalten und pflegen kann.

Erfolgreich konnte unsere bayerische Umweltschutzpolitik deshalb sein, weil sie sich nicht in wirklichkeitsfremder Schwärmerei und auch nicht in der Absage an die Notwendigkeiten und Bedürfnisse der modernen Industriegesellschaft erschöpfte. Sie hat aber auch nicht dem wirtschaftlichen Erfolgsdenken absoluten Vorrang vor der Erhaltung der natürlichen Ressourcen eingeräumt. Das ist moderne Soziale Marktwirtschaft.

Bayern ist in den letzten Jahrzehnten zu einem modernen Industriestaat und zum führenden Wachstumsland der Bundesrepublik Deutschland geworden. Diese Entwicklung hat den Menschen in unserem Lande nach 1949 einen bisher nicht gekannten Wohlstand gebracht. Aber die Folgen der technisch-industriellen Entwicklung, die großen Eingriffe in die natürliche Umwelt des Menschen – wachsender Landverbrauch, zunehmende Schadstoffimmissionen und Lärmbelästigungen – brachten auch neue große Herausforderungen an Politik und Wissenschaft, an Technik und Wirtschaft.

Unserer bayerischen Umweltpolitik liegt die Erkenntnis zugrunde, daß die Probleme, die durch Naturwissenschaft und Technik geschaffen wurden, sich nur durch Naturwissenschaft und Technik, durch Vernunft und geistige Anstrengung wieder lösen lassen. Der Ausweg in ein vortechnisches »einfaches Leben«, in eine präindustrielle Phase – die grüne Idylle – ist dagegen Flucht, nicht Rettung. Auch das Ringen um den richtigen Ausgleich zwischen den Notwendigkeiten der Ökonomie und den Erfordernissen der Ökologie gehört zur geistigen Führung in der Politik. Dumpfe Zukunftsangst ist dabei ebenso ein schlechter Ratgeber wie ein blinder Fortschrittsglaube oder technische Gigantomanie um ihrer selbst willen.

Wir wissen, daß die Natur ein uns anvertrautes, nicht zur schrankenlosen Ausbeutung freigegebenes Gut ist. Wir kennen unsere Pflicht, sorgsam mit den knapper gewordenen und gefährdeten Lebensgütern – gesunde Natur, reines Wasser, saubere Luft – umzugehen. Wirksame Umweltschutzgesetzgebung und strenger Vollzug müssen uns die Erhaltung dieser Güter gewährleisten.

Wir wissen auch, daß die ökologischen Herausforderungen nicht durch eine Philosophie des Verzichts und der Verarmung, sondern allein durch die Anspannung aller schöpferischen Kräfte gemeistert werden können. Neben gesetzgeberischen Maßnahmen muß deshalb an erster Stelle die Entwicklung und Förderung zukunftsweisender, umweltfreundlicher energie- und rohstoffsparender Techniken stehen. Dabei helfen uns jedoch keine zivilisationsmüden Aussteiger, keine gesellschaftskritischen Schönredner, keine Prediger von Angst und Verzweiflung, sondern nur gut ausgebildete, ideenreiche, schöpferische Frauen und Männer in Forschung und Praxis.

Grundsätze unserer Umweltpolitik sind Erhalten, Bewahren und überlegtes Gestalten. Unsere Bürger können sicher sein: Bayern wird seine führende Rolle im Umweltbereich wahren und weiter ausbauen. Das schließt nicht aus, daß ein so erfolgreiches Programm wie das Programm »Freizeit und Erholung«, das in dieser Form einmalig ist, zunächst nur erheblich eingeschränkt fortgeführt werden kann. Aber auch dafür werden hoffentlich bald wieder günstigere Zeiten kommen.

Umweltschutz in Bayern ist Umweltschutz mit Augenmaß und Wirklichkeitsbezug. Beispielhaft hierfür ist unser Bemühen, im Rahmen der in der letzten Legislaturperiode beschlossenen Änderung des Bayerischen Naturschutzgesetzes die Interessen des Naturschutzes und der Landwirtschaft in ein vernünftiges Verhältnis zu bringen.

Landwirtschaft und Gartenbau, Forstwirtschaft, Jagd und Fischerei bewirtschaften 90 Prozent der Fläche Bayerns. Ihnen wurde deshalb der gesetzliche Auftrag erteilt, unseren Lebens- und Kulturraum zu erhalten und zu pflegen.

Bayern hat sich dabei stets von dem Grundsatz leiten lassen, daß Naturschutz und Umweltschutz nur mit diesen Gruppen, nicht gegen sie geleistet werden können.

Allerdings ist nur eine bäuerliche Landwirtschaft umweltfreundlich! Nur sie kann einen Beitrag zum Umweltschutz und zur Erhaltung der heimischen Kulturlandschaft leisten.

Bäuerliche Landwirtschaft ist die Absage an bodenunabhängige Agrar- und Tierfabriken.

Deshalb müssen wir auch nach dem ökonomischen und ökologischen Sinn einer Brüsseler Agrarpolitik fragen, die unsere Landwirtschaft in zunehmendem Maße in die industrialisierte Produktion und damit in den Konflikt mit den Gesetzen der Natur hineintreibt.

Der »Bayerische Weg« der Agrarpolitik gilt heute als geglückte Synthese zwischen Ökonomie und Ökologie, zwischen Erzeuger- und Verbraucherinteressen. Bäuerliche Landwirtschaft bedeutet überschaubare Größen, tiergerechte Haltungsformen und naturnahen Pflanzenanbau. Sie stellt einen vernünftigen Mittelweg zwischen dem alternativen Landbau einerseits und einer überzogenen Spezialisierung und Industrialisierung der Agrarproduktion andererseits dar. Sie kommt damit den Wünschen der Verbraucher nach einwandfreien Nahrungsmitteln am besten nach.

Die Bayerische Staatsregierung fühlt sich deshalb dieser bäuerlichen Landwirtschaft verpflichtet und wird ihre landeseigenen Agrarprogramme im wesentlichen fortführen. Ohne Einschränkungen werden wir aber auch in diesem Bereich nicht auskommen.

Die Bayerische Staatsregierung fordert die Bundesregierung auf, in Brüssel nachdrücklich dafür einzutreten, daß der bäuerlichen Landwirtschaft auch in der EG-Agrarpolitik Vorrang eingeräumt wird. Auf EG- und Bundesebene müssen die Mittel

- der Markt- und Preispolitik,
- der Ordnungspolitik,
- der Steuerpolitik,
- der Umweltschutzpolitik,
- des Natur- und Tierschutzes

gezielter und bewußter zur Erhaltung und Förderung bäuerlicher Strukturen eingesetzt werden. Gleichzeitig ist eine grundlegende Umorientierung und Dezentralisierung der EG-Agrarstrukturpolitik herbeizuführen.

Zum Schutze unserer Verbraucher wurde vor 10 Jahren das Programm »Gesunde Ernährung« eingeführt.

Mit diesem Programm unterstützt die Staatsregierung unsere Landwirtschaft in ihrem Bemühen, rückstandsfreie, qualitativ hochwertige Nahrungsmittel zu erzeugen.

Dieses Programm wurde eingeführt, lange bevor die Öffentlichkeit durch Schreckensmeldungen über vergiftete Nahrungsmittel beunruhigt wurde. Das Programm umfaßt Forschungsvorhaben, Untersuchungen von Rückständen sowie die Beratung von Landwirten und Verbrauchern. Mit dieser zielstrebigen Arbeit soll verhindert werden, daß die Angst unserer Bürger von Geschäftemachern ausgenutzt wird, die oftmals Nahrungsmittel unter dem falschen Etikett biologischen Anbaus zu überhöhten Preisen anbieten.

An den Bund richten wir die Forderung, dafür zu sorgen, daß die zulässigen Schadstoffgehalte in den Futtermitteln gesenkt werden. Vor allem bei den Importfuttermitteln muß ein Einfließen von Schadstoffen in den Nahrungsmittelkreislauf verhindert werden.

Im übrigen sind wir der Auffassung, daß es höchste Zeit ist, in der EG das Futtermittel- und das Pflanzenschutzrecht dem vorbildlichen deutschen Standard anzugleichen.

Umweltschutz zum Nulltarif gibt es nicht. Aufgabe der Politik ist es, unser Wirtschaften so einzurichten, daß es sich an den Rahmenbedingungen unserer natürlichen Umwelt orientiert. Ein so verstandener Umweltschutz garantiert zudem, daß ein vernünftiges Wirtschaftswachstum auch künftig von der großen Mehrheit unserer Bürger bejaht wird. Dies gilt um so mehr, als Umweltschutz in den letzten Jahren in erheblichem Umgang auch qualitativ hochwertige Arbeitsplätze geschaffen hat.

Die Entsorgungsindustrie, also die Bereiche der Abwasserreinigung, der Luftreinhaltung, der Abfallbeseitigung, der Lärmdämmung, der Meß-, Regel- und Filtertechnik gehören gerade auch bei uns in Bayern zu den zukunftsträchtigen Wachstumssparten der Wirtschaft.

Der technische Umweltschutz ist heute einer der Bereiche, in dem modernste Fertigungsmethoden vorherrschen, in dem Kreativität und Innovation am meisten gefragt sind.

Im Bereich der Abfallwirtschaft werden wir weitere qualitative Verbesserungen der Abfallbeseitigungsanlagen vornehmen. In diesem Zusammenhang erinnere ich an die Aufnahme des Probebetriebs im neuen Müllheizkraftwerk Schwandorf, das rund 10 Prozent der bayerischen Bevölkerung entsorgen wird. Künftig werden nicht mehr täglich 1000 Tonnen Abfälle an vielen Stellen unter erheblicher Umweltbelastung abgelagert, sondern als Energieträger wärmetechnisch verwertet. Dadurch können täglich rund 200 000 Liter Heizöl gespart werden. Durch die gleichzeitige Errichtung eines schienenorientierten Umladesystems wird zudem ein verkehrspolitischer Nebeneffekt erzielt, die Verlagerung von Transporten von der Straße auf die Schiene.

Die bayerischen Gemeinden haben seit 1950 etwa 4 Milliarden DM staatliche Zuwendungen für den Bau von Abwasseranlagen erhalten. Die Staatsregierung wird trotz der finanziellen Misere alle Möglichkeiten ausschöpfen, damit die Abwasseranlagen weiterhin ausgebaut werden können.

Mit Bedauern muß ich feststellen, daß das Verfahren zur Errichtung eines Zwischenlagers für schwach- und mittelradioaktive Abfälle in Mitterteich noch immer nicht abgeschlossen werden konnte. Dabei hat vor allem die Art und Weise des Widerstands befremdet, der einem Projekt entgegengebracht wird, wie es in vergleichbarer Weise seit Jahren fast unbemerkt in unmittelbarer Nähe der Landeshauptstadt München ohne Beanstandungen betrieben wird. Eine Gemeinde wie Karlstein am Main ist stolz darauf, in ihrem Wappen das Atom zu haben. Eine solche Haltung sollte man sich in Mitterteich zum Vorbild nehmen und sich vor gespenstischen Furchterscheinungen frei machen.

Erhaltung unserer Wälder

Mit rund 2,5 Millionen Hektar ist Bayern das größte Waldland in der Bundesrepublik Deutschland. Wegen seiner großen Bedeutung für eine gesunde Umwelt und auch für die Wirtschaft unseres Landes sind die Schäden an Teilen unserer Wälder, die unter dem übertriebenen Wort »Baumsterben«, häufig mit Bildern aus der Tschechoslowakei, aus dem Erzgebirge dokumentiert, Eingang in eine breite öffentliche Diskussion gefunden haben, eine besondere ökologische Aufgabe.

Nach den Meldungen der bayerischen Forstämter sind rund 160 000 Hektar Wald, also ca. 6,5 Prozent der Waldfläche Bayerns, betroffen.

Andere Länder der Bundesrepublik sind prozentual noch stärker betroffen. So beträgt der Schadensanteil in Nordrhein-Westfalen 8,5 Prozent, in Baden-Württemberg 10 Prozent, in Niedersachsen 13,5 Prozent. In der Bundesrepublik Deutschland sind insgesamt 8 Prozent der Waldfläche betroffen.

Ursachen und Wirkungszusammenhänge sind trotz teilweise jahrelanger Bemühungen noch nicht in allen Einzelheiten erforscht. Die Staatsregierung wird auch weiterhin alles tun, daß durch Maßnahmen auch auf internationaler Ebene, diesem Übel begegnet wird. Vor allem gilt es, die Konzentration säurebildender Schadstoffe in der Luft zu verringern.

Auf Antrag Bayerns haben die Ministerpräsidenten der Länder die Bundesregierung aufgefordert, die Forschungsarbeiten zu koordinieren und zu verstärken sowie durch internationale Verhandlungen – Stichwort: DDR, Tschechoslowakei, auch Frankreich – und durch eine Änderung der Vorschriften auf eine Verringerung der Emissionen hinzuwirken.

Auch die Regierungschefs der Alpenländer von der Schweiz bis Jugoslawien werden sich – und auch das auf meine Bitte hin – in nächster Zeit mit diesen Fragen befassen, um dieses Problem gerade auch für den Waldbestand der Alpen in Angriff zu nehmen.

Bayern leidet besonders unter den völlig unzureichenden Bemühungen der DDR und der ČSSR, die ohne Rücksicht auf die Lebensgrundlagen der Bevölkerung ihre Wirtschaft auf- und ausbauen.

In Bayern hat eine umsichtige Umweltpolitik schon bisher zu einer erheblichen Reduzierung der Schwefeldioxid-Emissionen geführt, die den sauren Regen verursachen und damit mit hoher Wahrscheinlichkeit zum Baumsterben beitragen. Noch 1976 gelangten durch die in Bayern gelegenen, mit herkömmlichen Brennstoffen betriebenen Wärmekraftwerke über 400 000 Tonnen Schwefeldioxid im Jahr in die Luft. 1982 waren es noch etwa 200 000 Tonnen. Die bayerischen Energieversorgungsunternehmen haben sich in Verhandlungen mit der Staatsregierung verpflichtet, die Schwefeldioxid-Emissionen 1983 auf 125 000 Tonnen und 1984 auf 110 000 Tonnen abzusenken. Zur Erreichung dieses Zieles sollen die Zahl der Vollastbenutzungsstunden vermindert, vorzeitig Altanlagen stillgelegt und schadstoffärmere Brennstoffe eingesetzt werden. Bis zum Ende der Legislaturperiode soll der Ausstoß auf 80 000 bis 60 000 Tonnen verringert werden. Neu zu errichtende Kohlekraftwerke müssen Rauchgasentschwefelungsanlagen erhalten, die einen hohen Preis haben. Die Umstellung von Feuerungsanlagen von schadstoffreichen auf schadstoffarme Energieträger wird durch die Staatsregierung gefördert.

Beitrag der Kernenergie zur Sicherung der Zukunft

Einen wesentlichen Beitrag zur Verminderung der Schadstoff-Emissionen in Bayern leistet der konsequente Ausbau der Kernenergie. Allein die Inbetriebnahme der beiden Blökke des Kernkraftwerks Gundremmingen in den Jahren 1984/85 wird dazu führen, daß die Schwefeldioxid-Emissionen aus Kraftwerken in Bayern um ein Drittel sinken.

Gerade im Blick auf den Umweltschutz muß gesagt werden: Die Kernenergie ist und bleibt die umweltfreundlichste Energiequelle. Die Staatsregierung hat stets betont, daß die friedliche Nutzung der Kernenergie nur vertretbar ist, wenn rechtzeitig die notwendigen Maßnahmen zur Entsorgung der Kernkraftwerke eingeleitet und verwirklicht werden.

Die Staatsregierung ist, wie ich bereits in meiner letzten Regierungserklärung 1980 ausgeführt habe und wie sich aus unserem Bayerischen Energieprogramm von 1980 ergibt, bereit, einen Beitrag Bayerns zur Lösung der Entsorgungsfrage zu leisten. Sie hat deshalb auf Antrag der Deutschen Gesellschaft für Wiederaufarbeitung von Kernbrennstoffen ein Raumordnungsverfahren für einen Standort zur Errichtung einer Wiederaufarbeitungsanlage im Raum Schwandorf durchgeführt, das für zwei Standorte positiv abgeschlossen werden konnte. Zwischenzeitlich hat die DWK einen Antrag auf Einleitung des atomrechtlichen Genehmigungsverfahrens gestellt. Das Ergebnis dieses Verfahrens wird für die weitere Entwicklung der Kernenergienutzung in der Bundesrepublik von entscheidender Bedeutung sein. Voraussetzung für den bayerischen Beitrag zur Entsorgung ist allerdings, daß zeitgerecht ein Endlager des Bundes für radioaktive Abfälle in einer geeigneten geologischen Formation, aller Wahrscheinlichkeit nach in einem Salzstock der norddeutschen Tiefebene, zur Verfügung steht.

Ich habe Verständnis dafür, daß eine Wiederaufarbeitungsanlage wegen ihrer Bedeutung die Bevölkerung in dem betroffenen Schwandorfer Raum bewegt. Die irrationalen Ängste, die von verantwortungslosen Demagogen geschürt werden, sind jedoch unbegründet. Die Bevölkerung kann darauf vertrauen, daß bei der technischen Ausgestaltung der Anlage die Sicherheit absoluten Vorrang haben wird.

Vor vielen Generationen war die Oberpfalz ein industrielles Herz Deutschlands. Die alten Eisenhämmer schlagen nicht mehr. Jetzt erhält die Oberpfalz eine neue Chance: Modernste Technik wird hochqualifizierte Arbeitsplätze schaffen, nicht nur mit diesem Projekt.

Kontinuität in der Bildungspolitik

Die Bayerische Staatsregierung hat in den vergangenen Jahren mit einer vorausschauenden und zukunftsgerichteten, an den tatsächlichen Erfordernissen orientierten Politik dem Irrglauben liberal-sozialistischer Bildungspolitik und den damit verbundenen überzogenen Zahlenvorstellungen und starren Planspielen in Bund und Ländern entgegengewirkt.

Die bayerische Bildungspolitik hat auch in der kommenden Legislaturperiode keinen Grund, eine Neuorientierung vorzunehmen. Die Staatsregierung wird in Beharrlichkeit an und mit dem bisher Geleisteten weiterarbeiten.

Unsere freiheitlich-demokratische Ordnung gewährleistet das Recht auf freie Wahl von Beruf, Arbeitsplatz und Ausbildungsstätte. Dies setzt Bereitschaft zur Leistung, Flexibilität der Berufswahl und Übernahme persönlicher Risiken voraus.

Ich muß mit Nachdruck an die Verantwortung für die eigene Entscheidung von Eltern, Schülern und Studenten erinnern, die ihnen staatliche Bildungspolitik nicht abnehmen kann. Der Staat kann niemals verantwortlich sein für die Gestaltung des eigenen Lebensplanes und eine Verwirklichung des persönlichen Lebensglücks.

Berufliche Chancen und beruflicher Erfolg werden nicht zwangsläufig durch einen möglichst langen Schulbesuch erreicht. Eine lange Ausbildung kann die späteren Berufschancen erhöhen, sie kann sie aber auch verbauen. Die überlangen Ausbildungszeiten haben dazu geführt, daß junge Menschen heute viel zu spät in das Berufsleben eintreten und Verantwortung übernehmen. Es ist daher an der Zeit, die Ausbildungszeit zu verkürzen.

Der Geburtenrückgang wird zu einem Rückgang der Schülerzahlen von derzeit 2 Millionen auf rund 1,5 Millionen zu Beginn des nächsten Jahrzehnts führen. Die Expansion im Schulbereich ist zum Abschluß gekommen.

Die in den letzten Jahren erreichten Verbesserungen unseres gegliederten Schulwesens werden jedoch erhalten bleiben:

- ein flächendeckendes Schulnetz im ganzen Lande,
- ein breitgefächertes Unterrichtsangebot auch in dünnbesiedelten Gebieten,
- zumutbare Schulwege.

Für die Staatsregierung wird die Gesamtschule auch künftig keine wünschbare und realisierbare Alternative zu unserem bewährten gegliederten Schulwesen, vor allem zu unseren Volksschulen, zu Realschulen, Gymnasien, beruflichen Schulen, sein.

Die Staatsregierung ist bereit, in Einzelfällen jahrgangsübergreifende Klassen zuzulassen, wenn dadurch die wohnsitznahe Schule erhalten, Ärger und Mühen für Eltern und Kinder erspart werden können.

Bayern hat seinerzeit mit seiner Regelung der Schulwegkostenfreiheit in der Bundesrepublik Deutschland Pionierarbeit geleistet. Angesichts der Lage der Staatsfinanzen ist es jedoch erforderlich, auch im Bereich dieser staatlichen Leistungen nach Einsparmöglichkeiten zu suchen, die vertretbar sind und Schüler und Eltern, vor allem in den dünnbesiedelten Gebieten, nicht unzumutbar belasten.

Mit dem neuen bayerischen Gesetz über das Erziehungs- und Unterrichtswesen sind die schulrechtlichen Grundlagen und Anforderungen der Rechtsprechung angepaßt worden. Das Gesetz schafft eine solide Grundlage für die Arbeit in den Schulen und sichert die Rechte der Eltern und Schüler auf Mitwirkung am schulischen Leben. Der Erziehungsauftrag der Schulen und die pädagogische Verantwortung des Lehrers werden betont.

Das Gesetz wird am 1. Januar 1983 in Kraft treten. In seinem Vollzug werden die Allgemeine Schulordnung und die ergänzenden Bestimmungen zur Allgemeinen Schulordnung durch Schulordnungen für die einzelnen Schularten ersetzt werden. Sie sollen zum Schuljahr 1983/84 in Kraft treten.

Noch in dieser Legislaturperiode werden die Vorarbeiten für eine Zusammenfassung des Schulrechts beginnen. Die Staatsregierung wird bereits in dieser Legislaturperiode einen Gesetzentwurf vorlegen, der das Schulfinanzierungsrecht auf alle Fälle zusammenfaßt.

Nachdem die Reform der Grundschule und ihres Lehrplans abgeschlossen wurde, wird in den kommenden Jahren die eingeleitete inhaltliche Neugestaltung der Hauptschule fortgesetzt. Der Praxisbezug wird verstärkt, die Berufsorientierung verbessert und die Zusammenarbeit mit der Berufsschule enger gestaltet.

Die duale berufliche Ausbildung in Schule und Betrieb bleibt ein Schwerpunkt bayerischer Bildungspolitik. Für die Berufsschulen werden in Abstimmung mit der Wirtschaft neue Lehrpläne auf der Grundlage von Rahmenlehrplänen der Länder erlassen. In den Berufsschulen wird auch die berufliche Grundbildung in den einzelnen Berufsfeldern schrittweise weiter eingeführt. Ich warne allerdings vor dem

Irrglauben, daß das berufliche Schulwesen einen wesentlichen Beitrag zur Lösung des Problems der Jugendarbeitslosigkeit leisten könne.

Trotz erheblich verschlechterter Rahmenbedingungen hat die Wirtschaft für die betriebliche Ausbildung junger Menschen ein hohes Maß an Verantwortung bewiesen. Ihren Anstrengungen und den gezielten Förderungsprogrammen der Staatsregierung ist es zu verdanken, daß in den vergangenen Jahren eine zunehmende Zahl von Ausbildungsstellenbewerbern untergebracht werden konnte.

Während in Bayern zwischen 1975 und 1981 die Zahl der Bewerber um rund 28 000 zugenommen hat, konnte im gleichen Zeitraum die Zahl der Ausbildungsplätze um ca. 41 000 erhöht werden. 1981 war damit ein Überschuß von 12 000 Ausbildungsstellen zu verzeichnen.

Das Ergebnis einer exakten statistischen Erhebung von Anfang Oktober 1982 zeigt, daß es auch 1982 gelungen ist, das Angebot der Nachfrage auf dem Ausbildungsstellenmarkt anzugleichen.

Wir müssen Abschied nehmen von dem Glauben, daß der Erwerb formaler Berechtigungen durch eine bestimmte Schulart die Garantie für eine berufliche Karriere gibt. Bildung und Erziehung in der Schule dienen der Entfaltung der Persönlichkeit und der Anlagen des einzelnen. Jeder Schüler sollte nur die Schullaufbahn einschlagen, für die er die erforderlichen Fähigkeiten nachweist und für die er durch seinen Einsatz seine innere Berufung erkennen läßt. Der Staat muß für alle Begabungen und Neigungen Schulen anbieten. Das Lebensglück des einzelnen kann er nicht garantieren. Der Besuch eines Gymnasiums wird auch in Zukunft keine Gewähr dafür bieten.

Reiches Angebot an Hochschulen

In gleicher Weise gilt dies für den Wunsch, an den Hochschulen zu studieren. In den meisten Studienfächern, vor allem den Lehramtsstudienfächern, besteht bereits heute ein beträchtliches Überangebot an akademischen Nachwuchskräften. Bildungs- und Beschäftigungssystem sind aus dem Gleichgewicht geraten. In den nächsten Jahren wird der Studentenandrang zu den Hochschulen seinen Höhepunkt erreichen, gleichzeitig werden die Berufschancen schlechter werden als bisher.

Die Bayerische Staatsregierung hält grundsätzlich an ihrem hochschulpolitischen Ziel fest, im Rahmen der finanziellen Möglichkeiten auch den geburtenstarken Jahrgängen Ausbildungschancen einzuräumen und Zulassungsbeschränkungen nur als äußerste Notmaßnahme vorzusehen.

Bayerns Hochschulen sind regional breit gestreut und fachlich differenziert. Sie bieten ein reiches Angebot an Studienplätzen für das gesamte Land. Trotzdem ist das Verhältnis zwischen Studienplätzen und Studenten zum Teil völlig aus dem Gleichgewicht geraten, bei den Universitäten wie bei den Fachhochschulen.

Die Zahl der Studenten hat sich in den letzten fünf Jahren in Bayern um 38 000 erhöht. Es droht die Gefahr, daß trotz aller Ausbaumaßnahmen, trotz des Überlastprogramms und trotz der erschöpfenden Ausnutzung der vorhandenen Ausbildungskapazitäten an den Hochschulen eine ausreichende Versorgung der Studenten nicht mehr gewährleistet werden kann.

Wir begrüßen es, daß die neue Bundesregierung den Haushaltsansatz für den Hochschulbau wieder um 230 Millionen DM erhöht und die Länder damit wenigstens teilweise von der Last der Vorfinanzierung ausfallender Bundesmittel befreit hat.

Es wird bei uns keine Rumpfuniversitäten oder Hochschulruinen geben. Die Staatsregierung wird sich weiterhin mit Nachdruck für das Großklinikum Regensburg einsetzen. Es bleibt aber festzuhalten, daß wegen der Mittelkürzungen der alten Bundesregierung Verzögerungen eingetreten sind, die nicht mehr eingeholt werden können. Aber das Projekt wird zügig ausgebaut werden, sobald die Voraussetzungen dafür wieder vorliegen.

Die Staatsregierung wird bemüht sein, die technischen Studiengänge an den Fachhochschulen verstärkt auszubauen. Die Ingenieurwissenschaften und die naturwissenschaftlichen Studiengänge sind besonders gesucht. 62 Prozent der Studenten im ersten Fachhochschulsemester haben im Wintersemester 1981/82 entsprechende Studiengänge gewählt, die auch heute noch befriedigende oder gute Berufsaussichten eröffnen.

Damit auch in kritischer Zeit ein einigermaßen geordneter Lehrbetrieb aufrechterhalten werden kann, halte ich es für erforderlich, trotz der angespannten Haushaltslage für die Inbetriebnahme neuer Einrichtungen an Universitäten, Hochschulkliniken und Fachhochschulen in beschränktem Umfang neue Stellen auszubringen.

Auch die starken Belastungen der Hochschulen in den nächsten Jahren durch die Lehre dürfen nicht dazu führen, daß nicht mehr geforscht wird. Die Qualität der Lehre steht in unlösbarem Zusammenhang mit der Qualität der Forschung. Die Staatsregierung wird daher auch künftig alle Anstrengungen unternehmen, damit die finanziellen und organisatorischen Rahmenbedingungen für die Forschung an den Hochschulen gesichert bleiben. Es wird jedoch stärker als bisher erforderlich sein, die Ausstattung der Institute nach Leistung zu bemessen und Schwerpunkte in den Bereichen zu bilden, in denen sich wissenschaftliche Spitzenleistungen abzeichnen.

Allerdings hängt der Rang der Forschung nicht nur von Geld und Stellung ab. Es muß auch das Klima für die Forschung, für die wissenschaftliche Leistung und für die Förderung von Spitzenwissenschaftlern günstig sein. Daran scheint es mir heute noch vielfach zu fehlen.

Die außeruniversitären Forschungseinrichtungen werden angesichts leerer öffentlicher Kassen künftig in eigener Verantwortung neue Prioritäten in der Forschung setzen müssen und vornehmlich solche Forschungsarbeiten durchzuführen haben, die kurz- oder mittelfristig zu Innovationen in der Wirtschaft führen. Wir werden weiterhin auf einen verstärkten Wissens- und Techniktransfer aus der Forschung in die Wirtschaft hinwirken, um so vorhandenes Wissen möglichst wirkungsvoll zu nutzen.

Die Forschung in den Unternehmen sollte frei von bürokratischer Bevormundung sein. Der Staat soll sich darauf beschränken, die forschungsrelevanten Rahmenbedingungen zu verbessern und für ein innovations- und technikfreundlicheres Klima zu sorgen.

Bayerns kulturelle Verpflichtung

Bayern mißt als Kulturstaat seinen Verpflichtungen für Museen, Musik, Denkmalpflege, Theater und Film auch künftig besondere Bedeutung bei. Dies wird auch in der gezielten finanziellen Förderung zum Ausdruck kommen. Dem Rang und der Bedeutung Bayerns entspricht es, daß wir stets auf kulturellem Gebiet besondere Leistungen vorweisen konnten. Die Wiedereröffnung der Neuen Pinakothek im letzten Jahr war ein solcher Höhepunkt der bayerischen Kulturpolitik.

Die ganze Breite der Förderung von Kunst und Kultur in Bayern hat die alte Staatsregierung in ihrer Antwort auf zwei Interpellationen im Januar dieses Jahres im einzelnen dargestellt. Die Bemühungen, die geschichtliche und kulturelle Vielfalt Bayerns allen Landesteilen, allen Bevölkerungsschichten und vor allem der jungen Generation zugänglich zu machen, werden fortgesetzt. Das Haus der Bayerischen Geschichte wird wegen seiner ressortübergreifenden Aufgabe, die bayerische Staatlichkeit zu demonstrieren und auch Gegenwartsprobleme im historisch-politischen Rahmen sichtbar zu machen und bayerische Geschichte zu vertreten, der Staatskanzlei angegliedert.

Bayerische Kulturförderung heißt auch, daß weiterhin das

geistige und kulturelle Erbe der Heimatvertriebenen, besonders der Sudetendeutschen, gewahrt, ihr Geschichtsbewußtsein gepflegt und ihre Identität als Volksgruppe gefestigt wird.

Neben der dezentralen Kulturpflege, wie sie im Museumsentwicklungsprogramm, im Bayerischen Musikplan oder bei der Förderung des Denkmalschutzes zum Ausdruck kommt, muß sichergestellt werden, daß im Einzelfall unersetzliche Kunst- und Kulturgegenstände von hohem Wert durch den Freistaat erworben werden könnten. Ich erwähne in diesem Zusammenhang aus der letzten Legislaturperiode den Erwerb der Bibliothek Oettingen-Wallerstein und des Hildesheimer Tafelsilbers, eines Erzeugnisses Augsburger Handwerkskunst. Es wird notwendig sein, auch künftig auf unbürokratische Weise solche Kunst- und Kulturwerte für Bayern zu sichern.

Die Staatsregierung wird auch in den kommenden Jahren knapper Finanzen ihren Verpflichtungen für den Sport, die Jugendarbeit und die Erwachsenenbildung gerecht werden.

Die Staatsregierung ist sich sehr wohl des materiellen und immateriellen Wertes der meist ehrenamtlichen Tätigkeit vieler Bürgerinnen und Bürger in Verbänden, Vereinen und anderen Institutionen bewußt. Ihnen allen spreche ich meinen herzlichen Dank und meine Anerkennung aus.

Verantwortung der Medien und neue Entwicklungen

Aufgabe der Medien ist es, den Bürger umfassend und frei zu informieren. Wenn das im Bereich des öffentlich-rechtlichen Rundfunks gewährleistet sein soll, sind wirksame Programmgrundsätze und Verfahrensregelungen erforderlich. Die Staatsregierung hat auf Verstöße gegen diese Grundprinzipien und auf Mißstände mehrfach hingewiesen und in der Ministerpräsidentenkonferenz auf Abhilfe gedrängt. Sie erwartet nunmehr, daß die Rundfunkanstalten der ARD demnächst wirksame Verbesserungen vereinbaren. Die Ergebnisse wird die Staatsregierung sorgfältig daraufhin prüfen, ob ihren berechtigten Anliegen ausreichend Rechnung getragen wird.

Die Staatsregierung wird dem Landtag demnächst den Staatsvertrag über die Erhöhung der Rundfunkgebühren zuleiten. Nach Abwägung aller Gesichtspunkte halte ich eine Erhöhung von DM 13 auf DM 16,25 monatlich ab 1. Juli 1983 für notwendig, aber auch für ausreichend, um sicherzustellen, daß der Bayerische Rundfunk seine Aufgaben erfüllen kann. Ein Teil der Gebührenerhöhung soll dazu verwendet werden, den Fernsehempfang in ungünstig gelegenen Gebieten zu verbessern.

Ein angemessener Betrag muß dem Kabelpilotprojekt München zugute kommen. Die Staatsregierung geht davon aus, daß durch den Abschluß der erforderlichen Verträge und durch die Beschlüsse der Ministerpräsidenten der Länder die Voraussetzungen für einen baldigen Beginn des Münchner Projekts geschaffen sind. Ziel ist es, den Medien Presse, Hörfunk, Fernsehen und Film durch eine Beteiligung am Pilotprojekt die Möglichkeit zu geben, sich auf künftige Entwicklungen einzustellen.

Im Bereich der neuen Medien befinden wir uns in einem Stadium sich schnell entwickelnder Techniken, vor allem bei der Breitbandkabeltechnik, der Satellitentechnik und bei den elektronischen Texten. Diese technischen Möglichkeiten bieten die Chance für eine Verbesserung der Meinungsvielfalt. Sie können auch erhebliche positive Auswirkungen auf die Wirtschaft haben. Bayern wird die Zuständigkeit für die neuen Medien, die das Grundgesetz den Ländern gewährt, wahrnehmen. Unter Federführung Bayerns wurde der Entwurf eines Staatsvertrages über Bildschirmtext vorbereitet, der voraussichtlich Anfang nächsten Jahres unterzeichnet und dann dem Parlament zur Beratung zugeleitet wird.

Die schnelle Entwicklung der neuen Medien wird es voraussichtlich erforderlich machen, noch in dieser Legislaturperiode durch Landesgesetz Rahmenregelungen zu schaffen, die geeignet sind, frühzeitig Fehlentwicklungen und Wildwuchs auszuschließen. Bei den dringend notwendigen weiteren Entscheidungen im Bereich des Satellitenrundfunks geht es für die Länder entscheidend darum, durch neue Formen der Nutzung mehr Vielfalt und Wettbewerb zu erreichen. Hier wie auch bei den anderen neuen Medien wird sich die Staatsregierung dafür einsetzen, daß die verfassungsrechtlich garantierte privat-wirtschaftliche Struktur der Presse gesichert wird und ausreichende wirtschaftliche Existenzgrundlagen erhalten bleiben.

Die neuen Medien bringen für Journalisten und Redakteure neue Aufgaben. Alle im Medienbereich Tätigen müssen sich stets der Verantwortung bewußt sein, die sie tragen. Die hohen Ansprüche, die wir alle an die Massenmedien – Fernsehen, Rundfunk, Presse – stellen, setzen eine entsprechende Ausbildung voraus. Eine qualifizierte Aus- und Fortbildung unter Mitwirkung der Verbände und unter Einbeziehung bestehender Einrichtungen soll die Journalisten, vor allem die jungen Journalisten, in die Lage versetzen, ihre Aufgaben verantwortlich und sachgerecht wahrnehmen zu können. Die Staatsregierung ist deshalb bestrebt, institutionelle Voraussetzungen für eine Verbesserung der Qualität der Aus- und Fortbildung von Journalisten und Redakteuren zu schaffen.

Sozialpolitik – Sicherung des sozialen Friedens

Die SPD/FDP-Bundesregierung hat die Voraussetzung für eine organische und systemgerechte Weiterentwicklung der von der Union in zwanzig Jahren aufgebauten sozialen Ordnung zerstört. Auch in Bayern müssen infolge der Mißwirtschaft der alten Bundesregierung Einsparungen im Sozialbereich vorgenommen werden. So wird manches sozialpolitisch Wünschenswerte nicht mehr finanzierbar sein, sozialpolitisch notwendige Leistungen bleiben jedoch aufrechterhalten. Gerade in Krisenzeiten muß jedoch die Sozialpolitik einen eigenständigen und wesentlichen Beitrag zum sozialen

Frieden leisten. In solchen Zeiten wächst auch für den Staat die soziale Verantwortung. Gleichwohl muß die Sozialpolitik sich wieder stärker am Grundsatz der Subsidiarität orientieren. Der Gedanke der Eigenverantwortung muß wieder eine größere Rolle spielen. Wegen des hohen Ranges der Selbstverantwortung müssen, wo immer möglich, nötige Hilfen nicht als bevormundende, lediglich betreuende Hilfen gewährt werden, sondern als Hilfen zur Selbsthilfe. Vorbeugenden Hilfen und den offenen sozialen Hilfen gehört der Vorrang vor anderen Sozialleistungen. Damit kann auch alten und behinderten Menschen mehr Mut zu einer selbstverantwortlichen Lebensgestaltung gemacht werden. Aufbauend auf den bisherigen Landesaltenplänen und dem Programm »Soziale Dienste in Bayern« werden wir deshalb dem Ausbau der sozialpflegerischen Dienste weiterhin Vorrang einräumen. Ganz besonders danke ich allen Bürgerinnen und Bürgern, die sich in den Dienst unserer Kranken, Behinderten und älteren Mitmenschen gestellt haben und denen, die in Wach- und Rettungsdiensten den in Notlage geratenen Mitmenschen helfen.

Im Rahmen der Behindertenpolitik wurde in den vergangenen Jahren der Bedarf an Einrichtungen landesweit nahezu erfüllt. Auf diesen Leistungen baut der 2. Bayerische Behindertenplan auf, den die Staatsregierung deshalb im Sommer 1982 verabschiedet hat. Die Knappheit der Mittel sollte allerdings Anlaß sein, die bundesrechtlich festgelegten Grundsätze und Grundlagen der Behindertenhilfe zu überprüfen. Die Überprüfung muß sich dabei vor allem an der Kernfrage orientieren, ob und inwieweit die einzelnen Regelungen notwendig und geeignet sind, die konkreten Auswirkungen der Behinderung auszugleichen oder wenigstens zu mildern.

Die Bayerische Staatsregierung wird dafür eintreten, daß

- weiterhin alle Bürger, die sich aus eigenen Kräften nicht helfen können, ein menschliches Leben führen können,
- alle Bürger, die Beiträge in die Sozialversicherung geleistet haben, dafür eine entsprechende Gegenleistung erhalten,

– die Kriegsopfer, die ein Sonderopfer für die Gemeinschaft erbracht haben, von notwendigen Kürzungen am wenigsten betroffen werden,
– der Mißbrauch von Sozialleistungen in geeigneter Weise bekämpft wird. Dies wird mit schärferen Gesetzen und stärkeren Kontrollen allein nicht zu schaffen sein. Dazu brauchen wir in erster Linie einen Wandel in der Grundeinstellung zu den Sozialleistungen. Trotz der für alle Bereiche der Politik und damit auch der Sozialpolitik knapper gewordenen Mittel bleibt es unser Ziel, das verfügbare Geld zielstrebig zur qualitativen Verbesserung unserer sozialen Ordnung einzusetzen. Dazu gehört vor allem eine bessere Absicherung des Pflegefallrisikos. Es wird aber auch zu prüfen sein, wie die Altersgrenze in der Rentenversicherung bei entsprechendem versicherungsmathematischem Abschlag und Zuschlag noch flexibler gestaltet werden kann.

Krankenhausbau – Sparen, aber kein Baustopp

Im Gesundheitswesen konnten wir in den letzten Jahren die stationäre Versorgung weiter spürbar verbessern. Dabei war stets das Ziel, ein ausgewogenes Verhältnis zwischen

– bürgernahen örtlichen Krankenhäusern und
– den überörtlichen Krankenhäusern mit Schwerpunktaufgaben, die hohen diagnostischen und therapeutischen Anforderungen genügen,

sicherzustellen.

In Bayern wurden mit rund 700 Millionen DM im Jahr 1982 erheblich mehr Mittel für den Krankenhausbau zur Verfügung gestellt als in jedem anderen Land der Bundesrepublik. Insgesamt standen 1982 für die Krankenhausfinanzierung rund 1,15 Milliarden DM zur Verfügung. Ich habe mich im Rahmen meiner Landkreis- und Gemeindebesuche davon überzeugt, daß im Krankenhausbereich noch in einer ganzen Reihe von Orten ein dringlicher Bedarf an Sanierungsmaßnahmen und Neubauten besteht. Zu einem Baustopp wird es nicht kommen. Wie in den vergangenen Jahren müssen jedoch Sach- und Finanzplanung in Einklang stehen und wenn dringend notwendige neue Maßnahmen anfinanziert werden sollen, und ich bin gerade nach örtlichen Eindrücken, Gesprächen und Erfahrungen dafür, dann müssen laufende Maßnahmen im Rahmen des Zumutbaren gestreckt werden. Im Hinblick auf die angespannte Haushalts- und Finanzlage richte ich an alle an der Planung Beteiligten einen dringenden Sparappell. Wir können uns auch im Krankenhausbau nicht mehr den Aufwand leisten, der bei einigen bereits abgeschlossenen Maßnahmen festzustellen ist.

In meiner Rede vor dem Deutschen Bundestag am 14. Oktober 1982 habe ich mich mit Nachdruck für eine verstärkte Beteiligung des Bundes an der Krankenhausfinanzierung eingesetzt. Von der ursprünglich in Aussicht gestellten Drittelbeteiligung des Bundes, die seinerzeit die Frau Gesundheitsministerin Käte Strobel versprochen hat, ist im Jahre 1982 ein Anteil des Bundes für den Krankenhausbau in Bayern von rund 5 Prozent übriggeblieben. Hätte der Bund seine ursprünglichen Zusagen eingehalten, hätten die meisten Wünsche für den Bau neuer Krankenhäuser befriedigt werden können. Der Rückzug des Bundes aus der Krankenhausfinanzierung war verhängnisvoll. Ich begrüße deshalb, daß die neue Bundesregierung hier Signale gesetzt hat und bereit ist, mit den Ländern im Rahmen der Gespräche über den Abbau der Mischfinanzierungen auch über eine Rückübertragung der Zuständigkeit für die Krankenhausfinanzierung bei einem angemessenen finanziellen Ausgleich – Stichwort: Mehrwertsteuer – zu verhandeln. Der erfolgreiche Weg, der in Bayern von den Selbstverwaltungsträgern der Krankenkassen und den Ärzten im Bereich der ambulanten Versorgung durch den »Bayernvertrag« beschritten wurde, ist beispielgebend. Der Beitragssatz der Krankenkassen in Bayern liegt um 1 Prozent unter dem Bundesdurchschnitt. Den bayerischen Arbeitnehmern und der bayerischen Wirtschaft werden dadurch jährlich ca. 600 Millionen DM an Beiträgen erspart.

Die Staatsregierung wird zusammen mit den Selbstverwaltungsträgern diesen erfolgreichen Weg weitergehen und in ihrem Bemühen nicht nachlassen, die Kostenentwicklung im Gesundheitswesen in finanzierbaren Grenzen zu halten.

Die Zukunft der Familie sichern

Die Belange der Familie werden auch in Zukunft die Politik der Bayerischen Staatsregierung in allen Bereichen bestimmen. Vornehmlich in der Familie kann der einzelne die Grundwerte menschlichen Zusammenlebens wie Achtung der Würde des anderen, Verantwortung füreinander und Pflichtbewußtsein erfahren und erlernen. Wo die Familie als ursprüngliche und durch nichts zu ersetzende Gemeinschaft abgewertet wird, da gedeihen Egoismus und Anspruchsdenken; Forderungen nach einer allumfassenden Betreuungstätigkeit des Staates werden laut.

Auch die Jugend schätzt wieder den Wert der Familie. Das zeigen alle Untersuchungen.

Für uns haben privates Engagement, die Erziehungs- und Leistungskraft der Familie Vorrang vor staatlicher Versorgung und Reglementierung.

Wir haben in den vergangenen Jahren erhebliche finanzielle Anstrengungen für die Familie unternommen und sind dabei führend unter den Ländern. Ich erinnere an das »Darlehen junge Familie«, die Landesstiftung »Hilfe für Mutter und Kind«, die Schwangerenberatung, das Sonderwohnungsbauprogramm. Wir sind uns dabei bewußt, daß sich eine familiengerechte Politik nicht allein in finanziellen Hilfen erschöpfen darf. Materielle Hilfen müssen jedoch das ideelle Bekenntnis zur Familie sozusagen verifizieren. Ein Staat, der die Zukunft seiner Bürger und damit seine eigene Existenz sichern will, muß zuallererst die Zukunft der Familie sichern.

Wenngleich als Folge der unverantwortlichen Politik der alten Bundesregierung auch in Bayern nicht alle Leistungen für die Familie im bisherigen Umfange aufrechterhalten werden, so werden wir dennoch den Kernbereich der zahlreichen familienpolitischen Hilfen nicht antasten. Den veränderten finanziellen Gegebenheiten muß allerdings auch das »Darlehen junge Familie« angepaßt werden.

Auf der Grundlage unseres fortgeschriebenen Familienprogramms werden wir uns auf folgende Schwerpunkte konzentrieren:

1. Gezielte Hilfestellung für die besonderen Bedürfnisse der jungen Familie bei der Geburt von Kindern.
2. Stärkung von Elternrecht und Erziehungsfähigkeit der Familie.
3. Gezielte Beratungs- und Hilfsangebote für Familien in Problemsituationen.
4. Familienunterstützende und offene Angebote der Jugendhilfe.
5. Unverminderter Einsatz für den Schutz des ungeborenen Lebens.
6. Sozialer Wohnungsbau für junge und kinderreiche Familien.

Ausländerpolitik mit Augenmaß

Ich habe bereits in meiner letzten Regierungserklärung am 3. Dezember 1980 auf die vielfältigen Probleme der Ausländerpolitik hingewiesen.

Angesichts der verschlechterten Lage auf dem Arbeits- und Wohnungsmarkt haben sich die Probleme weiter verschärft. Aus Konkurrenzangst wachsen Vorbehalte, Vorurteile und Mißtrauen, die in vielen Fällen zur Ausländerfeindlichkeit führen. Diese Vorbehalte und dieses Mißtrauen sind kein typisch deutsches Problem. Mangelnde Verständnismöglichkeiten und unterschiedliche Lebensgewohnheiten bedeuten eine zusätzliche Erschwerung. Ich wiederhole deshalb meinen Appell zu Toleranz und zu Achtung im Umgang miteinander.

Ich begrüße es, daß die neue Bundesregierung in ihrer Ausländerpolitik eine Politik des Augenmaßes verficht, die sowohl die berechtigten Interessen der deutschen als auch der ausländischen Bevölkerung berücksichtigt. Die Staatsregierung geht – wie die neue Bundesregierung – davon aus, daß die Bundesrepublik Deutschland aus wirtschaftlichen und sozialen Gründen kein Einwanderungsland sein kann und will. Bayern hat zur sozialen Eingliederung der bei uns lebenden Ausländer und ihrer Kinder einen wichtigen Beitrag geleistet. Wir werden unsere Maßnahmen im Bereich der schulischen und beruflichen Eingliederung im Rahmen des finanziell Möglichen fortführen.

Die Staatsregierung geht – ebenfalls in Übereinstimmung mit der neuen Bundesregierung – davon aus, daß diese Eingliederung nur möglich ist, wenn die Zahl der bei uns lebenden Ausländer nicht weiter steigt. Sie wird deshalb für die grundsätzliche Beibehaltung des Anwerbestops für Ausländer eintreten. Zugleich muß nach Auffassung der Staatsregierung der Familiennachzug auf seinen humanitären Kern beschränkt werden – gerade auch im Interesse der Kinder, die einen Anspruch auf Familie haben. Der Familiennachzug muß außerdem vom Vorhandensein einer ordnungsgemäßen Wohnung abhängig gemacht werden. Deshalb müssen auch Kinder unter 16 Jahren in die Aufenthaltserlaubnispflicht einbezogen werden.

Ausländern, die freiwillig in ihre Heimat zurückkehren wollen, muß durch finanzielle Anreize die Rückkehr erleichtert werden. Außerdem sollte die Bundesregierung im Rahmen ihrer Entwicklungspolitik durch Förderprogramme in den Herkunftsländern den Menschen bei der Wiedereingliederung in der Heimat helfen.

Die Staatsregierung wird weiterhin den Mißbrauch des Asylrechts bekämpfen. Nachdem die frühere Bundesregierung jahrelang das Asylantenproblem verharmlost hatte und Vorschläge Bayerns als inhuman und verfassungswidrig diffamiert hatte, konnte auf Drängen aller Länder nach einem langwierigen Vermittlungsverfahren das Asylverfahren mit dem Asylverfahrensgesetz vom 16. Juli 1982 auf eine neue Grundlage gestellt werden. Dieses Gesetz hat vor allem im Rechtsmittel entscheidende Verbesserungen gebracht.

Zur Eindämmung des Zustroms von Scheinasylbewerbern hat die Staatsregierung beschlossen, Asylbewerber grundsätzlich in Sammelunterkünften unterzubringen und Sozialhilfe in Form von Gemeinschaftsverpflegung zu gewähren. Der Bund, dem das Ausländergesetz die Verpflichtung auferlegt hat, Sammellager zu bestimmen, hat Länder und Kommunen bei der Unterbringung und Versorgung der Asylanten dabei organisatorisch und finanziell im Stich gelassen.

Die Unterbringung der Asylbewerber stößt in vielen Fällen auf massive Widerstände der Bevölkerung und der Kommunen. Ich appelliere deshalb nochmals an die Mitverantwortung aller Beteiligten. Gelingt es nicht, den Asylbewerberzustrom einzudämmen und über Asylanträge schnell zu entscheiden, so gerät die gesamte Ausländerpolitik ins Wanken.

Verwaltungsvereinfachung als Daueraufgabe

Bayern hat in der vergangenen Legislaturperiode mehr als jedes andere Land für Verwaltungsvereinfachung und Entbürokratisierung getan.

Wesentlichen Anteil hatte daran die Kommission für den Abbau von Staatsaufgaben und für Verwaltungsvereinfachung, die unter Leitung von Herrn Staatssekretär Neubauer und mit Hilfe der Mitarbeiter in der Staatskanzlei und in den Ressorts sowie freiwilliger Mitarbeiter aus den Kommunen und der Wirtschaft hervorragende Arbeit geleistet hat.

Rund 600 Sachbereiche wurden überprüft, an die 3000 Einzelempfehlungen verabschiedet. Staatsregierung und Landtag haben die meisten dieser Vorschläge inzwischen verwirklicht. Ich erinnere nur an die Novellierung des Baurechts, an die Abschaffung der kommunalen Bagatellsteuern, an die Neuordnung des staatlichen Förderungswesens, an die Bereinigung des Ordnungswidrigkeitenrechts und an die Vereinfachung des Kommunalrechts. Im Bereich des Bundesrechts ist der größte Teil der Empfehlungen der Kommission noch nicht gesetzgebend verwirklicht. Die Staatsregierung hat im Rahmen der formellen Rechtsbereinigung den Gesetzentwurf für eine neue bereinigte Sammlung des bayerischen Landesrechts verabschiedet und dem Senat zugeleitet. Der Entwurf wird dem Landtag Anfang nächsten Jahres vorgelegt werden. Die Zahl der bayerischen Landesgesetze, die von 420 am 1. 1. 1979 zum 1. 1. 1983 aufgrund der bisherigen Maßnahmen zur Rechtsbereinigung auf 350 absinken wird, wird durch diesen Gesetzentwurf zum 1. 1. 1984 um rund 40 weitere Gesetze vermindert. Etwa 100 Rechtsverordnungen werden zusätzlich entfallen. Zu den Bereichen »Schulrecht und Hochschulrecht« sind Empfehlungen der Kommission in Vorbereitung, ebenso zur Vereinfachung der Verwaltungsvorschriften im Bereich des Haushaltsrechts und zum Verwaltungsverfahren der staatlichen Hochbauverwaltung. Damit wird die Tätigkeit der Kommission zum Abbau von Staatsaufgaben und für Verwaltungsvereinfachung im großen und ganzen ihren Abschluß finden.

Den Dank, den ich den Mitgliedern der Kommission auch von dieser Stelle ausspreche, verbinde ich mit der Bitte, der Staatsregierung auch in Zukunft von Fall zu Fall beratend zur Seite zu stehen. Es gilt vorzusorgen, daß kein neuer Wildwuchs aufkommt und die erreichte Vereinfachung erhalten bleibt. Deshalb wird bei der Staatskanzlei ein Normprüfungsausschuß gebildet, der alle Entwürfe für Rechts- und Verwaltungsvorschriften einschließlich der Richtlinien für den staatlichen Hochbau und seine Ausstattung auf Notwendigkeit, Zweckmäßigkeit und Verständlichkeit anhand von Grundsätzen überprüft, die die Staatsregierung erlassen wird.

Eine wichtige Aufgabe angesichts der Knappheit öffentlicher Mittel wird auch sein, die Anforderungen an öffentliches Bauen und an die Ausstattung öffentlicher Einrichtungen wie Schulen und Krankenhäuser zu überprüfen. Erste Schritte dazu sind 1981 eingeleitet worden. Weitere Anstrengungen zur Verminderung vor allem des Ausstattungsstandards müssen unternommen werden.

Wir wissen, daß hinter den Baurichtlinien technische Normvorschriften, Haftungsfragen, Gerichtsentscheidungen stehen.

DIN-Vorschriften, die eigentlich kein unmittelbar geltendes Recht sind, werden aber trotzdem zur Auslegung der Gesetze herangezogen und werden geltendes Recht, wenn es um die »allgemein anerkannten Regeln der Technik« geht, die in Rechtsprechung, Verwaltungsvollzug und Gesetzgebungsverfahren eingeführt werden. Mit den »allgemein anerkannten Regeln der Technik« ist den zahlreichen Normausschüssen und Unterausschüssen ein De-facto-Gesetzgebungsrecht eingeräumt, dessen Weite und Tiefe von den gesetzgebenden Körperschaften – ich schließe mich dabei selbst mit ein – nicht von Anfang an erkannt worden ist. In der Praxis erlangen die »allgemein anerkannten Regeln der Technik« so Gesetzeskraft.

Die Politiker sollten sich dieses Bereichs, der bisher im Gegensatz zu Gesetzen, Verordnungen und Verwaltungsvorschriften nicht durchforstet worden ist, annehmen. Technische Vorgaben und ihre juristischen Folgen können niemals die politische Verantwortung ersetzen. Mit dieser Aufgabe wird sich eine Projektkommission unter Federführung des Staatsministeriums der Finanzen befassen.

In diesem Zusammenhang werde ich mit Entschiedenheit gegen eine leider zum Regelfall gewordene Unsitte ankämpfen: dem Auseinanderfallen der geschätzten und der tatsächlichen Kosten öffentlicher Bauten. Es geht nicht an, daß aufgrund unrealistischer oder falscher Kostenschätzungen oder aufgrund nachträglicher Planungen die Kosten öffentlicher Baumaßnahmen bei der Endabrechnung wesentlich höher als ursprünglich angenommen liegen, höher als es durch die Baukostensteigerungen bedingt ist. Staatsregierung und Landtag werden vor vollendete Tatsachen gestellt. Millionenbeträge, die an anderer Stelle unter schmerzhaften Einschnitten eingespart werden mußten, müssen scheinbar zwangsläufig nachträglich für Baumaßnahmen zur Verfügung gestellt werden. Damit können wir uns alle nicht abfinden. Auch ich werde das nicht tun.

Sicherung des freiheitlichen Rechtsstaates

Unser Einsatz für eine leistungsfähige Wirtschaft, für sichere Arbeitsplätze, für solide öffentliche Finanzen, für gesunde natürliche Lebensgrundlagen ist selbstverständlich untrennbar verbunden mit unserem Bemühen, den freiheitlichen Rechtsstaat und die repräsentative parlamentarische Demokratie als politische Voraussetzung einer freiheitlichen Ordnung in Bayern und in der Bundesrepublik Deutschland zu festigen und zu verteidigen.

Höchste Wachsamkeit erfordern nach wie vor die Aktivitäten von Terroristen. Deren unverminderte Gefahr zeigen die Festnahmen zweier Terroristinnen und des Spitzenterroristen Klar mit der Auffindung von Depots, die in riesigem Umfang Waffen, Munition und Sprengstoff enthalten haben, in den letzten Tagen ebenso wie die Anschläge auf Einrichtungen der US-Streitkräfte in Deutschland, mit denen das deutsch-amerikanische Klima nachhaltig vergiftet werden soll. Wir werden nicht zulassen, daß ein Keil zwischen unsere amerikanischen Verbündeten, die bereit sind, auch unsere Freiheit zu verteidigen, und die deutsche Bevölkerung getrieben wird.

Bei der Bekämpfung von Terrorismus und Extremismus spielt es für uns keine Rolle, aus welchen ideologischen Motiven die Täter angeblich handeln. Jede Verletzung unserer rechtsstaatlichen Ordnung ist ein Angriff auf die Freiheit unserer Bürger.

Die Gewalt auf der Straße hat bei uns dank der entschiedenen Haltung der Bayerischen Staatsregierung, der bayerischen Behörden und der Gerichte bis jetzt nie das Ausmaß erreicht, das in anderen Ländern zu verzeichnen war. Brokdorf und Bremen, Frankfurt und Berlin, um nur einige Namen zu nennen, markieren Stationen einer langen Kette gewalttätiger Demonstrationen. Unsere Forderung an den Bundesgesetzgeber bleibt unverändert: Das Demonstrations- und Versammlungsrecht muß verschärft werden. Vermummung und passive Bewaffnung bei Demonstrationen müssen gesetzlich verboten und unter Strafe gestellt werden. Der Erlaß von versammlungsrechtlichen Auflagen reicht dafür allein nicht aus. Die Teilnahme an gewalttätigen Demonstrationen muß wieder unter Strafe gestellt werden. Der Tatbestand des Landfriedensbruchs muß novelliert und den Bedürfnissen der Sicherheitslage angepaßt werden.

Der Rechtsstaat ist unteilbar. Die moralische Legitimation unserer freiheitlichen Gesellschaft kann nicht darin bestehen, in bestimmten Fällen über Rechtsbrüche hinwegzusehen, sondern nur darin, Straftaten unabhängig von ideologischer Voreingenommenheit oder Zweckmäßigkeitsüberlegungen gleichermaßen zu verfolgen. Wie weit in der Bundesrepublik die Begriffsverwirrung schon geht, zeigt eine Erklärung des nordrhein-westfälischen Justizministeriums, wonach Verfahren gegen Hausbesetzer häufig eingestellt würden, wenn diese eigener Wohnungsnot begegnen oder auf gesellschaftspolitische Mißstände hinweisen wollen. Für uns ist und bleibt eine Hausbesetzung ein Rechtsbruch, der auch durch angebliche oder tatsächliche Mißstände auf dem Wohnungssektor nicht legitimiert wird.

Angesichts eines solchen Umfeldes ist es kein Wunder, daß

die Sicherheitslage in der Bundesrepublik Deutschland kein erfreuliches Bild bietet. In Bayern ist die Entwicklung allerdings günstiger. Die Zahl der Straftaten ist in Bayern weitaus langsamer gewachsen als im übrigen Bundesgebiet. Bayern hat nach wie vor die geringste Kriminalitätsbelastung aller Länder. Unsere Polizei erreicht seit Jahren das beste Aufklärungsergebnis aller Länder.

Den Sicherheitskräften, deren Einsatz und Leistungsbereitschaft solche erfreulichen Ergebnisse ermöglichen, spreche ich im Namen aller Bürger meinen herzlichen Dank aus.

Die Erfolge beweisen, daß wir mit unserer klaren und zielstrebigen Sicherheitspolitik auf dem richtigen Wege sind. Sie sind für uns Anlaß, in unseren Bemühungen um die Sicherheit der bayerischen Bürger nicht nachzulassen.

Die Erfolge Bayerns im Sicherheitsbereich beruhen auf einer guten personellen, finanziellen, technischen und rechtlichen Ausstattung der Sicherheitskräfte und auf ihrem Rückhalt bei der Bevölkerung. Unsere Polizei hat eine wirksame Organisation und eine Ausrüstung, die den Anforderungen angepaßt ist. Zum Schutz der Polizeibeamten vor gewalttätigen Demonstranten hat Bayern als erstes Land und gegen teilweise heftigen Widerstand den Reizstoff CS eingeführt. Bayern hat mit dem Polizeiaufgabengesetz von 1978 eine moderne Rechtsgrundlage für die Tätigkeit der Polizei geschaffen, während der Bund und die meisten Länder, mit denen das Konzept der Neuregelung abgestimmt war, bis heute keine entsprechenden Vorschriften erlassen haben. Weil die Haushaltslage in absehbarer Zeit Personalmehrungen nicht mehr zuläßt, kommt dem Einsatz moderner Polizeitechnik erhöhtes Gewicht zu. Durch abgestufte Datenverarbeitungssysteme wird die Polizei von Verwaltungs- und Bürotätigkeit entlastet. Die teuere Polizeiausbildung soll voll dem Polizeivollzugsdienst auf der Straße zugute kommen.

Unsere Bürger haben einen Anspruch darauf, sich sicher fühlen zu können. Das Vertrauen der Bürger darf nicht enttäuscht werden. Sie können und müssen allerdings auch selbst helfen, damit der Sicherheitsstand erhalten oder möglichst verbessert werden kann. Das gilt bei der Bekämpfung der Kriminalität durch Vorsicht, Aufmerksamkeit und Unterrichtung der Sicherheitsorgane ebenso wie im Bereich der Verkehrssicherheit. Jährlich mehr als 2700 bei Verkehrsunfällen in Bayern getötete und mehr als 90 000 verletzte Menschen sind ein zu hoher Preis für die mit den modernen Verkehrsmitteln erreichte Mobilität.

Die Staatsregierung wird sich darum bemühen, über die bisher eingeleiteten Maßnahmen hinaus die Ausbildung und Prüfung der Kraftfahrer zu verbessern, die Verkehrsüberwachung an gefahrenträchtigen Stellen zu verstärken und für Fahrzeugführer, die wiederholt gefährliche Verkehrsverstöße begangen haben, eine wirksame Nachschulung einzuführen.

Sie appelliert aber auch an Gemeinden, Industrie und Verbände, geeignete Maßnahmen zur Verbesserung der Verkehrssicherheit zu ergreifen und neben der Herstellung sicherer Kraftfahrzeuge auch vermehrte Möglichkeiten der Fortbildung, etwa in privaten Übungsgeländen oder privaten Verkehrszentren, anzubieten. Entscheidend ist jedoch, daß die Bürger die Chancen zur Verkehrserziehung und -aufklärung wahrnehmen und bereit sind, auch als Verkehrsteilnehmer rücksichtsvoll und verantwortungsbewußt zu handeln.

Eine funktionsfähige Verwaltung im freiheitlichen Rechtsstaat setzt auch verfassungstreue Bedienstete voraus. Um es kurz zu fassen: Die Staatsregierung wird unverändert an der Prüfung der Verfassungstreue von Bewerbern für den öffentlichen Dienst festhalten. Wir können es nicht oft genug wiederholen: Der demokratische Rechtsstaat, die parlamentarische repräsentative Demokratie, die föderative Ordnung und die Soziale Marktwirtschaft bilden zusammen die freiheitliche Architektur, die für uns unantastbar ist und bleiben wird. Sie allein sichert den Menschen ein Leben in Freiheit und Würde.

Wer an den Ecksteinen freiheitlicher Politik rüttelt, wird

auf den entschiedensten Widerstand dieser Staatsregierung stoßen.

Verfassungstreue Demokraten können keine Gemeinsamkeiten haben mit Kräften,

- die die parlamentarische Demokratie als eine wesentliche Voraussetzung der freiheitlichen rechtsstaatlichen Ordnung in Frage stellen,
- die das imperative Mandat fordern und damit die Gewissensfreiheit der vom Volk gewählten Abgeordneten ablehnen,
- die sich ausdrücklich zur außerparlamentarischen Aktion, d. h. zum Widerstand gegen rechtmäßig gefaßte Beschlüsse von Parlamenten und Regierungen bekennen.

Wer unseren freiheitlichen Rechtsstaat bejaht, kann daher nur mit Sorge das unwürdige Werben einflußreicher Kräfte um jene zum Teil kommunistisch unterwanderten Chaoten beobachten, die als sogenannte Alternative oder in den Reihen der Grünen in Parlamente einzogen, deren Legitimation sie leugnen, deren Funktionsfähigkeit sie lahmlegen wollen. Eine demokratische Partei, die sich um des kurzfristigen Machterfolges willen mit erklärten Gegnern unseres repräsentativen parlamentarischen Systems verbünden würde, schaufelt selbst am Grabe unserer Demokratie.

Ich rechne es dem bayerischen Wähler hoch an, daß er dies klar erkannt hat, verantwortungsbewußt gewählt und denen eine eindeutige Absage erteilt hat, die auch unser Land unregierbar machen wollen.

Die Auseinandersetzung um die richtige Verfassung unseres Gemeinwesens vollzieht sich heute auf einem anderen Hintergrund als noch vor wenigen Jahren. Die Studentenrevolte der späten 60er Jahre forderte unsere freiheitliche Demokratie unter Berufung auf ein festes Dogmengebäude heraus, das in sich schlüssige Antworten auf alle gesellschaftlichen Fragen versprach. Der Fortschrittsglaube ihrer geistigen Väter und Großväter war bei den Jungen damals ungebrochen.

Die heutige Protestbewegung bietet demgegenüber ein diffuses äußeres Bild der Orientierungslosigkeit, das freilich von entschlossenen Kadern leicht mißbraucht werden kann. Ihre Demonstrationen zeigen Spruchbänder eines Protestes, der weniger Hoffnung als Angst vor der Zukunft bezeugt. Man trägt die Zeichen des Trotzes oder der Resignation.

Die Zukunftsangst entspricht dabei häufig nicht einer rationalen Analyse der eigenen Lage, sondern einem vagen Gefühl, dessen andere Seite die Sehnsucht nach der Rückkehr zu einem einfachen Leben ist. Diese Haltung ist auch typisch für ökonomisch gesicherte Gruppen, die die materielle Sicherheit der eigenen Existenz als Selbstverständlichkeit und nicht als Leistung der gesamten Gesellschaft erfahren. Es ist bezeichnend, daß die neue Protestbewegung in diesen Kreisen viele Anhänger findet und nicht bei den Menschen, die durch ihre Arbeit dazu beitragen, daß es fast allen heute besser geht als früher. Diesen liegt die reale Sorge um den Arbeitsplatz näher als die irreale Sehnsucht nach dem verlorengegangenen Paradies.

Der einzelne kann »aussteigen«, aber er versündigt sich an der Gemeinschaft. Das ganze Volk kann nicht aussteigen.

Bewahrung der parlamentarischen Demokratie

Die parlamentarische Demokratie hat sich in unserem Lande bewährt. Mit ihrer Hilfe kann über die Parteien die Vielzahl der in der Gesellschaft vorhandenen, einander widerstreitenden geistigen und materiellen Interessen zum parlamentarischen, rechtsstaatlichen Ausgleich gebracht werden.

Die repräsentative Demokratie ist wie keine andere Regierungsform geeignet, die Herausforderungen unserer Zeit zu meistern. Sie kann diese Funktion aber nur erfüllen, wenn wir sie vor einer Aushöhlung durch systemfremde Strukturelemente, vor einer »Fundamentalopposition« und vor Angriffen auf den Parlamentarismus bewahren.

Diese Tendenzen bedrohen auch das kommunale Mandat. Die lautstark erhobenen Forderungen nach Basisdemokratie und imperativem Mandat zielen heute auch und gerade auf die Stellung der gewählten Vertreter in Gemeinden, Landkreisen und Bezirken.

Die Staatsregierung wird auch weiterhin die kommunale Selbstverwaltung – die bürgernächste Verwaltung – fördern und gegen Angriffe und Beeinträchtigungen schützen. Schon in meiner Regierungserklärung am 3. Dezember 1980 habe ich mich gegen den Irrweg gewandt, durch Bürgerbegehren und Bürgerentscheid Gemeindeangelegenheiten der Entscheidung der gewählten Organe zu entziehen. Radikale Stimmen sind inzwischen hinzugekommen, die nicht nur das System des Parlamentarismus, sondern auch die bewährte Kommunalverfassung von Grund auf in Frage stellen wollen. Wer die gewählten kommunalen Repräsentativorgane beseitigen oder auch nur schwächen will

- stärkt nicht den Einfluß des Wählers, sondern den Einfluß instabiler Gruppierungen ohne zurechenbare Verantwortlichkeit;
- ersetzt bürgerorientiertes und sachbezogenes Handeln durch Ideologie und Manipulation.

Eine andere Gefahr für die Funktionsfähigkeit unseres Staates sehe ich darin, daß zunehmend politische Gruppen und Verbände versuchen, Gerichte zu politischen Nebenkriegsschauplätzen umzufunktionieren. Den Gerichten kommt nach unserem Verständnis der Gewaltenteilung die Aufgabe zu, dem einzelnen Schutz zu gewähren, wenn er glaubt, von einer der anderen Staatsgewalten in seinen Rechten verletzt worden zu sein.

Die Staatsregierung lehnt deshalb die Einführung von Verbandsklagebefugnissen als systemfremd ab. Politische Entscheidungen, die nach breiter öffentlicher Diskussion und unter Wahrung der Rechte der unmittelbar Betroffenen gefaßt sind und die die Betroffenen auch vor Gericht anfechten können, müssen auch umgesetzt werden können. Sie dürfen nicht zur verfahrensmäßigen Disposition von Gruppen und Verbänden als selbsternannten Hütern von Interessen des Gemeinwohls gestellt werden.

Aber auch ohne Verbandsklage haben die verwaltungsgerichtlichen Verfahren gerade im Zusammenhang mit der rechtlichen Überprüfung von technischen Großvorhaben heute eine solche sachliche und zeitliche Dimension erreicht, daß manche schon den Übergang vom Rechtsstaat zum handlungsunfähigen Rechtswegestaat befürchten.

Es wäre sicher falsch, wenn wir uns deshalb in einseitigen Schuldzuweisungen, etwa an die Adresse der Richter, ergingen. Der Entscheidungsspielraum der Gerichte ist dort besonders groß, wo die gesetzlichen Vorhaben unklar und vage sind. Wir brauchen nicht mehr, aber bessere Gesetze. Gerade der Bundesgesetzgeber ist hier herausgefordert, da die Rechtsgrundlagen für die meisten Großvorhaben im Bundesrecht zu finden sind.

Die verwaltungsgerichtlichen Verfahren müssen gerade bei diesen wichtigen Projekten zeitlich gestrafft werden. Die Staatsregierung tritt zusammen mit anderen Ländern für die Einführung der erstinstanziellen Zuständigkeit der Oberverwaltungsgerichte bzw. in Bayern des Verwaltungsgerichtshofes zur Entscheidung über technische Großprojekte ein.

Die Vollziehbarkeit von Entscheidungen der vom Gesetz berufenen Staatsorgane muß keineswegs auf Kosten eines wirksamen – und das heißt auch raschen – Rechtsschutzes gehen.

Bundesstaatliche Ordnung als Ordnung der Freiheit

Die Staatsregierung wird auch in der neuen Legislaturperiode entschieden und – wo es notwendig ist – kämpferisch für die bundesstaatliche Ordnung eintreten.

Ich erinnere an meine Rede vor dem Deutschen Bundestag am 14. Oktober 1982. Dort habe ich folgende Gedankengänge mit Nachdruck vertreten:

Die Bundesrepublik Deutschland ist kein Einheitsstaat, sie ist kein Staatenbund; sie ist ein Bundesstaat. Die Gliedstaaten machen zusammen den Gesamtstaat aus. Die staatlichen Zuständigkeiten liegen nach Text und Sinn des Grundgesetzes bei den Ländern, soweit sie nicht ausdrücklich dem Bunde zugeordnet sind. Diese föderative Ordnung entspricht nicht nur deutscher Staatstradition und geschichtlicher Entwicklung. Sie ist durch ihre vertikale Gewaltenteilung, wenn richtig verstanden, vernünftig angelegt, überschaubar angewandt, das modernste staatliche Gliederungsprinzip. Sie ist das Bauprinzip eines freiheitlichen Deutschlands und eines in Freiheit sich einigenden Europas. Sie ist die Staatsordnung der Freiheit!

Föderalismus gab es weder unter der nationalsozialistischen Diktatur der Vergangenheit, noch gibt es ihn unter der kommunistischen Gewaltherrschaft im anderen Teil Deutschlands. Föderalismus bedeutet größere politische Freiheit, größere Bürgernähe, größere Verteilung und wirksamere Kontrolle der Macht. Der Einsatz für eine lebendige bundesstaatliche Politik darf deshalb niemals eine einseitige parteipolitische Angelegenheit sein.

In vielen Ländern Europas ist in den letzten Jahrzehnten ein immer stärkerer Regionalismus als Gegengewicht gegen den Zentralismus entstanden. Die Dezentralisierung der Staatsgewalt erscheint in Italien, in Spanien, selbst in Frankreich in wachsendem Maße als ein sinnvolles Mittel zur Überwindung innerer Probleme, zur Vermeidung oder Gleichmacherei, zur vielfältigen Entwicklung eines Staates auf politischem, kulturellem und wirtschaftlichem Gebiete. Dieser Regionalismus ist aber nur ein Notbehelf gegenüber der besseren Lösung des ausgeprägten föderativen Prinzips der staatlichen Ordnung, wie wir sie in der Bundesrepublik Deutschland verwirklicht haben. Sie ruht auf der Existenz von eigenständigen und eigenverantwortlichen politischen Entscheidungszentren, von Gliedstaaten, die kraft eigenständigen Rechts selbstgestaltend handeln. Daß das Vorhandensein mehrerer eigenständiger dezentraler Entscheidungszentren die größere Gemeinschaft stärkt und sich in Krisenzeiten stabilisierend auswirkt, hat nicht nur die moderne Organisationsforschung erkannt, die politische Wirklichkeit der Bundesrepublik Deutschland hat dies erhärtet.

Der entschiedene Einsatz für die bundesstaatliche Ordnung und für die Eigenstaatlichkeit der Länder gehört daher zu den unersetzlichen Leitlinien bayerischer Politik, die die Staatsregierung auch in der neuen Legislaturperiode und auch gegenüber der neuen Bundesregierung konsequent verfolgen wird.

Nicht nur die Bayerische Staatsregierung ist der Auffassung, daß die bisherige Politik des Bundes in vielen Bereichen zu einer Verfassungswirklichkeit geführt hat, in der die Gesetzgebungszuständigkeiten der Länder bis in die Nähe des in Art. 79 Abs. 3 Grundgesetz gewährleisteten Kernbereichs geschrumpft sind. In der Staatspraxis hat sich die in Art. 70 Grundgesetz normierte Zuständigkeitsvermutung mehr und mehr zugunsten der Länder umgekehrt.

Die Ausgewogenheit der Verteilung der Gesetzgebungszuständigkeiten zwischen Bund und Ländern ist ein Grundelement des föderativen Staatsaufbaus.

Damit die verschobenen Gewichte wieder ausgeglichen werden, damit die Zuständigkeitsverteilung wieder mit dem Verfassungsgrundsatz der bundesstaatlichen Ordnung in Einklang kommt, ist in erster Linie – unter grundsätzlicher Beibehaltung der Unterteilung in konkurrierende Gesetzgebungszuständigkeit und Rahmenzuständigkeit des Bundes – die Übertragung von Zuständigkeiten dort anzustreben, wo gesetzliche Regelungen von den Ländern ebensogut getroffen werden können. Mit dem Bereich der Krankenhausfinanzierung soll ein Anfang gemacht werden. Dies gilt aber auch für die Zuständigkeiten, die zwar von Anfang an beim Bund lagen, für die sich aber in den letzten drei Jahrzehnten seit Geltung des Grundgesetzes kein Bedürfnis nach bundeseinheitlicher Regelung gezeigt hat. Wenn es uns auch sinnvoll und notwendig erscheint, Mischzuständigkeiten und Mischfinanzierungen zu beseitigen, die die politische und finanzielle Verantwortung verwischen und entscheidungshemmende bürokratische Hemmnisse aufrichten, so ist uns doch auch bewußt, daß nicht nur Landes- und Bundespolitik, sondern auch Landes- und Europapolitik heute nicht mehr voneinander getrennt werden können.

Entscheidungen auf der europäischen Ebene bestimmen auch die Landespolitik. Das gilt vor allem für die Landwirtschafts- und die regionale Strukturpolitik. Aber auch die Bildungs- und Kulturpolitik wird zunehmend in die europäischen politischen Überlegungen einbezogen. Europapolitik ist inzwischen in ihren Auswirkungen weitgehend bereits zur Innenpolitik der Mitgliedsstaaten der Europäischen Gemeinschaft geworden. Es ist daher nur eine dem Geist unserer Verfassung entsprechende sinnvolle und notwendige Forderung, daß die Länder an der Willensbildung in der EG und bei sonstigen internationalen, die Länderzuständigkeiten berührenden Maßnahmen und Gremien stärker als bisher institutionell beteiligt werden.

Der Föderalismus ist, wie die Soziale Marktwirtschaft, immer auch mehr und etwas anderes als nur ein Organisationsprinzip. Er ist ein politischer Stil, eine politische Haltung.

Er fordert eine geistig-moralische Grundhaltung. In seinem Mittelpunkt stehen die zentralen Begriffe unseres freiheitlichen, sozialen Bundesstaates: Verantwortung, Freiheit, Solidarität.

Bei der Verbesserung, bei der Weiterentwicklung des Bund-Länder-Verhältnisses geht es also um mehr als nur um finanzpolitische oder organisationstechnische Fragen. Es geht um das Selbstverständnis und um die Sicherung der freiheitlichen modernen Demokratie in unserer Bundesrepublik Deutschland.

Dabei geht es nicht zuletzt um die Achtung, die unser freiheitlicher Rechtsstaat, seine verfassungsmäßige Ordnung und seine Institutionen genießen. Es geht um die Glaubwürdigkeit unserer Politik als einer ganz wesentlichen Voraussetzung für die Regierbarkeit unseres Staates.

Bayern in Ordnung halten – Deutschland in Ordnung bringen

Wir haben in Bayern in den vergangenen Legislaturperioden eine glaubwürdige Politik geführt, wir konnten Bayern bis heute als Land der finanziellen Solidität und der politischen Stabilität erhalten, weil wir unsere Politik an der Wirklichkeit und an den tatsächlichen Erfordernissen und nicht an illusionären utopischen Zielvorstellungen ausgerichtet haben.

So ist das moderne Bayern entstanden,

- als ein Land des menschlichen Maßes, aber auch als ein Land gesunder Grundlagen,
- als ein Land, dessen Bevölkerung trotz der schweren Herausforderungen, die es in den kommenden Jahren zu meistern gilt, zuversichtlich in die Zukunft blicken kann,
- als ein Land, in dem die Jugend eine Zukunft hat!

Die Bürger dieses Landes können darauf vertrauen:

Die von mir geführte Staatsregierung wird dafür sorgen, daß unser bayerisches Haus in bayerischer Liberalität in Ordnung bleibt.

Ich bin zuversichtlich, daß die inzwischen Mode gewordene Zukunftsangst und wehleidige Verzagtheit in Bayern keinen Boden finden wird, daß die Angstpropaganda und die Aussteigermentalität, heute bewußt von denen gezüchtet, die unsere freiheitliche Ordnung zerstören wollen, unter der großen Mehrheit der bayerischen Bevölkerung kein Gehör finden werden.

Gegen Angst und Pessimismus wollen wir gerade in Bayern an diesem Scheidepunkt der deutschen Politik, an dem wir heute stehen, die Nüchternheit, das Vertrauen, die Tapferkeit und die Solidarität setzen, die uns vor einer Generation nach der größten Katastrophe der deutschen Geschichte schon einmal geholfen haben, kraftvoll den Weg aus der Not zu finden und den freiheitlichen Staat, die blühendste Wirtschaft und die leistungsfähigste Sozialordnung der deutschen Geschichte aufzubauen.

Mit dieser Haltung werden wir Bayern in Ordnung halten und Deutschland wieder in Ordnung bringen mit sicheren Grundlagen für die Zukunft, für ein menschenwürdiges Leben in gesichertem Wohlstand, in einem sicheren Frieden in Freiheit.

(18. November 1982)

Dem Willen der Wähler verpflichtet

Am 6. März 1983 finden Bundestagswahlen statt. Klar und eindeutig bestätigen die Wähler den im Herbst 1982 in Bonn vollzogenen Regierungswechsel. Die CSU wahrt ihre Tradition des Ungewöhnlichen. Mit 59,5 Prozent der Stimmen erzielt sie ein Ergebnis, zu dem es in keinem anderen Bundesland und bei keiner anderen Partei Vergleichbares gibt. Strauß zieht nach dem Wahltag Bilanz.

Ein Wort nach der Wahl hat zuerst und zunächst, fernab jeder formelhaften Routine, ein herzliches Wort des Dankes zu sein. Für den Vorsitzenden der Christlich-Sozialen Union ist dies besondere Herzenspflicht deshalb, weil auch bei der Bundestagswahl des 6. März die Wählerinnen und Wähler in Bayern der CSU, ihren Personen und ihrer Politik in einem Ausmaß ihr Vertrauen ausgesprochen haben, für dessen Höhe und – mit Blick zurück auf viele Wahlgänge für Bundestag und Landtag – Dauer es nicht nur in keinem anderen Bundesland und bei keiner anderen Partei Vergleichbares gibt. Selbst im internationalen demokratischen Rahmen stellt die CSU, wie uns Beobachter anläßlich unseres Abschneidens am 6. März bestätigten, mit ihren Dauerwahlerfolgen einen unerreichten Ausnahmefall dar.

Der Dank an den Wähler, der mit 59,5 Prozent erneut unsere Position als einziger breit verankerter Volkspartei in Bayern bestätigte, der uns 44 von 45 Direktmandaten gewinnen ließ, der uns – auf das Bundesergebnis bezogen – einen Stimmenanteil von 10,6 Prozent zuwies und der der CSU-Landesgruppe im Deutschen Bundestag mit 53 Mitgliedern einen in der Geschichte unserer Partei bisher nur einmal erreichten Höchststand wieder brachte – dieser Dank kommt aus vollem Herzen!

Unsere Freude ist doppelt groß, weil der Erfolg der CSU dieses Mal, anders als bei den Bundestagswahlen von 1969, 1972, 1976 und 1980, von einem guten Ergebnis der CDU begleitet wird: Unser Wahlziel, die Unionsparteien so stark zu machen, daß ohne uns oder gegen uns nicht mehr regiert werden kann, haben wir bei einem CDU/CSU-Ergebnis von 48,8 Prozent voll und ganz erreicht. Die Wende in Bonn, die am 1. Oktober 1982 mit der Wahl Helmut Kohls zum Bundeskanzler begann, blieb nicht, wie es eine eifernde rot-grüne Linke gewollt hatte, nur eine Episode. Der deutsche Wähler hat mit seiner Stimmabgabe der Wende Dauer gegeben.

Den Kurs festlegen

Die Weichen für die nächsten vier Jahre sind gestellt – und wenn CDU und CSU in der richtigen Weise den klaren Wählerauftrag annehmen und erfüllen, wird diese Weichenstellung für einen weit längeren Zeitraum den Kurs der deutschen Politik bestimmen als nur für eine Wahlperiode. Auch wenn wir um die Größe und Schwierigkeit der damit verbundenen Aufgabe wissen: Die Unionsparteien haben in Vergangenheit und Gegenwart bewiesen, daß sie gerade in schwerer Zeit ihren Mann zu stehen wissen. So wird es uns auch – freilich nicht von heute auf morgen, sondern Schritt für Schritt – gelingen, die Bundesrepublik Deutschland aus der tiefsten finanziellen, wirtschaftlichen und sozialen Krise ihrer Geschichte zu führen, in die sie durch dreizehnjährige liberal-sozialistische Mißwirtschaft geraten ist.

Aus der Wende eine dauerhafte und zukunftsträchtige Konsolidierung machen – für diesen Auftrag werden wir in den nächsten Tagen und Wochen die Orientierungsmarken zu setzen haben. Die Größe der zu behandelnden Probleme, die Notwendigkeit einer allumfassenden Bestandsaufnahme, die Forderung nach klaren und unmißverständlichen Positionen der Bundesregierung der Mitte verbieten bei den bevorstehenden Verhandlungen schädliche Übereilung und jede Hektik. Dazu besteht um so weniger Anlaß, da eine handlungsfähige Regierung im Amt ist und kein dramatischer Zugzwang besteht, der gebotene Umsicht und Sorgfalt stören und behindern könnte.

Der Vorstand der CSU hat für die kommenden Beratungen eine Kommission gebildet, deren Auftrag klar definiert ist: in den Verhandlungen mit der CDU und mit allen Koalitionsparteien die klassischen Grundsätze der CDU/CSU bei der Beratung des Sachprogramms mit Nachdruck zu vertreten sowie die sachlichen und personellen Positionen der CSU in Programm und Zusammensetzung der künftigen Bundesregierung entsprechend dem politischen Gewicht der CSU und ihres Wahlergebnisses zur Geltung zu bringen. Die Landesgruppe der CSU hat in ihrer ersten Sitzung einstimmig beschlossen, daß sie bei den Koalitionsverhandlungen auf der von CDU und CSU gemeinsam im Wahlprogramm festgelegten Nichtrückzahlbarkeit der Investitionshilfeabgabe als eines Solidaritätsopfers bestehen wird. Auch das soll die Glaubwürdigkeit und Zuverlässigkeit von CDU und CSU gegenüber dem Wähler, insbesondere gegenüber dem Wähler aus dem Arbeitnehmerbereich, betonen.

Bayerns besonderer Beitrag

Wir in der CSU freuen uns über den großen Gesamterfolg der Union. Wir freuen uns natürlich auch darüber, daß wir mit unserem weit über dem Durchschnitt liegenden bayerischen Ergebnis einen besonderen Beitrag dazu leisten konnten, das Gesamtergebnis für die Unionsparteien bei ausgezeichneten 48,8 Prozent festzuschreiben – ohne die 59,5 Prozent der CSU hätte die CDU 46,46 Prozent erreicht, und die SPD hätte statt ihrer 38,2 Prozent optisch bessere 40,19 Prozent erzielen können.

Der Wahlerfolg von CDU und CSU wäre noch deutlicher und größer ausgefallen, wenn nicht zahlreiche Unionswähler aus Angst vor einer rot-grünen Mehrheit ihre Zweitstimme der FDP gegeben hätten. Bei der gegebenen Ausgangslage hätten CDU und CSU mühelos die absolute Mehrheit erreichen können.

Der gute Start der neuen Koalition der Mitte im Herbst des vergangenen Jahres und die entschlossene Inangriffnahme schwieriger Aufgaben sowie der Mut auch zu vermeintlich unpopulären Maßnahmen zur ersten Bewältigung der vorgefundenen Erblast haben die Mehrheit der Wähler nicht abgeschreckt und sie gegenüber einer verantwortungslosen rot-grünen Hetzkampagne unempfänglich gemacht. Unser Wahlkampf der Ehrlichkeit und Offenheit hat sich gelohnt. Die Bürgerinnen und Bürger waren, so erste Analysen, Argumenten weitaus zugänglicher, als dies in früheren Wahlkämpfen der Fall gewesen zu sein scheint.

Der SPD mißlang ihr großes Täuschungsmanöver, das darauf gerichtet war, durch eine bösartig-verleumderische Agitation die unvermeidbaren und mit Erfolg um soziale Ausgewogenheit bemühten Sparmaßnahmen der neuen Bundesregierung als Auswirkungen einer »Ellenbogengesellschaft«, als »Klassenkampf von oben nach unten«, als »Umverteilung von unten nach oben« zu diffamieren und damit von eigener Schuld und Verantwortung an dem angerichteten Trümmerhaufen abzulenken.

Vor allem verfing diese billige Klassenkampfpropaganda, reaktionären sozialistischen Denkkategorien der Ideologie eines vergangenen Jahrhunderts entsprungen, nicht bei jenen, als deren Anwalt sich die SPD in einem angemaßten Alleinvertretungsanspruch so gerne auszugeben pflegt, bei den Arbeitnehmern: Die Arbeitnehmer im allgemeinen und die Arbeiter im besonderen sind der SPD in hellen Scharen davongelaufen. Das Bündnis der SPD mit den rot-grünen Aussteigern und Chaoten, das Willy Brandt ausgerufen und als dessen Vollstrecker sich Hans-Jochen Vogel willig angeboten hatte, war eine Allianz gegen den Arbeitnehmer und seine Interessen.

Auch wenn dies in viele sozialistische und rot-grüne Köpfe nicht hinein mag: Die Arbeitnehmer wissen sehr genau, daß es ihnen dann am besten geht, wenn es den Betrieben gut geht. Eine grobe Mißachtung dieser Einsicht in dreizehnjähriger SPD/FDP-Herrschaft hat eine in der Geschichte der Bundesrepublik Deutschland noch nie dagewesene Massenarbeitslosigkeit von 2,5 Millionen hinterlassen. Die Arbeitnehmer haben diese schmerzliche Lehre verstanden – und sie haben auch verstanden, daß eine SPD, die diesen Schaden angerichtet und diesen sozialen Skandal verursacht hat, zu dessen Bewältigung unfähig sein mußte, wenn sie – keinen Fehler vergessen und keine Weisheit hinzugelernt! – jetzt im Bundestagswahlkampf nichts anderes anzubieten hatte als ihre in der Wirklichkeit längst gescheiterten Rezepte von mehr Steuern und mehr Schulden.

Gescheitert ist die SPD, gescheitert ist aber auch Hans-Jochen Vogel. Nur eine zu große Entfernung und eine Unkenntnis seiner Person und seines Wirkens konnte da und dort kurzfristig zu einer Vogel-Überschätzung führen. Mit der Dauer des Wahlkampfes aber nahmen die Kenntnisse über Vogel zu und seine Chancen parallel dazu ab. 1974 hatte die SPD –Vogel war Spitzenkandidat seiner Partei bei der Landtagswahl – plakatiert: »Bayern braucht Dr. Vogel«. Bayern brauchte ihn nicht und wählte ihn auch nicht. 1981 wollte die SPD den Berlinern einreden, daß auch sie den Dr. Vogel an der Spitze ihrer Stadt bräuchten. Die Berliner hielten es wie die Bayern und verzichteten dankend. Jetzt kam der dritte Satz im Vogelschen Dreisprung, und wieder geriet er deutlich zu kurz: Auch der deutsche Wähler in seiner Gesamtheit konnte sich der SPD-Meinung, daß Deutschland den Dr. Vogel braucht, ganz und gar nicht anschließen.

Ob die SPD selbst den Dr. Vogel braucht, wird erst die Zukunft erweisen müssen. Schon jetzt deuten alle Anzeichen darauf hin, daß die Wahl des gescheiterten Spitzenkandidaten zu Wehners Nachfolger im Vorsitz der SPD-Bundestagsfraktion weit mehr Verlegenheitslösung denn Überzeugungstat war. Die parteiinterne Kritik an Vogel beginnt sich zu rühren. Georg Lebers Vorwürfe gegen die absurde und arbeiterferne Zusammensetzung der Vogelmannschaft sind nur ein Startsignal. Sie sind aber auch ein Beleg dafür, daß traditionelle Sozialdemokraten wie Leber längst in der SPD den Rang resignierender und einflußloser Außenseiter haben, weil die entschlossene Wahrung und Durchsetzung von Arbeitnehmerinteressen in der neuen, grün-rot orientierten Partei von Brandt und Vogel keinen Platz mehr haben.

Immer mehr Arbeitnehmer haben dies erkannt, und viele von ihnen haben am 6. März die Konsequenz aus dieser Einsicht gezogen. Nur so kam das triumphale Wahlergebnis für die Unionsparteien zustande. Die CDU-Erfolge in Nordrhein-Westfalen – die Tapferkeit Norbert Blüms, mit der dieser gegen eine scheinbar übermächtige sozialistische Propagandafront ankämpfte, verdient besonders dankende Erwähnung! – sind ein markantes Zeichen dieser verstärkten Arbeitnehmerorientierung zu den Unionsparteien.

Die Position der CSU

Auch das Wahlergebnis der CSU hat hier seinen besonderen Akzent. Unsere 59,5 Prozent, die dieses Mal immerhin gegen drei andere konkurrierende Parteien errungen werden konnten und mußten, bestätigen zwar die stabile und unerschütterliche Position der CSU als einer tief verwurzelten Volkspartei, sie zeigen uns aber auch als die klassische Arbeitnehmerpartei in Bayern. Hierauf gibt vor allem das Abschneiden der CSU in den Großstädten und in klassischen Arbeitnehmer-Wahlkreisen überzeugende Hinweise. Daß wir zum ersten Mal in unserer Geschichte die beiden Nürnberger Direktmandate gewinnen konnten, daß wir in Hof nach 26 Jahren wieder das Ziel erreichten, daß wir in Augsburg unsere Position deutlich jenseits der absoluten Mehrheit ausbauen konnten, daß wir in München vier von fünf Direktmandaten erreichten – all das gehört auch zum Stichwort Arbeitnehmerpartei CSU.

Diese nur beispielhaft genannten Erfolge sind eingebettet in ein Gesamtergebnis, das wir einem überwältigenden Vertrauensbeweis aller Schichten und Gruppen der bayerischen Bevölkerung zu verdanken haben. Daß sich die CSU auch wieder als die Partei der Jugend und der jungen Wähler bewährt hat, die uns mit deutlicher absoluter Mehrheit ihr Vertrauen und ihre Zustimmung gegeben haben, widerlegt linke Zerrbilder von einer Jugend der Resignation, der Zukunftsangst, des Verweigerns und des Aussteigens ebenso wie es uns eine besondere Verpflichtung auferlegt, mit unserer Politik heute ein sicheres Fundament für das Leben der Menschen von morgen zu schaffen.

Unser Wahlerfolg kommt aus einer eindrucksvollen Gemeinschaftsleistung der ganzen CSU, die unmittelbar nach einer nicht weniger erfolgreichen Landtagswahl unverdrossen und unermüdlich wieder angetreten ist. Unsere Mitglieder, unsere ehren- und hauptamtlichen Mitarbeiter, die Vorsitzenden unserer Orts-, Kreis- und Bezirksverbände, die alten und neuen Bundestagsabgeordneten der CSU, die Mitglieder der Landtagsfraktion und der Bayerischen Staatsregierung, die Landesleitung unserer Partei mit Edmund Stoiber, zahllose Anhänger, Freunde und Helfer haben in vorbildlicher Weise ihre Pflicht getan.

Erfolge haben die CSU noch nie übermütig gemacht. War der eine Wahltermin vorbei, galt unsere Aufmerksamkeit stets dem nächsten. So war es kein Zufall, sondern gute CSU-Tradition, daß bei der Vorstandssitzung am Tag nach der Bundestagswahl schon die nächsten Wahltermine in den Vordergrund rückten: Kommunalwahlen im März 1984 und Europawahlen im Juni 1984. Das Vertrauen des Bürgers ist von uns nie als gesicherter und unkündbarer Besitzstand, sondern stets als auf Zeit und widerrufbares demokratisches Vertrauen betrachtet worden, um das es nicht nur vor Wahlen, sondern Tag für Tag zu ringen gilt. Das anhaltende gute

Abschneiden der CSU weit über den üblichen Erfolgswerten anderer Parteien hat hier seine entscheidende Wurzel.

Gemeinsam Deutschland in Ordnung bringen – mit diesem Leitwort sind wir in die Entscheidung gegangen. Dafür haben uns die Wähler einen klaren Auftrag gegeben. Die CSU wird bei den Beratungen während der nächsten Tage und Wochen ihren Beitrag in Bonn dazu leisten.

(12. März 1983)

In doppelter Verantwortung: für Bayern und Deutschland

Die Tage nach dem 6. März 1983 sind in Bonn von den Verhandlungen über Inhalt und personelle Ausgestaltung der Koalitionsregierung von CDU, CSU und FDP erfüllt. Strauß achtet darauf, daß trotz aller notwendigen Kompromisse die grundsätzlichen Positionen der CSU gewahrt bleiben. Der CSU-Vorsitzende selbst entscheidet sich für die Beibehaltung des Amtes des Bayerischen Ministerpräsidenten und gegen die Übernahme eines Ministeramtes in Bonn.

Die Aufgabe, die wir, die CSU und ich persönlich, uns mit meiner Spitzenkandidatur auf der CSU-Landesliste für die Bundestagswahl des 6. März 1983 gestellt haben, ist erfüllt:

Zum einen hat die Partei, deren Vorsitzender ich in diesen Märztagen seit 22 Jahren bin, mit 59,5 Prozent der Stimmen ein hervorragendes Wahlergebnis erzielt,

zum anderen ist es der CSU gelungen, von ihren politischen Kernvorstellungen her wie im personellen Bereich in der neuen Koalitionsregierung unter Bundeskanzler Helmut Kohl eine bestmögliche Lösung zu erzielen – in einem Ausmaß, wie dies kaum je in der Geschichte unserer Regierungsmitverantwortung in Bonn der Fall war. Alles in allem gewährleistet das von der CSU-Delegation unter meiner Leitung in den letzten Tagen erzielte Verhandlungsergebnis – wie es der Vorstand unserer Partei einstimmig gebilligt und anerkannt hat – »ein vertrauensvolles Verhältnis zwischen CDU und CSU zur Meisterung der anstehenden Probleme«. Es stellt ebenso »eine Grundlage für die Zusammenarbeit mit der FDP« dar.

Weil es offensichtlich wesentlich einfacher ist, sich des langen und breiten in Personalspekulationen und diesbezüglicher Gerüchtemacherei zu ergehen, als sich mit schwierigen und komplizierten politischen Sachfragen berichterstattend und kommentierend zu befassen, kam es zu einer von mir nicht gewollten und schon gar nicht geförderten Diskussion über meinen künftigen politischen Wirkungskreis. Wir haben uns dadurch nicht irremachen lassen und haben konsequent an dem Verhandlungsauftrag festgehalten, den uns der CSU-Vorstand für die Gespräche mit CDU und FDP mit auf den Weg gegeben hatte: die klassischen Grundsätze der CDU/CSU bei der Beratung des Sachprogramms der neuen Bundesregierung mit Nachdruck zu vertreten sowie die sachlichen und personellen Positionen der CSU in Programm und Zusammensetzung der künftigen Bundesregierung entsprechend dem politischen Gewicht der CSU und ihres Wahlergebnisses zur Geltung zu bringen.

Tragfähige Grundlage

Diesen Auftrag sehe ich im Rahmen des Möglichen und vom Wahlergebnis her Machbaren als voll und ganz erfüllt an. Daß bei den Verhandlungen von drei Parteien über die Bildung einer Regierung Kompromisse als zum Wesen der Demokratie gehörig unvermeidbar sind, ist dabei eine Selbstverständlichkeit. Dennoch gilt, daß die CSU für sie wichtige und auch unaufgebbare Vorstellungen in die Koalitionsvereinbarungen einbringen konnte. Mit der CDU gab es dabei naturgemäß in vielem von Haus aus weitgehende Übereinstimmung. Das im Dezember und Januar von den beiden Unionsparteien in gründlicher und umfassender Beratung erarbeitete gemeinsame Wahlprogramm, das in wesentlichen Punkten meine Handschrift trug, erwies sich dabei als hilfreiche Leitlinie.

Insgesamt kamen CDU und CSU auf der einen und FDP auf der anderen Seite zu einer tragfähigen Grundlage, auf der sich eine vernünftige Regierungsarbeit aufbauen, die von uns bei der Regierungsübernahme in Bonn im Herbst des letzten

Jahres vorgefundene tiefste wirtschaftliche, finanzielle und soziale Krise in der Geschichte der Bundesrepublik Deutschland überwinden und eine zukunftsorientierte Politik entwickeln läßt. Die Erfahrungen mit den Verhandlungspartnern der FDP waren so, daß wir als CSU keinen Anlaß haben, daran zu zweifeln, daß es der FDP genauso ernst mit fairer Zusammenarbeit ist wie uns.

Deutlich wurde bei der gemeinsamen Erarbeitung des politischen Kurses der neuen Koalitionsregierung, daß die Zeit der großen Worte und lockenden Versprechungen in der Politik der Bundesrepublik Deutschland endgültig vorbei ist. Die Linie der Opfer fordernden Ehrlichkeit, mit der wir in den Wahlkampf für die Entscheidung des 6. März gezogen sind und auf der uns eine große Mehrheit der Wähler gefolgt ist, muß sich jetzt fortsetzen. Dreizehn Jahre lang ist die Bevölkerung immer wieder getäuscht worden, sei es über die Finanzprobleme der Rentenversicherung, sei es über Ausmaß und Gefahr einer katastrophalen Staatsverschuldung oder über die wirklichen Ursachen und Folgen der wirtschaftlichen Krise, deren alarmierendstes Kennzeichen eine in der Geschichte unseres Staates noch nie dagewesene Massenarbeitslosigkeit ist, wie auch über die wahre außenpolitische Lage in Ost und West.

Es gehört zur bitteren Ironie der Geschichte, daß sich unter Kanzlern einer Partei, der SPD, die sich so gerne einen Alleinvertretungsanspruch für Arbeitnehmerinteressen anmaßt, eine Arbeitslosenzahl von 2,5 Millionen entwickeln konnte, während davor in zwanzigjähriger Regierungsverantwortung von CDU und CSU, die von der SPD-Propaganda in üblicher und übler Weise als arbeitnehmerfeindlich verleumdet wurde, der Begriff Arbeitslosigkeit nahezu zu einem unbekannten Fremdwort geworden war.

Ich habe immer wieder gesagt, daß nicht in 13 Wochen und auch nicht in 13 Monaten das an Verwerfungen und Fehlentwicklungen beseitigt werden kann, was in 13 Jahren entstanden ist. Die tatsächliche Wende zum Besseren kann nur in kleinen Schritten, in zäher Arbeit und Stück für Stück erfolgen. Deshalb geht es jetzt, da dem Wechsel vom Herbst des vorigen Jahres am 6. März vom Wähler auf breiter Grundlage Dauer und Zukunft gegeben wurde, in besonderer Weise darum, dem Bürger gegenüber ehrlich und offen zu sein, die Wahrheit zu sagen und die unvermeidbaren, wenn auch nicht von uns zu verantwortenden Opfer zu nennen. Die CSU wird unbeirrt ihren Beitrag dazu leisten, daß in der deutschen Politik Wort und Tat, Anspruch und Wirklichkeit wieder übereinstimmen. Nur so auch kann der Verlust an politischer Glaubwürdigkeit, der in den vergangenen dreizehn Jahren durch eine Flut von später dann unerfüllbaren Versprechungen und Verheißungen herbeigeführt wurde, wiedergutgemacht, nur so kann wieder das unerläßliche Vertrauen in staatliches und politisches Handeln hergestellt werden.

Ich bin für politische Kontinuität. Dies konnte und kann für mich aber nicht die Kontinuität in Fehlern bedeuten. Kontinuität auf dem richtigen Weg, ja, Kontinuität auf dem Irrweg, nein! Deshalb ging es der CSU bei den Beratungen in Bonn in besonderer Wachsamkeit darum, die Kontinuität der Unionspolitik sichtbar zu machen und festzuschreiben, jener Politik, die in zwanzig Jahren unserem Staat und seinen Bürgern einen beispiellosen wirtschaftlichen, sozialen und politischen Aufstieg gebracht, die uns im Rahmen der Atlantischen Allianz seit mehr als dreißig Jahren Frieden und Freiheit gesichert hat und für deren Bewahrung und Fortführung wir in dreizehn Oppositionsjahren einen unermüdlichen Kampf geführt haben.

Besonderer Schwerpunkt Deutschlandpolitik

Auch deshalb haben wir von der CSU aus unserer nationalen Verantwortung heraus im deutschlandpolitischen Bereich einen besonderen Schwerpunkt gesetzt. Die im Grundgesetz verankerte Pflicht, für die Freiheit und Einheit aller Deutschen Sorge zu tragen, ist uns ernstgenommener Auftrag. Das von uns beim Bundesverfassungsgericht in Karlsruhe erstrittene klarstellende Urteil gegen das gefährliche Zwielicht einer Deutschland- und Ostpolitik nach Art von Brandt und Bahr ist für uns ein entscheidender Maßstab jeder Deutschlandpolitik. Der dreizehn Jahre lang vernachlässigte klassische Grundsatz des »do, ut des«, des Gleichgewichts von Geben und Nehmen, wird in der deutschen Politik wieder jenen Rang bekommen, der notwendig ist, um zu wirklich dauerhaften und ehrlichen Lösungen zu kommen.

Zwangsläufig stehen bei Koalitionsverhandlungen neben den Festlegungen in Sachfragen personelle Entscheidungen. Auch wenn es ein vom politischen Gegner seit Jahren verbreitetes und von Teilen der Medien emsig gepflegtes Vorurteil haben will, daß mich gewissermaßen persönliche Karriereplanungen Tag und Nacht umtreiben würden, so wissen doch auch meine Freunde, unsere Wähler und viele Millionen Bürger in der Bundesrepublik Deutschland, daß dies Zerrbild mit der persönlichen und politischen Wirklichkeit des Franz Josef Strauß nicht das geringste zu tun hat. Offensichtlich hat man mancherorts beispielsweise verdrängt oder vergessen, daß ich schon lange vor dem vorjährigen Wechsel der FDP zu den Unionsparteien eindeutig klargestellt habe, daß an mir eine solche Entwicklung bestimmt nicht scheitern würde.

Andererseits war klar, daß mit meiner Kandidatur an der Spitze der CSU-Landesliste und nach einem Wahlergebnis, mit dem die CSU einen weit überdurchschnittlichen Anteil in das Gesamtergebnis der Unionsparteien einbrachte, auch ein personeller Anspruch verbunden war. Helmut Kohl hat dem mit einem ehrenvollen Angebot im Rahmen der koalitionspolitisch gegebenen Möglichkeiten Rechnung getragen. Meine Entscheidung zu diesem Angebot ist bekannt. Ich habe sie mir wahrlich nicht leicht gemacht. Persönliche Überlegungen haben dabei keine Rolle gespielt. Der CSU-Parteivorstand hat in seinem Kommuniqué am Montag dieser Woche dazu das Notwendige gesagt: »Franz Josef Strauß hat dem Bundeskanzler für dieses Angebot gedankt und ihm mitgeteilt, daß das hervorragende Verhandlungsergebnis in der Sache und im personellen Bereich es ihm erlaube, auf einen Eintritt in die Bundesregierung zu verzichten. Das Angebot sei ehrenwert, er lehne es jedoch ab, weil er keinen amtierenden CSU-Kollegen verdrängen wolle, und weil in der Gestaltung des personellen Programms und in der sachlichen Zusammenarbeit ein voll zufriedenstellendes Ergebnis erreicht worden sei.« Das war unter Einbeziehung aller Überlegungen der beste Entschluß.

Die CSU wird in der neuen Regierung Kohl mit fünf Ministern vertreten sein. Zu Friedrich Zimmermann, Werner Dollinger, Oscar Schneider und Jürgen Warnke tritt Ignaz Kiechle als Landwirtschaftsminister, eine geradezu ideale Verbindung von Amt und Person, worüber wir bei der Struktur Bayerns in besonderer Weise erfreut sind. Wie denn überhaupt die erfolgreiche Wahrnehmung auch speziell bayerischer Interessen für die CSU bei den Koalitionsverhandlungen wichtige Leitschnur war.

Mit dem CSU-Vorstand bedauere ich, daß die Beibehaltung des Amtes des Bundestagspräsidenten für die CSU aufgrund der gegebenen Verhältnisse nicht durchsetzbar war. Ausdrücklich bezeuge ich meinen Respekt vor Richard Stücklen, einem der Parlamentarier der ersten Stunde unserer Republik. Die CSU hofft und wünscht, daß sich Stücklen auch künftig für die Arbeit im Präsidium des Deutschen Bundestages zur Verfügung stellen wird.

Doppelte Verantwortung

Mein Verzicht auf einen Eintritt in die Bundesregierung hat ganz entscheidend auch mit meinem Amt als Bayerischer

Ministerpräsident zu tun, an dem ich mit ganzem Herzen hänge. Der Respekt vor der Bedeutung des Freistaates Bayern und vor dem Amt seines Ministerpräsidenten haben es ausgeschlossen, hier durch die Übernahme eines der in Bonn für mich möglichen Ministerämter, einschließlich der Position des Vizekanzlers, das Ansehen und den Rang des höchsten bayerischen Regierungsamtes in Frage zu stellen oder dieses Amt gar als Verschiebebahnhof für persönliche Interessen erscheinen zu lassen.

Unsere Wähler in Bayern und unsere vielen Freunde in der ganzen Bundesrepublik Deutschland – und darüber hinaus – können sich voll und ganz darauf verlassen, daß die CSU und ich auch in Zukunft unserer doppelten Verantwortung, für Bayern und für Deutschland, gerecht werden. Der bundespolitische Anspruch unserer Partei bleibt nicht nur unangetastet, er hat sich im Gegenteil bei der inhaltlichen und personellen Ausgestaltung der neuen Bundesregierung in besonders markanter Weise niedergeschlagen. Zur entschlossenen und geschlossenen Vertretung von CSU-Positionen in der Bundesregierung und im Bundestag, wobei hier dem bewährten Landesgruppenvorsitzenden Theodor Waigel besondere Bedeutung zukommt, tritt unsere politische Mitverantwortung und Mitgestaltung im Bundesrat.

Ich trete damit *nicht* den Rückzug aus der Bundespolitik an. Gute bayerische Politik wie deutsche Verantwortung erfordern, daß der Parteivorsitzende der CSU sich um alle wesentlichen Probleme der Bundespolitik kümmert.

Was in Vergangenheit und Gegenwart unverwechselbares Markenzeichen unserer Politik war, Verläßlichkeit und Glaubwürdigkeit, Ehrlichkeit und Offenheit, Augenmaß und Weitblick, Tapferkeit und der Mut, stets auch gegen vermeintlich modische Strömungen des Zeitgeistes zu stehen, wird unter meiner Führung auch künftig den Kurs der CSU kennzeichnen. In Loyalität zu Bundeskanzler Helmut Kohl, in angestammter Verbundenheit mit der CDU und in fairer Partnerschaft mit der FDP wird die CSU ihren Beitrag zu dem leisten, was sie den Bürgerinnen und Bürgern unseres Landes mit Blick auf die Entscheidung des 6. März versprochen hat: Bayern in Ordnung halten – Deutschland gemeinsam in Ordnung bringen!

(26. März 1983)

Der nationale Auftrag

Für Franz Josef Strauß ist eine Politik, die unbeirrt die Freiheit aller Deutschen als Ziel verfolgt, auch eine Politik für die Freiheit anderer unterdrückter Völker. Die nationale Verpflichtung der Deutschen, an die immer wieder und besonders im Umfeld des 17. Juni zu erinnern ist, gewinnt dadurch eine internationale Dimension.

Auch drei Jahrzehnte nach dem 17. Juni 1953 hat sich im Grundsätzlichen die Ausgangslage nicht geändert, die damals zum Aufstand gegen das kommunistische Regime geführt hat: Nach wie vor sind die Deutschen jenseits von Mauer und Stacheldraht wichtiger Menschenrechte beraubt, wird ihnen das Selbstbestimmungsrecht vorenthalten, stehen die Freiheiten und Rechte, niedergelegt in Verträgen und Vereinbarungen, die von der »DDR«-Regierung offiziell unterzeichnet wurden, nur auf dem Papier.

Geändert hat sich in den letzten dreißig Jahren nur das System der Unterdrückung, der totalen Gleichschaltung, der Einkerkerung – was 1961 mit dem Bau der Mauer in Berlin begann, hat in schauerlicher Perfektion zur wohl dichtesten und unmenschlichsten Abgrenzung geführt, die es irgendwo auf der Welt zwischen zwei Völkern, geschweige denn zur Trennung eines Volkes gibt: Mauer und Stacheldraht, Schießbefehl und Minenfelder, Wachhunde und Selbstschußanlagen sorgen dafür, daß der Versuch, von Deutschland nach Deutschland zu gelangen, zum tödlichen und nicht mehr hinnehmbaren Risiko wird.

Das verzweifelte Aufbegehren des 17. Juni 1953, als Menschen mit Steinen gegen Panzer vorgingen, als nur die brutale militärische Gewalt der kommunistischen Zentrale in Moskau den Zusammenbruch der kommunistischen Diktatur, die unseren deutschen Mitbürgern gewaltsam aufgezwungen worden war und wird, verhindern konnte, darf nicht vergessen werden. Der »Tag der deutschen Einheit« darf auch nach dreißig Jahren nicht als angenehme Errungenschaft eines zusätzlichen arbeitsfreien Tages abgetan werden – zu hoch und zu bitter war der Preis, den Deutsche dafür am 17. Juni 1953 und an den Tagen danach zu zahlen hatten und bis heute zu zahlen haben. Zu unverändert auch ist die anhaltende Unterdrückung der Menschen in Mitteldeutschland, zu brutal und unmenschlich die Wirklichkeit der »Grenze« mitten durch Deutschland, als daß es möglich sein könnte, über die geschichtliche Bedeutung und aktuelle Mahnung des 17. Juni 1953 zur politischen Tagesordnung übergehen zu können.

Bekenntnis zu Deutschland

Daß es diese Haltung des Verdrängens und Verschweigens, die von den Kräften der politischen Linken in der Bundesrepublik Deutschland mehr und mehr praktiziert wird, für die CSU und für die Politik, für die ich stehe, nicht gibt, beweist sich auch am 17. Juni 1983: Am Vormittag werde ich bei einer Gedenkstunde der Bayerischen Staatsregierung in Coburg sprechen, am Nachmittag bei einer Großkundgebung der Jungen Union in Pressig-Welitsch an der bayerisch-thüringischen Grenze im Landkreis Kronach.

Die CSU hat von der ersten Stunde ihrer Gründung an ihre ausgeprägt gesamtdeutsche, ihre nationale Verantwortung erkannt und wahrgenommen. Die CSU kann für sich in Anspruch nehmen, auch dann einen klaren und verantwortungsbewußten deutschen Kurs gehalten zu haben, als in der Blütezeit einer überzogenen Entspannungseuphorie Anfang der siebziger Jahre und im Zuge liberal-sozialistischer Ost- und Deutschlandpolitik die Positionen einer auf Freiheit und Einheit gerichteten Deutschlandpolitik systematisch geräumt werden sollten. Wir haben uns auch in der Deutschlandpolitik nicht dem Wehen eines angeblichen Zeitgeistes gebeugt, wir sind nicht auf den Kurs einseitiger Vorleistungen eingeschwenkt, haben uns nicht der leichtfertigen und gefährlichen Praxis der Preisgabe eindeutiger Rechtspositionen angeschlossen.

Im Gegenteil: Mit der Anrufung des Bundesverfassungsgerichts zum Grundlagenvertrag haben Bayern und die CSU in besonderer Weise, wenn auch mutterseelenallein, nationales Verantwortungsbewußtsein bewiesen. Karlsruhe hat auf unseren Vorstoß hin Pflöcke eingeschlagen, an denen die SPD/FDP-Koalition einfach nicht vorbeikam, die für die Deutschlandpolitik der Unionsparteien in der Opposition wesentlich waren und die jetzt, wo wir uns in der Regierungsverantwortung befinden, nicht weniger wesentlich sein werden.

Die Klärung der Frage der deutschen Staatsbürgerschaft, die Aussagen über die Qualität der deutsch-deutschen »Grenze«, die Feststellung des juristischen Fortbestandes des Deutschen Reiches – diese Markierungen waren nicht nur gegenüber einer aggressiven und auf Ausdehnung gerichteten sowjetkommunistischen Deutschlandpolitik notwendig. Sie waren geboten auch bezüglich einer zwielichtigen und doppelbödigen Deutschlandpolitik der SPD/FDP-Koalition, sie sind doppelt geboten angesichts dessen, was sich gerade in jüngster Zeit als deutschlandpolitischer Weg der SPD abzeichnet.

Einheit und Freiheit gehören zusammen

Hatte schon die liberal-sozialistische Koalition einen in vielen Punkten gefährlichen deutschlandpolitischen Weg beschritten, dessen Stationen jeweils von der Erfüllung jahrelang vorgetragener »DDR«-Forderungen gekennzeichnet waren, so läßt jetzt die SPD, der Regierungsverantwortung ledig und im Sinne ihres Vorsitzenden Brandt auf der Suche nach neuen linken Partnern, gerade in diesem Bereich jede Zurückhaltung fallen. Ausgerechnet im Vorfeld des 30. Jahrestages des 17. Juni 1953 hat Jürgen Schmude für die SPD Positionen preisgegeben, die bislang von allen demokratischen Parteien der Bundesrepublik Deutschland gemeinsam vertreten wurden. Es handelt sich zudem um Positionen, deren Beseitigung seit Jahren zu den maximalen Zielen des SED-Regimes im anderen Teil Deutschlands zählt. In der Frage der deutschen Staatsbürgerschaft, bei der Regelung des »Grenzverlaufs« in der Elbe und sogar hinsichtlich der Stellung und des Auftrags der zentralen Erfassungsstelle in Salzgitter, die Menschenrechtsverletzungen der »DDR« an der Demarkationslinie bis hin zu Gewalt und Mord zu registrieren hat, signalisiert die SPD das völlige Einschwenken auf die SED-Forderungen.

Die SPD ist dabei, von der deutschen Einheit Abschied zu nehmen und den gewaltsam abgetrennten unfreien Teil des Vaterlandes wie irgendeinen beliebigen fremden Staat zu behandeln. Die CSU wird für eine solche Politik niemals zu haben sein.

Der Auftrag des Grundgesetzes der Bundesrepublik Deutschland zur Wiederherstellung der Einheit des Vaterlandes in Freiheit ist für uns mehr als eine Floskel für festliche Sonntagsreden. Dieser Verfassungsauftrag ist für uns auch mehr als nur die Aufforderung zu einem theoretischen Offenhalten der deutschen Frage. Er stellt nach unserem Verständnis von nationaler Pflicht und Verantwortung das Gebot dar, für das deutsche Recht auf Einheit in Freiheit aktiv einzutreten und mit unserer Politik dafür zu sorgen, daß alle Verfassungsorgane im freien Deutschland beharrlich und unermüdlich auf die Wiedervereinigung des Vaterlandes hinwirken. Nicht zuletzt der Respekt, der Dank und die Verpflichtung gegenüber den Opfern des Volksaufstandes von 1953 läßt uns an diesem Kurs unbeirrt festhalten.

Gerade weil es 17 Millionen Deutschen verwehrt ist, in Freiheit zu leben, sind jene Deutschen, die die Freiheit haben, in der Pflicht, für die unterdrückten Mitbürger zu reden und, soweit dies geht, auch politisch zu handeln. Im gemeinsamen

Wahlprogramm für den 6. März und in den Gesprächen danach haben CDU und CSU formuliert, worum es sich handelt: »Hierbei geht es um das Selbstbestimmungsrecht des ganzen deutschen Volkes, um den Fortbestand des Deutschen Reiches nach geltendem Verfassungsrecht, um die gemeinsame deutsche Staatsbürgerschaft, um die Verpflichtung zu gesamtdeutschem Bewußtsein und um das Ziel, die innerdeutsche Trennungslinie, die keine Grenze im völkerrechtlichen Sinn ist, mit friedlichen Mitteln zu überwinden.«

Nicht mit Teilung abfinden

Diese Aussage prägt auch den Beitrag der CSU zur Deutschlandpolitik der Bonner Regierungskoalition aus CDU, CSU und FDP. Die CSU weiß – und auch ich weiß dies aus jahrzehntelanger politischer Erfahrung –, daß Koalitionen ohne Kompromiß keinen Bestand haben. Kompromißbereitschaft müßte aber für uns dort ihre Grenzen haben, wo es um grundsätzliche Fragen der Überzeugungstreue und der Glaubwürdigkeit geht. Kernbereiche der Deutschlandpolitik gehören dazu. Deshalb können und werden wir uns trotz aller Bereitschaft zum Schließen von Verträgen und aller Bemühungen um ein geregeltes Nebeneinander und um mehr menschliche Erleichterungen mit der Teilung des Vaterlandes nicht abfinden. Ein geregeltes Nebeneinander setzt die Beseitigung des Schießbefehls und aller damit zusammenhängenden unmenschlichen Abgrenzungsmaßnahmen voraus. Eine Normalisierung der Lage in Deutschland ist für uns erst dann erreicht, wenn das nationale Selbstbestimmungsrecht und die allgemeinen Rechte und Freiheiten auch für alle Deutschen gelten.

Immer wieder werden wir darauf verweisen, daß alle innerdeutschen Verträge und Vereinbarungen, was für die Ostverträge insgesamt gilt, keine endgültigen Regelungen sind, sondern nur einen vorläufigen Zustand darstellen, der eines

Tages und auf friedlichem Wege nach dem Auftrag des Grundgesetzes überwunden werden soll: »Das gesamte Deutsche Volk bleibt aufgefordert, in freier Selbstbestimmung die Einheit und Freiheit Deutschlands zu vollenden.«

Deshalb bedeutet für uns das Schließen von Verträgen auch niemals die Billigung von Unrecht oder die Hinnahme unmenschlicher Zustände auf Dauer. Billiges und bequemes Schweigen hat es für die CSU in nationalen Fragen nie gegeben, das wird es auch nie geben. Die Zweckmäßigkeit taktischer Tagesmanöver oder bequem-feiges Schweigen kommt bei uns nicht in Frage, wenn es um das deutsche Schicksal, sei es das Schicksal des Vaterlandes oder das Schicksal einzelner Menschen, geht. Politische Unverbindlichkeit hat dort ihr Ende, wo der Mittelpunkt unserer Politik berührt ist, der Mensch, auch und vor allem der Mensch in Deutschland. Deshalb werden wir uns niemals mit der kommunistischen Diktatur im anderen Teil Deutschlands abfinden, niemals mit dem Schießbefehl, niemals mit dem Ausbau der Selbstschußanlagen an der innerdeutschen Grenze, niemals mit der Verweigerung der Freizügigkeit für die Deutschen jenseits der Demarkationslinie.

Ich war der erste Politiker der CDU/CSU, der im Januar 1973 im Deutschen Bundestag den Grundsatz »pacta sunt servanda«, geschlossene Verträge sind einzuhalten, vertreten hat, auch wenn diese Verträge schlecht ausgehandelt, schlampig formuliert und gegensätzlich auslegbar waren. Ich habe im Zusammenhang mit dem Todesfall am Kontrollpunkt Drewitz deutliche Worte gebraucht. Die andere Seite reagierte betroffen. Ich bin auch selbstverständlich so ehrlich, öffentlich festzustellen, daß inzwischen die Behörden der »DDR« die Grenzorgane angewiesen haben, Bürger der Bundesrepublik Deutschland nicht mehr als Bürger eines Feindstaates zu behandeln, und ich hoffe, daß dies auch weiterhin so bleibt. Ich wünsche keinen Spannungszustand und keine Rückkehr zum Kalten Krieg. Ich bin für eine Beseitigung der Ursachen der Spannung und bis dahin für Verhaltensweisen, in denen man vernünftig miteinander auskommt. Das schließt auch Verständnis für die Schwierigkeiten der Machthaber im anderen Teil Deutschlands ein.

Die CSU wird sich von niemandem, auch nicht von einem Partner, mit dem zusammen wir eine Regierungskoalition bilden, das Recht nehmen lassen, in den deutsch-deutschen Beziehungen die Dinge beim Namen zu nennen, Unrecht Unrecht, Gewalt Gewalt, Mord Mord zu heißen.

Gerade im Rückblick auf die Opfer des 17. Juni 1953 sehen wir uns in dieser Verpflichtung bestärkt. Der unmenschliche Ungeist der kommunistischen Diktatur, der die Unterdrükkung der Deutschen im Juni 1953 steuerte und bewirkte, eine Unterdrückung, die bis heute anhält, hat nichts von seiner menschenverachtenden Brutalität verloren – ob in Ungarn 1956, ob in Prag 1968, ob in Afghanistan seit 1981, ob in Polen 1983.

Eine Politik, die unbeirrt die Freiheit aller Deutschen als Ziel verfolgt, ist auch eine Politik für die Freiheit anderer unterdrückter Völker. Die nationale Verpflichtung, die sich für uns aus Tatsache, Verlauf und Folgen des Volksaufstandes des 17. Juni 1953 in Mitteldeutschland ergibt, gewinnt dadurch eine internationale Dimension.

(18. Juni 1983)

Tatsachen über einen Kredit

Gezielte Vernebelungsaktionen und eine unzulängliche Öffentlichkeitsarbeit der Bundesregierung führen dazu, daß es wegen der Beteiligung des CSU-Vorsitzenden am Zustandekommen eines von der Bundesregierung politisch zu entscheidenden und zu verantwortenden Kredits an die DDR zu heftigen politischen Diskussionen kommt. Strauß stellt nachdrücklich die Fakten klar.

1. Im Herbst 1982 ist ein Hinweis an mich herangetragen worden, daß die Regierung der DDR den Wunsch habe, einen DM-Kredit, aber als ganz normalen Bankkredit, unter bestimmten Bedingungen aufzunehmen. Offensichtlich hat die DDR einen Engpaß zu überwinden, in dem es ihr auch nicht leicht fällt, die Fälligkeiten aus ihren Auslandsschulden zu bezahlen.

2. Ich habe darüber dem Bundeskanzler eine Mitteilung gemacht und ihn gefragt, ob er Interesse an der Verfolgung der Sache habe. Die Antwort war eindeutig positiv.

3. In der Zwischenzeit ereignete sich der bedauerliche Grenzzwischenfall bei Drewitz, dessen Opfer ein Bürger aus der Bundesrepublik Deutschland wurde. Ich habe immer gewußt, daß es sich nicht um Mord im strafrechtlichen Sinne des Wortes handelt, aber nach meiner Überzeugung liegt vorsätzliche Körperverletzung mit Todesfolge vor. Ich habe damals in der Öffentlichkeit das Vorgehen und Verhalten der Grenzbehörden der DDR einer außerordentlich scharfen Kritik unterzogen.

4. Kurze Zeit nach dieser scharfen Kritik kam es zu einem Gespräch zwischen einem hohen Beamten der DDR, der offensichtlich von seinem Chef beauftragt war. Im Mittelpunkt dieses Gespräches standen die Verhältnisse an der

Grenze, die nach meiner Meinung gründlich geändert werden müßten, und die Notwendigkeit, daß hier etwas unternommen werden müsse.

Beim zweiten Gespräch, das kurze Zeit darauf erfolgte, wurde ich gefragt, ob sich an der Grenze etwas geändert hätte. Aufgrund der mir vorliegenden Meldungen, auch der Bayerischen Grenzpolizei, konnte ich, wie ich es bereits mehrmals in der Öffentlichkeit getan habe, bestätigen, daß hier eine Wende zum Erfreulichen eingetreten sei. Siehe Meldung der »Süddeutschen Zeitung« vom 8. Juli 1983, Seite eins! Es heißt dort, daß ein Sprecher des Bayerischen Grenzpolizeipräsidiums in München erklärt habe, die Grenzkontrollen der DDR seien nun schon seit etwa sechs Wochen freundlicher und großzügiger. Das gesamte Verhalten der DDR-Beamten sei lockerer und viel freundlicher geworden. Man müsse annehmen, daß hier von höchster Stelle entsprechende Anweisung gegeben worden sei.

Ein drittes Gespräch über das Thema Kredit fand wieder einige Zeit später statt. Ich hatte Staatsminister Jenninger, der für die deutsch-deutschen Beziehungen im Bundeskanzleramt zuständig ist, gebeten, daran teilzunehmen und dieses Gespräch zu führen, weil die Entscheidung darüber nicht zu den Zuständigkeiten des Bayerischen Ministerpräsidenten gehöre. Ich habe aber nie einen Zweifel gelassen, daß ich unter gewissen Bedingungen einen solchen Kredit befürworte.

5. Über all diese Gespräche ist Bundeskanzler Kohl entweder durch mich unmittelbar oder durch Staatsminister Jenninger informiert worden. Bei einem Gespräch zwischen Helmut Kohl und mir gab er die Anregung, eine bayerische Bank sollte die Konsortialführung für die Durchführung dieses Kredites übernehmen.

So habe ich mit dem Präsidenten der Bayerischen Landesbank, Dr. Ludwig Huber, gesprochen und ihn gefragt, ob er diesem Wunsch des Bundeskanzlers entsprechen wolle. Die Antwort war positiv. Am Tage nach meinem Gespräch mit

Ludwig Huber rief Staatsminister Jenninger bei ihm an und erteilte ihm im Namen des Bundeskanzlers den Auftrag, die Führung des Bankenkonsortiums zu übernehmen.

6. Es handelt sich hier um einen Kredit von Bank zu Bank, für den die DDR durch Forderungsabtretung die Sicherheitsleistung übernommen hat.

Ich betone:
Es gibt keinen Pfennig Zinssubvention.
Es besteht kein Pfennig Risiko.

Die Belastung des Steuerzahlers der Bundesrepublik Deutschland ist gleich Null. Damit unterscheidet sich dieser Kredit grundsätzlich von dem leichtfertig gewährten und großzügig subventionierten Polenkredit sowie von anderen Krediten, z. B. dem Kredit an Jugoslawien.

Der Kredit belastet nicht den deutschen Kapitalmarkt, sondern wird am Euromarkt abgewickelt.

7. Ich habe meine Rolle weder großspurig zu übertreiben noch aus irgendwelchen Gründen abzustreiten. Ich habe die ganze Angelegenheit vermittelt und einen solchen Abschluß befürwortet, außerdem im Auftrag des Bundeskanzlers während der Sitzung der Landesgruppe in Banz den Vorsitzenden der Landesgruppe, Dr. Theodor Waigel, informiert. Die Information beschränkte sich jeweils auf die Fraktionsvorsitzenden der Koalition einschließlich des Vorsitzenden der Landesgruppe. Eine weitere Information sollte vor der Veröffentlichung des Abschlusses nicht gegeben werden. Ich möchte mit allem Nachdruck darauf hinweisen, daß die Einfädelung, wenn man sich so ausdrücken will, von mir stammt. Die Behauptung, ich hätte gesagt, daß Kohl und Genscher die ganze Sache eingefädelt und dann mich hineingezogen hätten, ist völlig falsch und steht im genauen Gegensatz zur Wahrheit. Bundesminister Genscher hat mit der ganzen Angelegenheit nicht mehr zu tun, als daß er im Kabinett seine Zustimmung erklären ließ. Ich habe überall erklärt, daß ich die Angelegenheit an den Bundeskanzler

herangetragen und mich auch befürwortend dafür eingesetzt habe.

8. Es handelt sich um zwei Tranchen, wobei die Banken sich ohne weiteres bereit erklärt haben, den Betrag in der genannten Höhe aufzubringen. Ja, die Quoten mußten sogar gekürzt werden! Es ist vielleicht bezeichnend, daß die Freigabe der zweiten Tranche durch den Bundeskanzler noch am Montag nach seiner Ankunft in Moskau erfolgte.

9. Ich möchte ganz klar trennen zwischen dem Kredit zu banktechnischen Bedingungen, auf die von keiner politischen Seite irgendwelcher Einfluß genommen wurde und den politischen Beziehungen bzw. dem Verhältnis zwischen Bundesrepublik Deutschland und DDR. Ich habe schon darauf hingewiesen, daß im Verhalten der Grenzbehörden der DDR eine spürbare und erfreuliche Änderung eingetreten ist. In diesem Zusammenhang sei darauf verwiesen, daß es sich nicht nur um den Fall Drewitz handelte, sondern daß nach den uns vorliegenden Meldungen im Laufe der letzten Jahre 23 Personen im Zusammenhang mit ihrem Grenzübergang einem Herzschlag erlegen sind, ohne daß irgendwelche äußere Einwirkung vorlag.

Ich habe bei meinen Gesprächen mit Nachdruck darauf hingewiesen, daß diese Situation der Angst und der Spannung beseitigt werden müsse. Ich bezeichne es auch als eine positive Entwicklung, daß die DDR jetzt offensichtlich bereit ist, Gespräche über ein Abkommen bzw. über gemeinsame Maßnahmen zur Luftreinhaltung durchzuführen und daß auch die Frage Verschmutzung der Böden nunmehr gelöst zu werden scheint. Auch bei den Verhandlungen über Erstattung der Postgebühren zeigt die DDR eine kooperative und kompromißbereite Haltung und erklärt sich bereit, zusätzliche Maßnahmen für Verbesserung in der Durchführung des Fernsprechverkehrs sowie des Paket- und Päckchenverkehrs zu ergreifen.

Es hat keinen Sinn, weitere Angaben zu machen, Hoffnungen zu erwähnen oder Forderungen darzustellen. Man kann damit die Lösungsmöglichkeiten der gegebenen Probleme nur zerreden oder zerschreiben.

Ich habe Bundeskanzler Kohl für sein Auftreten und seine Verhandlungsführung in Moskau Dank und Anerkennung im Namen der CSU und der Bayerischen Staatsregierung ausgesprochen. Ich war von vornherein der Meinung, daß es Moskau nicht auf einen Bruch anlegt, aber harten Druck ausüben wird, um den Kanzler zu einer Revision seines Standpunktes zu veranlassen.

Es war von vornherein klar, daß Kohl seinen Standpunkt nicht ändern würde und nicht ändern konnte. Kohl hat aber in Moskau keine scharfe Sprache geführt oder Konfrontation herbeigeführt. Er konnte das um so leichter tun, als ihm der Hinweis auf die hilfreiche Rolle der Bundesregierung bei der Kreditgewährung an die DDR seine Aufgabe sicherlich nicht erschwert hat.

(16. Juli 1983)

Verantwortung für Deutschland

Am 31. Juli 1973 verkündete das Bundesverfassungsgericht sein Urteil zum Grundlagenvertrag, der von der damaligen Bundesregierung unter Willy Brandt mit der DDR ausgehandelt und am 21. Dezember 1972 unterzeichnet worden war. In seinem Urteil setzte das höchste deutsche Gericht Orientierungsmarken, an die sich seither jede auf Freiheit und Einheit gerichtete Deutschlandpolitik zu halten hat. Allein auf die Initiative von Strauß hin hatte Bayern, von keinem CDU-geführten Bundesland und auch nicht von der Unionsfraktion des Bundestages unterstützt, den Gang nach Karlsruhe gewagt und unbeirrt von politischem Zeitgeist nationale Verantwortung bewiesen. Zehn Jahre nach dem Urteil macht Strauß Zusammenhänge und Bedeutung dieses Urteils noch einmal deutlich.

Zehn Jahre, die inzwischen vergangen sind, geben Anlaß zu nachdrücklicher Erinnerung:

Am 31. Juli 1973 verkündete der Zweite Senat des Bundesverfassungsgerichts sein Urteil zum Grundlagenvertrag, der von der damaligen SPD/FDP-Bundesregierung unter Willy Brandt mit der »DDR« ausgehandelt und am 21. Dezember 1972 unterzeichnet worden war.

Zu der Entscheidung von Karlsruhe war es gekommen, weil der Freistaat Bayern von seinem verfassungsmäßigen Recht Gebrauch gemacht hatte und aufgrund schwerster Bedenken vor dem höchsten Gericht unseres Staates die Verfassungsmäßigkeit des »Vertrages über die Grundlagen der Beziehungen zwischen der Bundesrepublik Deutschland und der Deutschen Demokratischen Republik« hatte überprüfen lassen. »Bayern hat erreicht, was es wollte. Die Geschichte wird es würdigen«, schrieb ich vor einem Jahrzehnt zur Entscheidung der Karlsruher Richter.

Daß es zur Anrufung des Verfassungsgerichts durch die Bayerische Staatsregierung auf mein energisches Drängen hin kam, ist bekannt. Bekannt ist auch, daß die CSU, daß Bayern bei diesem nicht leichten und auf den ersten Blick auch nicht populären Schritt völlig allein geblieben sind. Weder die CDU/CSU-Bundestagsfraktion noch irgendein von der CDU regiertes Bundesland unterstützten uns bei diesem Gang. Warum dies so war, warum wir in einer Schicksalsstunde deutscher Politik allein blieben – dies völlig aufzuklären, wird einmal Sache der Historiker sein. Ein Motiv hat dabei sicherlich eine Rolle gespielt, nämlich die advokatorisch verengte Meinung, daß man in Karlsruhe eben nur gewinnen oder unterliegen könne und daß das Letztere schon um des tagespolitischen Ansehens willen möglichst zu vermeiden sei. Nicht weniger dürfte für die Zurückhaltung der CDU das angebliche oder echte Wehen des damaligen Zeitgeistes entscheidend gewesen sein, der Brandt und seine Ostpolitik auf dem Gipfel der Popularität sah, was vorsichtiges Ducken und geschmeidiges Anpassen manchem näher sein ließ als die Bereitschaft zu einem mutigen Alleingang.

Die CSU stellte sich der Herausforderung der geschichtlichen Stunde im Kampf gegen eine in Ansätzen und Folgen verhängnisvolle Politik. Und die Entscheidung von Karlsruhe gab uns recht, bestätigte über den konkreten Anlaß hinaus, daß sich verantwortungsbewußtes politisches Handeln, daß sich vor allem die Wahrnehmung der nationalen Pflicht nicht an den flüchtigen und wechselnden Maßstäben der Tagespopularität ausrichten darf. Hätte die CSU und hätte ihre Führung nicht den Mut und nicht die Fähigkeit zum Handeln gehabt, die deutsche Politik und – es muß und darf gesagt werden – die deutsche Geschichte wären seither anders verlaufen. Die östlichen Vertragspartner hätten ihr Ziel erreicht und ihre Vorstellungen Schritt für Schritt durchgesetzt. Dieses verhindert zu haben, ist unser Verdienst und Ergebnis meiner Verantwortung.

Unser Gang nach Karlsruhe hat verhindert, daß der

Grundlagenvertrag jener Teilungs- und Anerkennungsvertrag geworden ist, als den ihn nicht nur die andere Seite gesehen hat. Wir sind der gefährlichen Auslegungs- und Ausdeutungspolitik Bahrs entgegengetreten und haben für Klarheit gesorgt. Es ging damals um die rechtliche Substanz unserer Republik; um die Wahrung der deutschen Staatlichkeit. Damals wurde nicht nur über das Verständnis und die Verwirklichung einzelner Grundrechtsbestimmungen oder Grundrechte entschieden, sondern über das, was Deutschland als Staat ist. Dies hebt das Urteil über den Grundlagenvertrag über alle anderen Urteile des Bundesverfassungsgerichtes weit hinaus und gibt ihm, was inzwischen allgemein anerkannt wird, seinen historischen Rang.

Das Urteil und damit der Schritt Bayerns und der CSU waren mehr als notwendig, weil der Grundlagenvertrag als gefährliche Rutschbahn angelegt war, an deren Ende die staats- und völkerrechtlich zementierte völlige Zweiteilung Deutschlands gestanden hätte. Mit ihm sollte nach den bewußt im Zwielicht gehaltenen Intentionen des Egon Bahr und der anderen Architekten liberal-sozialistischer Ost- und Deutschlandpolitik ein »stiller Verfassungswandel« eingeleitet werden. Dem hat Karlsruhe einen starken Riegel vorgeschoben. »Rechtsnormen begrenzen wie Grenzpfähle den Spielraum der Politik«, wertete mein Vorgänger im Amt des Bayerischen Ministerpräsidenten, Alfons Goppel, der den Antrag in Karlsruhe für den Freistaat Bayern gestellt hatte, nach dem Spruch der Verfassungsrichter.

Orientierungspunkte aus Karlsruhe

Diese Pflöcke und Pfähle, die das Gericht in einer für uns damals überraschend klaren und eindeutigen Weise eingeschlagen hat, sind seither die bestimmenden Orientierungspunkte jeder auf Einheit und Freiheit ausgerichteten Deutschlandpolitik. Dabei kam die Entscheidung von Karlsruhe unter einem beispiellosen Druck zustande, den die damalige SPD/FDP-Bundesregierung auf die Richter ausübte, mit Argumenten – vor allem jenem einer angeblichen Eilbedürftigkeit –, die mit rechtlichen Gründen weit weniger zu tun hatten denn mit politischem Druck. Zusätzlicher Druck auf die Richter wurde mit der falschen Behauptung ausgeübt, eine Ablehnung des Grundlagenvertrages werde zur Aufnahme der »DDR« und zur Nichtaufnahme der Bundesrepublik Deutschland in die Vereinten Nationen führen.

Das Urteil zum Grundlagenvertrag hat diesen Vertrag auf seine Verfassungsverträglichkeit hin bindend ausgelegt, und nur in diesem vom Verfassungsgericht erläuterten Sinne, so mehrere Stellen des Urteilstextes, ist das Vertragswerk verfassungskonform. Die Kernpunkte des Urteils sind weithin bekannt. Sie bestimmen seither nicht nur die Richtlinien der Deutschlandpolitik von CDU und CSU, sie sind verbindlich für die Deutschlandpolitik jeder Bundesregierung:

– Die Bundesregierung Deutschland ist als Staat identisch mit dem Staat »Deutsches Reich«, wenngleich nur »teilidentisch« hinsichtlich seiner räumlichen Ausdehnung.
– Kein Verfassungsorgan der Bundesrepublik Deutschland darf die Wiederherstellung der staatlichen Einheit Deutschlands als politisches Ziel aufgeben, alle Verfassungsorgane sind verpflichtet, in ihrer Politik auf die Erreichung dieses Zieles hinzuwirken.
– Das schließt die Forderung ein, den Wiedervereinigungsanspruch im Innern wachzuhalten und nach außen beharrlich zu vertreten und alles zu unterlassen, was die Wiedervereinigung vereiteln würde.
– Die »Grenze« zum anderen Teil Deutschlands ist keine »normale« Staatsgrenze; ihr besonderer Charakter liegt vielmehr darin, daß sie den Ländergrenzen innerhalb der Bundesrepublik Deutschland ähnlich ist.
– Die deutsche Staatsangehörigkeit, von der das Grundgesetz spricht, ist zugleich die Staatsangehörigkeit der Bun-

desrepublik Deutschland; deutscher Staatsbürger im Sinne des Grundgesetzes ist also nicht nur der Bürger der Bundesrepublik Deutschland.

- Ein Deutscher hat, wann immer er in den Schutzbereich der staatlichen Ordnung der Bundesrepublik Deutschland kommt, Anspruch auf den vollen Schutz der Gerichte der Bundesrepublik Deutschland und alle Garantien der Grundrechte des Grundgesetzes.
- »Schließlich muß klar sein«, so das Urteil zum Grundlagenvertrag, »daß mit dem Vertrag schlechthin unvereinbar ist die gegenwärtige Praxis an der Grenze zwischen der Bundesrepublik Deutschland und der Deutschen Demokratischen Republik, also Mauer, Stacheldraht, Todesstreifen und Schießbefehl. Insoweit gibt der Vertrag eine zusätzliche Rechtsgrundlage dafür ab, daß die Bundesregierung in Wahrnehmung ihrer grundgesetzlichen Pflicht alles ihr Mögliche tut, um diese unmenschlichen Verhältnisse zu ändern und abzubauen.«

Die von mir bewirkte Anrufung des Bundesverfassungsgerichts zum Grundlagenvertrag war, woran angesichts mancher aktuellen Diskussion in diesen Wochen und Tagen innerhalb unserer Partei zu erinnern Anlaß besteht, in der CSU keineswegs unumstritten. Manche schüttelten den Kopf, sprachen von einem neuen Fehlverhalten des Landesvorsitzenden obendrein, nachdem bekannt geworden war, daß das bayerische Kabinett den Gang nach Karlsruhe ursprünglich nicht hatte unternehmen wollen. Als das Gericht sein Urteil gesprochen, diese »Magna Charta« einer auf Einheit und Freiheit gerichteten Deutschlandpolitik formuliert hatte, wurde dies freilich schlagartig anders. Auch die Einsamkeit, in der sich die CSU bei ihrem Gang nach Karlsruhe innerhalb der gesamten Union befunden hatte, verlor sich von einem Tag auf den anderen. Die Berufung auf das Grundlagenvertragsurteil wurde für CDU und CSU geradezu zum deutschlandpolitischen Kontrastprogramm gegenüber einem vieldeutigen und riskanten liberal-sozialistischen Kurs.

Selbstverständlich bestimmt auch heute jene klare deutschlandpolitische Haltung, aus der heraus wir vor zehn Jahren diesen Schritt getan haben, die Politik der Bundesregierung wie der CSU. Unsere Kontinuität ist die Kontinuität der Politik Konrad Adenauers, die von einer hartnäckigen Unnachgiebigkeit in Grundsatzfragen, aber auch von einer nüchternen und pragmatischen Flexibilität gekennzeichnet war. In nahtloser Übereinstimmung bewegt sich die Deutschlandpolitik von CDU und CSU auf dieser Linie Adenauers. Zwischen Helmut Kohl und mir gibt es dabei im Grundsätzlichen wie im Praktischen, auch und gerade was den Milliardenkredit an die andere Seite angeht, keinerlei Meinungsunterschied.

Ich verstehe die auch in Teilen der CSU in jüngster Zeit geführte Diskussion. Ich begreife manche Sorge, die sich da und dort artikuliert, ich nehme jede Frage ernst, die an mich gerichtet wird. Ich bemühe mich auch, alle Fragen, soweit dies nur irgendwie möglich ist, zu beantworten, sei es im Einzelfall oder in der Öffentlichkeit.

Aber ich muß auch mit Deutlichkeit zum Ausdruck bringen: Wer mein Verhalten angreift, muß die Deutschlandpolitik der Bundesregierung ablehnen und das auch offen bekunden. Mein Verhalten war und ist bestimmt durch Verlauf und Ergebnis der Koalitionsverhandlungen, in denen *kein* Teilnehmer, auch nicht Helmut Kohl, auf meine präzis gestellte Frage hin sich für einen Abbau bestehender Wirtschaftsverbindungen mit der »DDR« oder für eine Unterlassung ihres Ausbaues erklärt hatte. Im Gegenteil!

Ich bitte aber auch um Verständnis dafür, daß es Entscheidungen gibt, die nicht vorab des langen und breiten auf offenem Markt erörtert werden können, weil sonst die Möglichkeiten, die damit bei sachlicher Abwägung und nüchterner Erwartung zu verbinden sind, Gefahr laufen, zerredet zu werden. Ich trage Verantwortung und brauche deshalb auch

Vertrauen, wenn ich einen bestimmten Weg gehe, ohne ihn vorher jedermann erklären zu können.

Seit 22 Jahren stehe ich durch das Vertrauen unserer Partei an der Spitze der CSU. Die Erfolge, die wir in dieser Zeit in gemeinsamer Anstrengung und in gemeinsamer Leistung erzielt haben, beweisen, daß ich dieses Vertrauen nie als Einbahnstraße gesehen habe. Das Vertrauen unserer Mitglieder, Wähler und Anhänger war mir nie Selbstverständlichkeit, sondern stets Auftrag, mit allen Kräften und nach bestem Wissen und Gewissen meine Pflicht zu tun. Freunde wie Gegner können sich darauf verlassen, daß diese Haltung mein politisches Handeln bestimmen wird, solange mir Gott die Kraft dazu gibt.

(6. August 1983)

Nicht Furcht, sondern Zuversicht

Wer Mut hat, zeigt Mut – nach diesem Grundsatz tritt Franz Josef Strauß stets entschlossen gegen die Prediger der Resignation und die Propheten des Untergangs an. Vor allem geht es ihm darum, der Jugend klar zu machen, daß sie keinen Anlaß zu Verzweiflung und Hoffnungslosigkeit hat, sondern daß ihr alle Chancen gehören. Dazu stellt Strauß immer wieder die Grundlinien einer auf die Sicherung von Frieden und Freiheit gerichteten Außenpolitik heraus.

Der Friede ist ein Kernstück der weihnachtlichen Botschaft, ein anderes ist die Überwindung von Furcht und Angst. »Friede den Menschen auf Erden« lautet das Wort der Hoffnung und Ankündigung, »Fürchtet Euch nicht!« das Wort der Ermunterung und Ermutigung – beide Aussagen gehören untrennbar zum Wesen und Inhalt von Weihnachten. Wenn Politiker, die sich bemühen, ihr Handeln an den Leitlinien christlicher Verantwortung auszurichten, die Zeit um Weihnachten und um die Jahreswende zu bilanzierendem Rückblick und zu wägendem Ausblick nutzen, dann ergibt sich für sie mit den Stichworten Friede und Furcht bei der kritischen Wertung des Jahres 1983 eine besondere Aktualität.

In keinem Jahr der Geschichte der Bundesrepublik Deutschland ist das Wort Friede so oft gesprochen und gedruckt worden wie 1983, öfter wohl noch als in den fünfziger Jahren, als unsere Republik schon einmal vor vergleichbar umstrittenen Entscheidungen über den richtigen Weg zur Sicherung von Frieden und Freiheit stand. Auch jetzt, wenige Wochen, nachdem im dafür zuständigen Bundestag mit großer und klarer Mehrheit die Entscheidung für die Atlantische Allianz, für ihre Funktionsfähigkeit und ihre Verteidigungsbereitschaft gefallen ist, steht man noch unter dem Eindruck der viele Monate leidenschaftlich geführten Auseinandersetzungen.

Der Streit um den Frieden hat unserem Land viel Unfrieden gebracht. Das Ringen um die rechte Art der Erhaltung von Frieden und Freiheit – und auf die unlösbare Zusammengehörigkeit dieser beiden Begriffe kommt es nach unserem Verständnis vom Menschen und von einer Politik für den Menschen in ganz besonderem Maße an! – hat die Bürger erregt und aufgewühlt. Risse haben sich aufgetan, die nicht nur zwischen Parteien verlaufen, sondern in nicht wenigen Fällen bis in die Familien hineinreichen.

Weihnachten als Fest des Friedens bringt also einen ganz konkreten Auftrag mit sich: nämlich den, den inneren Frieden in unserem Lande wiederherzustellen. Es geht nicht nur darum, daß da und dort im Eifer der Auseinandersetzung aufgerissene Wunden wieder heilen. Wenn die demokratische Staatsform als Ordnung auch des inneren Friedens funktionieren soll, muß Übereinstimmung im Grundsätzlichen dahingehend bestehen, daß die Regeln der Demokratie eingehalten werden. Das heißt: Wenn Regierung und Parlament, aus freien und geheimen Wahlen hervorgegangen, verfassungsgemäße Entscheidungen treffen, so gibt es dagegen kein wie immer auch begründetes »Widerstandsrecht«.

Wer ein solches »Recht« fälschlicherweise für sich in Anspruch nimmt, tut Unrecht und bricht den inneren Frieden. Deshalb ist gerade an jene, die sich in angemaßter Ausschließlichkeit als »Friedensbewegung« bezeichnen und anderen kategorisch die Friedensbereitschaft und -fähigkeit absprechen, der dringende Appell zur Rückkehr auf den allen Bürgern gemeinsamen Boden der Demokratie zu richten. Beim Thema Nachrüstung ging es nicht um einen »Glaubenskrieg«, sondern um eine notwendige, uns von der anderen Seite aufgezwungene Maßnahme zur Erhaltung der Glaubwürdigkeit und Verteidigungsfähigkeit des westlichen Bündnisses.

Es wäre verhängnisvoll, die Botschaft des Weihnachtsfestes »Friede den Menschen auf Erden!« so zu verstehen, als genüge es, den Frieden zu ersehnen, damit er uns gleichsam von selbst in den Schoß fällt. Daran ist am Ende eines Jahres zu erinnern, das den Mißbrauch von Bibelworten zu vordergründiger politischer Agitation in besonders krasser und häufiger Weise erlebt hat. Wir alle kennen aus der Geschichte die leider viel zu oft erfolgreichen Versuche, die Friedenssehnsucht der Menschen für die Zwecke und Ziele einer totalitären und menschenverachtenden Politik zu mißbrauchen. Der Irrtum, Friedenssehnsucht mit Friedenspolitik zu verwechseln, kann tödlich sein.

Der Wunsch nach Frieden allein hat noch nie den Frieden erzwungen. Die Kapitulation vor Unrecht, vor Gewalt, vor militärischer Übermacht öffnet keinen Weg zum Frieden. Auch hier wurde in der politischen Diskussion des zu Ende gehenden Jahres unbewußt oder bewußt ein Mißverständnis gepflegt: Die Friedfertigen der Bergpredigt sind nicht jene, die stumm die Vergewaltigung ihrer Freiheit und Menschenwürde hinzunehmen bereit sind, sondern nur jene, die klug, verantwortungsbewußt und entscheidungsbereit dauerhaften Frieden dadurch stiften, daß sie den Ausbruch eines Krieges unmöglich machen – ohne den Preis der Freiheit zu bezahlen.

Friede – Meisterstück der Vernunft

Der echte Friede ist ein Meisterstück der Vernunft und die Frucht eines mühevollen Ringens derer, die ihre Freiheit über alles lieben. Echter Friede muß mehr sein als Nicht-Krieg, mehr als Nicht-Schießen! Auch in Polen – um ein Beispiel zu nehmen, an das uns die dramatischen und bewegenden Ereignisse in diesem Nachbarvolk immer wieder erinnern – gibt es keinen Krieg, und dennoch lebt das polnische Volk nicht in Frieden. Der Frieden unserer Welt beruht langfristig auf Gerechtigkeit, auf der Achtung der Rechte der Menschen und der Nationen und damit auch auf einem gerechten Ausgleich der gegenseitigen Interessen, für die nächste Zeit aber nach wie vor auf der Abschreckung, das heißt auf der Scheu vor einem unkalkulierbaren Risiko, das jeder Krieg in Europa bedeuten würde.

Auch unverrückbare politische Grundtatsachen müssen – die Verwirrung der Geister in den letzten Monaten hat es gezeigt – immer wieder klargestellt werden: Die Atlantische Allianz ist ebenso ausschließlich auf Verteidigung ausgerichtet wie selbstverständlich auch die Bundeswehr. Der westliche Nachrüstungsbeschluß war, an der unteren Grenze des Notwendigen, die Antwort auf eine von der Sowjetunion im Windschatten westlicher Entspannungsillusionen vollzogene atomare Überrüstung.

Der Streit um den Frieden wurde von den Gegnern unserer Politik mit dem Schüren von Angst und Furcht geführt. Panikmache war Trumpf, mit dem Gespenst einer im Falle der Nachrüstung unvermeidbaren Kriegsgefahr sollten die Menschen in unserem Land in Schrecken versetzt und politischen Zielen gefügig gemacht werden. Angst macht blind und ist schon deshalb ein schlechter politischer Ratgeber. Die CSU, die Unionsparteien, die Bundesregierung haben mit ihrer Politik der Sicherung von Frieden und Freiheit, mit ihrem klaren Ja zum westlichen Bündnis und mit ihrer Bereitschaft zur Übernahme von Verantwortung innerhalb dieser Allianz eine wichtige Bewährungsprobe bestanden.

»Vor einem Jahr der Entscheidung« überschrieb ich an Weihnachten 1982 meinen Artikel an dieser Stelle. Am 6. März 1983 fiel diese Entscheidung. Der Wähler bestätigte mit seiner Stimmabgabe den Wechsel, der sich im September 1982 nach dem Scheitern der Regierung Schmidt/Genscher vollzogen hatte. Die CSU hat, wofür ich unserer Partei und unseren Wählern noch einmal nachdrücklich und herzlich zu danken habe, mit ihrem Ergebnis von 59,5 Prozent das Gesamtergebnis der Unionsparteien erheblich aufgebessert und damit der Koalitionsregierung in Bonn ein stabileres Fundament gegeben. Die CSU hat sich, wie in so vielen Wahlen vorher, als bewährter Partner der CDU erwiesen: Obwohl nur rund 17,5 Prozent der Wahlbevölkerung der Bundesrepublik Deutschland in Bayern leben, hat die CSU in das Gesamtergebnis der Union einen Anteil von 22 Prozent eingebracht.

In angestammter Loyalität zur Schwesterpartei CDU und in fairer Partnerschaft mit der Koalitionspartei FDP tut die CSU alles in ihren politischen Kräften Stehende, dem nach dreizehn Jahren liberal-sozialistischer Mißwirtschaft in Bonn erreichten Wechsel Erfolg und Dauer zu verleihen. Allerdings sind diese Loyalität und diese Partnerschaft keine Einbahnstraßen, sie bedingen ein Verhalten auf Gegenseitigkeit.

Da der Schaden, den eine in weiten Bereichen verfehlte liberal-sozialistische Politik in dreizehn Jahren angerichtet hat, nicht in dreizehn Monaten beseitigt werden kann, haben wir immer vor voreiligen Erwartungen und überzogenen Hoffnungen gewarnt. Dennoch signalisiert schon das erste Jahr der neuen Bundesregierung deutliche Zeichen einer Wende zum Besseren. Die ersten erfolgreichen Schritte zur Sanierung der Staatsfinanzen, die in dreizehn Jahren SPD/FDP-Herrschaft in eine immer katastrophalere Lage gebracht worden waren, und eine deutliche Besserung der wirtschaftlichen Gesamtlage seien beispielhaft genannt. Wir wissen aber, daß angesichts der vorgefundenen schlimmen Erblast noch Jahre harter politischer Arbeit vor uns liegen. Die CSU wird sich den damit verbundenen Anstrengungen und Herausforderungen jedenfalls nicht entziehen.

Koalition bedeutet Kompromiß

Koalition bedeutet in demokratischer Selbstverständlichkeit Kompromiß. Wir wissen, daß wir nicht alle unsere Vorstellungen durchsetzen können, und uns ist bewußt, daß dies den anderen Koalitionsparteien ebenso geht. Dennoch muß es in einer vom Geist solider und vertrauensvoller Zusammenarbeit getragenen Koalition möglich sein, auch kritische und vielleicht strittige Fragen anzusprechen und auszudiskutieren. Das Ausklammern solcher Punkte wäre zudem alles andere als ein Zeichen der Stärke unserer Koalition.

Es liegt in der Verschiedenartigkeit der politischen Landschaft der Bundesrepublik Deutschland und in der Unterschiedlichkeit von CDU, CSU und FDP, daß es auch in einer Koalition bei der Beurteilung einzelner politischer Themen Unterschiede gibt. So hat gerade die CSU als eigenständige und selbständige Partei stets Verständnis dafür, wenn andere ihre Interessen vertreten. Umgekehrt aber nimmt die CSU, ausgestattet mit einem überwältigenden und überdurchschnittlichen Vertrauen der bayerischen Bürger, für sich in Anspruch, lebenswichtige Belange des Freistaates Bayern und seiner Menschen mit Nachdruck vertreten zu dürfen, ohne sich deshalb als angeblicher Koalitionsstörenfried abqualifizieren lassen zu müssen.

Erfolgreiche Politik bedarf als Voraussetzung kritischer Selbstüberprüfung. Im März 1984, zwölf Monate nach der Bundestagswahl, sollte die Bilanz des ersten »ordentlichen« Regierungsjahres gezogen werden: Wo ist Wandel erfolgt, wo gibt es Kontinuität, wo Korrekturen. Alles in allem wird dann zu prüfen sein, ob das Ergebnis den Stempel »Wende« – ein Begriff, der ja von der FDP in der Endzeit der liberalsozialistischen Koalition propagiert worden war – auch rechtfertigt. Die Folgen und Fehlentwicklungen der dreizehn Jahre von 1969 bis 1982 reichen nämlich tiefer als nur bis zur Beeinträchtigung der Leistungsfähigkeit unserer Wirtschaft und bis zur Zerrüttung der öffentlichen Finanzen. Es geht darum, daß immer noch kulturrevolutionäre Entwicklungen und Werteverwerfungen festzustellen sind.

Wir wollen, daß die Regierung Kohl eine Regierung des Erfolgs auf Dauer wird. Dies ist im Interesse unseres ganzen Volkes um so notwendiger, da es zur gegenwärtigen Regierungskoalition keine Alternative gibt. Die SPD hat mit ihrer Preisgabe der außen- und sicherheitspolitischen Gemeinsamkeit, die bisher alle demokratischen Parteien verbunden hat, auf unabsehbare Zeit Abschied von der Verantwortungs- und Regierungsfähigkeit genommen. Die Abhalfterung des früheren Bundeskanzlers Helmut Schmidt, von Brandt und seiner Partei rücksichtlos und kaltblütig vollzogen, ist das personifizierte Kennzeichen dafür. Die neue – oder ist es die alte? – SPD probt in rot-grünen Bündnissen, in Hessen schon eingeleitet und für Nordrhein-Westfalen angekündigt, die Suche nach neuen linken Mehrheiten. Der Klärungsprozeß, den dies in der SPD früher oder später einleiten wird, wird die Partei viel zu sehr beschäftigen, als daß sie Regierungsverantwortung übernehmen könnte.

Dennoch darf und wird uns dies nicht zu selbstgefälligem Nichtstun verleiten. Es war immer meine aus geschichtlicher und persönlicher Erfahrung gewonnene Überzeugung, daß einmal beim Wähler gewonnenes Vertrauen durch Leistung und Einsatz stets aufs neue bestätigt und gefestigt werden muß. Mit der Beachtung dieser Richtlinien ist die CSU gut gefahren: in unseren Städten, Gemeinden und Landkreisen, bei den Wahlen in Bayern, für den Bundestag und, 1979 zum ersten Mal, für das Europäische Parlament. Mit unserer Politik des Maßes und der Mitte, der Verläßlichkeit, der Vernunft und des Vertrauens haben wir Bayern immer wieder auf den Weg in eine gute Zukunft ein Stück vorangebracht, haben wir mit unverwechselbarer Handschrift unseren Beitrag zur deutschen Politik geleistet und über die Grenzen unseres Vaterlandes hinaus politische Zeichen gesetzt.

Wenn wir in bewährter Geschlossenheit zusammenstehen und in mutiger Entschlossenheit unsere politischen Überzeugungen vertreten, dann haben wir Grund und Anlaß, mit Zuversicht in das neue Jahr zu gehen. Ich werde das Meine dazu tun, daß es daran nicht fehlen wird – im Interesse der CSU, im Interesse unseres Landes, im Interesse seiner Menschen.

(24. Dezember 1983)

Jetzt erst recht: Europa einigen!

Anfang April 1984 traf sich in Rom die Vollversammlung der Europäischen Volkspartei (EVP), in der die christlich-demokratischen und christlich-sozialen Parteien aus den Ländern der Europäischen Gemeinschaft zusammengeschlossen sind. Aus der Bundesrepublik Deutschland nahmen die Parteivorsitzenden von CDU und CSU, Helmut Kohl und Franz Josef Strauß teil. Strauß plädierte für die Überwindung eines »Europas der Worte« zugunsten eines »Europa der Tat«.

Wir sind heute zusammengekommen, um Zeugnis für ein vereintes Europa und seine Zukunft abzulegen.

Wir tun das am Vorabend der zweiten Direktwahl zum Europäischen Parlament und appellieren an die Bürgerinnen und Bürger der Staaten der Europäischen Gemeinschaft, durch ihre Stimmabgabe dem Gedanken der Vereinigten Staaten von Europa neuen Auftrieb zu geben und damit ihren Beitrag zur Überwindung des gegenwärtigen Stillstandes in der europäischen Entwicklung zu leisten.

Es wäre unehrlich zu sagen, daß wir mit dem Fortschritt, der seit den Wahlen im Frühjahr 1979 erzielt worden ist, zufrieden wären oder zufrieden sein könnten. Am Ende der 1. Legislaturperiode des unmittelbar gewählten Europäischen Parlaments steckt Europa in der größten politischen Krise der Nachkriegsgeschichte. Auf der europäischen Gipfelkonferenz in Stuttgart ist zwar die »Feierliche Deklaration zur Europäischen Union« (»Europäische Akte«) von den Regierungschefs in seltener Einmütigkeit beschlossen worden. Aber mit Bekenntnissen zur Einheit Europas, wie wir sie nunmehr seit über 25 Jahren vernehmen, ist es nicht getan. Nach Stuttgart kam das Debakel von Athen und nach Athen kam das Fiasko von Brüssel.

Wir müssen uns darüber im klaren sein, daß in den nächsten fünf Jahren, d. h. in der 2. Legislaturperiode des neu zu wählenden Europäischen Parlaments, entscheidende Schritte erfolgen müssen. Ein drittes Mal können die europäischen Wähler nicht aufgerufen werden, wenn nicht wesentliche sichtbare, spürbare Fortschritte erreicht worden sind. Die Krise der Europäischen Gemeinschaft ist in der Hauptsache auf zwei Ursachen zurückzuführen:

1. Mit der Erweiterung der Gemeinschaft von den ursprünglichen Mitgliedern Frankreich, Italien, Belgien, Holland, Luxemburg und Deutschland auf mehr europäische Staaten mußte sich die Klarheit darüber ergeben, daß eine weitergehende politische Integration, also der Weg zum Staatenbund und dann zum Bundesstaat, vorerst nicht mehr weitergegangen werden konnte. Auch die europäische politische Zusammenarbeit ist dafür angesichts der gegebenen Verhältnisse kein Ersatz. Einige der späteren Mitglieder lehnen für die überschaubare Zeitspanne, die vor uns liegt, eine politische Gemeinschaft mit zentralen Entscheidungsinstanzen auf politischem Gebiete, z. B. auf dem Gebiet der Außen- und Sicherheitspolitik, rundweg ab.

2. Schon seit Ende der 60er Jahre war erkennbar, daß die zur Verfügung stehenden Finanzen auf die Dauer nicht ausreichen würden, den finanziellen Bedarf der Gemeinschaft, besonders zur Finanzierung der EG-Agrarmarktordnungen, zu decken. Mit der Aufnahme neuer Mitglieder mußte sich diese Schwierigkeit verstärken. Gerade auf dem Gebiet der Agrarmarktordnungen ist eine Fehlentwicklung eingetreten, die in absehbarer Zeit zur Zahlungsunfähigkeit der Europäischen Gemeinschaft führen muß.

Der Ministerrat hat seine Aufgabe nicht oder nur unzulänglich erfüllt. Er hat die entscheidenden Aufgaben, weil sie keinen Fortschritt versprachen, nicht in Angriff genommen. Er hat viele Entscheidungen mit großer Verzögerung oder überhaupt nicht getroffen, er hat sich mit minder wichtigen Problemen befaßt.

Die Vollmachten des Europäischen Parlaments sind unverändert geblieben. Ich sage nicht, daß das Europäische Parlament ohne politische Bedeutung wäre, aber seine Zuständigkeiten entsprechen nicht dem eines normalen demokratischen Parlaments.

Papierberge als Hindernis

Die Kommission selbst hat sich mit Tausenden von Einzelheiten befaßt, die aber in ihrer Gesamtheit trotzdem keinen sichtbaren Schritt nach vorne bedeutet haben. Die Flut der Verordnungen und Richtlinien, die Papierlawine, die über die Mitgliedsländer hereingebrochen ist, vermag weder den entscheidenden Fortschritt herbeizuführen noch ihn zu ersetzen. Sie kann höchstens einem Zwecke dienen, hinter diesen Papierbergen die einheitlichen Schicksalsfragen Europas zu verstecken.

Jetzt müssen wir in der EVP zusammengeschlossenen Politiker verhindern, daß aus diesem Absturz Europas in die Glanzlosigkeit eine geschichtliche Katastrophe wird. Unsere Aufgabe vor der Geschichte ist es, das großartige Werk christlich-demokratischer und konservativer, aber fortschrittlicher Politiker wie Alcide de Gasperi, Robert Schuman und Konrad Adenauer zu bewahren und in ihrem Geiste den europäischen Gedanken mit neuem Leben zu erfüllen. Denn auch 1984 gilt unverändert: Die Einheit Europas ist die Voraussetzung für die dauernde Freiheit seiner Völker in Frieden.

Die Europäische Gemeinschaft muß in den nächsten fünf Jahren entscheidende Fortschritte erreichen. Als erstes sind die seit Jahren verschleppten Notoperationen zur Sicherung einer strengeren Haushaltsdisziplin und der künftigen Finanzierung der Gemeinschaft sowie zur Verwirklichung einer größeren Beitragsgerechtigkeit umgehend durchzuführen. Erst wenn dies geschehen ist, können die Hauptaufgaben der

Gemeinschaft in Angriff genommen werden. Im Katalog der politischen Dringlichkeiten müssen die folgenden Ziele oberste Plätze erhalten:

- Eine gemeinsam abgestimmte Außen-, Sicherheits- und Verteidigungspolitik;
- die Wiedergewinnung von Wirtschaftswachstum und der Abbau der Arbeitslosigkeit durch eine gemeinsam abgestimmte Wirtschaftspolitik; die Stärkung des europäischen Binnenmarktes; die Harmonisierung der wichtigsten Verkehrssteuern, des Verbraucherschutzes, des Pflanzenschutz- und Tierarzneimittelrechts und die Schaffung eines europäischen Rahmens für eine flexible Anpassung der Arbeitszeitregelungen;
- der Ausbau der europäischen Zusammenarbeit in den Bereichen Umweltpolitik, Industrie- und Forschungspolitik, Verkehrs- und Energiepolitik, Raumfahrt;
- die politisch notwendige und versprochene Aufnahme Spaniens und Portugals in die Gemeinschaft;
- die Wiedererlangung der Handlungsfähigkeit der europäischen Gemeinschaft durch Stärkung der Stellung des Europäischen Parlaments und die
- Schaffung deutlicher und bürgernaher Signale und Zeichen für einen Fortschritt in Europa.

Die lästigen, zeitraubenden und mittelalterlichen Kontrollen an den Binnengrenzen der Gemeinschaft mit ihrem sinnlosen und bürokratischen Papierkram sind möglichst bald abzuschaffen. Es ist unvertretbar, daß entgegen dem geltenden EG-Recht, wonach »der Beförderer bei jeder Grenzübergangsstelle *einen* Grenzübergangsschein abzugeben« hat, für einen Frischfleischtransport von Deutschland nach Italien bislang ein Wirrwarr von weiteren Formularen und Frachtunterlagen mitgeführt werden mußte. Aufgrund meiner nachdrücklichen Forderungen hat sich nunmehr die italienische Regierung zu einer wesentlichen Vereinfachung und Beschleunigung der Abfertigung an italienischen Grenzen bereit erklärt.

Die Grenzen dürfen nicht weiter als »Mehrwertsteuerabfertigungsgrenzen« gelten. Bereits als Bundesfinanzminister habe ich in den 60er Jahren zusammen mit meinen Kollegen in den übrigen EG-Staaten begonnen, durch die Harmonisierung der Umsatz- und Verbrauchssteuern die Voraussetzungen für einen Abbau der Grenzkontrollen zu schaffen. Diese in den 70er Jahren steckengebliebenen Ansätze müssen schleunigst wieder aufgegriffen werden. Darüber hinaus ist zu überlegen, ob die Grenzausgleichsbeträge nicht – bei entsprechender innerstaatlicher Regelung – genausogut von den Binnenfinanzämtern eingezogen werden können. Auch das Grenzhindernis unterschiedlicher veterinär- und pflanzenschutzrechtlicher Vorschriften könnte alsbald beseitigt werden, wenn der Ministerrat die nach Auskunft der Kommission ihm vorliegenden 32 einschlägigen EG-Richtlinien endlich verabschieden würde. Ebenso müßten die Personenkontrollen abgebaut werden können. Denn was in dem großen Amerika möglich ist, muß im kleinen Europa bei einer gut funktionierenden polizeilichen Kommunikationstechnik auch möglich sein!

Der Europapaß muß in allen Mitgliedstaaten zum frühestmöglichen Zeitpunkt – spätestens am 1. Januar 1985 und ohne gleichzeitige Gebührenerhöhung für dieses Dokument – eingeführt werden. Damit können die Grenzkontrollen auf Stichproben beschränkt und an Grenzübergängen und auf Flughäfen gesonderte Schalter für EG-Bürger eingerichtet werden.

Trotz der Enttäuschungen und Rückschläge darf der Blick auf die erzielten Fortschritte nicht verstellt sein. Die Europäische Gemeinschaft hat erreicht:

- mehr als eine Generation Frieden;
- einen Wohlstand und ein dichtes soziales Netz, die früher für undenkbar gehalten worden wären;

– die Herstellung eines freien Warenverkehrs ohne Zollgrenzen und mengenmäßige Beschränkungen;
– die Anerkennung gemeinsamer Wettbewerbsregeln;
– Freizügigkeit;
– freier Dienstleistungs- und Kapitalverkehr und
– Versorgungssicherheit mit hochwertigen Lebensmitteln zu bezahlbaren Preisen.

Das alles wäre nicht möglich gewesen, ohne das großartige Werk der europäischen Einigung.

Aber noch immer nicht ist die entscheidende Frage gelöst: nämlich eine gemeinsame Außenpolitik und eine gemeinsame Sicherheitspolitik der beteiligten Länder.

Diese herbeizuführen, ist die große Aufgabe, die vor uns liegt. Keine Partei ist besser als die Europäische Volkspartei geeignet, dieses Werk in Angriff zu nehmen. Wir müssen es hier glaubhaft verkünden, den Worten auch die Taten folgen lassen und keine Ruhe mehr geben, bis der europäische Zug wieder in Bewegung gekommen ist.

(7. April 1984)

Weg mit dem Schießbefehl!

Franz Josef Strauß hat Zeit seines politischen Lebens gegenüber dem kommunistischen Machtbereich eine offene und deutliche Sprache geführt. Er bewegt sich dabei auf einer von Konrad Adenauer mit Erfolg vorgezeichneten Linie – auch kommunistische Machthaber wissen westliche Politiker, die eine klare und auch harte Sprache führen, zu schätzen, weil man bei ihnen weiß, wie man daran ist. Anläßlich eines neuerlichen Todesschusses an der Berliner Mauer wendet sich Strauß mit einem dramatischen und eindringlichen Appell an Erich Honecker.

Zwei Deutsche wollten von Deutschland nach Deutschland fliehen. Einem gelang die Flucht, über das Schicksal des anderen ist bis zur Stunde nichts bekannt. Der Versuch, in die Freiheit zu gelangen, vollzog sich an der Berliner Mauer unter einem Kugelhagel. Mit Feuerstößen aus Maschinenpistolen wollten Grenzorgane der »DDR« das verhindern, was nach dem Sprachgebrauch im anderen Deutschland »Republikflucht« heißt. Die Betroffenheit und Erschütterung über diesen Vorfall ist ebenso groß wie verständlich. Daß die Verhältnisse im geteilten Deutschland von einem »geregelten Nebeneinander« noch weit entfernt sind, ist unbestritten. Wenn mitten in Deutschland von Deutschen auf Deutsche geschossen wird, erfährt diese Feststellung traurige und empörende Bestätigung.

Ich richte einen beschwörenden Appell an Erich Honecker:

Sorgen Sie dafür, daß das Schießen an der Demarkationslinie, an Mauer und Stacheldraht aufhört, d. h. »Republikflucht« nicht mehr als Verbrechen mit der Maßgabe des Schießbefehls, sondern tiefer eingestuft wird!

Sorgen Sie dafür, daß der Schießbefehl endgültig außer Kraft gesetzt wird!

Stellen Sie damit unter Beweis, daß Ihre mehrfach bekundete Bereitschaft, es nicht zu einer neuen »Eiszeit« in Deutschland und zwischen den Deutschen kommen zu lassen, auch für diesen Bereich gilt!

Verhindern Sie durch Ihr persönliches Eingreifen, daß die ersten deutlichen und sichtbaren Fortschritte in den deutsch-deutschen Beziehungen einen Rückschlag erleiden und nicht wiedergutzumachenden Schaden nehmen!

Seit dem Regierungswechsel in Bonn ist das deutsch-deutsche Verhältnis in Bewegung geraten. Die jahrelang von der SPD verbreitete Behauptung, nur sie könne Deutschlandpolitik betreiben und eine gefährliche Verhärtung zwischen den beiden Teilen Deutschlands verhindern, hat sich längst als parteipolitische Zweckpropaganda entlarvt – und hätte Helmut Schmidt nur einen Bruchteil dessen erreicht, was in kurzer Zeit die von den Unionsparteien verantwortete Deutschlandpolitik nicht zuletzt mit meiner Hilfe erreichen konnte, der daraufhin einsetzende Jubel hätte kein Ende mehr genommen.

Jetzt bewegt sich auch die Deutschlandpolitik wieder entlang jener Orientierungslinien, an die sich Konrad Adenauer in seinem Verhalten gegenüber kommunistischen Regierungen stets gehalten hat: fest im Grundsätzlichen, beweglich im Praktischen. Zur Unterstützung dieses nur neu erscheinenden, in Wirklichkeit aber altbewährten Unionskurses habe ich meinen mir möglichen Beitrag geleistet, bewußt und auch in Kenntnis des damit wegen da und dort auftretender Mißverständnisse möglichen Risikos.

Jahre, ja Jahrzehnte waren sich alle demokratischen Parteien der Bundesrepublik Deutschland und die gesamte demokratische Publizistik einig, daß mehr Menschlichkeit an erster Stelle einer Änderung und Besserung der Lage in Deutschland stehen müsse. Was hier seit dem vergangenen Sommer erreicht wurde, ist ein guter Anfang, aus dem die Öffentlichkeitsarbeit SPD-geführter Bundesregierungen unentwegt größten Nutzen gezogen hätte. Mir drängt sich allerdings –

und nicht nur mir! – der Eindruck auf, daß unsere einschlägigen Erfolge nicht in der richtigen und notwendigen Weise unserer Bevölkerung dargestellt wurden.

Es ist mit der neuen Deutschlandpolitik gelungen, in Tausenden von Fällen bitterstes menschliches Leid zu beseitigen und in größtes persönliches Glück zu verwandeln. In Tausenden von Fällen konnte erreicht werden, daß Kinder wieder mit ihren Eltern, Männer mit ihren Frauen, Brüder mit ihren Schwestern, Enkel mit ihren Großeltern zusammenfinden konnten. Gering vermag so etwas nur zu veranschlagen, wer fernab – in Freiheit, Wohlstand und in selbstverständlicher Gemeinsamkeit mit seiner Familie – von der großen Not lebt, die die Teilung Deutschlands über viele Menschen in unserem Land bringt. Ich bin immer wieder zutiefst bewegt, wenn ich in den vielen Hunderten Briefen lese, die mich von Deutschen erreichen, die nach Jahren schmerzlicher Trennung wieder mit ihrer Familie vereint sind und die sich bei mir für meine Hilfe bedanken.

Jahrelang haben alle verantwortlichen politischen Kräfte der Bundesrepublik Deutschland über die harte und restriktive Haltung Ost-Berlins gegenüber Anträgen auf Ausreise oder Familienzusammenführung geklagt. Diese Praxis hat sich – und die Zahlen beweisen es – gründlich geändert. Dann geht es aber nicht an, daß jetzt der »DDR« vorgehalten wird, sie wolle mit der großzügigen Bewilligungspraxis ja nur »mißliebige Bürger« abschieben und unsere eigene schwierige Arbeitsmarktsituation nur verschärfen. Es stünde schlecht um die patriotische und nationale Substanz in unserem Lande, wenn solche Stimmen repräsentativ wären. Zudem: Ein Land wie die Bundesrepublik Deutschland, das Millionen von ausländischen Arbeitnehmern aufgenommen hat, wird ja wohl in der Lage sein, ein paar tausend Deutsche problemlos einzugliedern.

Dennoch – die deutsche Frage ist nicht durch eine Völkerwanderung zu lösen. Die »DDR« kann dem Willen von Hunderttausenden ihrer Bürger, das Land zu verlassen, nur dadurch entgegenwirken, daß sie den Menschen in ihrem Machtbereich mehr Freiheit und damit auch die Möglichkeit zu besseren Lebensbedingungen einräumt. Deshalb auch hier mein dringender Appell:

Geben Sie, Herr Honecker, den Deutschen in Ihrem Teil des gemeinsamen Vaterlandes die Möglichkeit, nicht nur in sozialistische, sondern auch westliche Länder zu reisen – und zwar mit der Möglichkeit, selbstverständlich wieder zurückkehren zu können!

Wir wissen, daß der Spielraum der anderen Seite – die kritische Wachsamkeit der Zentrale in Moskau ist ungebrochen – beschränkt ist. Dennoch muß die »DDR«-Führung nicht nur im Interesse der Menschen in Deutschland, sondern im eigenen Interesse darauf bedacht sein, möglichst bald einen Wandel zum Besseren zu schaffen.

Dazu gehört auch der Schießbefehl. Solange dieser immer wieder angewandt wird, sind alle Bemühungen Erich Honeckers, seinen Staat in einem besseren Licht erscheinen zu lassen, zum Scheitern verurteilt. Deshalb mein weiterer Appell:

Schaffen Sie, Herr Honecker, diese unerträgliche Belastung des innerdeutschen Verhältnisses aus der Welt! Wenn in beiden Teilen Deutschlands immer wieder übereinstimmend festgestellt wird, daß von deutschem Boden nie wieder ein Krieg ausgehen darf, dann darf auf deutschem Boden auch nicht länger auf Deutsche geschossen werden!

(14. April 1984)

Werk der Zerstörung

Franz Josef Strauß, der schon 1948 an der Seite Ludwig Erhards im Frankfurter Wirtschaftsrat die Soziale Marktwirtschaft mit durchgesetzt hat, ist aus Erfahrung und Überzeugung ein Verfechter der wirtschaftlichen Vernunft sowie des sozialen und wirtschaftlichen Miteinander und ein ebenso entschlossener Feind jeden Klassenkampfes. Der sinnlose und überflüssige Streik in der Metallindustrie vom Sommer 1984 veranlaßt den CSU-Vorsitzenden und Bayerischen Ministerpräsidenten zu einem Wort der Mahnung.

In diesen Wochen und Tagen eines Streiks, den ich kürzlich vor dem CDU-Parteitag in Stuttgart überflüssiger als einen Kropf und schädlicher als Hochwasser genannt habe, tut ein Blick zurück not. Zu erinnern ist an die Zeit der schweren Aufbaujahre der Bundesrepublik Deutschland, als in einer einmaligen und beispielhaften Gemeinschaftsleistung unseres Volkes aus dem größten Trümmerhaufen der Geschichte ein blühendes Gemeinwesen geschaffen wurde, ein politisch stabiler, wirtschaftlich leistungsfähiger und sozial vorbildlicher freiheitlich-demokratischer Rechtsstaat entstand.

Möglich wurde dies unter den Rahmenbedingungen der von uns gegen den erbitterten Widerstand der SPD durchgesetzten Sozialen Marktwirtschaft sowie durch ein sinnvolles und vernünftiges Miteinander aller am Wirtschaftsleben Beteiligten, der Unternehmer und der Arbeitnehmer. Dieses Konzept hat unserem Land einen weltweit bestaunten und gelegentlich auch beneideten wirtschaftlichen Aufschwung gebracht, der angesichts der trostlosen und hoffnungslosen Ausgangslage nicht ohne Grund als Wirtschaftswunder bezeichnet wurde. Auch wenn es kein Wunder war – es war das Ergebnis von Vernunft und Leistung.

Vernunft und Leistung müssen auch jetzt wieder das Leitmotiv werden. So untauglich die reaktionären und verstaubten Rezepte des Klassenkampfes, einer überholten Ideologie eines vergangenen Jahrhunderts entstammend, vor dreißig oder zwanzig Jahren gewesen wären, die damals riesigen und oftmals kaum lösbar erscheinenden wirtschaftlichen Probleme zu lösen, so untauglich sind sie heute zur Bewältigung der vorhandenen Schwierigkeiten. Die geschichtliche Wahrheit gebietet die Feststellung, daß in jenen Jahren auch die Gewerkschaften und auch der DGB durch eine im großen und ganzen besonnene Haltung in den Tarifauseinandersetzungen wesentlich zur Schaffung gesicherter wirtschaftlicher und sozialer Verhältnisse beigetragen haben.

Rückkehr zur Besonnenheit

Ich fordere deshalb jetzt, angesichts eines für den Aufschwung schädlichen, volkswirtschaftlich verderblichen und in seinen Auswirkungen zutiefst unsozialen Streiks die verantwortlichen Persönlichkeiten im DGB und seinen Einzelgewerkschaften auf, umgehend zu dieser Linie der Besonnenheit zurückzukehren! Die Töne, die in den letzten Wochen und Tagen von DGB-Funktionären – erfreulicherweise längst nicht von allen! – angeschlagen werden, haben mit einer normalen Tarifauseinandersetzung nichts mehr zu tun. Parolen wie Kriegserklärung, Machtkampf, Sein oder Nichtsein mögen vielleicht dazu geeignet sein, in der hitzigen Atmosphäre von Demonstrationsveranstaltungen kurzfristig Beifall einzubringen, den Arbeitnehmern, jenen, die Arbeit haben, und jenen, die arbeitslos sind, wird damit nicht gedient, sondern geschadet.

Der langfristige Schaden, der von den überflüssigen Streiks ausgeht, wird auch dadurch nicht geringer, daß sich die SPD in einem beschämenden Beispiel politischer Verantwortungslosigkeit an die Seite der Agitation stellt. Die kritiklose

Parteinahme, welche die SPD auf ihrem Essener Parteitag für einen Streik demonstriert hat, der bei weiterem Andauern für unsere wirtschaftliche Zukunft lebensgefährlich werden kann, bestätigt erneut, daß nach der Abhalfterung von Helmut Schmidt die SPD zu jeder Art von Regierungsverantwortung schlechterdings unfähig ist. Daß sich Hans-Jochen Vogel dabei in besonders peinlicher Weise bei den Scharfmachern anbiedert, kann angesichts seiner bekannten und zahlreichen opportunistischen Wandlungen und Wendungen nicht mehr überraschen. Wer zur bedingungslosen Streikpartei geworden ist, wie die SPD, hat jeden Anspruch verwirkt, als Arbeitnehmerpartei ernstgenommen zu werden.

In der aktuellen Lage sind einige grundsätzliche Anmerkungen und Überlegungen angebracht.

1. Ich bin wohl der einzige noch aktive Politiker in der Bundesrepublik Deutschland, der mit Ludwig Erhard zusammen die Ordnung der Sozialen Marktwirtschaft durchgesetzt hat. Wir haben dies im Interesse aller unserer Bürger getan, vor allem aber im Interesse der Arbeitnehmer. Die Entwicklung hat uns recht gegeben. Durch diese Politik, durch die Politik von CDU und CSU haben gerade die Arbeitnehmer in unserem Land einen wirtschaftlichen, sozialen und gesellschaftlichen Aufstieg genommen, zu dem es nicht nur in der deutschen Geschichte nichts Vergleichbares gibt. Nicht die Konzepte eines Marx oder Engels, von denen die sozialistischen Eiferer in DGB und SPD auch heute noch gegen jede bessere Einsicht nicht ablassen wollen, haben die soziale Frage der Arbeitnehmer gelöst, sondern die Politik der Unionsparteien. Wer damals versprochen hätte, die Arbeitnehmer würden eines Tages einen materiellen und sozialen Stand erreichen, wie er dann eingetreten ist, der wäre schlicht gesagt für verrückt erklärt worden.

2. Der Alleinvertretungsanspruch, den sich die SPD hinsichtlich der Wahrnehmung von Arbeitnehmerinteressen anmaßt, hat mit der Wirklichkeit dieser rot-grünen Partei längst nichts mehr zu tun. In Bayern ist die CSU nicht nur die

einzige große und tief im Vertrauen der Bevölkerung verwurzelte Volkspartei, sie ist auch die einzige große Arbeitnehmerpartei. Nicht nur die absolute Mehrheit der Arbeitnehmer schlechthin, sondern sogar die absolute Mehrheit der im DGB organisierten Arbeitnehmerschaft wählt in Bayern die CSU. Daran sollten DGB-Funktionäre denken, wenn sie die zu politischer Neutralität verpflichtete Einheitsgewerkschaft zum sozialistischen Kampfverband im Schulterschluß mit der SPD machen wollen.

3. Als CDU und CSU 1969 in Bonn aus der Regierungsverantwortung ausschieden, war der Begriff Arbeitslosigkeit nahezu zu einem Fremdwort geworden. Liberal-sozialistische Politik unter SPD-Kanzlern hat die gegebene Arbeitslosigkeit herbeigeführt. Die über zwei Millionen Arbeitslosen sind die Arbeitslosen des Willy Brandt und des Helmut Schmidt. In den 13 Jahren ihrer Herrschaft aber hielt sich der DGB aus Gründen der parteipolitischen Verwandtschaft weitgehend zurück. Die absurde und von jedem gesunden Menschenverstand als widersinnig zu erkennende Forderung nach Einführung der 35-Stunden-Woche bei vollem Lohnausgleich wurde in der Regierungszeit von Brandt und Schmidt vom DGB nicht erhoben. Dafür stellen die radikalen Gewerkschaften und ihre marxistischen Funktionäre heute schon drohend in Aussicht, daß nach der Einführung der 35-Stunden-Woche der Kampf um die 30-Stunden-Woche beginnen werde. Dieser Kurs wirtschaftlicher Unvernunft mit seinen arbeitsplatzvernichtenden Folgen wurde von den Funktionären erst eingeschlagen, als es in Bonn zum Regierungswechsel gekommen war.

4. Die DGB-Funktionäre, die den gegenwärtigen Streik mutwillig vom Zaun gebrochen haben, müssen sich vorwerfen lassen, daß es ihnen nicht um die Durchsetzung vernünftiger Forderungen für die Arbeitnehmer, sondern weitgehend um den politischen Kampf gegen eine Bundesregierung geht, die ihnen aus parteipolitischen Gründen nicht paßt. An Äußerungen der Streik-Anheizer, die dies belegen, fehlt es nicht.

Ist das die Rache dafür, daß im Herbst 1982 der Sturz von Helmut Schmidt durch ein konstruktives Mißtrauensvotum nicht zu verhindern war?

Radikale Kräfte am Werk

5. Ohne jede Verallgemeinerung ist festzustellen, daß am gegenwärtigen Streikfeuer auch linksradikale und kommunistische Kräfte ihr Süppchen kochen wollen, um auch auf diesem Wege ihrem Ziel einer Überwindung oder auch Zerstörung unserer politischen und wirtschaftlichen Ordnung ein Stück näherzukommen. Bedauerlicherweise fehlt es bisher seitens der Streikführer des DGB gegenüber diesen Gruppierungen und Drahtziehern an der notwendigen und überfälligen klaren Distanzierung. Das Recht auf Streik ist unantastbar. Unantastbar muß aber auch das Recht jener Arbeitnehmer sein, die arbeiten wollen. Manches, was sich hier vor den Werkstoren gegenüber arbeitswilligen Arbeitnehmern abspielt und was in einzelnen Fällen bis zu Gewalt und persönlicher Erniedrigung und Demütigung ging, ist mehr als alarmierend.

6. Trotz aller gewerkschaftlichen Erfolgsmeldungen über die angeblich breite Unterstützung, welche die Forderung nach Einführung der 35-Stunden-Woche bei vollem Lohnausgleich bei Arbeitnehmern und Gewerkschaftsmitgliedern findet, sieht die Wirklichkeit anders aus. Nur ein riesiger propagandistischer und organisatorischer Aufwand kann notdürftig übertünchen, daß zwischen dem lauten Feldgeschrei an der Funktionärsspitze und dem wirklichen Denken der Arbeitnehmer eine riesige Kluft klafft. Der mündige Arbeitnehmer hat in wirtschaftliche und betriebliche Möglichkeiten und Notwendigkeiten weit mehr Einsicht als ideologiebesessene Funktionäre, die nicht mehr wissen oder wissen wollen, was an Werkbänken und in Montagehallen unserer Betriebe tatsächlich gedacht und gesprochen wird. Daß

nach Bonn trotz allen Aufwandes nicht einmal halb so viele Demonstranten gekommen sind, wie die DGB-Veranstalter und ihre SPD-Mitläufer großspurig angekündigt hatten, sollte im Düsseldorfer DGB-Hauptquartier ebenso zu denken geben wie in der Spitze der IG Metall oder der IG Druck und Papier.

7. Die deutsche Wirtschaft steht in besonderer Weise in einem scharfen weltweiten Wettbewerb. Wer die Kosten unserer Produktion verantwortungslos in die Höhe treibt, wozu die Einführung der 35-Stunden-Woche bei vollem Lohnausgleich ein geradezu selbstmörderischer Beitrag wäre, zerstört unseren Export, an dem ein Viertel unserer Arbeitsplätze hängt. Das würde in letzter Konsequenz zum Ausscheiden der Bundesrepublik Deutschland aus der Gruppe der industriellen Spitzenländer führen, eine wirtschaftliche Verarmung einleiten und verhängnisvolle Auswirkungen im sozialen Bereich nach sich ziehen. Es ist deshalb verständlich, daß unsere schärfsten Mitbewerber auf dem Weltmarkt dem Streik und der Forderung, die ihn ausgelöst hat, verständnislos, wenn teilweise auch nicht ohne Schadenfreude gegenüberstehen.

8. Jeder Streiktag kostet – die Schätzungen schwanken – unsere Volkswirtschaft eine tägliche Umsatzeinbuße von einer Viertelmilliarde Mark. Wer dafür die Verantwortung trägt, zieht den Vorwurf auf sich, den beginnenden wirtschaftlichen Aufschwung bewußt im Keime ersticken zu wollen. Wer dies tut, schafft nicht nur keine neuen, er zerstört bestehende Arbeitsplätze.

Nicht ernst genug können deshalb die Funktionäre des DGB aufgefordert werden, ihre Politik der verbrannten Erde umgehend einzustellen. Ein Streik in dieser Zeit und aus diesem Anlaß ist ein Werk der Zerstörung!

(2. Juni 1984)

Aufbruch in die Zukunft

Eine Rede vor dem Sudetendeutschen Tag in München im Sommer 1984 – es ist dreißig Jahre her, daß der Freistaat Bayern offiziell die Schirmherrschaft über die sudetendeutsche Volksgruppe übernommen hat – nimmt Strauß zum Anlaß, nationale deutsche Fragen in den größeren europäischen Zusammenhang zu stellen. Die zu diesem Zeitpunkt bevorstehende zweite Direktwahl des Europäischen Parlaments macht diese Überlegungen doppelt aktuell. Europas Wesen ist die Freiheit, Europas Aufgabe ist der Friede. Deshalb, so Strauß: »Wir müssen die Sache der Freiheit Europas identifizieren mit der Sache der Einheit Deutschlands.«

Vor drei Jahrzehnten hat der Freistaat Bayern durch Ministerpräsident Hans Ehard die Schirmherrschaft über die sudetendeutsche Volksgruppe übernommen. Im Jahre 1962 hat die Bayerische Staatsregierung die sudetendeutsche Volksgruppe offiziell neben den Altbayern, den Franken und den Schwaben zum vierten Stamm Bayerns erklärt.

In dieser Erklärung kommt auch ein Stück bayerischen Wesens, bayerischer Tradition und bayerischer Staats- und Geschichtsauffassung zum Ausdruck. Wir haben nämlich in der bayerischen Geschichte nie den Einheitsbayern, den Retortenbayern, den »homunculus bavaricus« angestrebt. Bayern ist ein Land der Mannigfaltigkeit und gleichzeitig der Einheit. Die Altbayern, die Franken, die Schwaben, die Sudetendeutschen und andere Volksgruppen – sie bilden das Bayern heute, das moderne Bayern, das ein moderner Industriestaat geworden ist, der an der Spitze der Bundesländer auf den Gebieten von Wissenschaft, Technik und Zukunftsindustrie steht und der trotzdem sein bäuerlich-handwerkliches Grundmuster nie verloren hat und nie verlieren wird.

Bayern ist ein Land, in dem die Devise gilt: leben und leben lassen; in dem die Lebensregel gilt, dem andern möglichst wenig dreinreden und sich selber nichts dreinreden lassen. So ist Bayern ein Land der Mannigfaltigkeit, ein Land der Freiheit, ein Land der Toleranz und ein Land auch der Fröhlichkeit, symbolisch ausgedrückt durch das Weiß und Blau unseres Himmels.

Ohne daß ich eine polemische oder kritische Note in meine Ausführungen hineinbringen will: Wenn ich Sie so vor mir sehe, an diesem herrlichen Pfingstsonntag, und wenn ich mich an einen Sonntag letzten Jahres im Juli, auch bei herrlichem Wetter, in Prag zurückerinnere – wissen Sie, was der Hauptunterschied ist? Nicht verfallene Mauern, graue Häuser, düstere Straßen auf der einen Seite und eine fröhliche, farbenprächtige Stadt auf der anderen Seite, bei uns. Der Hauptunterschied liegt in den Gesichtern der Menschen. Sie denken sicher heute mit Wehmut und mit Trauer an Ihre Heimat, aus der Sie geflohen sind oder die meisten von Ihnen vertrieben wurden. Aber trotzdem, und das ist kein falscher und auch nicht nur ein schön gefärbter Eindruck, auf Ihren Gesichtern ist die Freude über dieses großartige Treffen, über diesen herrlichen Tag und über die Chance, als freie Menschen unter freien Menschen in einer freien Gesellschaft und in einem demokratischen Rechtsstaat leben, sich begegnen und der eigenen Menschlichkeit und Lebensfreude Ausdruck geben zu können.

Wo der Unterschied liegt

Aber dieser Unterschied in den Gesichtern der Menschen ist nicht nur in Prag und in den anderen Städten der Tschechoslowakei festzustellen. Das ist genauso in Polen, das ist genauso in der »DDR«. Die Tschechen, die Slowaken, die Ungarn, die Polen und unsere Landsleute im anderen Teil Deutschlands würden genauso gern Freude auf ihren Gesichtern tragen und als normale Menschen leben, wenn das System es ihnen erlauben würde.

Darum ist der Unterschied heute nicht: da Deutsche, dort Tschechen, Slowaken, Polen, Ungarn. Der Unterschied besteht zwischen den Europäern, die das Glück haben, in menschlicher Freiheit, in einem demokratischen Rechtsstaat, mit nationaler Selbstbestimmung leben zu dürfen, und denen, denen natürliches, göttliches und menschliches Recht vorenthalten ist. Das ist der Unterschied, nicht der Unterschied der Nationen! Nationen sind Freunde und Menschen sind Brüder, aber Systeme, die eine der Natur zuwiderlaufende, gewalttätige Ordnung dem Menschen aufzwingen – das ist das große Problem, das ist der große Skandal im Nachkriegseuropa.

Was ist denn dieses Europa? Ein kleiner Kontinent, ein westlicher Anhang an die riesige euroasiatische Landmasse, ein Vorfeld der Amerikaner – was ist denn dieses Europa? Dieses Europa ist viel mehr als ein geographischer Begriff, viel mehr auch als eine politische Organisation im Werden. Dieses Europa ist herausgewachsen und hervorgegangen aus den großen, kulturschaffenden geistigen Leistungen der Griechen, aus der zivilisatorisch-organisatorischen und staatlichen Leistung der Römer, aus der christlichen Religiosität und aus den ungeheuren geistig-kulturellen Leistungen der europäischen Volksgruppen, der Romanen, der Slaven und der Germanen. So sind wir Europäer eine geistige Einheit, auch wenn wir gegen den Willen der Menschlichkeit geteilt sind – ich sage: noch geteilt sind. Es wird sich ändern, und wenn es noch so lange dauert!

Wenn Sie an Pfingsten zusammenkommen, dann bekennen Sie sich ehrlich und sichtbar für alle Welt zu Ihrer alten, angestammten Heimat, zu Ihrer Geschichte, zu Ihrer kulturellen Überlieferung, zu Ihrer geistig-kulturellen und politischen Identität, die wir eingesessenen Bayern Ihnen zu erhalten helfen wollen, gemäß dem Wesensgrundsatz bayerischer und freiheitlicher deutscher Politik.

Das Bekenntnis gilt aber nicht nur dem, was vergangen ist oder was verloren ist. Die Sudentendeutsche Volksgruppe hat gelernt, nach vorne zu blicken. Sie haben in unserem kriegszerstörten, verarmten Lande Beispiele des Selbstbehauptungs- und Aufbauwillens gegeben. Ich möchte hier nur ein Wort der Mahnung und Besinnung sagen: Die Deutschen haben großartige Fähigkeiten, sie haben wunderbare Leistungen erbracht, am meisten dann, wenn sie sich aus der bittersten Not wieder herauszuarbeiten hatten – wenn sie aber dann durch viele Jahre des Wohlstandes und der zur Selbstverständlichkeit gewordenen Freiheit sich der wahren Wertordnung nicht mehr bewußt sind, dann laufen sie Gefahr, wieder das zu zerstören, was sie in den finstersten Jahren ihrer Geschichte zu bauen begonnen haben!

Dabei geht es nicht nur um materielle, es geht um immaterielle, geistige Güter. Für uns, die Generation, die bewußt schon ein halbes Jahrhundert deutscher, europäischer Geschichte erlebt, erlitten – und ich darf für mich auch sagen – mitgestaltet hat, für uns gibt es eine ernste Verpflichtung dafür zu sorgen, daß die Faszinationskraft der Freiheit nicht nach Ablauf einer Generation wieder an Wirksamkeit und Anziehungskraft verliert, nicht zur Selbstverständlichkeit degradiert wird, um dann in einer Pervertierung der Wertordnung wieder stückweise verspielt zu werden.

Die Vorredner haben auf die kommende Europawahl hingewiesen. Ich empfinde es nicht als Übertreibung, wenn ich auch als Schirmherr der Sudetendeutschen, als Ministerpräsident des Freistaates Bayern und derzeit auch, bis zum 31. Oktober dieses Jahres 24 Uhr begrenzt, als Präsident des Deutschen Bundesrates die herzliche Bitte äußere, am 17. Juni zur Wahl zu gehen, nicht zur Wahl zu gehen, weil wir etwas feierlich abschließen könnten, was vollendet ist – ganz im Gegenteil!

Die Einigung Europas ist ein langer historischer Prozeß mit Fortschritten, mit Rückschlägen, mit Enttäuschungen, mit Stillstandserscheinungen. Durch die Erweiterung der

Gemeinschaft ist der Weg zum europäischen Bundesstaat wesentlich länger geworden. Aber dieses Europa ist heute bereits ein Europa der Herzen.

Ein Europa der Herzen

Jede europäische Gemeinschaftsorganisation bedarf der Untermauerung durch ein breites Fundament in den Herzen, in der Zuneigung, in der gemeinsamen Wertordnung der Menschen. Hier ist Europa so weit vorangeschritten, daß Bürokraten und Technokraten das nicht mehr beschädigen, höchstens noch aufhalten können, was die Menschen und eine weise und vernünftige Politik – Konrad Adenauer, Robert Schuman, de Gasperi Ende der 40er, Anfang der 50er Jahre – begründet haben. Und auf diesem Wege gehen wir weiter.

Da wir uns gegenüber ehrlich sein müssen in der historischen Bilanz – der Gedanke eines großdeutschen Nationalstaates mit beherrschendem Charakter für Europa ist zerbrochen. Das Deutsche Reich in den Grenzen von 1937 besteht fort, das ist deutsches Verfassungsrecht, aber der Gedanke eines großdeutschen Machtstaates ist zerbrochen.

Wir standen damals der Macht der Ungewißheit gegenüber. Für uns war der einzige Ausweg aus der nationalen Katastrophe das Bekenntnis zu Europa. Es gab kein Zurück mehr, weder in die Zeit Napoleons noch in die Zeiten Kaiser Wilhelms I. und Bismarcks, geschweige denn der jüngsten Vergangenheit. Es gab nur noch den Blick nach vorne.

Auf dem Marsch nach Europa gibt es keinen Unterschied zwischen Siegern und Besiegten. Wir sind beide Geschlagene des Zweiten Weltkrieges. Darum war für uns das Bekenntnis zu Europa nicht die Wiederbelebung einer alten liebenswert gewordenen Idee, für uns war es die große historische Lösung aus dem Zusammenbruch des Machtstaatgedankens im Sinne einer europäischen Kultur, aber auch in einer europäischen

Staatengemeinschaft, an deren Vollendung wir arbeiten müssen.

Es wird seit Jahren gerungen – heftiger, weniger heftig, leidenschaftlich, weniger leidenschaftlich. Die einen glauben, daß der Verzicht auf die Wiedervereinigung den Weg in die Zukunft erleichtern könne, die anderen sehen ein, daß der unmittelbare Weg zur Wiedervereinigung, wie wir sie gerne hätten, nicht gegangen werden kann, weil es nämlich gar nicht um Wiedervereinigung geht. Ich habe im Bundestag 1958 eine Rede gehalten, von der ich kein Jota abzustreichen brauche: Ich habe nie ein Hehl daraus gemacht, daß mir die Freiheit für diesen Teil Deutschlands wichtiger ist als die Einheit ganz Deutschlands unter Hammer und Sichel oder unter Hammer und Zirkel!

Wir hätten die politische Freiheit, theoretisch uns auch für den Austritt aus Europa, für den Austritt aus der NATO, uns für ein anderes Gesellschaftssystem entscheiden zu können. Kein Mensch würde es verstehen, die Mehrheit der Bürger wäre dagegen, unsere Bundesgenossen würden den Kopf schütteln, und die Angst vor den unberechenbaren Deutschen würde dann übergroße Dimensionen erlangen. Aber wir hätten theoretisch die Freiheit dazu. Unsere Landsleute in der »DDR« hätten sie nicht. Wenn sie aus dem Warschauer Pakt austreten wollten, übernimmt morgen die Rote Armee die vollziehende Gewalt. Das ist der Unterschied zwischen dem einen und dem anderen Staat, abgesehen von allem anderen!

Was heißt das? Das heißt, daß wir die Sache der Einheit nicht zur Sache einer deutschen Angelegenheit allein machen können und machen dürfen. Ich komme viel rum, im Westen und Osten, Norden und Süden. Wenn wir sagen, wir beklagen die Spaltung Deutschlands, wir bejammern die Teilung Deutschlands, die Trennung von Menschen, die zusammengehören und die zusammen sein wollen, dann hören wir manchmal sicherlich ein Wort des Wohlwollens und des Verständnisses, aber auch manchen Unterton: Daran seid ihr ja auch selber zum großen Teil schuld – sind wir ehrlich, daß hier auch manches Wort gedacht, wenn auch nicht mehr offen gesagt wird!

Die Schlußfolgerung daraus: Wir müssen die Sache der Freiheit Europas identifizieren mit der Sache der Einheit Deutschlands. Europas Wesen ist die Freiheit. Europas Aufgabe ist der Friede!

(16. Juni 1984)

Eine Wahl als politisches Lehrstück

Mit einem »Erdrutschsieg« – 525 Wahlmänner treffen auf ihn, 13 auf seinen demokratischen Herausforderer Walter Mondale – behauptet sich im November 1984 Ronald Reagan in seinem Amt als Präsident der Vereinigten Staaten von Amerika. Strauß zieht innen- und außenpolitische Schlußfolgerungen aus dem amerikanischen Wahlkampf und dem amerikanischen Wahlergebnis und sieht in beidem ein bedeutsames politisches Lehrstück.

Ronald Reagan bleibt Präsident der Vereinigten Staaten von Amerika. Er hat, wiewohl sein Erfolg in den und außerhalb der USA allgemein erwartet worden war, in einem Ausmaß gesiegt, für das es in der amerikanischen Geschichte kaum ein Beispiel gibt. Während Reagan mit nahezu 60 Prozent der Stimmen 525 Wahlmänner für sich gewinnen konnte, mußte sich sein demokratischer Herausforderer Walter Mondale, der nur in seinem Heimatstaat Minnesota und in der Hauptstadt Washington vorne lag, mit ganzen 13 Wahlmännern begnügen. In der Tat ein Erdrutschsieg!

Auch wenn sich die SPD nicht zu einer Gratulation an den wiedergewählten Präsidenten der Führungsmacht der westlichen Welt und unseres wichtigsten Verbündeten durchringen konnte, muß jeden Politiker hierzulande, der seine deutsche, seine europäische und seine weltweite Verantwortung ernst nimmt, die Wiederwahl Ronald Reagans mit Zuversicht erfüllen. Freilich zeigt die Haltung der SPD, wie weit unten die Partei Willy Brandts bei ihrem alarmierenden Niedergang bereits angekommen ist. »Wir sehen keinen Grund zur Freude und wollen es auch nicht verbergen. Deshalb schickten wir keinen Glückwunsch« – diese Erklärung des SPD-Sprechers ist ein entlarvendes Dokument der Verantwortungsunfähigkeit einer Partei, deren Antiamerikanismus nicht zuletzt ihr

Vorsitzender Brandt bei seinen allfälligen Demonstrationsauftritten augenfällig unter Beweis stellt.

Der Kurs der amerikanischen Politik bleibt klar. An der konsequenten Wahrnehmung der amerikanischen Bündnisverpflichtungen gegenüber den Partnern der Atlantischen Allianz, damit auch gegenüber der Bundesrepublik Deutschland, gibt es keinen Zweifel, ebensowenig daran, daß Washington entschlossen an seiner Politik der Verteidigung der Freiheit und der Sicherung des Friedens festhalten wird.

Die Wiederwahl Ronald Reagans hat angesichts der nach wie vor überragenden wirtschaftlichen, politischen und militärischen Stellung der Vereinigten Staaten von Amerika eine Bedeutung, die für die USA selbst, aber auch für die weltpolitischen Entwicklungen insgesamt nicht hoch genug eingeschätzt werden kann. Reagans Wahlerfolg, die Art seines Zustandekommens und die Schlußfolgerungen, die auch für uns daraus gezogen werden können und müssen, verdienen größte Beachtung.

Schlußfolgerungen, die zu beachten sind

1. Als außenpolitisches Kernstück der Bilanz seiner ersten Amtszeit sieht Ronald Reagan die Tatsache, daß seit seiner Amtsübernahme am 20. Januar 1981 nicht ein Zollbreit Boden mehr an die Sowjetunion gefallen ist. Dies wird nach dem festen Willen des amerikanischen Präsidenten auch in den nächsten vier Jahren so bleiben. Die eindrucksvolle Wiederwahl Ronald Reagans ist der Beweis dafür, daß die in den sechziger und siebziger Jahren durch eine verzagte, unentschlossene und fehlerhafte amerikanische Politik möglich gewordene Ausweitung des kommunistischen Machtbereichs nicht wiederkommen wird.

2. Zu einer Politik der Freiheit gehört untrennbar die Fähigkeit, diese Freiheit auch verteidigen zu können. Ronald Reagan steht dafür, daß die USA für sich genommen wie in

ihrer wichtigen Funktion im westlichen Verteidigungsbündnis diesem Sachverhalt voll und ganz Rechnung tragen. Wie in den vergangenen vier Jahren können Freunde und Gegner davon ausgehen, daß sich der amerikanische Präsident auch künftig von diesem Weg nicht wird abbringen lassen – auch nicht durch das diffamierende Feldgeschrei seiner Gegner, die in einem bösartigen Zerrbild Reagan als schießwütigen Cowboy darstellen wollen.

3. Nicht – und das lehren die Beispiele aus der Geschichte, auch aus der jüngsten Geschichte – die Verteidigungsfähigkeit, sondern die Verteidigungsunfähigkeit provoziert Kriegsgefahr und stößt dem Unheil die Tür auf. Die Stärke Amerikas, die Ronald Reagan mit seiner Politik verfolgt, ist deshalb keine Stärke der Friedensbedrohung, sondern der Friedenssicherung. Sie allein schafft die gleichgewichtigen und zu respektierenden Grundlagen, von denen aus mit Aussicht auf Erfolg Abrüstungsverhandlungen mit der anderen Seite geführt werden können. Daß es Reagan mit seiner Bereitschaft zum Dialog mit der anderen Supermacht, der Sowjetunion, ernst ist, hat er immer wieder dargetan, auch wenn dies die sowjetische Propaganda und deren Nachvollzieher im Westen nicht wahrhaben wollen. Daß die hohe Tugend des Kompromisses in der Politik unentbehrlich ist, muß dem amerikanischen Präsidenten auch nicht von besserwisserischen Lehrmeistern aus der Bundesrepublik Deutschland immer wieder gesagt werden.

4. Eine überwältigende Mehrheit der Amerikaner beantwortete Reagans Frage, ob es ihnen jetzt besser gehe als vor vier Jahren, mit einem eindeutigen Ja. Wirtschaftlicher Aufschwung, über sechs Millionen neue Arbeitsplätze, eine für amerikanische Verhältnisse geradezu sensationelle Geldwertstabilität, ein starker Dollar – all das überzeugte. Das Problem des in der Tat gewaltigen Haushaltsdefizits trat dabei offensichtlich in den Hintergrund. Dazu ist freilich bemerkenswert, daß sich in der Bundesrepublik vor allem die SPD über diese amerikanische Verschuldung nicht genug entrü-

sten kann, dieselbe SPD, die in dreizehnjähriger Regierungsverantwortung unseren Staat an den Rand einer Schuldenkatastrophe geführt hat. Reagans Wirtschaftspolitik ist ein eindrucksvoller Beleg dafür, daß nicht staatlicher Zwang, sondern private Initiative, daß nicht eine möglichst hohe, sondern eine möglichst niedrige Steuerbelastung die Wirtschaft wieder nach oben bringen. Dieses Beispiel sollte in der Bundesrepublik bei den einschlägigen Entscheidungen, die hier in nächster Zeit zu treffen sind, nicht außer acht gelassen werden.

5. Die veröffentlichte Meinung der USA hat mit der öffentlichen Meinung, mit dem tatsächlichen Denken und Wollen der Bevölkerung, nur bedingt etwas zu tun. Die liberale Ostküstenpresse, die voll auf Mondale setzte und die dabei auch von weiten Teilen des Fernsehens unterstützt wurde, hat mit dem außergewöhnlichen Wahlerfolg von Ronald Reagan eine bittere Niederlage erlitten. Zu denen, die am amerikanischen Wahltag ebenfalls zu den Verlierern zählten, gehören weite Teile der Berichterstatter und Kommentatoren, denen wir in der Bundesrepublik ausgesetzt sind. Das hämisch-feindselige Bild von Ronald Reagan, das über den Atlantik zu uns transportiert wird, stimmt jedenfalls mit der Meinung der großen amerikanischen Mehrheit nicht überein.

Alte Tugenden sind nicht altmodisch

6. Alte Tugenden sind nicht altmodisch, konservative Politik ist nicht rückständig, sondern zeitgemäß und zukunftsorientiert. Politik und Wahlkampf Ronald Reagans waren von einer Haltung geprägt, die mit dem, was sich gemeinhin als Zeitgeist auszugeben pflegt, nicht im Gleichklang stand. Dennoch haben die Amerikaner ja gesagt zu Person und Politik ihres Präsidenten. Vor allem aber hat sich in geradezu überwältigender Weise auch eine große Mehrheit der jungen Amerikaner, der Erstwähler, für Reagan ausgesprochen. Auch dieser Hinweis sollte verstanden werden, wenn hierzu-

lande, gelegentlich auch in den Unionsparteien, die Neigung aufkommt, jedem vermeintlichen Wehen des Zeitgeistes anpasserisch nachzulaufen.

7. Eine der Wurzeln des Erfolges von Ronald Reagan liegt darin, daß er mit seiner Politik und seiner Art alle Amerikaner angesprochen hat. Die Demokraten und deren Kandidat hatten sich im Gegensatz dazu als Partei der Randgruppen gezeigt. Mondale sah nicht mehr die Amerikaner in ihrer Gesamtheit, sondern verlor sich in der Aufteilung der Bevölkerung in verschiedenartigste Gruppen, die besonderer staatlicher Betreuung bedürften. Diese Rechnung ging nicht auf. Es zeigte sich, daß die Amerikaner vom Staat nicht betreut und nicht gegängelt werden wollen. Der Staat soll vielmehr dafür sorgen, daß jeder seine Chance hat. In Reagans Politik sahen die Wähler diese Chance gegeben.

8. Verloren haben am 4. November 1984 auch die Prediger einer weithin in Mode gekommenen weinerlichen Verzagtheit. Die Menschen – und dies nicht nur in den Vereinigten Staaten – wollen nicht nur immer hören, wie trostlos, traurig und jammervoll alles sei. Sie wollen wissen, wohin die Reise geht, sie schätzen und wählen Politiker, die dazu klar und eindeutig ihre Meinung sagen. Reagan hat dieses Profil gezeigt, an dem sich die Menschen zu orientieren vermögen. Hier ist etwas von dem sichtbar und spürbar geworden, was gemeint ist, wenn von politischer Führung die Rede ist. Die Begriffe Führung und Führungskraft haben nicht zuletzt deshalb im Wahlkampf der Republikaner eine wichtige Rolle gespielt.

9. Wer Mut hat, macht Mut. Dieser Grundsatz, der seit vielen Jahren auch zum eisernen Bestand unserer CSU-Positionen gehört, wurde von Ronald Reagan in überzeugender Weise praktiziert. Er hat bewiesen, daß die Idee der Freiheit, der Freiheit eines Volkes ebenso wie des einzelnen Menschen, nach wie vor Leuchtkraft und Ausstrahlung besitzt. Er hat klargemacht, daß eine vernünftige Politik, die sich nicht in unerfüllbaren Illusionen verliert, Vertrauen vermittelt. Poli-

tik besteht nicht nur aus Zahlen und Fakten, Regelungen und Gesetzen. Politik ist ein großes Stück Psychologie, Politik ist nicht nur mit dem Hirn zu machen, auch das Herz muß dabeisein. Nur dann kann Glaubwürdigkeit, kann Zuversicht vermittelt werden, nur so kann der Bürger davon überzeugt werden, daß die Politik und die Politiker die Fähigkeit haben, die Herausforderungen der Zukunft nicht nur zu erkennen, sondern auch zu meistern. Wer nur den Verstand, nicht aber das Herz der Menschen anspricht, wird diese Überzeugung, selbst wenn er über die besten Argumente verfügt, nicht ausstrahlen können.

10. Ronald Reagan hat sein Land – und darüber knirschen seine Gegner innerhalb wie außerhalb der Vereinigten Staaten besonders mit den Zähnen – zu einem neuen Patriotismus geführt. Er hat Abschied genommen von der selbstzerstörerischen Nach-Vietnam- und Nach-Watergate-Stimmung, die Amerika über viele Jahre hinweg gelähmt und bei wichtigen Entscheidungen nahezu handlungsunfähig gemacht hatte. Reagan hat den Amerikanern wieder das Bewußtsein gegeben, daß sie ihr Land lieben dürfen, daß sie stolz sein können auf ihre Geschichte und ihre Leistung, daß sie ihren Fähigkeiten vertrauen können. Diese Botschaft des Präsidenten ist vor allem bei der jungen Generation verstanden und angenommen worden. Wenn die oft gehörte Aussage gilt, daß viele amerikanische Entwicklungen mit einer gewissen zeitlichen Verzögerung auch nach Europa und damit auch zu uns kommen, so stimmt mich dies hinsichtlich des amerikanischen Patriotismus und seines Ranges gerade bei der Jugend zuversichtlich. Auch wir Deutschen haben das Recht, Patrioten zu sein, unsere Heimat zu lieben, unser Vaterland zu achten, zu unserer Geschichte – mit ihren Licht- und Schattenseiten – zu stehen.

So gesehen sind die amerikanischen Präsidentschaftswahlen ein bedeutsames politisches Lehrstück.

(17. November 1984)

Ein Volk wie andere auch

Im November 1984 veranstaltet das Kulturreferat der Bayerischen Landeshauptstadt München gemeinsam mit der Verlagsgruppe Bertelsmann in den Münchner Kammerspielen eine Reihe »Reden über das eigene Land: Deutschland«. Nach Rudolf Augstein, Otto Schily, Willy Brandt und Werner Herzog schließt Franz Josef Strauß als letzter Redner die Reihe ab. Sein großer historischer Bogen endete in den aktuellen deutschlandpolitischen Problemen.

Sie erwarten von mir, daß ich zu Ihnen heute über Deutschland rede. Sie erwarten dies von jemandem, der nun schon seit fast vier Jahrzehnten ununterbrochen in der politischen Arbeit steht, der als Angehöriger der gequälten Kriegsgeneration seinen Beitrag zum Aufbau unserer freiheitlichen Ordnung geleistet hat und der nun zwar mit einiger Sorge, aber nicht ohne Zuversicht der Zukunft unseres Volkes entgegenblickt. Sie dürfen daher nicht annehmen, ein über den Geschehnissen stehender Historiker, ein abgeklärter philosophischer Betrachter oder ein räsonierender kritischer Publizist werde heute seine Anmerkungen zum Thema Deutschland machen. Nebenbei: Mehr als Anmerkungen – noch dazu sicherlich recht persönlich gefärbte – können diese Gedanken in der Kürze der Zeit sowieso nicht sein. Ich spreche zu Ihnen über unser Land als ein in der Verantwortung stehender Politiker, der nicht allein deswegen schon ein schlechtes Gewissen haben muß, weil er politisch handelt und Verantwortungsträger ist.

Damit hätten wir auch schon den ersten Schritt auf jenes verwirrende Terrain des deutschen Selbstverständnisses gemacht, wo offenbar einer der vielbeschworenen, verhängnisvollen deutschen Sonderwege in Politik und Geschichte beginnt: nämlich beim angeblichen Gegensatz von Macht einerseits, Geist und Moral andererseits, von Aktion – *vita activa* – und Reflexion – *vita contemplativa* –, aber auch von Verantwortungsethik und Gesinnungsethik.

Ich will nicht leugnen, daß sich hier tatsächlich Spannungen, Gegensätze auftun. Wogegen ich mich jedoch mit aller Entschiedenheit wehre, ist die Behauptung, Erfahrung und Erleiden dieser Gegensätze seien geradezu konstitutiv für das deutsche Bewußtsein, und von daher sei moralisch, politisch, geschichtlich ein deutscher Sonderweg geradezu von Natur her vorgegeben.

Ich bin dagegen der festen Überzeugung: Auch seine irrationalen Ausbrüche und kollektiven Hysterien, auch die Schuld, in die unser Volk in diesem Jahrhundert verstrickt war, sind kein Beweis für die Annahme, die Deutschen seien weniger als andere Nationen befähigt, die Spannung zwischen Macht, Geist und Moral, zwischen persönlichem Freiheitsstreben und notwendiger überindividueller Ordnung – und damit letztlich auch zwischen Staats- und Kulturnation – auszuhalten und durch eine rationale Politik zu bewältigen, deren Ziel auf folgende kurze Formel gebracht werden kann: eine Ordnung aufzubauen und zu sichern, in der der einzelne in Freiheit, Würde und Selbstverantwortung sein Leben gestalten kann, in der er je nach seinen Leistungen und Begabungen zu Wohlstand gelangen kann, in der er sozial gesichert und – dies ist uns immer mehr bewußt geworden – auch in einer gesunden Umwelt leben kann.

So verbesserungswürdig die Verhältnisse auch bei uns in der Bundesrepublik Deutschland sein mögen – und wo sind sie es nicht –, niemand, der die deutsche Geschichte seit dem Zweiten Weltkrieg miterlebt und mitbeobachtet hat, kann guten Gewissens behaupten, daß eine vernünftige Ordnung der Freiheit und der Gerechtigkeit in Deutschland nur geträumt und nicht als eine Aufgabe gesehen werden kann, die verwirklichungsfähig ist.

Wenn ich also von Deutschland rede, wenn ich auf Geschichte und Gegenwart unseres Volkes blicke und über seinen Weg in die Zukunft nachdenke, dann denke ich nicht und zuerst an alle möglichen Sonderwege und Sonderentwicklungen, sondern zunächst an die uns durch unsere Geschichte und durch unsere Lage im Herzen Europas auf- und vorgegebene Normalität, welche die Normalität der europäischen Kulturgemeinschaft, ihrer aus Antike und Christentum erwachsenen menschlichen Gesittung, freiheitlichen Gesellschaft und rechtsstaatlichen Staatsordnung ist.

Wo Deutschlands Platz ist

Dieses Europa, dessen Herz nun einmal Deutschland darstellt, ist hervorgegangen aus den großen geistigen Schöpfungen der Griechen, aus der weltgeschichtlich prägenden Staatskunst der Römer, aus der das Antlitz der damaligen Welt gestaltenden Religiosität des Christentums und aus den großen kulturellen Leistungen der europäischen Volksgruppen, der Romanen, der Slawen, der Germanen. Auch die Teilung Deutschlands nach dem Zweiten Weltkrieg war mit der Teilung der europäischen Kulturgemeinschaft verbunden. Dadurch sind alte europäische Kulturvölker wie die Polen, die Tschechen, die Ungarn seit mehr als einem Lebensalter gezwungen worden, unter einem wesensfremden totalitären System leben zu müssen. Das rechtfertigt weder die These vom geschichtlich vorgegebenen deutschen Sonderweg, noch rechtfertigt sie das künftige Einschlagen eines solchen Weges, der uns aus der Gemeinschaft der freien Völker Europas fortführen würde.

An deren Seite war und ist geschichtlich und moralisch unser Platz – und zwar unwiderruflich.

Insofern bedeutet die nach dem Zusammenbruch des nationalsozialistischen Regimes vollzogene Einbindung der Bundesrepublik Deutschland in die politische, in die Wert- und Verteidigungsgemeinschaft des freien Westens nichts anderes als die Rückkehr der Deutschen im freien Teil ihres

Vaterlandes zu den Ordnungen, zu der menschlichen und politischen Kultur, von der sie für einen kurzen verhängnisvollen Zeitraum tatsächlich ein Sonderweg fortgeführt hat.

Dieser Sonderweg war gekennzeichnet durch den zynischen Abfall der offiziellen Politik vom christlichen Sittengesetz unter Hitler. Begünstigt wurde diese Fehlentwicklung

1) durch das Versagen der Siegermächte nach dem Ersten Weltkrieg, nach dem militärischen Sieg eine Friedensarchitektur in Europa zu schaffen, die zwar den Deutschen den Weg zur Hegemonie verstellt, aber Deutschland in einem Europa des Gleichgewichts einen gleichberechtigten Platz geben sollte,

2) durch Weltwirtschaftskrise und Massenarbeitslosigkeit, ohne deren radikalisierende Wirkung Hitler nicht an die Macht gekommen wäre.

Trotzdem sei hier thesenhaft festgestellt: Die moralische Substanz der deutschen Nation konnte weder durch diese Entwicklung noch durch die zwölf Jahre Nazigewaltherrschaft in ihrem Kern zerstört werden. Die NS-Zeit war keineswegs ein bloßer Betriebsunfall der deutschen Geschichte, aber sie hat unser Volk – so Schreckliches auch in seinem Namen geschehen ist – nicht völlig von seiner Geschichte und seinen Traditionen getrennt. Sie hat es nicht aus seinen gewachsenen geistigen und kulturellen europäischen Bindungen und Verflechtungen gelöst.

Deshalb bedeutete – ich betone dies nochmals – die eindeutige Adenauersche Entscheidung für die Westbindung der Bundesrepublik Deutschland für die Menschen im freien Teil Deutschlands die Rückkehr in die Völker- und Wertgemeinschaft und zu der politischen Kultur, zu der die Deutschen gehören, seitdem es eine deutsche Geschichte gibt. Die Entscheidung für die Westbindung der Bundesrepublik Deutschland war und ist daher mehr als nur eine politische oder ökonomische, sie war eine unwiderrufliche Wertentscheidung.

Auch deshalb kann es für uns weder eine rechtsstaatliche Alternative zur politischen Kultur des Westens, also zur gewaltenteilenden parlamentarischen Demokratie, noch einen außen- und sicherheitspolitischen neutralistischen Sonderweg zwischen Freiheit und Kollektivismus, zwischen Atlantischem Bündnis und Warschauer Pakt geben.

Die innen- und außenpolitische Entscheidung für den Westen gehören untrennbar zusammen – so lange jedenfalls, als nicht nur die machtpolitische, sondern auch die ideologische und damit moralische Teilung der Welt und Europas fortdauert.

Wir können in der Bundesrepublik Deutschland weder politisch noch moralisch eine Position der Äquidistanz zwischen Washington und Moskau einnehmen.

Der Glaube, wir könnten uns aus der gegebenen weltpolitischen Situation ausblenden und uns auf die Suche nach der blauen Blume eines deutschen Neutralismus begeben oder vom bequemen Logenplatz der Weltpolitik die überlegene Rolle eines Moralkritikers einnehmen, wäre auf jeden Fall eine verhängnisvolle Illusion. Verhängnisvoll in doppelter Hinsicht, weil sie uns aus der Sicherheit des Bündnisses im Verhältnis zu Moskau *und* Washington entlassen würde mit allen auch sicherheitspolitischen Konsequenzen.

Ich darf zum Verständnis vielleicht auch hier einen Satz einfügen, indem ich wiederhole, wie in früherer Rede ausgedrückt: Das Bündnis gibt uns Sicherheit nicht nur gegenüber Moskau, sondern auch vor Washington.

Es dient deshalb weder dem Frieden in der Welt noch einer echten Entspannung in Europa, mit Überlegungen über mögliche deutsche Sonderwege innerhalb oder außerhalb des Bündnisses die Hoffnungen Moskaus auf eine mögliche Lokkerung und Absetzbewegung von Amerika neu zu nähren, nachdem sich die im Zusammenhang mit der westlichen Nachrüstung im vergangenen Herbst vom Kreml mit ungeheuerem Propagandaaufwand in den westlichen Ländern geschürte Kriegspsychose und Angstkampagne für die Sowjetführung dank der Festigkeit der westlichen Regierungen als glatter Mißerfolg erwiesen haben.

Also träumen wir nicht länger von solchen Sonderwegen! Sie helfen uns nicht bei der Lösung der deutschen Frage, bei der Überwindung der deutschen Teilung. Daran können auch schöne Worte und glänzende Begriffe wie etwa der von der »Verantwortungsgemeinschaft beider deutscher Staaten« nichts ändern. Der Schlüssel der deutschen Frage liegt so lange bei Moskau, als der Kreml den Deutschen in der DDR, wie allen Völkern in seinem Machtbereich, das Recht auf nationale Selbstbestimmung und auf ein Leben unter rechtsstaatlichen und menschenwürdigen Bedingungen, wie es Völker europäischer Kultur und Geschichte zu Recht fordern, vorenthält – solange also die DDR ein wesentlicher Teil des sowjetischen Gesamtimperiums ist.

An dieser Situation hat auch die sogenannte Entspannungspolitik früherer Bundesregierungen nichts ändern können. An ihr haben vor allem die Ost-Verträge nichts geändert. Ich komme darauf noch zurück.

Zweifelsohne weist die deutsche Geschichte Besonderheiten auf, wodurch sie in mancher Hinsicht in anderen Bahnen verlaufen ist als die der west- oder nordeuropäischen Nationalstaaten. Aber gibt dies tatsächlich Historikern oder historisierenden Politikern des In- und Auslandes recht, die sich veranlaßt sahen, vom sogenannten »deutschen geschichtlichen Sonderweg« zu sprechen, als wären die Deutschen Apostaten, Abtrünnige, die vom abendländischen rechten Weg abgekommen oder abgewichen sind?

Ich möchte der These vom deutschen Sonderweg, die in der griffigen Namensreihe Luther – Friedrich der Große – Bismarck – Hitler ihren Ausdruck gefunden hat, entschieden widersprechen. Denn Besonderheiten zeichnen *jede* Nationalgeschichte aus, und es scheint mir eine deutsche Besonderheit zu sein, die Eigentümlichkeiten unserer Geschichte zu etwas ganz Besonderem zu stilisieren.

Die Nation ist wieder im Gespräch. Dies beweisen nicht nur

die vielen Neuerscheinungen auf dem Büchermarkt mit so bezeichnenden Titeln wie »Deutschland – Traum oder Trauma. Kein Requiem« des Historikers Maser oder »Die Last der Nation« (Andreas Hillgruber). Auch die Reihe der »Reden über das eigene Land« ist ein Zeichen für die Wiedergeburt nationalen Denkens, Fragens und sicher auch Fühlens.

Die alte, von Ernst Moritz Arndt schon beantwortete Frage, was des Deutschen Vaterland sei, beschäftigt wieder die Gemüter, und manchem, der den Bankrott der übersteigerten deutschen Nationalstaatsidee 1945 nur aus Büchern kennt, aber auch Älteren, mag es nötig erscheinen, die nationalsozialistische Gewaltherrschaft zu einer tragischen Episode der deutschen Geschichte zu erklären und den Faden dort wieder aufzunehmen, wo Deutschland und die Deutschen noch mit sich und ihren europäischen Nachbarn zwar nicht ohne Spannung, im ganzen jedoch einvernehmlich zu leben schienen.

Wann aber war das? Da reicht es nicht, bis 1866 oder 1815 zurückzuschauen, auch in der bisher längsten Friedensepoche der deutschen Geschichte zwischen dem Augsburger Religionsfrieden (1555) und dem Ausbruch des Dreißigjährigen Krieges (1618) war das Alte Reich keine feste, in sich ruhende Größe – im Gegenteil: Der letzte Versuch, die alte Universalreichsidee politisch durchzusetzen, war an Luther und Franz I. von Frankreich gescheitert. Der Rückzug Karls V. in das Kloster San Yuste in Spanien bedeutete den endgültigen Verzicht auf die Erbschaft der *Translatio Imperii Romani.* Nationalstaatsidee und Reformation bezeichnen die Kraftfelder, denen das Heilige Römische Reich Deutscher Nation ausgesetzt war. Jene drückte von außen, von den Rändern Europas her gegen die Grenzen des Reiches, diese spaltete es von innen.

Aber schon um 1180, also zur Regierungszeit des Kaisers Friedrich I. Barbarossa, der von 1152 bis 1190 regierte, schrieb der Sekretär des Erzbischofs von Canterbury, John von Salisbury:

»Wer hat die Deutschen zu Richtern über die Völker gesetzt? Wer hat diesen rohen und brutalen Leuten das Recht gegeben, nach ihrem Belieben einen Fürsten über die Häupter der Menschenkinder zu setzen?«

Da war sie also schon, die »deutsche Frage«, die bis heute eine offene geblieben ist und weder von den Staufern noch von Bismarck befriedigend beantwortet wurde – vielleicht auch nicht befriedigend beantwortet werden *konnte*.

Das Schicksal der Mittellage

Denn von Anfang an stand die Geschichte der westgermanischen Stämme auf dem Kontinent, die sich, wie die Franken, zu Nachfolgern der Römer berufen fühlten oder, wie etwa die Sachsen und Bayern, dazu gezwungen wurden, unter zwei Bestimmungsgrößen, die ich versucht bin unveränderlich zu nennen, obwohl dies vielleicht nicht ohne Widerspruch bleiben wird.

Sie heißen: Mittellage und große, dabei in vielerlei Hinsicht heterogene Volksmasse.

Wenn Georges Clemenceau, der Tiger, wie er hieß, seine Formel von den »zwanzig Millionen Deutschen zu viel« immer wieder ingrimmig aussprach, so stand er mit diesem Urteil nicht allein. Schon Friedrich II. (1214–1250) beurteilte von Süditalien oder Sizilien aus Deutschland als zu groß, zu kalt und zu kompliziert. Von den sechsunddreißig Jahren seiner Regierungszeit hat der Kaiser noch nicht drei, und diese nur widerwillig, nördlich der Alpen in Deutschland verbracht. Er war lieber in der reinen Architektur des Castel del Monte zu Hause als in den winkeligen Burgen und Pfalzen Deutschlands.

Die deutsche Königskrone hat der Staufer übrigens erlangt, ohne einen Finger zu rühren. In Flandern, östlich von Lille, entschied das Heer des Königs von Frankreich, Philippe Auguste, am 27. Juli 1214 in der Schlacht von Bouvines mit seinem Sieg über das englische Heer und den welfischen Gegenkönig Otto IV. über die deutsche Thronfolge. Damals schrieb ein Chronist: »Von nun an sank das Ansehen der Deutschen bei den Welschen.«

Die Reihe der Beispiele, anhand derer die Fragwürdigkeit oder Vorläufigkeit jeder sogenannten Lösung der deutschen Frage in der Vergangenheit nachgewiesen werden kann, wäre fast beliebig zu verlängern. Eigentlich beweisen sie alle lediglich die Selbstverständlichkeit, daß ein großes Volk gut daran tut, sich ein Land zum Leben auszusuchen, das entweder wenige oder schwache, am besten überhaupt gar keinen Nachbarn hat. Unsere bayerischen, alemannischen, fränkischen und sächsischen Vorfahren haben dies nicht getan. Die Folge war, daß die Geschichte der Deutschen die verwickeltste und an Höhen und Tiefpunkten reichste Europas ist.

Ich bin weit davon entfernt, dies Schicksal oder Verhängnis zu nennen. Im Gegenteil meine ich, daß wir Deutschen die geographischen und numerischen Voraussetzungen unserer Geschichte nicht als Entschuldigungsgrund für Niedergang und Katastrophe heranziehen sollten.

Es wäre aber genauso falsch, diese vorgegebenen Bedingungen deutscher Geschichte bei der Betrachtung von Glanzzeiten zu vergessen. Der mächtigste deutsche Kaiser, Heinrich III. aus dem Hause der Salier (1039–1056), dessen Macht von der Oder und Donau bis zur Rhone reichte, von Prag bis Gent, von der dänischen Grenze bis tief in den Süden Italiens, der die drei Königreiche Deutschland, Italien und Burgund vereinigte und Rom und das Papsttum wie kein Kaiser vor ihm beherrschte, ist als personifiziertes Sinnbild des Gipfels kaiserlicher Macht im Mittelalter bei aller persönlichen Größe nicht ohne seine mitteleuropäische Basis zu verstehen. Damals war die Herzlage bei schwachen staatlichen Gebilden an den Rändern Europas die entscheidende Vorbedingung für machtvolles Ausgreifen, und ohne die zahl- und volkreichen deutschen Stämme, deren kampffähige Männer Furcht und Schrecken vor allem in Italien verbreiteten, hätte der Kaiser auf der Synode von Sutri (1046) wohl kaum drei Päpste ab- und einen vierten (deutschen) einsetzen können.

Aber gegen alle Gebote der Vernunft legte gerade dieser Kaiser mit seiner durchgreifenden Kirchenreform die Saat, die schon in seinem Todesjahr aufging und zwanzig Jahre später im Gang seines Sohnes nach Canossa einen Tiefpunkt kaiserlicher Macht und deutschen Ansehens in Europa bezeichnet.

Das sind Schlaglichter, flüchtig und nur kleine Bereiche erhellend, aber sie genügen dennoch, um die besonderen geographischen und numerischen Voraussetzungen deutlich zu machen, unter denen sich deutsche Geschichte ereignete und weiter ereignet.

Aus der europäischen Mittellage und der für einen geschlossenen Gesamtstaat vielleicht zu großen Volksmasse erklärt es sich, daß seit dem späten Mittelalter Teilungen, Absplitterungen und Spaltungen den Gang der deutschen Geschichte bestimmen. Spätestens seitdem auf dem Marktplatz von Neapel (1268) das Haupt des letzten Hohenstaufen Konradin auf Befehl Karls von Anjou fiel, »atmet Europa ein«, wie es damals hieß, d. h., der Druck der ständig erstarkenden Randmächte gegen die Mitte wächst.

Prozeß der Abspaltung und Teilung

Sehen wir vom Verlust derjenigen Reichsgebiete ab, die nicht von Deutschen bewohnt waren – also etwa von Italien und Sizilien – so beginnt mit der Loslösung der Eidgenossen vom Reich dieser Prozeß der Abspaltung und Teilung, setzt sich fort über Reformation und Gegenreformation, den Unabhängigkeitskampf der Niederländer und die Eroberung Elsaß-Lothringens durch Frankreich bis zum Hinausdrängen des deutschen Kernlands Österreich mit der jahrhundertealten Reichshauptstadt Wien aus dem Reich durch Bismarck 1866, und zwar im wesentlichen in vier Formen:

1) Freiheitskämpfe und Unabhängigkeitskriege,
2) religiöse Spaltungen,
3) Eroberungen im absolutistischen Zeitalter und
4) Dualismus zwischen Österreich und Preußen mit dem Sieg des letzteren.

Seit dem Ende des Zweiten Weltkrieges, genauer: seit 1947/48, ist auch jenes Land geteilt, das man im Hinblick auf die große deutsche Geschichte nicht zu Unrecht »Restdeutschland« genannt hat. Und nur der unhistorisch Denkende wird diese Teilung als jäh und völlig außerhalb des Gangs der deutschen Geschichte ansehen. Bedeutende deutsche Historiker, wie etwa der Kölner Professor Andreas Hillgruber, drücken dagegen ihre Verwunderung aus, daß angesichts des Kriegsausgangs von 1918 die Alliierten nicht schon damals Deutschland geteilt bzw. in eine lose Föderation verwandelt haben. So hart und ungerecht die Bestimmungen des Versailler Vertrags auch gewesen sein mögen, so beweist der rasche Wiederaufstieg des deutschen Nationalstaates nach dem Ersten Weltkrieg, daß Professor Hillgruber recht hat, wenn er den Versailler Friedensvertrag im großen und ganzen »glimpflich« nennt.

Nach 1945, nachdem Deutschland zum zweiten Mal in einem Jahrhundert das europäische, ja das Gleichgewicht der Weltpolitik empfindlich gestört hatte, war vernünftigerweise der Erhalt Deutschlands in seinen alten Grenzen nicht zu erwarten.

Jedoch wurde erst jetzt die deutsche Geschichte als Abirrung vom europäischen Weg gedeutet. Unter der niederdrükkenden Erfahrung der totalen vollständigen Niederlage, von Hunger, Obdach- und Heimatlosigkeit, von Mangel allenthalben, von Zerstörung und millionenfachem Tod, auch von Demütigung und moralischer Pauschalverurteilung konnten die Deutschen zunächst keine Antwort finden, die vernünftiger Nachprüfung hätte standhalten können. Die meisten fristeten ohnehin ein kümmerliches Dasein, das ihnen zu solchen Überlegungen gar keine Zeit oder Kraft ließ.

Indessen ist bis heute vieles von dem, was in der ersten Hälfte unseres Jahrhunderts Europa und die Welt erschüttert hat, ungeklärt. Am 1. August 1914 scheinen also tatsächlich – wenngleich in einem anderen Sinn – in Europa die Lichter ausgegangen zu sein, wie der englische Außenminister Sir Edward Grey damals gesagt hat.

Christliches Menschenbild nicht untergegangen

Die Barbarei der Nationalsozialisten stellt zweifelsohne eine *aberratio mentis*, einen ungezügelten Ausbruch von Irrationalismus, Inhumanität und spießbürgerlich mißverstandener Romantik dar. Aber wenngleich die Deutschen mit anscheinend unausschöpflicher Leidensfähigkeit und Geduld das Hitler-Regime ertrugen, so wurden sie doch in ihrer überwältigenden Mehrzahl nicht zu Verbrechern. Wie ich bereits gesagt habe: Die moralische Substanz der Nation blieb erhalten. Man schätzt, daß rund 50 000 Deutsche an den furchtbaren Gewalttaten mittelbar oder unmittelbar beteiligt waren. Selbstverständlich sind dies 50 000 zuviel – aber in einem 65-Millionen-Volk bilden sie doch eine sehr kleine Minderheit, die mit einer ungeheueren politkriminellen Energie unter Anwendung aller Methoden des Schreckens und der Propaganda das eigene Land eroberte und vergewaltigte.

Wir dürfen auch nicht vergessen, daß es neben den großen Namen des deutschen Widerstandes ungezählte kleine gibt, die sich dem Gewaltregime widersetzten oder zumindest verweigerten, und sei es auch »nur« dadurch, daß sie halbverhungerten russischen Kriegsgefangenen zu essen gaben oder unter Lebensgefahr Juden überleben halfen, was unter Androhung schwerster Strafen verboten war. Humanität und christliches Menschenbild wurden zwischen 1933 und 1945 in Deutschland und Europa vielfach geschmäht und getreten, aber sie sind nicht untergegangen. Man braucht nur in den

Akten der Sondergerichte oder des Volksgerichtshofs zu blättern, immer wieder wurden Deutsche zu langjährigen Freiheitsstrafen, ja zum Tode verurteilt, weil sie Verfolgten helfen wollten, weil sie Juden versteckten oder Kriegsgefangenen und Verschleppten zu essen gaben. In ihrer übergroßen Mehrzahl haben die Deutschen niemals, auch nicht in der Zeit ihrer tiefsten Schmach, die hohen Werte abendländischer Gesittung verraten, die Gebote des Christentums, der Humanität und der Rationalität galten auch in der düstersten Epoche der deutschen Geschichte, wenn auch überlagert. Vergessen wir auch nicht eines: In freien und geheimen Wahlen hat Hitler niemals mehr als 37 Prozent der Stimmen erhalten, nämlich im Juli 1932, und auch das war eine entschiedene Ausnahme in einer Zeit höchster Not in Deutschland. Schon im November 1932, als sich für Einsichtige die Besserung der Weltwirtschaftskrise abzuzeichnen begann, sank der Stimmenanteil der Nationalsozialisten auf 33 Prozent! Selbst die Märzwahlen 1933, die schon unter dem Zeichen des nationalsozialistischen Terrors gegen wirkliche und vermeintliche Gegner standen, brachten Hitler nur 44 Prozent der Stimmen.

Dabei ist es müßig, heute darüber nachzudenken, wenn auch nicht uninteressant, ob Hitler hätte verhindert werden können. Darauf gibt es mehrere denkbare Alternativen und mehrere denkbare Antworten.

Wir Deutsche brauchen uns bei allem Entsetzen darüber, was Millionen von Menschen in unserem Namen angetan wurde, nicht als ein Volk von Missetätern zu fühlen und uns viele Generationen lang lähmen zu lassen vom Gewicht einer behaupteten Kollektivschuld. Professor Schnabel sagte in seiner denkwürdigen Rede zum zehnten Jahrestag des 20. Juli 1944 in der Münchner Universität:

»So wie wir Deutsche zu Recht auf Goethe, Bach oder Dürer stolz sind, so müssen wir uns ebenfalls zu Recht eines Hitler, Himmler oder Streicher schämen.«

In diesem Satz steckt *auch* schon die Aufforderung zu

einem gesunden Selbstbewußtsein der Deutschen, was neun Jahre nach dem Zweiten Weltkrieg sicher keine Selbstverständlichkeit war.

Wenn von einem deutschen Sonderweg überhaupt gesprochen wird, dann nicht anders als von einem britischen oder französischen. Ohne die Rücksicht auf Eigentümlichkeiten der verschiedenen europäischen Völker, ohne die Sicht auf die vielfach gegliederte Grundstruktur Europas kann weder die europäische noch die Geschichte eines europäischen Landes und Volkes begriffen werden.

Allerdings bilden all diese nationalen Eigentümlichkeiten lediglich Mäander im gemeinsamen Fluß der europäischen Geschichte.

Europa war und ist für die anderen Kontinente im Guten wie im Schlechten vorbildlich, daran ändern auch die vielen Ausbrüche kriegerischer Gegenkultur bei uns wenig. Die europäische Idee des *ordo,* wie sie sich in unseren Kathedralen sinnbildhaft ausdrückt, blieb auch dann noch wirksam, als die entfesselten Mächte des Chaos eben diese Kathedralen im Bomben- oder Granathagel zerstörten. Krieg, Aufruhr und Revolution sind in die europäische Geschichte sicher dichter hineinverwoben als in die irgendeines anderen Kontinents. Niemals aber hat Europa die verzweifelte Überzeugung auf Dauer übermannt, das Chaos besitze Endgültigkeit – dies gilt für alle europäischen Völker, für Griechen, Italiener und Franzosen nicht minder als für Briten, Niederländer, Polen und Deutsche.

Europas gemeinsames Geistesleben

Über die gemeinsame, wenn auch zuweilen phasenverschobene Wirtschaftsgeschichte der europäischen Völker brauche ich nicht weiter zu reden: Sie ist offenkundig. Wohl gab es im späten Mittelalter den Modernitätsvorsprung etwa der oberitalienischen Städte, aber nicht viel später findet sich die weltläufige Urbanität auch bei uns in Deutschland, die Namen der großen deutschen Reichs- und Hansestädte liefern hierfür den Beweis.

Auch in der Kultur- und Geistesgeschichte hat es, bei aller deutschen Eigentümlichkeit, keinen Sonderweg der Deutschen gegeben. So bestimmten Renaissance, Humanismus und Aufklärung zu ihrer Zeit das Geistesleben der Deutschen nicht minder als das der übrigen europäischen Völker. Ich erinnere an die europäische Ausstrahlung der lutherischen Reformation, an die Korrespondenz von Leibniz, an Keplers Briefwechsel mit Galilei, an Kants weltweite Wirkung, ich verweise auf die großartigen Renaissancebauten in Deutschland, etwa auf die Michaelskirche in München, auf das Augsburger Rathaus, und ich muß wohl nicht besonders hervorheben, daß der Geist des Humanismus in Deutschland nie schwächer geweht hat als anderswo – eher im Gegenteil! Von dem großartigen Beitrag, den die deutsche Malerei, vor allem jedoch die deutsche Musik für die Geschichte der abendländischen Kunst und Kultur erbracht haben, brauche ich wohl kaum zu sprechen. Erst vor kurzem hat Mozart in China, aufgeführt von der Bayerischen Staatsoper, Triumphe gefeiert.

Vielleicht darf ich das mit einem persönlichen Wort an Sie, Herr Professor Everding, verbinden sowie auch an Sie, Herr Generalmusikdirektor und Intendant Sawallisch.

Dies alles ist unstreitig – schwieriger jedoch wird das Problem, sobald wir die Schwelle zum 19. Jahrhundert überschreiten. War es z. B. nicht ein großer Irrtum der Deutschen zu meinen, sie müßten einen Befreiungskrieg gegen Napoleon führen? Hätten sie nicht im Gegenteil gegen ihre eigentlichen Unterdrücker, die Fürsten und Junker, zu Felde ziehen sollen? Ist nicht die Gültigkeit des *Code Napoléon* im linksrheinischen Bayern zwischen 1814 und 1900 – ein Zugeständnis der bayerischen Könige an die Pfälzer – der Beweis für die Fortschrittlichkeit des napoleonischen Rechts vor dem deutschen?

Aber es war die deutsche Nation, vielgestaltig in ihrer staatlichen Ausdrucksform, die sich gegen Napoleon erhob und die französische Fremdherrschaft abschüttelte. Es war ein Volkskrieg, kein Fürstenkrieg.

Am Beginn des nationalistischen und imperialistischen Zeitalters steht Napoleon. Daß er dem nationalen Denken, Fühlen und Handeln überall in Europa, wohin die *Grande Armée* gelangte, starke Anstöße gegeben hat, ist ebenso bekannt wie die Tatsache, daß die Gegnerschaft der europäischen Staatenwelt in dem Ziel der Regierenden begründet lag, die alte *balance of power* unter den fünf unterschiedlichen Großmächten – nämlich England, Frankreich, Preußen, Österreich und Rußland – wieder herzustellen, die schon im 18. Jahrhundert oft genug kriegerisch gestört worden war.

Als sich der Vorhang hinter dem napoleonischen Schauspiel gesenkt hatte, deckten sich überall in Europa *territorial*, also nicht in bezug auf die Staatsform, die nationalen Ziele von Regierenden und Regierten – außer im deutschen Raum.

Das Gleichgewichtssystem zerbrach

Es zeigte sich, daß der Dualismus zwischen den beiden deutschen Großmächten Preußen und Österreich während der Kampfzeit gegen Napoleon nur zugedeckt worden war. Was aber bei der Anspannung aller Kräfte im Kampf gegen Napoleon möglich war, konnte Metternich auf friedlichem Wege nicht mehr durchsetzen. Das Gleichgewichtssystem, das der Wiener Kongreß unter seiner geistig-politischen Führung in Europa schaffen wollte, wurde gleichsam in mehreren Angriffswellen immer empfindlicher gestört und zerbrach schließlich ebenso endgültig 1914. Die Etappen sind bekannt:

Am Anfang steht die Auflehnung der jungen Generation, die nicht deshalb gegen Napoleon gekämpft hatte, damit die »Federfuchser in Wien« alles wieder verdarben. Mit der Revolution von 1848 scheiterten die deutschen Demokraten von Hamburg bis Wien an der unbedingten Zielsetzung der Fürsten, das Metternich-System, koste es was es wolle, am Leben zu erhalten.

Bedingt durch Deutschlands Mittellage waren spätestens seit dem Dreißigjährigen Krieg alle innerdeutschen Fragen gleichzeitig europäische Probleme. Es ist deshalb nur folgerichtig, wenn Bismarck die deutsche Einigung auf Kosten des alten Reichslandes Österreich erst dann in Angriff nehmen konnte, als die europäischen Randmächte seit dem Krim-Krieg (1854/56) verfeindet waren und somit ein Machtvakuum im Zentrum Europas entstand. Der Krim-Krieg wurde so zum Dreh- und Angelpunkt der europäischen Geschichte im 19. Jahrhundert. Bismarck hat die Frage des preußisch-österreichischen Dualismus, die Frage nach der Vormacht in einem Deutschland, das vorderhand erst eine Idee war, bekanntlich »mit Blut und Eisen« im Sinne des kleinen Deutschland gelöst.

Es wäre natürlich reizvoll sich vorzustellen, was geschehen wäre, wenn Österreich nicht aus Kostengründen und aus Gründen besonderer Rücksichtnahme auf Preußen auf die Einführung des Zündnadelgewehrs verzichtet hätte. Dann hätte nämlich die österreichische Armee die Schlacht von Königgrätz gewinnen können, falls sie dann überhaupt stattgefunden hätte – Bismarck wäre gescheitert, und wahrscheinlich wäre ein föderativ strukturiertes Reich mit der Hauptstadt Wien entstanden. Ob aber dieses großdeutsche Reich das europäische Gleichgewicht weniger gestört hätte als das kleindeutsche Bismarck-Reich, ist zumindest eine offene Frage.

Jedenfalls sahen sich die europäischen Großmächte 1871 plötzlich einer anderen Konstellation gegenüber, einem mitteleuropäischen Machtblock, einem Staat für ein Volk von 65 Millionen Menschen, dessen rasch steigende Wirtschaftskraft und machtpolitische Bedeutung kaum anders denn als Herausforderung begriffen werden konnte.

Solange Bismarck geradezu ängstlich – und er stand ja

wirklich unter dem Alpdruck der Koalitionen – immer wieder betonte, das Deutsche Reich sei »saturiert« und denke nicht daran, weiter auszugreifen, so lange ging es noch einigermaßen gut, wenngleich die Eindeutschung Elsaß-Lothringens seine Beteuerungen nicht überaus glaubwürdig erscheinen ließ.

Von dem Zeitpunkt aber an, als auch Deutschland vom missionarischen Geist des Imperialismus ergriffen wurde, war es geradezu unvermeidlich, daß sich die Randmächte Europas gegen den immer mächtiger werdenden Störenfried in seiner Mitte zusammenschlossen, was in tragischer Verkettung Deutschland und Österreich-Ungarn einander in die Arme trieb. Dies wiederum bedeutete für die anderen europäischen Großmächte eine noch größere Bedrohung, als sie das wilhelminische Deutschland allein darstellte, nicht zuletzt wegen der Verwicklung Österreichs mit den Balkan-Ländern.

Es bleibt fraglich, ob die Bismarcksche Konzeption überhaupt lebensfähig war. Dagegen ist wohl unbestritten, daß seine Nachfolger im Amt des Reichskanzlers (Caprivi, Hohenlohe, von Bülow und Bethmann-Hollweg) nicht viel klüger waren als heutige Gymnasiasten, die sich mit der Bündnispolitik Bismarcks beschäftigen müssen: Wie diesen erschien auch den Nachfolgern des »Eisernen Kanzlers« sein außenpolitisches System als zu fein gesponnen und in manchen Punkten auch widersprüchlich, oder vielleicht sogar ängstlich.

Zu diesen beschränkteren politischen Köpfen gesellte sich ein großtönender Monarch, der in geradezu herausfordernder Weise gerne mit Schiffen spielte und die Militärs überhaupt an immer längerer Leine laufen ließ, was dazu führte, daß die deutsche Politik immer mehr ins Kielwasser militärischer und militärtechnischer Pläne und Überlegungen geriet. Das furchtbare Ergebnis ist bekannt: In einem mörderischen Bruderkrieg zerfleischten sich die europäischen Völker, alle – zumindest zu Beginn des Krieges – von der Begeisterung berückt, die jeweils heiligsten Güter der Nation verteidigen zu müssen. Nationale Romantik und Schwärmerei hat die Vernunft erschlagen.

Das Gefährliche am Romantischen

Schon Goethe nannte bekanntlich das Romantische das Kranke. Ihm waren Hymnen an die Nacht, Konversionen zum katholischen Glauben, Verklärung frühen Sterbens und selbstvergessene Versunkenheit in ferne Zeiten und Länder nicht geheuer, er war und blieb »das Weltkind in der Mitten«, das Prophetenworten mißtraute.

»Vernunft sei überall zugegen, wo Leben sich des Lebens freut« – so heißt es in einem seiner letzten Gedichte (Vermächtnis des Jahres 1831).

Der um fünf Jahre ältere Herder gab mit seiner Lehre von der Einmaligkeit eines jeden »Volksgeistes« den nationalen Bewegungen vor allem der slawischen Völker mächtige Anstöße. Schließlich wirkten die Ausgriffe in entlegene Seelenräume und ins Unbewußte, die ein Kleist, ein Hölderlin, ein Novalis unternahmen, wie eine Droge auf die damalige junge Generation in *ganz* Europa.

Erinnert sei hier etwa an die westeuropäische Romantik: Shelleys oder Keats' Lebensgefühl und dessen dichterischer Ausdruck waren denen Wackenroders oder der Brüder Schlegel ziemlich ähnlich. Dies gilt ebenso für Baudelaire oder Rimbaud.

Trotz Realismus, Naturalismus und neuer Sachlichkeit wehte der Geist des Irrationalismus doch im gesamten 19. und weithin noch in der ersten Hälfte unseres Jahrhunderts immer wieder und scheint wieder zu erblühen. Vereinfachend und etwas gewaltsam könnte man ihn auf die Formel bringen: Mythos gegen Logos. Ob aber bei aller möglichen Wahlverwandtschaft der Deutschen zur Schwärmerei wirklich nur bei uns der Irrationalismus – in unserem Jahrhundert

z. B. der Expressionismus – gleichsam wucherte, wage ich angesichts der strengen Rationalität, die den Siegeszug der Technik in Europa und in den USA bestimmte, zumindest zu bezweifeln. Während an Rhein, Ruhr und Oder die Fabriken wuchsen, während Eisenbahnen und Kanäle gebaut wurden und die deutsche Chemie und Elektrotechnik zu Weltgeltung aufstiegen, zuckte zwar in Bayreuth die Götterdämmerung über die Bühne. Aber Naturwissenschaft und Technik bestimmten seit 1850 das Leben der Deutschen weit eindringlicher als der rückwärtsgewandte romantische Geist.

Jener Philosoph, der es sich zur Aufgabe machte, die Welt nicht nur zu beschreiben, sondern zu verändern, war ein Deutscher. Und wie hat er sie verändert!

Eigentlich führt der Irrationalismus seit der Mitte des vorigen Jahrhunderts eine Art subkulturelles Leben, oft als verzweifelte Idyllensuche in einer ständig komplizierter werdenden Welt.

Indessen hat es dieses Auseinanderfallen von naturwissenschaftlich-technischer und damit urban bestimmter Daseins*erfahrung* einerseits und romantisch oder neuromantisch bestimmtem Daseins*erlebnis* andererseits nicht nur in Deutschland gegeben. Das mehr oder minder unterbewußte Gefühl, den rasch wachsenden und offensichtlich immer bedrohlicher werdenden Herausforderungen einer mehr und mehr vernetzten und verstrickten Welt nicht gewachsen zu sein, beherrschte viele europäische und amerikanische Geister. In Deutschland, dem Mutterland der Romantik, mag vielleicht diese Kluft als besonders breit und tief empfunden worden sein, was sich etwa in der damals aufkommenden begrifflichen Trennung von Zivilisation und Kultur ausdrückt. Kant verwendete bekanntlich die beiden Begriffe noch synonym. Ein grundsätzlicher deutscher Sonderweg im Sinne eines uneuropäischen, gleichsam exotischen Versuchs der Bewältigung der neuen Probleme ist indessen nirgendwo zu erkennen.

Irrationale Gegenströmungen

In allen europäischen Ländern gewannen mit dem naturwissenschaftlich-technischen Fortschritt irrationale Gegenströmungen an Boden, zumal die kleiner werdende Welt einen ungeheueren Informationsschub über fremde Kulturen in Gang setzte: Die meditative, außerlogische Gedankenwelt asiatischer Religionen, die afrikanische Naivität, das einfache Leben von Südsee-Insulanern, von all dem kam jetzt Nachricht nach Europa. Diese Einflüsse bedeuteten Nachschub für den Irrationalismus, für eine Phantasie, die sich von der Vernunft zu emanzipieren suchte.

Irrationale, schwärmerische Strömungen finden sich etwa in der Jugendbewegung am Anfang unseres Jahrhunderts. Auch sie ist keine typisch deutsche Erscheinung. Englische Scouts, deutsche Wandervögel und tschechische Sokols haben mehr gemeinsam als nur den Drang zur Uniform: Naturnähe, das Streben, der verdorbenen, stickigen Luft der Städte zu entfliehen, Burgenromantik und sangesfrohes Gemeinschaftserlebnis, das alles findet sich diesseits und jenseits des Kanals, allerdings mit dem bedeutsamen Unterschied, daß hier die Nazis die Bewegung in ihre Kanäle leiteten, während die politische Pervertierung anderswo ausblieb.

Romantische Anfälligkeit ist nicht typisch deutsch – es waren machtbesessene Politiker, die sich der Romantik bedienten und sie damit bei kritischen Köpfen für Jahrzehnte obsolet machten.

Sicher läßt sich nicht behaupten, die deutsche politische und militärische Führung hätte sich 1914 des romantischen Geistes der Jugend bewußt bedient. Daß ihr aber der »Geist von Langemarck« willkommen war, ist wohl nicht zu bezweifeln. So läßt sich nur die geradezu unglaubliche Leichtfertigkeit erklären, mit der in Flandern vaterlandstrunkene Schüler und Studenten ins englische Maschinengewehrfeuer und in den Tod geschickt wurden.

Hingegen betrachteten die führenden Nazis alle irrationalen Strömungen von Anfang an nur instrumental: Die ihnen nutzten, wie Wandervogel- und Freikorps-Geist, wurden amalgamiert, die ihnen schadeten, wie religiöse Sekten oder Anthroposophen, wurden bekämpft und vernichtet. Die Nazis waren keine Romantiker, sondern Zyniker und Techniker der Macht, Nero oder Cesare Borgia weit mehr verpflichtet als Herder, Kleist oder Uhland. Sie wußten, daß Unbewußtsein und Halbbewußtsein viel stärker sprudelnde Energiequellen sein können als Vernunft und Kritik und bedienten sich dieser Erkenntnis Freuds mit bis dahin unerhörter Virtuosität und Konsequenz.

Nach dem Zusammenbruch des NS-Regimes und mit dem staatlichen, wirtschaftlichen und gesellschaftlichen Neubeginn auf der Grundlage einer Wertordnung, die eindeutig und bewußt an die christlichen und humanistischen Grundlagen unseres Volkes und der europäischen, der abendländischen Völkergemeinschaft anknüpfte, durften wir hoffen, daß dieser wenn auch kurze, so doch verhängnisvolle Sonderweg der deutschen Geschichte ein für allemal zu Ende wäre, daß wir uns zumindest in der Bundesrepublik Deutschland wieder in den Rahmen jener von mir so bezeichneten Normalität der europäischen politischen Kultur zurückgefunden hätten – und zwar auf Dauer. Und das mit der Maßgabe, daß auch die Bürgerinnen und Bürger der DDR, wenn sie könnten, den gleichen Standpunkt vertreten würden.

Heute können wir in dieser Sicherheit nicht mehr leben. Im Grunde hätte schon das zum Teil törichte, zum Teil diffamierende Gerede in den fünfziger Jahren über die angebliche Adenauersche Restaurationspolitik hellhörig machen sollen. Es sollte ja nicht nur die wirtschaftspolitische Entscheidung zugunsten der Sozialen Marktwirtschaft oder die außen- und sicherheitspolitische Entscheidung zugunsten des Westens treffen. Es traf in ihrem Kern viel weiter – auch wenn dies vielen Kritikern dieser Zeit gar nicht bewußt war – die tragenden Werte und die Ordnungen des freiheitlichen Rechtsstaates. Die Unruhen der sechziger Jahre griffen auch auf die Bundesrepublik Deutschland über. Nicht nur in Frankreich spricht man von der »Generation der 68er«. Insofern können wir in den damaligen Geschehnissen, vor allem auch an den Universitäten, einen Ausdruck der inzwischen wieder erreichten »westlichen Normalität« der Bundesrepublik Deutschland sehen. Aber die damals ausgelösten Erschütterungen wirkten in Deutschland stärker und weiter als in allen anderen westlichen Ländern. Verstärkt wurden sie zweifelsohne durch jene Umwertung der Werte, die sich in den siebziger Jahren, bewußt gefördert durch Medien und politische Kräfte, vollzog.

Ich nenne stichwortartig nur jene Diffamierung sogenannter »Sekundärwerte« wie Leistung, Disziplin, Ordnung. Selbstverwirklichung – auch auf Kosten anderer – wurde statt Selbstdisziplin, Selbst- und Mitverantwortung als höchste soziale Tugend gepriesen. Die Familie wurde als Instrument der Repression diffamiert. Nicht nur hinter Begriffen wie Heimat, Vaterland, Dienst, Opferbereitschaft wurde ein angeblicher reaktionärer, wenn nicht gar faschistoider Hintergrund ausgemacht.

Eine sonderbare Mischung aus Alt- und Neumarxismus, aus liberalistischer Emanzipationsideologie und ungehemmtem Hedonismus hat sich damals zusammengebraut. Ein sektiererisches Schwärmertum und ein ebenso rigider wie einäugiger Moralismus, die sich der Friedens- und Umweltproblematik bemächtigten – es ist immer schmerzlich, die intellektuellen Hintergründe unangenehmer Wahrheiten zu erfahren –, waren weitere Zutaten zu dieser Mischung, aus der sich bis heute ein in seinem Umfang, in seiner Stärke und in seiner Auswirkung schwer abschätzbares Protestpotential nährt.

Protest gegen die Grundlagen

So diffus dies alles noch ist, die Zielrichtung des Protestes ist eindeutig. Er richtet sich gegen alle Grundlagen der modernen arbeitsteiligen Industriegesellschaft, er richtet sich aber auch gegen Ordnung und Lebensform der gewaltenteilenden parlamentarischen Demokratie, er richtet sich gegen die bürgerliche liberal-konservative Demokratie, ihre Einrichtungen und Ausdrucksformen.

Es ist dies, wie gesagt, noch eine recht diffuse irrationale Bewegung, die sich bei uns wieder zu formieren beginnt. Aber: *Videant consules* oder *Obsta principiis!*

Wiederum scheint eine Art pseudofaustischer Unruhe die Deutschen zu ergreifen. Offensichtlich schwindet die Bereitschaft zum vernünftigen Argument und zum sachgemäßen Kompromiß. Wiederum beginnt das Schlagwort das Wort zu erschlagen.

Daß diese Entwicklung im Ausland, vor allem bei unseren westlichen Partnern und Nachbarn mit Sorge beobachtet wird, merken wir schon daran, daß wir bei jedem Besuch in immer steigender Zahl danach gefragt werden. Ich darf eine Stimme zitieren:

Die »Times« vom 30. Oktober 1984 schreibt:

»Deutschlands Wälder sind krank, und genauso steht es mit der Seele der Nation. Es sind die Grünen, die den schrillen Ton der gegenwärtigen Debatte gesetzt haben. Aber die Auseinandersetzungen sind mittlerweile dermaßen von Gefühlen überlagert worden, daß Deutschland in Gefahr ist, von einer Art Öko-Hysterie heimgesucht zu werden ... Die deutsche Seele hat eben eine Neigung zur Angst, eine Tatsache, die Deutsche ständig beklagen.«

Ein Heer selbsternannter Fachleute diskutiert über Schwefeldioxyd, Stickstoffoxyde, Formaldehyd und Dioxin mit dem Ergebnis, daß die Bevölkerung in einer Art und Weise in Angst und Schrecken versetzt wird, wie dies früher nur Pest oder Cholera als lebensbedrohende Schicksalsschläge, denen man hilflos ausgeliefert war, vermocht hätten.

Ich verstehe die Sorge unserer Mitbürger um die Umwelt angesichts fast täglicher Meldungen über immer neue Gefährdungen und Schäden. Ich habe aber kein Verständnis dafür, wenn statt des nüchternen Erforschens der Ursachen und des Suchens nach vernünftigen und wirksamen Gegenmaßnahmen Emotionen aufgeheizt, Ängste geweckt werden und durch immer neue, aber falsche Horrormeldungen die Bürger und besonders die Jugend in Unsicherheit gestürzt werden.

Mit Sorge muß ich die zunehmende »Neurotisierung« der öffentlichen Diskussion beobachten, die so gut wie jede Sachfrage zur Weltanschauungs-, zur Glaubensfrage hochstilisiert.

Darüber kann selbstverständlich kein Zweifel bestehen: Der technisch-wissenschaftliche Fortschritt hat der Natur Schäden zugefügt. Aber ebensowenig kann darüber ein Zweifel bestehen, daß die Wunden, die der Natur zugefügt worden sind, nicht dadurch geheilt werden können, daß wir auf technischen und wirtschaftlichen Fortschritt verzichten. Wir müßten diesen Ausstieg mit dem Rückfall in primitive, vorindustrielle Wirtschafts- und Produktionsformen, mit Massenarbeitslosigkeit und Massenelend bezahlen. Die Bundesrepublik Deutschland wäre in kurzer Zeit ein rückständiges Armenhaus, ohne daß unsere Umwelt wieder gesunden würde. Die notwendigen technischen und ökonomischen Voraussetzungen hierfür bestünden dann überhaupt nicht mehr.

Den »Ausstieg aus der Industriegesellschaft bei vollem Lohnausgleich«, wie dies Karl Schiller so prägnant festgestellt hat, gibt es nicht.

Ich weiß nicht, ob dies all denen bewußt ist, die von alternativen Wirtschaftsformen ohne Wachstum, ohne Großtechnik, ohne Export, ohne internationale wissenschaftlich-technische Zusammenarbeit träumen, die das Heil in einer angeblich »menschenfreundlichen ökologischen Kreislaufwirtschaft« mit kleinen und kleinsten »selbstverwalteten Betriebseinheiten« suchen.

Die Warnung des Tübinger Staatswissenschaftlers Theodor Eschenburg vor dem möglichen Weg der Bundesrepublik Deutschland in eine sogenannte »Stimmungsdemokratie« ist nur allzu berechtigt angesichts des neuen Irrationalismus und Antiintellektualismus, der in der deutschen Politik um sich greift, angesichts der wachsenden politischen Ignoranz mit steigendem Hang zur Gewalttätigkeit oder ihrer rechtfertigenden Duldung.

Ich habe nie ausgeschlossen, daß es unter den Grünen auch viele gutwillige und idealistische, vor allem junge Menschen gibt, die sich ernste Sorge um unsere Umwelt und um die Sicherung des Friedens und um ihre eigene Zukunft machen. Ich weiß auch, daß manche Vertreter der Grünen in den Gemeinde- und Stadträten und in den Kreistagen bemüht sind, sachlich mitzuarbeiten. Aber lassen wir uns nicht täuschen: Die »Bewegung« wird von ganz anderen Kräften beherrscht und geleitet.

Es sind dies Kräfte, denen es in erster Linie gar nicht um unsere Wälder oder um den Frieden geht, sondern Kräfte, die einen anderen Staat wollen.

Zur gewaltenteilenden parlamentarischen Demokratie gibt es aber keine rechtsstaatliche Alternative. Wer sich mit Kommunisten oder mit Kräften einläßt, die Fundamentalopposition gegen die repräsentative parlamentarische Demokratie predigen, die Basisdemokratie, imperatives Mandat fordern, sich sogar offen zum Rechtsbruch und zur Gewalttat bekennen, wie dies erst vor kurzem Abgeordnete der Grünen im Landtag von Baden-Württemberg mit gerade entlarvendem Zynismus taten, versündigt sich an Demokratie und Rechtsstaat.

Das sollten vor allem die Politiker der Partei bedenken, die zu Recht mit Stolz auf ihre große demokratische Vergangenheit und auf ihren langen und zum Teil opferreichen Einsatz für Demokratie und soziale Gerechtigkeit hinweisen, wenn sie etwa davon träumen, mit Hilfe solcher »neuer sozialer Bewegungen« eine Mehrheit erringen oder erhalten zu können.

Wer solchen Überlegungen nachhängt, soll wissen, daß er sich damit gefährlichen Träumen hingibt.

Niemand sollte bei uns unterschätzen, mit welcher Irritation man auch im verbündeten Ausland inzwischen wieder auf Deutschland blickt. Täuschen wir uns nicht: Niemand unter unseren europäischen Nachbarn oder draußen in der Welt hat noch ein Interesse, wiederum an deutsche Irrationalität zu genesen oder sich von deutschen Hysterien und Ängsten anstecken zu lassen – oder auch am deutschen Selbstmitleid sich beteiligen zu dürfen, dieser schrecklichsten aller deutschen Krankheiten. Sie ist – wie exemplarisch die verlogene Larmoyanz der Dolchstoßlegende nach dem Ersten Weltkrieg bewies – die Kehrseite einer Medaille, deren andere das Bild einer Überheblichkeit zeigt, die die eigenen Möglichkeiten bis zur Selbstzerstörung überschätzt.

Es liegt in unserem ureigensten elementarsten Lebensinteresse, daß die geschichtliche Entscheidung zugunsten der freiheitlichen Rechts- und Wertordnung des Westens und der gewaltenteilenden parlamentarischen Demokratie durch nichts und niemanden ins Zwielicht gerückt wird.

Es liegt in unserem ureigensten und elementarsten Lebensinteresse, daß die deutsche Politik im Innern wie nach außen berechenbar und eindeutig bleibt.

Nur so können wir auch unseren europäischen Freunden, Partnern und Nachbarn auf Dauer klarmachen, daß es sich bei der deutschen Frage keineswegs nur um ein Anliegen der Deutschen handelt, sondern um eine politische und moralische Verpflichtung des Westens und um eine Frage europäischer Solidarität.

Nach fast vier Jahrzehnten deutscher Teilung gehört die Deutschlandpolitik zweifelsohne zu den sensibelsten Bereichen der europäischen Politik. Aufgeregte Spekulationen und dramatisierende Äußerungen zur Deutschlandpolitik sind daher stets alles andere als hilfreich gewesen. Das hat in jüngster Vergangenheit für das dramatische und überflüssige Gerede im Vorfeld des Honecker-Besuchs ebenso gegolten wie für die vor einiger Zeit bei uns angefachte öffentliche Diskussion über die Staatsbürgerschaft der DDR, wie für die skandalösen und jede europäische Solidarität verratenden Äußerungen des italienischen Außenministers Andreotti zur deutschen Teilung.

Deutschlandpolitik nicht zerreden

Es kann deshalb nur mit aller Eindringlichkeit davor gewarnt werden, die Deutschlandpolitik bei uns hier noch weiter zu zerreden. Das gilt vor allem für *die* unaufgebbaren Grundsätze und Ziele, zu denen sich unsere Verbündeten stets bekannt haben.

»Bis zum Abschluß der friedensvertraglichen Regelung werden die Unterzeichnerstaaten zusammenwirken, um mit friedlichen Mitteln ihr gemeinsames Ziel zu verwirklichen: Ein wiedervereinigtes Deutschland, das eine freiheitlich demokratische Verfassung, ähnlich wie die Bundesrepublik besitzt und das in die Europäische Gemeinschaft integriert ist«, bestimmt Artikel 7 Abs. 2 des Deutschland-Vertrages vom 26. Mai 1952.

Wer die Frage stellt, ob die deutsche Frage noch offen sei, muß sich angesichts der internationalen Rechtslage, vor allem angesichts der noch immer bestehenden Vier-Mächte-Verantwortung für ganz Deutschland sagen lassen, daß hier rechtliche und politische Vorgaben bestehen, die nicht zur Diskussion gestellt werden können.

Daran haben auch die von den früheren Bundesregierungen Brandt und Schmidt geschlossenen Verträge nichts geändert. Diese Verträge haben uns aber auch auf dem Wege zur Erreichung unserer unaufgebbaren nationalen Ziele – Wiederherstellung der Einheit Deutschlands im Rahmen einer europäischen Friedensordnung, Gewährung des Selbstbestimmungsrechts für alle Deutschen – nicht einen Schritt weitergebracht. Sie haben nicht dazu beigetragen, die Spannungen abzubauen – wohl aber einen *modus vivendi* herbeizuführen –, die aufgrund der weltpolitischen Machtlage auch in Europa bestehen. Dafür haben sie ohne Not tragende Grundsätze und Rechtspositionen der bisherigen gemeinsamen Deutschland- und Ostpolitik zumindest zur Disposition gestellt.

Ich habe durch mein Eintreten für eine Verfassungsklage dafür gesorgt, daß die gröbsten Unklarheiten und Verzerrungsmöglichkeiten beseitigt worden sind. Die Entscheidung des Bundesverfassungsgerichts vom 31. Juli 1973 zum Grundlagenvertrag hat eindeutig klargestellt, daß uns das Grundgesetz deutschlandpolitisch *die* rechtlichen und politischen Vorgaben gemacht hat, die niemand in Frage stellen kann. Dazu gehört an erster Stelle – und das muß anscheinend immer wieder gesagt werden –: der juristische Fortbestand des deutschen Reiches in den Grenzen von 1937. (Die endgültige Festlegung der Grenzen kann erst in einem Friedensvertrag mit einem wiedervereinigten Gesamtdeutschland erfolgen.)

Diese Tatsachen muß sich jeder sagen lassen, der angesichts der eindeutigen Rechtslage, vor allem auch angesichts der noch immer bestehenden Vier-Mächte-Verantwortung für ganz Deutschland laut darüber nachdenkt, ob die deutsche Frage noch offen sei.

Auch die früheren Bundesregierungen sind davon ausgegangen, daß die deutsche Frage völkerrechtlich bis zum Abschluß eines Friedensvertrages mit einem wiedervereinigten Deutschland offen sei. Offizielle Äußerungen in diesem Sinne liegen genügend vor.

Ich wiederhole: An dieser Rechtslage haben auch die Ost-Verträge der früheren Bundesregierungen nichts geändert. Andererseits haben sie deutschland- und auch ostpolitisch Voraussetzungen geschaffen, die durch eine neue Bundesregierung nicht einfach beiseite geschoben werden konnten. Ich war bei der Aussprache zur Regierungserklärung Willy Brandts im Januar 1973 der erste Sprecher der Fraktion der CDU/CSU, der auch für diese Verträge den selbstverständlichen Grundsatz bestätigt hat: *Pacta sunt servanda.*

So bestand beim Regierungswechsel in Bonn kein Zweifel darüber, daß die Verträge gültig waren und es nicht möglich war, etwa in den Herbst 1969 zurückzukehren. Deshalb mußte überlegt werden, was aus diesen Verträgen einerseits und aus den der Bundesrepublik Deutschland zur Verfügung stehenden Möglichkeiten andererseits gemacht werden konnte, damit ohne Aufgabe tragender Grundsätze und Rechtspositionen die erstarrte Deutschlandpolitik wieder in Bewegung gebracht werden konnte.

Dies ist seit Sommer vorigen Jahres geschehen, und ich darf sicher auch mit einem gewissen Stolz hinzufügen, daß ich daran im Rahmen meiner Möglichkeiten mitwirken konnte.

Diese neue Deutschlandpolitik konnte bemerkenswerte Erfolge erzielen. Ich nenne stichwortartig nur die nachhaltigen Verbesserungen der Verhältnisse an der innerdeutschen Grenze, die Verbesserungen im innerdeutschen Reiseverkehr und bei Familienzusammenführungen, die Senkung des Mindestumtausches für Rentner und sein Wegfall für Kinder, das erste Umweltschutzabkommen, nämlich die Vereinbarung zur Entschmutzung der Röden im Coburger Land, und den Abschluß des Postabkommens. Seit dem 9. November sind am bayerischen Teil der innerdeutschen Grenze sämtliche SM-70-Selbstschußanlagen beseitigt worden. Auch die Entfernung der Boden- und Tretminen ist schon weit fortgeschritten, bisher wurden an der bayerischen Grenze etwa 250 Kilometer geräumt.

Ich bin überzeugt, daß diese von mir empfohlene und mitgetragene Politik deshalb so erfolgreich sein konnte, weil sie nicht mit der Diskussion um grundsätzliche Rechtspositionen verknüpft war, sondern weil sie sich in Fortführung der von Konrad Adenauer vorgezeichneten Linie um praktische Verbesserungen für die Menschen in beiden Teilen Deutschlands bemüht und darüber hinaus Zeichen für eine langfristige Entwicklung gesetzt und bewirkt hat.

Die Fortführung dieser Deutschlandpolitik auf der Grundlage der geschlossenen Verträge, die alle Möglichkeiten ausschöpft, aber keine tragenden Grundsätze und Rechtspositionen aufgibt, halte ich für dringend geboten. Ich habe auch nach der Absage des Besuchs des Staatsratsvorsitzenden Honecker keinen Grund gesehen, daß sie nicht fortgesetzt werden könnte. So sehr ich zunächst angesichts der Fortschritte im innerdeutschen Verhältnis seit dem Sommer vorigen Jahres vor deutschlandpolitischen Illusionen gewarnt habe, so sehr muß ich jetzt vor Pessimismus warnen.

Fortsetzung des Dialogs

Viele Anzeichen deuten darauf hin, daß sowohl die DDR als auch die Sowjetunion an einer Fortsetzung des Dialogs interessiert sind. Dabei müssen wir selbstverständlich anerkennen – ich habe schon zu Beginn meiner Rede darauf hingewiesen –, daß die DDR ein Land des »realen Sozialismus«, ein Mitglied des Warschauer Paktes, ein Mitglied des Rates für Gegenseitige Wirtschaftshilfe und damit ein wesentlicher Bestandteil des sowjetischen Gesamtimperiums ist und wohl auch für einen Zeitraum, den wir nicht absehen können, bleiben wird.

Der Schlüssel für die deutsche Frage liegt also zweifelsohne bei Moskau. Es ist daher nur selbstverständlich, daß die gegenwärtigen, keineswegs überschaubaren personalpolitischen Vorgänge im Kreml und die damit verbundene Unsicherheit unter den Mitgliedern des Warschauer Paktes sich auch auf das Verhalten der DDR-Führung auswirkt.

Hier helfen Spekulationen nicht weiter. Eine unerläßliche Voraussetzung für die weitere westliche Deutschlandpolitik ist daher eine umfassende Analyse der Vorgänge in Moskau sowie der Vorgänge innerhalb der Mitglieder des Warschauer Paktes und ihrer Beziehungen zu Moskau.

Das heißt: Gefordert wird eine solide Grundlagenarbeit als Voraussetzung einer aktiven Deutschlandpolitik, die nicht nur die deutsche Frage völkerrechtlich offenhält, sondern alle Möglichkeiten wahrnimmt, das innerdeutsche Verbindungsgeflecht zu stärken und schrittweise Verbesserungen zu erreichen.

Hierzu brauchen wir selbstverständlich die Unterstützung unserer Freunde und Partner in Europa und Übersee. Hier geht es nicht um die Verwirklichung nostalgischer deutscher Träume – dafür können wir sicherlich niemanden außerhalb Deutschlands erwärmen. Es geht bei der Deutschlandpolitik nicht um deutsche Träume, sondern um Perspektiven europäischer Politik, es geht um die Glaubwürdigkeit der Politik der freien Völker Europas und des Westens, auch der Vereinigten Staaten von Amerika.

Dabei geht es auch um die Überwindung jenes europäischen Provinzialismus, der in den Nationalstaatsvorstellungen und in den Größenordnungen des 19. Jahrhunderts verhaftet ist, der so tut, als ob eine europäische Macht für sich genommen, von welcher Größenordnung auch immer, noch einen eigenständigen Machtfaktor oder eine Bedrohung für seine Nachbarn darstellen könnte.

So erscheint im Rückblick die Teilung Deutschlands nicht als zwingende Antwort auf die Frage, wie nach 1945 das europäische Gleichgewicht wiederhergestellt werden sollte. Denn schon damals – und heute noch viel klarer – war deutlich, daß diese europäische Waage umgestoßen war. Die USA und die Sowjetunion als außereuropäische Mächte bestimmen heute die Zukunft Europas entscheidend mit. Seit 1917, seit der bolschewistischen Revolution und dem Kriegseintritt der USA in den Ersten Weltkrieg, scheint sich im größeren Maßstab zu wiederholen, was seit dem späten Mittelalter mit Deutschland geschah: Erstarken der Ränder und sinkende machtpolitische Bedeutung der Mitte. Das Problem des Gleichgewichts ist kein europäisches mehr, es ist ein weltweites geworden. Das ist das eine, die Struktur der Bestandteile dieses Systems, nämlich ob die Menschen in einem demokratisch-freiheitlichen oder in einem kommunistisch-totalitären System leben, ist das andere. Deutschland kann nur dem demokratischen Teil, nicht aber dem sogenannten »volksdemokratischen«, in Wahrheit totalitärkommunistischen Teil angehören.

Absage an den Nationalismus

Ich habe seit Jahren immer wieder betont, daß es uns nicht in erster Linie um die Wiederherstellung des alten deutschen Nationalstaates unter allen Umständen gehen darf. Die Absage an den Nationalismus, den ich immer für den Totengräber Europas gehalten habe, bedeutet jedoch nicht die Absage an das, was Patriotismus heißt – auch wenn in einer Zeit zerstörter oder veränderter Werte und Begriffe dieses Wort manchem altmodisch vorkommen mag. Deshalb bin ich auch der Auffassung: eine Politik, die dem deutschen Volk das verweigern wollte, was allen anderen Völkern als selbstverständlich zugestanden wird, nämlich die Liebe zum Vaterland, das Recht auf eine nationale Identität und auf ein richtig verstandenes Nationalgefühl, trägt den Keim zu neuem Unheil in sich.

Wir wissen, wie die Teilung Deutschlands zustande kam. Aber ein Unrecht wird niemals durch ein neues Unrecht gesühnt oder aus der Welt geschafft – es wird höchstens dadurch noch verstärkt. Mit Realpolitik hat ein solches bloßes Hinnehmen von Unrecht nichts zu tun.

Und: Die Anomalität der Teilung Deutschlands in ein freies und in ein unfreies Deutschland bleibt so lange eine Herausforderung auch für jene innenpolitische westliche Normalität, die ich beschrieben habe, solange dieser Zustand anhält. Normal sind die Verhältnisse in ganz Deutschland und in ganz Europa erst dann, wenn alle europäischen Völker im Besitz des Selbstbestimmungsrechts sind und alle Staaten ihren Bürgern die klassischen Rechte und Freiheiten gewähren, die mit einer Demokratie unabtrennbar und unauflöslich verbunden sind.

Freiheit geht vor Einheit

Die Frage der Wiedervereinigung Deutschlands ist daher für uns unlösbar verbunden mit der Frage nach Freiheit und Selbstbestimmung für alle Deutschen. Im Vordergrund steht für uns daher die Forderung nach Gewährung des Selbstbestimmungsrechts und nach Wiederherstellung demokratischer Zustände in allen Teilen Deutschlands. Das heißt: Die Einheit der Nation darf nicht auf Kosten der Freiheit der ganzen Nation erreicht werden. Die Freiheit hat immer Vorrang vor der Einheit.

Ich erinnere in diesem Zusammenhang an meine Rede vor mehr als zweieinhalb Jahrzehnten, am 20. März 1958, die ich damals als Verteidigungsminister im Deutschen Bundestag gehalten habe. Es ging damals im Parlament um Fragen der Sicherheitspolitik, wobei ich mich sowohl gegen jede Form von Weltmachtpolitik als auch gegen eine Neutralisierung der Bundesrepublik Deutschland wandte. Ich sagte damals:

»Ich möchte drei Gesichtspunkte nennen, die leicht, isoliert für sich allein begriffen, ... gegen den Urheber verwendet werden können. Weder Abrüstung noch Frieden noch Wiedervereinigung sind absolute Werte. Abrüstung im Sinne einer einseitigen Abrüstung, daß man selbst keine Waffen hat, können wir jederzeit haben, wenn wir wollen. Frieden in dem Sinne, daß man sich nicht zu wehren braucht oder sich nicht mehr wehren kann, können wir auch jederzeit haben. Aber auch Frieden ist kein absoluter Wert. Er kann nur ein relativer Wert sein, und Wiedervereinigung? ... Ist es denn wirklich die Wiedervereinigung, die uns in erster Linie drängt, quält, bedrückt und treibt? Es ist doch weniger die Wiedervereinigung im Sinne der Wiederherstellung der staatlichen Einheit Deutschlands; es ist doch mehr das Herzensanliegen der Wiederherstellung demokratischer und menschenwürdiger Zustände in diesem Gebiet.«

Ich erinnerte damals an einen historischen Vergleich, der auch heute nichts von seiner politischen Aussagekraft zum Thema der deutschen Einheit und Freiheit verloren hat. Nach dem Ersten Weltkrieg gab es ein Wiedervereinigungsproblem anderer Art: Den Zusammenschluß der neuen österreichischen Republik mit dem Deutschen Reich. Einstimmig beschloß die provisorische Staatsregierung in Wien das Gesetz über die Staatsform, dessen Artikel 2 lautete: »Deutsch-Österreich ist ein Bestandteil der deutschen Republik.« Die verfassunggebende Nationalversammlung wiederholte am 12. März 1919 diesen Beschluß. Deutlicher konnte der Wille der Österreicher zu einem gemeinschaftlichen deutschen Staat nicht ausgedrückt werden. Das Selbstbestimmungsrecht der Österreicher war nicht gefragt. Ungeachtet des erklärten Willens der demokratischen Vertretung Österreichs bestimmte der Artikel 88 des Friedensvertrags von Saint-Germain: »Die Unabhängigkeit Österreichs ist unabänderlich.«

Hitler löste das Anschlußproblem dann auf seine Weise und zerstörte es im Zuge derselben Politik. Mit dem österreichischen Staatsvertrag vom 15. Mai 1955, mit der Erklärung der Neutralität Österreichs waren alle Anschlußüberlegungen formell und endgültig abgetan. Leiden wir darunter, daß diese Einheit verlorengegangen ist? Nein! Der Begriff Anschluß oder Zusammenschluß ist zwischen Deutschen und Österreichern kein politisches Thema mehr, geschweige denn ein Herzensanliegen. Das hängt nicht nur damit zusammen, daß Österreich nicht Bestandteil des Bismarck-Reiches war, sondern vor allem damit, daß die Österreicher bei außenpolitischer Neutralität ihre Staats-, Gesellschafts- und Lebensform selbst bestimmen, also in politischer und menschlicher Freiheit leben können. Und wer von Bad Reichenhall nach Salzburg geht, der überquert eine Grenze, aber keine politische Wasserscheide. Anders ist es für den, der von Hof nach Plauen will – der überquert zwar keine völkerrechtliche Grenze, wohl aber eine Wasserscheide zweier Gesellschaftssysteme. Deshalb ist der politische Kampf der Deutschen um die Einheit ihrer Nation in erster Linie ein Kampf um die Freiheit für alle Deutschen.

Das ist der moralische und geschichtliche Hintergrund der deutschen Frage und unserer Deutschlandpolitik. Hier liegen die moralischen und geschichtlichen Ziele unserer Deutschlandpolitik – und nicht in irgendwelchen nostalgischen Träumen vom deutschen Nationalstaat.

In diesem Sinne haben wir unsere langfristigen deutschlandpolitischen Ziele zu vertreten, denn ohne langfristige Perspektiven gibt es keine Politik. Dabei kann ich nicht oft genug wiederholen, daß wir unseren europäischen Verbündeten und Nachbarn hierzu überzeugend deutlich machen müssen, daß nach den leidvollen geschichtlichen Erfahrungen dieses Jahrhunderts die Deutschen wissen, daß ihr geschichtlicher Platz an der Seite der freien Völker Europas ist, daß sie deshalb aber auch erwarten dürfen, daß die europäischen Völker in ihrem eigenen Interesse und im Interesse der Glaubwürdigkeit ihrer freiheitlichen Lebensordnung solidarisch zu den Deutschen und ihrem Recht stehen. Wer die nationalstaatlichen Schatten und Befürchtungen früherer Generationen beschwört und Mißtrauen zwischen den Völkern sät, leistet der Sache der Freiheit in Europa keinen guten Dienst – so wenig wie dies ein neuer irrationaler deutscher Nationalismus tut.

Lassen Sie mich zum Schluß noch auf eine andere Perspektive hinweisen.

Die Entwicklung der Waffentechnik, das Anhäufen eines gigantischen Zerstörungspotentials läßt den Ausbruch eines Krieges in Europa als undenkbar erscheinen. Anderswo mag das noch anders sein.

Die Kriegsangst, die Moskau im vorigen Jahr zur Verhinderung der westlichen Nachrüstung in Europa und im eigenen Land entfachte, entsprach nicht im geringsten der Wirklichkeit – auch wenn es der Sowjetführung gelungen ist, ihre eigene Bevölkerung zum Opfer dieser Propagandakampagne zu machen.

Die Auseinandersetzung zwischen der freiheitlichen Staatsgesellschafts- und Wirtschaftsordnung des Westens und dem kommunistischen Zwangssystem erfolgt auf anderem Gebiet. Sie findet tagtäglich statt in den wissenschaftlichen Forschungsinstituten und Laboratorien, im Bereich der industriellen Produktion und der wirtschaftlichen Organisation. Die rasante Entwicklung der neuen Medientechnik und die Umweltprobleme, die an keinen staatlichen und ideologischen Grenzen haltmachen, bedeuten auch und gerade für die kommunistischen Systeme neue Herausforderungen. Ich bin fest davon überzeugt, daß der freie Westen wegen seiner überlegenen Wirtschafts- und Finanzordnung und wegen seiner ungleich größeren Fähigkeit zu wissenschaftlich-technischen Innovationen diesen Kampf zu seinen Gunsten entscheiden wird.

Die kommunistischen Systeme werden sich über kurz oder lang in ihren Strukturen ändern müssen, wenn sie mit der wissenschaftlich-technischen und wirtschaftlich-organisatorischen Entwicklung mithalten wollen. Wir können noch nicht absehen, zu welchen politischen Veränderungen im sowjetischen Imperium eine solche nicht mehr aufhaltbare Entwicklung führen wird. Ich bin jedoch überzeugt: Wir dürfen darin auch für uns und für unsere deutschlandpolitischen Ziele langfristig eine hoffnungsvolle Zukunftsperspektive sehen.

Denken in geschichtlichen Dimensionen

Eine dauerhafte europäische Friedensarchitektur, die allein die Wiedervereinigung ermöglicht, ist nicht nur eine Frage der Machtverteilung oder der Sicherheit, sie ist auch eine Frage unserer Überzeugung, daß wir fähig sind, kraft unseres technisch-zivilisatorischen Vorsprungs zur allmählichen Entkrustung des sowjetischen Machtsystems und seiner ideologisch-gesellschaftlichen Struktur beizutragen. Gelingt uns dies, dann löst sich auch das Problem der Abrüstung von selbst, weil der West-Ost-Gegensatz in dem Maße machtpolitisch an Bedeutung verliert, als der Osten sich westlichen Denk-, Handlungs-, Wirtschafts- und Gesellschaftsstrukturen annähert.

Wir müssen nur wieder langfristig in geschichtlichen Dimensionen denken lernen. Wir müssen wegkommen von jener kurzatmigen, hektischen, sterilen, neurotischen Aufgeregtheit in der Politik, die uns den Blick verstellt auf das, was unser Ziel, was unsere Aufgabe und was unsere Pflicht ist, die uns daran hindert, das zu erkennen, was möglich, und das zu tun, was notwendig ist.

Das heißt vor allem und zunächst, wir müssen erkennen, daß wir uns aus den Bedingungen, unter denen wir als ein großes Volk, als ein reiches Land, als ein hochentwickeltes Industrieland mit einem leistungsfähigen Sozial- und Bildungssystem leben, nicht ausblenden können. Dabei muß uns vor allem klar sein, worauf unser Wohlstand und unsere soziale Sicherheit ruht, nicht in erster Linie auf Rohstoffen, die wir aus der Erde holen, sondern auf dem einzigen Rohstoff, der uns auf Dauer ausreichend zur Verfügung steht, wenn er entdeckt, gehegt, gepflegt und unterstützt wird – auf dem Rohstoff Geist. Deshalb bleibt uns nichts anderes übrig, als immer wieder von neuem alle schöpferischen, alle innovatorischen Kräfte in unserem Volk zu fördern und anzuspannen. Dabei geht es mir keineswegs nur einseitig um die Förderung der technisch-naturwissenschaftlichen Intelligenz. Ich kann mir ein Leben ohne die schöpferische, die verwandelnde, die vermenschlichende Kraft der Poesie, der Künste nicht vorstellen. Auch Schönheit – bis zum Wohnumfeld des Menschen, bis zur Gestaltung der Kulturlandschaft, der Städte und Dörfer – gehört zu einem menschenwürdigen Leben.

Dazu gehört übrigens auch nach meiner Überzeugung die Freude an der Fülle des Lebens, am rechten Genuß der guten Gaben Gottes. Ihn dürfen wir uns auch nicht von jenen in unserem Land leider recht häufig gewordenen Predigern des Lebensekels verderben lassen, die nicht Ruhe geben, bis sie auch den letzten Rest Lebensfreude, Lebensmut, Lebenszuversicht aus ihren Mitmenschen »hinterfragt« und in seine trübseligen Einzelteile zerlegt zu haben.

Allen diesen »Hinterfragern« und Propheten des einfachen Lebens sei ein Wort Calvins aus dessen »Institutio Christianae Religionis« gesagt:

»Denn sobald sich unser Gewissen einmal in diese Fesseln verstrickt hat, kommt es in ein langes und auswegloses Labyrinth hinein, aus dem sich nachher so leicht kein Ausgang mehr finden läßt. Wenn einer schon einmal zu zweifeln angefangen hat, ob er zu Tüchern, Hemden, Schnupftüchern und Tischtüchern Leinen brauchen darf, so wird er nachher schon nicht mehr sicher sein, ob ihm Hanf verstattet ist, und schließlich wird ihn selbst noch bei Werg der Zweifel überfallen! Er wird sich nämlich mit dem Gedanken herumschlagen, ob er nicht auch ohne Tischtuch speisen oder ohne Schnupftuch bestehen könnte! Wenn einer auf den Gedanken gekommen ist, feinere Speise sei nicht erlaubt, dann wird er am Ende nicht einmal mehr Brot und einfache Nahrungsmittel in Frieden vor Gott genießen; es kommt ihm eben in den Sinn, er könnte seinen Leib auch mit noch geringerer Speise erhalten. Wenn einer bei einigermaßen wohlschmeckendem Wein bereits Bedenken hat, so wird er bald nicht einmal gemeinen Krätzer mit gutem Frieden seines Gewissens trinken können, und am Ende wird er nicht einmal mehr wagen, Wasser anzurühren, das besser und reiner ist als anderes. Kurz, er wird schließlich dahin kommen, daß er es für Sünde hält, über einen quer im Wege liegenden Grashalm zu gehen – wie man so sagt.«

Ich erinnere nochmals an die von mir bereits genannten Spannungen, unter Umständen auch Antinomien, zwischen Macht, Geist und Moral, zwischen Reflektieren, Empfinden und Handeln, zwischen Freiheit und Ordnung – man kann dies noch erweitern um den Gegensatz zwischen Technik und Natur – aus all diesen Spannungen können wir nicht fliehen, können wir nicht aussteigen und in das Reich einer angeblichen reinen Freiheit und reinen Geistigkeit und dabei der Verantwortungslosigkeit fliehen, während wir das alltägliche Leben tatsächlich den Dämonen der ungezügelten Macht, des nackten Egoismus oder eines schamlosen Hedonismus ausliefern würden.

Wir können es uns nicht leisten, aus der weltpolitischen und aus der weltwirtschaftlichen Verantwortung auszusteigen. Ebensowenig können wir als Kulturvolk mit einer großen, mit einer reichen, auch mit einer schuldbeladenen Geschichte partiell aussteigen und die blaue Blume der geschichtlichen Unschuld suchen. Das kann keine Nation, die auf eine Geschichte zurückblicken kann, die es verdient, so bezeichnet zu werden – denn es gibt keine Geschichte, die frei ist von Schuld und Hybris.

Wir stehen in der Verantwortung für die ganze Geschichte unseres Volkes. Deshalb lassen wir uns diese Geschichte auch nicht nehmen, etwa in dem Sinne, daß sich das Geschichtsbewußtsein der Deutschen in der Bundesrepublik auf die sogenannte »Bewältigung« einer Summe gescheiterter Versuche mit der Demokratie, auf Katastrophen und Verbrechen beschränkt, angesichts derer nur noch »Trauerarbeit« geleistet werden kann, während sich das Regime im anderen Teil Deutschlands als Wahrer des großen humanen und kulturellen Erbes der Deutschen feiern läßt. Daß zu diesem Erbe auch Reinheit und internationales Ansehen unserer deutschen Sprache gehören, soll hier zumindest erwähnt werden. Wir dürfen uns im freien Teil Deutschlands die deutsche Geschichte und das kulturelle Erbe unseres Volkes nicht nehmen lassen, am allerwenigsten von denen, die Geschichte und

Kultur der Deutschen allein zur Rechtfertigung ihres kollektivistischen Herrschaftssystems und ihrer ideologischen Vorgaben mißbrauchen.

Lassen Sie mich zum Schluß meine Anmerkungen zur deutschen Geschichte, Gegenwart und Zukunft in 12 Punkten thesenhaft zusammenfassen:

Zwölf Thesen zu Deutschland

1) Seitdem es eine deutsche Geschichte gibt, sind die Deutschen ein untrennbarer Bestandteil der europäischen Geschichts- und Kulturgemeinschaft.

2) Die deutsche geschichtliche Entwicklung hat wegen der Mittellage unseres Volkes und seiner zahlenmäßigen Größe im Unterschied zu der der west- und nordeuropäischen Völker nicht konsequent zum einheitlichen Nationalstaat geführt. Dies bedeutet jedoch nicht, daß die deutsche Geschichte einen von der europäischen Entwicklung abweichenden Sonderweg darstellt.

3) Auch die Verbrechen der nationalsozialistischen Gewaltherrschaft, von denen kein Jota geleugnet oder beschönigt werden soll, haben die moralische Substanz des deutschen Volkes nicht zerstört und seine Zugehörigkeit zur europäischen Kultur und Wertgemeinschaft nicht in Frage gestellt.

4) Die unter Adenauer vollzogene Einbindung der Bundesrepublik Deutschland in die politische, in die Wert- und Verteidigungsgemeinschaft des freien Westens bedeutet die Rückkehr der Deutschen im freien Teil ihres Vaterlandes zu den Ordnungen und zu der politischen Kultur, von der sie für einen kurzen verhängnisvollen Zeitraum die NS-Herrschaft fortgeführt hat. Der geschichtliche und moralische Platz des deutschen Volkes ist unwiderruflich an der Seite der freien Völker Europas.

5) Die geschichtliche Entscheidung zugunsten der freiheitlichen Rechts- und Wertordnung des Westens und der gewaltenteilenden parlamentarischen Demokratie darf durch nichts und niemanden ins Zwielicht gerückt werden. Es liegt

im elementaren Lebensinteresse unseres Volkes, daß die deutsche Politik im Innern wie nach außen berechenbar bleibt. Deshalb müssen wir im Aufkommen einer neuen irrationalen, antiparlamentarischen, neutralistischen und nationalistischen Bewegung nicht nur eine innenpolitische, sondern vor allem eine außenpolitische Gefahr sehen.

6) So wenig es für unser Volk eine rechtsstaatliche Alternative zur gewaltenteilenden parlamentarischen Demokratie gibt, wenn es weiterhin in innerer Freiheit leben will, so wenig können wir aus den Bedingungen der technisch-wissenschaftlichen Zivilisation »aussteigen«, wenn wir weiterhin in Wohlstand mit einem hochentwickelten Sozial- und Bildungssystem leben wollen und wenn wir die technischen und materiellen Voraussetzungen zur Sicherung der gefährdeten natürlichen Lebensgrundlagen erhalten wollen.

7) Die Teilung Deutschlands nach dem Zusammenbruch des Dritten Reiches kann nicht isoliert von der Teilung Europas als Folge des weltweiten ideologischen und machtpolitischen Gegensatzes zwischen dem unverändert imperialistischen Sowjetkommunismus und dem freien Westen gesehen werden. Deutschland kann sich aus diesem Gegensatz nicht ausblenden. Die deutsche Teilung kann nicht durch einen neutralistischen Sonderweg überwunden werden.

8) Auch die Ost-Verträge haben nichts an der völkerrechtlichen Lage Deutschlands und an der Vier-Mächte-Verantwortung für ganz Deutschland geändert. Das Deutsche Reich besteht juristisch in den Grenzen von 1937 fort. Über die Grenzen Deutschlands kann erst in einem Friedensvertrag mit einem wiedervereinigten Deutschland endgültig entschieden werden.

9) Die deutsche Frage ist also völkerrechtlich offen. Das Ziel unserer Deutschlandpolitik muß angesichts dieser Vorbedingung sein: ohne Aufgabe tragender Grundsätze und Rechtspositionen das innerdeutsche Verbindungsgeflecht zu stärken, konkrete Verbesserungen zu erreichen, das Bewußtsein der Zusammengehörigkeit der Menschen in beiden

Teilen Deutschlands lebendig zu erhalten und langfristig auf die Überwindung der Teilung hinzuarbeiten.

10) Im Vordergrund unserer Bemühungen kann dabei für uns nicht die bloße Wiederherstellung eines deutschen Nationalstaates unter allen Umständen stehen. Die Frage der Wiedervereinigung Deutschlands ist für uns unlösbar verbunden mit der Frage nach Freiheit und Selbstbestimmung für alle Deutschen. Im Vordergrund steht für uns daher die Forderung nach Gewährung des Selbstbestimmungsrechts und nach Wiederherstellung demokratischer Zustände in allen Teilen Deutschlands. Die Einheit der Nation darf nicht auf Kosten der Freiheit der ganzen Nation erreicht werden.

11) Die DDR ist ein wesentlicher Bestandteil des sowjetischen Gesamtimperiums und wird dies auf nicht absehbare Zeit bleiben. Der Schlüssel zur deutschen Frage und zur Überwindung der europäischen Teilung liegt also bei Moskau, das den Deutschen und den anderen Völkern in seinem Herrschaftssystem bis jetzt das Selbstbestimmungsrecht vorenthält.

12) Die deutsche und die europäische Teilung können nur im Rahmen einer dauerhaften europäischen Friedensarchitektur überwunden werden. Die Voraussetzung hierzu ist jedoch die Änderung der ideologischen und machtpolitischen Strukturen im Ostblock. Vor allem die wissenschaftlich-technische Entwicklung, an die sich das sowjetische System anpassen muß, wenn es nicht hoffnungslos gegenüber dem Westen in Rückstand geraten will, eröffnet hier noch nicht absehbare Perspektiven. Auf sie müssen wir langfristig unsere Politik abstellen.

Wir stehen im Strom der ganzen Geschichte unseres Volkes und ganz Europas. Wir blicken weder einseitig nostalgisch noch einseitig als Schuldbeladene zurück. Wir haben nach vorn zu blicken mit geschichtlichen Perspektiven und einem langen geschichtlichen Atem.

(1. Dezember 1984)

Vom Frieden nach außen und innen

Die Zeit des Weihnachtsfestes und des Jahreswechsels gibt Franz Josef Strauß Gelegenheit, Grundsätzliches über eine Politik aus christlicher Verantwortung zu sagen. Daß der innere Frieden eines Menschen und eines Volkes mit dem äußeren Frieden zusammengehört – Strauß macht diesen prinzipiellen Zusammenhang klar, führt aus, welche politische Konsequenzen aus diesem Zusammenhang zu ziehen sind.

Politik aus christlicher Verantwortung hat im Umfeld von Weihnachten, zudem angesichts der nahenden Jahreswende, eine besondere Verpflichtung, Bilanz zu ziehen. Dabei kommt dem Herzstück der weihnachtlichen Botschaft, dem Frieden, als wesentlichem Maßstab ein besonderer Rang zu.

Während das Jahr 1983 noch von lautstarkem Friedensgeschrei widerhallte, ist es hier 1984 wesentlich ruhiger geworden. Es ist eingetreten, was nach geschichtlicher Erfahrung zu erwarten war und was ich aufgrund persönlicher Erkenntnisse und Einsichten aus den fünfziger Jahren vorausgesagt hatte: Nach der Entscheidung der Bundesregierung und der Koalitionsmehrheit des Bundestages verlor Moskau jedes aktuelle Interesse an der von ihm geschürten, gesteuerten und unterstützten »Friedensbewegung«. Als klar war, daß sich die Bundesrepublik Deutschland auch durch den Druck der Straße, durch Agitation und Demonstration bis hin zur Gewalt nicht von ihrem klaren politischen Kurs des Friedens und der Freiheit abbringen lassen würde, stellte der Kreml seine einschlägigen Bemühungen ein. Das Ergebnis ist bekannt. Die »Friedensbewegung«, deren angemaßter Alleinvertretungsanspruch für moralische und politische Friedfertigkeit mit einer Diffamierung jeder anderen Friedenspolitik Hand in Hand ging, ist am Zerbrechen.

Gerade in einer Zeit, in der die Bibel für vielfältigen politischen Mißbrauch herhalten muß, besteht Anlaß, daran zu erinnern, daß im Buch der Bücher nicht jene gepriesen werden, die vom Frieden reden, sondern jene, die den Frieden stiften. Friede entsteht nicht von selbst, er muß durch überlegtes, entschlossenes und verantwortungsbewußtes politisches Handeln herbeigeführt und bewahrt werden. Angesichts der Tatsache, daß die kommunistische Supermacht nach wie vor auf ideologische, politische und – dort, wo dies ohne Risiko möglich ist – militärische Expansion ausgerichtet ist, muß jede auf Frieden und Freiheit angelegte westliche Politik die Verteidigungsfähigkeit und die Verteidigungsbereitschaft einschließen. Diese aufrechtzuerhalten, darum ging es beim Nachrüstungsbeschluß der Atlantischen Allianz, der am 22. November des vorigen Jahres im Deutschen Bundestag mit klarer Mehrheit bestätigt wurde.

Alle düsteren Prophezeiungen von links, wonach dieser Beschluß den Frieden bedrohen und die Kriegsgefahr steigern würde, sind mittlerweile von der Wirklichkeit widerlegt worden. Wie in den bald drei Jahrzehnten vorher hat auch in unseren Tagen die NATO ihre Fähigkeit als Bündnis zur Sicherung des Friedens und der Freiheit unter Beweis gestellt. Es gehört zweifellos zu den großen außenpolitischen Leistungen der Bonner Regierungskoalition aus CDU, CSU und FDP, einen eindrucksvollen Beleg für die politische Zuverlässigkeit der Bundesrepublik Deutschland erbracht zu haben. Dies war um so wichtiger, da die SPD in dieser Kernfrage deutscher Politik kläglich versagt und früher von ihr vertretene Positionen in eilfertiger Anbiederung an die Grünen bedenkenlos geräumt hatte.

Der Nachrüstungsbeschluß, notwendig geworden durch eine jahrelange sowjetische Vor- und Überrüstung, hat dem westlichen Verteidigungsbündnis seine friedenssichernde Funktionsfähigkeit erhalten. Mehr denn je sehe ich mich in meiner Einschätzung der Lage bestätigt – nirgendwo sonst in der Welt ist die Kriegsgefahr so gering wie in Europa! Dies hängt auch damit zusammen, daß sich die Sowjetunion überall dort, wo damit ein Risiko verbunden wäre, jedes militärischen Vorstoßes enthält.

Blick über den Kontinent hinaus

Eine weihnachtliche Friedensbilanz darf sich zwangsläufig nicht nur auf Europa beschränken. Der Blick über unseren Kontinent hinaus zeigt, daß der Krieg dort herrscht, wo Moskau nicht durch ein entsprechendes Gegengewicht, wie es in Europa die NATO darstellt, von militärischer Intervention abgehalten wird. Die Lage in Afghanistan ist dafür ein ebenso augenfälliger wie erschütternder Beweis. Fünf Jahre sind es jetzt her, daß sowjetische Truppen dieses Land besetzt haben. Seither wird dort ein unbarmherziger und brutaler Krieg gegen ein kleines Volk geführt, das sich unter die sowjetische Knechtschaft nicht beugen will. Über eine Million Todesopfer hat dieser im Westen weitgehend vergessene Kampf bereits gefordert, Hunderttausende hat er aus ihrer Heimat vertrieben. Doppelt unerträglich ist es deshalb, daß die Sowjetunion, die in Afghanistan einen blutigen Unterdrückungs- und Ausrottungskrieg führt, sich anderwärts und mit stetiger Zielrichtung gegen den Westen zum Ankläger und Richter aufspielt. Es stünde den Vereinten Nationen wohl an, und es wäre auch ein Berechtigungsnachweis für die Existenz dieser Institution, wenn dort im kommenden Jahr 1985 Afghanistan zu einem Schwerpunktthema gemacht und dadurch massiver Druck auf die Sowjetunion bis hin zum Rückzug ihrer Truppen ausgeübt würde.

Vor fünf Jahren überfiel die Sowjetunion Afghanistan, vor drei Jahren wurde, ebenfalls auf Druck und Veranlassung Moskaus, über Polen das Kriegsrecht verhängt. Da Friede mehr ist als nur die Abwesenheit von Krieg, muß Polen und müssen die Zustände in diesem Land in jede einschlägige Betrachtung einbezogen werden. Überall dort, wo die Sowjetunion in ihrem Machtbereich den Völkern das Recht auf Selbstbestimmung verweigert, ist der Weg zur Gewalt beschritten. Die Ereignisse in Polen liefern dafür traurige und alarmierende Beweise. Die Verweigerung der Menschenrechte, die Unterdrückung freier Gewerkschaften, die Verfolgung von regimekritischen Priestern, all das signalisiert für Polen das Gegenteil von Frieden.

Daß nur die Gewährung des Selbstbestimmungsrechts den Weg zum Frieden innerhalb der einzelnen Völker und insgesamt in der Welt eröffnen kann, zeigt nicht nur die Lage in Polen. Auch die Situation in Deutschland weist nachdrücklich auf diesen Zusammenhang hin.

Zweifellos sind seit der Regierungsübernahme durch die CDU/CSU/FDP-Regierungskoalition in Bonn die deutsch-deutschen Angelegenheiten in Bewegung geraten. Auch hier sind die falschen Propheten von links widerlegt worden. Während die SPD für den Fall der Übernahme der Bonner Regierungsverantwortung durch die Unionsparteien deutsch-deutschen Stillstand, wenn nicht gar Rückschritt voraussagte, ist das Gegenteil wahr geworden. Wenn SPD-geführte Bundesregierungen nur einen Bruchteil dessen an deutsch-deutscher Bewegung erreicht hätten, was CDU und CSU – ich habe dazu nach Kräften und Möglichkeiten meinen persönlichen Beitrag geleistet – erreicht haben, Schmidt und Bölling hätten propagandistische Festwochen ohne Ende gefeiert.

Wenn schon ganz allgemein gilt, daß die CDU/CSU/FDP-Bundesregierung ihr Licht allzusehr unter den Scheffel stellt, so gilt dies für die Deutschlandpolitik im besonderen. Ob Umweltschutz, ob Kultur, ob Post – überall dort, wo sich in den Jahren der liberal-sozialistischen Endzeit nichts mehr bewegte, sind die Dinge in Fluß geraten. Vor allem aber: In vielen Tausenden von Fällen konnte tiefste menschliche Not behoben, konnte bitteres Leid beendet werden. Wenn tausendfach Frauen ihre Männer, Eltern ihre Kinder, Großeltern ihre Enkel wieder in die Arme schließen konnten, so kann dies nur für jene Zeitgenossen nicht zählen, die, weil selbst nicht von Schicksalsschlägen betroffen, gegenüber der Not des Nächsten die Fähigkeit des Mitfühlens und Mitleidens verloren haben

Selbstverständlich wissen wir, daß trotz beachtlicher Erfolge, die wir im deutsch-deutschen Bereich erzielen konnten, eine »Normalisierung« der Lage in Deutschland noch längst nicht in Sicht ist. Auch wenn Ost-Berlin seine Zusage eingehalten und die mörderischen Selbstschußanlagen an der innerdeutschen Demarkationslinie vollständig entfernt hat – was hätte eine SPD-geführte Bundesregierung an Öffentlichkeitsarbeit geleistet, wenn ihr dies zu erreichen gelungen wäre! –, gehört das andere Deutschland nach wie vor zum kommunistischen Machtbereich und damit zu einer anderen politischen Welt. Der lange geschichtliche Atem, ohne den keine verantwortungsbewußte Politik gemacht werden kann, wird von uns gerade in der Deutschlandpolitik verlangt.

Nichts aber kann uns davon abhalten, die Dinge beim Namen zu nennen. Es ist unerträglich und spricht allen Gesetzen der Menschlichkeit Hohn, wenn, wie vor wenigen Tagen in Berlin wieder geschehen, ein Deutscher nur deshalb von DDR-Grenzorganen erschossen wird, weil er von Deutschland nach Deutschland will.

Appell an Erich Honecker

Ich wiederhole meinen Appell, den ich an dieser Stelle schon einmal an Erich Honecker aus gleichem traurigen Anlaß gerichtet habe: Beenden Sie das Schießen in Deutschland! Sorgen Sie dafür, daß dieser unmenschliche Befehl abgeschafft wird! Wenn Sie mit uns der Ansicht sind, daß von deutschem Boden nie wieder ein Krieg ausgehen darf, dann führen Sie ein Ende der unmenschlichen Kriegführung gegen einzelne Deutsche an Mauer und Stacheldraht herbei!

Die weihnachtliche Frage nach dem Frieden stellt sich nicht nur nach außen, sie stellt sich auch nach innen. Gerade weil wir in der Bundesrepublik Deutschland vor einer Reihe von Problemen stehen, bei denen die anhaltende Arbeitslosigkeit aus menschlichen wie politischen und wirtschaftlichen Gründen zuerst zu nennen ist, muß auf die schon Geschichte gewordenen Erfahrungen beim Aufbau unseres Staates hingewiesen werden. Daß aus dem größten Trümmerhaufen der Weltgeschichte ein politisch stabiles, wirtschaftlich gesichertes und sozial vorbildliches Staatswesen geschaffen werden konnte, war nur deshalb möglich, weil in unserem Land innerer Friede geherrscht hat. Was aufgebaut wurde, konnte nur in einer Gemeinschaftsleistung aller Bürger erreicht werden. Nicht klassenkämpferisches Gegeneinander, sondern ein verantwortungsbewußtes Miteinander hat eine Leistung möglich gemacht, die nicht nur weltweit bestaunt wird, sondern um die wir auch hie und da beneidet werden.

Diese Gesinnung des Miteinander wird auch die Ausgangslage schaffen, von der aus die Probleme der Gegenwart zu meistern und die Herausforderungen der Zukunft zu bestehen sind. Für die Christlich-Soziale Union als die einzige große Volkspartei in Bayern ist die Ausrichtung an dieser Einsicht selbstverständlich. Nach unseren politischen Vorstellungen braucht die Demokratie den freien, selbstverantwortlichen Bürger, nicht den Sozialuntertan. Genosse, Klassenfeind und Proletarier sind Begriffe von gestern, der Sozialismus eine Bewegung der Vergangenheit, unfähig Gegenwart und Zukunft zu meistern. Für uns beruht das sittliche Prinzip der Freiheit, ohne das auch der innere Friede in einem Volk nicht möglich ist, auf der Wechselwirkung zwischen der Ordnung, die den Menschen trägt, und den Menschen, die die Ordnung tragen. Ebenso wie die CSU eine Partei ist, in der Bürger aller sozialen Schichten und gesellschaftlichen Gruppen zusammenarbeiten, ist die Politik der CSU auf das Wohl aller Bürger gerichtet.

Diese Grundlinien unseres politischen Handelns gelten überall dort, wo wir politische Verantwortung tragen, allein oder gemeinsam mit anderen. Sie gelten für die Kommunen, sie gelten für den Freistaat Bayern, sie gelten für die Bundesrepublik Deutschland, sie gelten für Europa.

Politische Erfolge sind das Ergebnis politischer Gemeinschaftsleistungen. Das gilt auch für die CSU. Alle Mandatsträger unserer Partei, wo immer sie in der politischen Verantwortung stehen, haben gemeinsam mit allen Mitgliedern und getragen von einem tiefverwurzelten Vertrauen der bayerischen Bevölkerung auch im zu Ende gehenden Jahr für unser Land und seine Bürger nach Kräften das Beste gegeben. Dafür habe ich als Parteivorsitzender von Herzen zu danken. Mein Wunsch ist, daß wir in beispielhafter Gemeinsamkeit und Geschlossenheit auch im neuen Jahr jene politische Leistung erbringen, die wir unseren Mitbürgern schuldig sind und an der es gerade in schwierigen Zeiten bei der CSU nie gefehlt hat.

(22. Dezember 1984)

Nicht Angst, sondern Mut

In seiner Eigenschaft als Regierungschef des Freistaates Bayern wendet sich Franz Josef Strauß zum Jahreswechsel 1984/85 an die Bürger des Landes. Strauß redet über Erwartungen und Hoffnungen, über erreichte Erfolge und noch zu bewältigende Aufgaben.

Wir haben den Beginn des neuen Jahres hinter uns. Welche Erwartungen und Hoffnungen hegen wir?

Die Unglückspropheten hatten uns für das abgelaufene Jahr Kriegsgefahr und Katastrophen aller Art vorausgesagt. Sie sind durch die Wirklichkeit widerlegt worden. Die Verteidigungsmaßnahmen des Westens als Folge der sowjetischen Vorrüstung haben nicht zur drohenden Kriegsgefahr oder zu einer »Eiszeit« zwischen Ost und West geführt, sondern den Frieden sicherer gemacht und die internationale Lage stabilisiert. Die Erdrutschwahl des amerikanischen Präsidenten hat das bestätigt.

Eine »Eiszeit« hat es auch nicht in den innerdeutschen Beziehungen gegeben. Vor allem können wir jedoch mit tiefer Befriedigung feststellen: In vielen Tausenden von Fällen konnte schwerste menschliche Not behoben, bitteres Leid beendet werden, wurden jahrelang getrennte Familien wieder zusammengeführt und Haftentlassungen erreicht.

Selbstverständlich dürfen wir uns keinen Illusionen hingeben: Auch wenn Ost-Berlin seine Zusagen eingehalten und die Selbstschußanlagen an der innerdeutschen Grenze vollständig entfernt hat, offen ist diese Grenze dadurch nicht geworden. Die DDR ist ein Bestandteil des sowjetischen Gesamtimperiums und wird dies für einen nicht abschätzbaren Zeitraum auch bleiben.

Die Menschen in der Bundesrepublik Deutschland konnten ihr Leben in Frieden und Freiheit führen und werden dies auch weiterhin können. Fast 40 Jahre währt nun die Friedensperiode in Europa seit dem Ende des Zweiten Weltkrieges. Wir können sicher sein, daß die moderne Waffentechnik den Krieg in Europa praktisch unmöglich gemacht hat. Der Kreml hat sein politisches Ziel nicht erreicht, über die von ihm gesteuerte und unterstützte sogenannte Friedensbewegung das Nordatlantische Verteidigungsbündnis zu destabilisieren und zugleich die parlamentarische Ordnung in der Bundesrepublik Deutschland aus den Angeln zu heben.

Die außenpolitische Zuverlässigkeit und Berechenbarkeit der Bundesrepublik Deutschland ebenso wie ihre innenpolitische Festigkeit sind die Grundlagen unserer Sicherheit. Durch nichts und durch niemanden darf unsere geschichtliche Entscheidung zugunsten der freiheitlichen Rechts- und Wertordnung der parlamentarischen Demokratie ins Zwielicht gerückt oder schrittweise wieder rückgängig gemacht werden. Hier muß den Anfängen einer neuen irrationalen Bewegung in unserem Land Einhalt geboten werden! Es muß ein Ende haben mit dem unverantwortlichen Gerede, der demokratische Parteienstaat bisheriger Ordnung befinde sich in einer Vertrauenskrise! Eine solche Vertrauens-, ja Staatskrise, wollen manche bewußt herbeireden oder herbeischreiben. Hier haben die Medien besondere Verantwortung.

Perspektiven für die Jugend

Die Wahrung des Friedens, die Sicherung der natürlichen Lebensgrundlagen, der Kampf gegen die Arbeitslosigkeit, die Eröffnung sinnvoller Perspektiven für unsere Jugend, das alles sind Fragen, die ohne Zweifel zutiefst die Gefühle der Menschen berühren. Ihre Lösung ist aber in jedem Fall ein Werk der Vernunft, ein Werk sachgemäßer, an der Wirklichkeit orientierter, alle Möglichkeiten ausschöpfender verantwortlicher Politik. Nirgendwo ist es hilfreich, dumpfe Ängste zu schüren. Ich habe kein Verständnis dafür, wenn statt der nüchternen Erforschung der Ursachen und der Suche nach vernünftigen und wirksamen Gegenmaßnahmen Emotionen aufgeheizt, Ängste geweckt werden und durch immer neue, häufig falsche Horrormeldungen die Bürger und besonders die Jugend in Unsicherheit gestürzt werden, wie dies leider besonders in der Umweltdiskussion immer wieder geschieht.

Die Demokratie fordert klare, unverfälschte, unmanipulierte Information des Bürgers als Voraussetzung für eine auf vernünftigen Argumenten beruhende sachbezogene Diskussion, eine sachgerechte Entscheidung und eine auf sachlich-politischem Wissen begründete Kommentierung. Augenmaß und Verantwortung sind wichtiger als sterile Aufgeregtheit und Sensationshascherei. Das Schlagwort darf nicht das Wort erschlagen.

Guten Gewissens können wir feststellen: Nach Jahren des Niedergangs stehen wir heute in der Bundesrepublik Deutschland wieder finanziell und wirtschaftlich auf sicherem Boden.

Trotz des längsten Streiks in der Geschichte der Bundesrepublik Deutschland konnte der Anstieg der Arbeitslosigkeit deutlich gebremst werden. In Bayern ist die Arbeitslosigkeit ungeachtet der besonderen Schwierigkeiten im Grenzland, die uns selbstverständlich nach wie vor Sorge bereiten, sogar im Jahresmittel landesweit eindeutig rückläufig. Vor allem die Jugendarbeitslosigkeit ist deutlich zurückgegangen, die Kurzarbeit konnte binnen Jahresfrist halbiert werden, die Beschäftigung in wichtigen Wirtschaftsbereichen Bayerns, im Handwerk, im Einzelhandel und in der Industrie steigt wieder an. Auch die Lage bei den Ausbildungsplätzen hat sich erfreulich gebessert.

Die Sicherung und Neuordnung der Renten gehört zu den drängenden Problemen unserer älteren Mitbürger. Die neue Bundesregierung hat durch ihre Finanzpolitik Renten wieder sicher gemacht und wesentliche Verbesserungen mit der Neuregelung der Hinterbliebenenversorgung und der Anrechnung von Kindererziehungszeiten eingeleitet. Das Rentenniveau hat dank der Preisstabilität einen Höchststand erreicht. Wir haben in der Bayerischen Staatsregierung unseren Teil dazu beigetragen und werden es weiterhin tun.

Diese Aussage ist natürlich für die noch über zwei Millionen Arbeitslosen kein Trost. Aber es gibt kein Patentrezept, wie man eine dreizehn Jahre lang durch Fehler und Versäumnisse in Unordnung gebrachte Wirtschaft in kurzer Zeit wieder so leistungsfähig macht, daß sie Vollbeschäftigung erreicht. Ohne Mehrinvestitionen und Innovationen ist ein nachhaltiger Abbau der Arbeitslosigkeit unmöglich.

Mit Befriedigung dürfen wir feststellen, daß unsere Wirtschaft wächst – im neuen Jahr voraussichtlich bis zu drei Prozent im Bundesdurchschnitt, wobei wir in Bayern seit Jahren wiederum deutlich besser liegen. Hinzu kommt, daß der Preisanstieg sich seit 1983 ganz deutlich vermindert hat. Er wird 1985 voraussichtlich nur noch bei zwei Prozent liegen.

Entwicklung zum Besseren

Diese Entwicklung zum Besseren wird anhalten, vorausgesetzt, wir bewältigen gemeinsam, Politiker und Tarifpartner, die zahlreichen vielschichtigen Probleme, die die sogenannte dritte industrielle, die elektronische Revolution unvermeidlich mit sich bringt.

Wir sind in Bayern hierzu auf dem besten Wege. Unser Land ist nach dem Krieg zum deutschen Zentrum der Elektronik, der Luft- und Raumfahrtindustrie sowie der modernen Antriebstechnik geworden. Schon in den Jahrzehnten des Wiederaufbaus haben wir bewußt der rauchfreien Industrie Vorrang eingeräumt und damit, wie sich heute herausstellt, den richtigen, zukunftsorientierten Weg eingeschlagen. Heute steht jeder vierte Arbeitsplatz der deutschen Elektroindustrie in Bayern, rund 50 Prozent der deutschen Luft- und Raumfahrtkapazität sind bei uns beheimatet. Diese modernsten Industrien sind zu einer tragenden Wachstumssäule geworden, bieten anspruchsvolle Arbeitsplätze, bilden viele hundert junge Menschen in Berufen aus, denen die Zukunft gehört.

Auf dem richtigen Weg sind wir in Bayern seit Jahren auch beim Natur- und Umweltschutz. Ich möchte nur ein Beispiel nennen: Der Ausstoß an Schwefeldioxyd aus bayerischen Kraftwerken ist seit 1976 von damals 430 000 Tonnen jährlich auf rund 105 000 Tonnen 1983 zurückgegangen und wird bis 1988 sogar auf unter 50 000 Tonnen jährlich gesenkt werden. Das sind rund neun Prozent des Wertes von 1976. Mit dieser Entwicklung nimmt Bayern in der Bundesrepublik Deutschland eine Spitzenstellung ein. Weitere Maßnahmen sind in Vorbereitung. Staat und Wirtschaft arbeiten eng zusammen, um die Einführung stickoxydfreier und schadstoffarmer Kraftfahrzeuge zu beschleunigen. Unser Wald wird nicht sterben, aber die Schadenslage erfordert Konsequenz in der Gegenwirkung. Wir stehen mittendrin in dieser Arbeit.

Die Auffassung, daß Natur- und Umweltschutz eine Grundvoraussetzung für die menschliche Existenz sind, hat das Bewußtsein der bayerischen Bevölkerung durchdrungen. Die entsprechende Ergänzung der Bayerischen Verfassung wurde mit überwältigender Mehrheit angenommen. Für dieses über alle Grenzen der Parteien und der Weltanschauungen hinausreichende Zeichen der Verantwortung danke ich den bayerischen Bürgern.

Mit großer Genugtuung kann ich auch feststellen, daß die von mir eingeleitete bayerische Offensive für die Familie bereits zu sichtbaren Erfolgen geführt hat. In den wesentlichen Punkten hat sich die Bundesregierung bei ihren Entscheidungen bayerische Vorschläge zu eigen gemacht. Die Familienpolitik bleibt für uns ein Schwerpunkt ersten Ranges.

Unseren Bauern kann ich versichern, daß sie sich auf mich und auf die Bayerische Staatsregierung weiterhin verlassen können, wenn es darum geht, gerechte Lösungen gegen

Folgen einer jahrzehntelangen verfehlten Agrarpolitik zu finden.

Meine lieben bayerischen Landsleute! Ihnen allen wünsche ich von Herzen ein friedvolles und gesegnetes 1985, allen Bürgern in Stadt und Land, denen, die ohne Arbeit sind, den alten Mitbürgern und all jenen, die krank sind oder in Einsamkeit, Not und Bedrängnis leben.

Ich danke Ihnen für alles, was Sie im vergangenen Jahr gearbeitet und geleistet haben, ich danke ganz besonders denjenigen, die sich in den Dienst unserer kranken, behinderten und älteren Menschen gestellt haben.

Ich danke denjenigen, die unsere Jugend richtig erziehen, denjenigen, die unsere innere und äußere Sicherheit schützen, und denen, die in den vielen Bereichen des öffentlichen Dienstes, als Beamte, Angestellte und Arbeiter ihre Pflicht für uns erfüllen. Ich schließe in diesen herzlichen Dank ebenso die ausländischen Arbeitnehmer und ihre Familien ein.

Ich wünsche Ihnen allen ein friedliches neues Jahr, Gesundheit, Erfolg, innere Zufriedenheit und menschliches Glück.

(5. Januar 1985)

Der lange Weg zum Frieden

Die außenpolitische Kompetenz des CSU-Vorsitzenden ist unumstritten und weltweit bekannt. Als Gast willkommen, als Gesprächspartner gefragt, als Ratgeber geschätzt – was überall gilt, gilt im besonderen Maße in der Krisenregion des Nahen Ostens. Profunde Sachkenntnis und die offene Sprache, die Strauß zu führen pflegt, haben enge und freundschaftliche Beziehungen zu arabischen Staaten ebenso entstehen lassen wie zum Staate Israel. Eine Reise von Franz Josef Strauß nach Israel macht dies erneut deutlich. Nach der Heimkehr bewertet Strauß diese Reise, die er zurecht als Friedensmission und als ein Stück konkreter Friedenspolitik sieht.

Das Land, von dem für uns Christen die Botschaft des Friedens ausging, liegt nach wie vor mitten in einer Region des Unfriedens. Der Nahe Osten samt angrenzenden Ländern gehört seit Jahrzehnten zu den von Kriegen heimgesuchten und bedrohten Krisengebieten der Erde. Während meiner Überzeugung nach Europa von einer Kriegsgefahr weiter denn je entfernt und während in Europa der Frieden seit vierzig Jahren gesichert ist und bei Beibehaltung einer bewährten westlichen Sicherheits- und Friedenspolitik auch weiterhin Bestand haben wird, gehört die nahöstliche europäische Nachbarschaft wie andere Bereiche, beispielsweise in Lateinamerika, in Afrika oder in Ostasien, zu den Pulverfässern unserer Welt und unserer Zeit.

Weltweite Friedenspolitik hat deshalb Lösungen für den Nahen Osten mit in den Mittelpunkt ihrer Überlegungen zu stellen. Wenn deutsche Politik und deutsche Politiker sich diesem Thema zuwenden, geht es dabei zusätzlich um die besonderen, durch eine schreckliche und leidvolle Vergangenheit geprägten Beziehungen zwischen dem jüdischen und dem deutschen Volk, zwischen dem Staate Israel und der

Bundesrepublik Deutschland. Vor diesem Zusammenhang und vor diesem Hintergrund sind die politischen Gespräche zu sehen, die ich in der vorigen Woche in umfassender Weise mit Staatsmännern und Politikern des Staates Israel führte.

Das Denken im historischen Zusammenhang, das Bemühen, aus der Geschichte die notwendigen Lehren zu ziehen, haben stets mein politisches Handeln in besonderer Weise geprägt. Daß dies für die deutsch-jüdischen und deutsch-isrealischen Beziehungen in herausragender Weise zu gelten hat, liegt auf der Hand. Stets habe ich die Position vertreten, daß kein Jota deutscher Schuld geleugnet werden, daß keine schwarze Seite aus dem Buch der deutschen Geschichte gerissen werden darf. Allerdings, und auch darauf habe ich immer wieder hingewiesen: Nicht nur die Deutschen, auch andere sind schuldig geworden, und die deutsche Geschichte besteht nicht nur aus dunklen, sondern auch aus hellen Seiten.

Es geht nicht darum, was ich in all meinen Gesprächen in Israel, in denen die Rede auf dieses Thema kam, nachdrücklich hervorgehoben habe, die Vergangenheit zu vergessen. Es geht nicht darum – und kein menschliches Herz und kein funktionierendes Hirn könnte sich je dazu hergeben! –, deutsche Schuld leugnen zu wollen. Dennoch ist die CSU, und dennoch bin auch ich gegen jeden Versuch, einen einzelnen geschichtlichen Vorgang, auch wenn er noch so ungeheuerlich ist, hinsichtlich seiner Bewertung unter ein Ausnahmerecht stellen zu wollen. Gerade weil ich ein leidenschaftlicher Verfechter einer tiefen und für alle Zukunft tragfähigen deutsch-jüdischen Aussöhnung bin, warne ich – und ich habe dies auch mit allem Freimut in Israel getan – davor, mit einem Bruch unserer Rechtssystematik einer verschwindenden Minderheit von bösartigen Unbelehrbaren möglicherweise vor unseren Gerichten ein neues Forum übler Agitation zu schaffen. Die Vergangenheit darf nicht vergessen werden – aber sie darf auch nicht lähmen, sie darf auch nicht zum einzigen und alleinigen Orientierungspunkt werden, weil darüber die Zukunft verspielt werden könnte. Vielmehr müssen wir die richtigen Lehren aus unserer Geschichte ziehen. Wir werden dem Vermächtnis der gemordeten, der gefallenen, der verbrannten, der vergasten, der gefolterten Millionen nur dann gerecht, wenn wir uns unbeirrt und entschlossen dafür einsetzen, daß die Menschen überall in Frieden und ohne Angst, in Würde und freier Selbstbestimmung ihr Leben führen können.

Politischer Auftrag und moralische Pflicht

Das ist nicht nur ein politischer Auftrag, das ist auch eine moralische Pflicht. Aus ihr heraus bemühe ich mich seit vier Jahrzehnten, seit dem Ende des Zweiten Weltkrieges, meine politische Arbeit zu leisten im Diense des Aufbaus und der Sicherung unserer freiheitlichen und rechtsstaatlichen Demokratie, der Sicherung des Friedens in Europa und der Aussöhnung zwischen den Völkern – wobei die Aussöhnung zwischen dem deutschen und dem israelischen Volk für mich stets an besonderer Stelle gestanden hat und stehen wird.

Ich war in Israel als Freund unter Freunden. Mit Ministerpräsident Shimon Peres, der mit der beeindruckenden Kraft seiner Persönlichkeit, mit dem Mut zum Durchbruch in eine friedliche Zukunft die Dinge im Nahen Osten endgültig zum Besseren, zum Frieden wenden will, verbinden mich seit bald drei Jahrzehnten enge menschliche und politische Beziehungen. Ähnliches gilt für meine Kontakte zu Minister Ezer Weizman, der an der Seite von Peres als einer der unermüdlichen Motoren der verstärkten Friedensbemühungen im Nahen Osten arbeitet.

Ohne in einen verfrühten Optimismus verfallen zu wollen: Der Friede hat eine Chance! Peres hat mit dem gegen erhebliche Widerstände in seiner Regierungskoalition durchgesetzten schrittweisen israelischen Rückzug aus dem Libanon ein Signal gesetzt, das von Ägyptens Staatspräsident Mubarak verstanden und beantwortet worden ist. Was Sadat und Begin begonnen haben und was noch der Ergänzung, Abrundung und Absicherung bedurfte, soll jetzt vollendet werden. Europa und auch die deutsche Politik müssen alles unterlassen, was diesen schwierigen Vorgang stören, und alles tun, was ihn fördern könnte. Ministerpräsident Peres hat dabei nicht nur seinen ägyptischen Partner Mubarak, sondern auch den eigenen Außenminister Shamir zu berücksichtigen, der Mubaraks neue Friedensinitiative im Gegensatz zu seinem Regierungschef kritisch bis ablehnend beurteilt.

Ich bin, auch auf Grund mehrfacher persönlicher Gespräche, davon überzeugt, daß Mubarak ebenso wie Peres im Nahen Osten eine Lage endgültig herbeiführen und für alle Zukunft sichern will, in der ein neuer Krieg zwischen Ägypten und Israel schlichtweg unmöglich ist. Allerdings setzt der ägyptische Staatschef dabei andere Akzente als sein Vorgänger Sadat. Dieser geriet mit seiner Friedensinitiative – und entgegen den Erwartungen, die er in die gemäßigten arabischen Staaten gesetzt hatte – mit seinem Land in die Isolation. Mubarak will diesen Zustand überwinden und die Wiederannäherung Ägyptens an die arabische Welt herbeiführen. Dabei spielt selbstverständlich Saudi-Arabien eine wichtige Rolle.

In diesem größeren Zusammenhang sind meine Überlegungen hinsichtlich möglicher Exporte von deutschen Verteidigungsgütern an Saudi-Arabien zu sehen. Das hochgespielte Thema des Kampfpanzers Leopard II haben wir, woran schon aus Gründen der Redlichkeit und Ehrlichkeit zu erinnern ist, einem SPD-Bundeskanzler, nämlich Helmut Schmidt, zu verdanken. Ein inzwischen in Bonn eingetretener Regierungswechsel interessiert Riad wenig. Saudi-Arabien fühlt sich durch die deutsche Weigerung, entgegen einer gegebenen Zusage, Waffen zu liefern, in seinem Stolz verletzt und als Staat deklassiert. Dabei sollte zusätzlich nicht übersehen werden, daß die Saudis eine Bedrohung ihres Landes von einer ganz anderen Seite her, aber keinesfalls von Israel erwarten. Nimmt man hinzu, daß es ohne Ägypten keinen

Krieg gegen Israel geben kann und wird, stellt sich das – keineswegs aktuelle und auch nicht von mir zu entscheidende – Thema einer möglichen Lieferung des Leopard II an Saudi-Arabien doch wohl in einem differenzierteren Lichte dar. Nicht übersehen werden darf und kann auch, daß sich alle waffenliefernden Staaten des Westens, ob Amerikaner oder Briten, ob Franzosen oder andere, geradezu darin überbieten, Saudi-Arabien jede gewünschte Waffe in jeder Menge anzubieten und zu verkaufen. Die Meldungen über einschlägige Milliarden-Liefer-Kontrakte sind längst Selbstverständlichkeit geworden. Hier ist der Gegensatz, auf den ich auch manche israelischen Fragesteller hingewiesen habe, auffällig: während von diesen tatsächlichen Lieferungen von Waffen an Saudi-Arabien niemand redet, wird über eine theoretische Diskussion etwaiger deutscher Lieferungen größter Lärm gemacht.

Nicht mit zwei Zungen reden

Die schlechtesten Freunde sind die, die mit zwei Zungen reden. Da ich ein guter Freund Israels bin, war ich es meinen Gesprächspartnern schuldig, diesen meinen Standpunkt, den ich für möglich und richtig, selbstverständlich aber auch – vor allem von israelischer Seite – für diskussionswürdig halte, in Israel genauso zu vertreten wie hierzulande.

Entgegen manchem publizistischen Feldgeschrei, in Israel wie in der Bundesrepublik Deutschland, und im Gegensatz auch zu der einen oder anderen schrillen Äußerung aus Politikermunde, hatte ich bei meinen Unterredungen mit der israelischen Führung durchaus den Eindruck, daß man meinen Überlegungen mit großem Interesse zugehört hat.

Es gehört in der Politik der Bundesrepublik Deutschland zum guten Ton, sich als Freund Israels zu bezeichnen. Ich darf für mich in Anspruch nehmen, daß sich meine Freundschaft für Israel nicht nur auf das unverbindliche Wort beschränkt hat. Dort, wo ich handeln konnte, habe ich gehandelt. Diplomatische Rücksichten, die der Historiker einst nicht mehr wird zu nehmen brauchen, hindern mich daran, hier in Einzelheiten zu gehen. Ich möchte nur einen Blick zurück auf meine Jahre als Verteidigungsminister richten und darauf, was ich damals, und das keineswegs ohne politisches und persönliches Risiko für mich, für Israel in einer mehr als gefährlichen Situation habe tun können und getan habe. In Israel hat man diesen meinen Einsatz offensichtlich, wie ich immer wieder feststellen konnte, nicht vergessen.

Deshalb auch bin ich für Belehrungen von SPD-Seite, mit meinen Überlegungen hinsichtlich möglicher deutscher Waffenlieferungen an Saudi-Arabien schadete ich israelischen Interessen, der absolut falsche und untaugliche Adressat. Die SPD wäre gut beraten, nachdrücklich vor der eigenen Türe zu kehren. Es war der SPD-Kanzler Willy Brandt, der während des Jom-Kippur-Krieges von 1973 es den Amerikanern verwehrte, aus ihren Depots in Bremerhaven den Israelis in einer existenzbedrohenden Gefahr Nachschub zu liefern. Wir haben die seinerzeitige amerikanische Empörung noch deutlich in Erinnerung. Und es war der SPD-Vorsitzende Brandt in seiner Eigenschaft als Vormann des internationalen Sozialismus, der Israels geschworenen Todfeinden von der PLO zu weltweitem politischen Ansehen und damit wesentlich zu ihrem Weiterbestehen überhaupt verholfen hat. Freilich sind hier kritische Fragen nicht nur an die SPD zu richten. Auch der eine oder andere sozialistische Abgeordnete in Israel und der eine oder andere Kommentator in Tel Aviv oder Jerusalem muß sich fragen lassen – und ich habe diese Frage im Lande selbst gestellt –, wo denn diese kritische Haltung blieb, als Brandt jüngst auf Einladung seiner israelischen Genossen zu Gast war. Das verlegene Schweigen, auf das ich dabei stieß, weist darauf hin, daß in der Politik das Messen mit zweierlei Maßstab keineswegs auf die Bundesrepublik Deutschland beschränkt ist.

Israel hat mit riesigen wirtschaftlichen Schwierigkeiten – eine galoppierende Inflation ist nur die augenfälligste – zu kämpfen. Die entscheidende Ursache dafür ist letzten Endes darin zu sehen, daß das Land einen viel zu großen Anteil seines Haushalts und seines Bruttosozialprodukts für die Kosten der Verteidigung aufbringen muß. Zwei Zahlen mögen die Größe dieser Last verdeutlichen. Wären die Verteidigungsausgaben der Bundesrepublik Deutschland vergleichsweise so hoch wie jene Israels, so müßte unser Verteidigungsetat statt über 50 Milliarden Mark über 250 Milliarden Mark betragen. So ist der Friede für Israel und den ganzen Nahen Osten nicht nur eine menschliche und politische, sondern auch eine wirtschaftliche Notwendigkeit. Wenn die Waffen endgültig schweigen, dann kann aus dieser Region, wie ich es in Israel formulierte, im wahrsten Sinne ein Garten Eden werden.

Zu welchen Leistungen der Staat Israel und seine Bürger fähig sind, habe ich auch bei dieser, meiner vierten Reise feststellen können. Dabei spannt sich der eindrucksvolle Bogen von den meisterhaften Zeugnissen der Denkmalpflege und des Städtebaus, wie sie Oberbürgermeister Teddy Kollek in Jerusalem so eindrucksvoll unter Beweis stellt, bis zu den weltweit anerkannten Spitzenprodukten israelischer Technik, beispielsweise im Bereich der Luftfahrt und der Elektronik. Gerade hier sehe ich ein weites Feld für Möglichkeiten einer deutsch-israelischen Zusammenarbeit, deren Dimension und Gewicht für die Zukunft nicht hoch genug veranschlagt werden kann.

Meine israelischen Freunde wußten und wissen um meine vielfältigen und guten Beziehungen zu Staaten und Staatsmännern der arabischen Welt. Ich habe aufmerksam den Überlegungen und Visionen von einer friedlichen Zukunft im Nahen Osten, wie sie von Shimon Peres und seinen Freunden entwickelt wurden, zugehört.

Die Verwirklichung dieser Friedenspläne wird ein mühsames und mühseliges Stück Arbeit sein. Jede meiner Reisen in diese Region habe ich stets als ein konkretes Stück Friedenspolitik gesehen. Auch mein jüngster Besuch in Israel und die sich daraus ergebenden Schlußfolgerungen und Möglichkeiten betrachte ich als einen Teil dieser Mission für den Frieden. Wobei Auftrag und Verantwortung um so schwerer wiegen, da ich weiß, wie lang der Weg zum wirklichen Frieden ist.

(9. März 1985)

Die Zukunft gehört der Freiheit, dem Recht und dem Frieden

Einen notwendigen, angemessenen und überzeugenden geschichtlichen Bogen von 1914 bis 1945, von der Größe zum Niedergang Europas, schlug der Bayerische Ministerpräsident Franz Josef Strauß am 28. April 1985 im Herkulessaal der Münchner Residenz anläßlich einer Gedenkstunde, zu der die Bayerische Staatsregierung eingeladen hatte und die der Erinnerung der Tage, als vor vierzig Jahren der Zweite Weltkrieg endete, gewidmet war. Strauß analysierte die Ursachen von Krieg, Verfolgung und Vertreibung, beschrieb die damit verbundenen furchtbaren Entwicklungen und Geschehnisse. Seine historische und politische Schlußfolgerung: Die Zukunft gehört der Freiheit, dem Recht und dem Frieden!

In diesen Tagen vor 40 Jahren endete Hitlers sogenanntes »Tausendjähriges Reich« nach zwölf Jahren des zynischen Abfalls der deutschen Politik vom christlichen Sittengesetz, nach sechs Jahren des mörderischsten Krieges der Menschheitsgeschichte. Die meisten Deutschen erlebten damals bedingungslose Kapitulation und den Zusammenbruch der deutschen Staatsordnung als »Stunde Null«. Dieser Ausdruck bezeichnete zunächst das schreckensvolle Ende und die furchtbare Bilanz des Krieges: Vier Millionen deutsche Soldaten waren gefallen und fast ebenso viele Zivilpersonen umgekommen. Die Städte lagen in Schutt und Asche, Deutschland war ein Trümmerhaufen.

Die Stunde Null bedeutete aber auch das Ende des Massensterbens, der Bombennächte, der Standgerichte, für manche das Ende einer wahnwitzigen Illusion von einem Europa unter großdeutscher Führung, für 700000 Überlebende in den Konzentrationslagern der Nationalsozialisten das Ende ihrer Leiden, für die Deutschen die schreckliche Frage, ob das Ende ihrer Geschichte überhaupt gekommen sei.

Zu Ende gingen im Frühjahr 1945 jedoch nicht nur Krieg und nationalsozialistische Herrschaft, zu Ende ging damals auch die führende Rolle Europas in der Welt. In zwei Bürgerkriegen hatten sich die Völker des alten Kontinents erschöpft, damit selbst entmachtet und ihre weltpolitische Rolle an die USA und die neue Großmacht im Osten, die Sowjetunion, abgetreten.

Vergessen wir es nicht: Die Stunde Null bezeichnet auch den Beginn einer bis heute andauernden Waffenruhe in Europa. Während in der Welt seit 1945 bis heute über 140 Kriege ausgetragen wurden, blieb Europa von militärischen Auseinandersetzungen verschont. Es wäre es hoch gegriffen, wollte man dies »Frieden« nennen – im Alltag allerdings wird er von den meisten Europäern als Frieden erlebt.

Trauer um alle Opfer

Wir *trauern* um die 55 Millionen Opfer dieses größten aller Kriege, um die Soldaten aller kämpfenden Völker, um die Opfer des Rassenwahns der Nationalsozialisten und um die Opfer des Bombenkrieges, wir trauern um alle Menschen, die bei Flucht und Vertreibung ihr Leben verloren haben, wir trauern über das riesige Ausmaß der Zerstörungen und über den Verlust blühender Provinzen im Osten, um Ostpreußen, Pommern und Schlesien.

Wir empfinden aber, auch wenn der Preis sehr hoch war, *Genugtuung* darüber, daß die nationalsozialistische Gewaltherrschaft mit dem Krieg zu Ende ging. Nur die Spitzen der Wehrmacht hätten ohne diesen Preis rechtzeitig Hitler stürzen und den Krieg verhindern oder früher beenden können. Zwar hatte der Kongreß der USA in einer Direktive an den Oberbefehlshaber der US-Besatzungstruppen in Deutschland (JCS 1067) festgestellt, daß ihre Soldaten nicht gekommen seien, um Deutschland zu befreien, sondern um es zu erobern. Dies konnte auch gar nicht anders sein, war doch

Deutschland unter Hitler der Schuldige am Ausbruch, oder besser: an der Entfesselung des Krieges und in den Augen unserer damaligen Kriegsgegner der Inbegriff des Bösen.

Es hing aber mit der demokratischen Grundstruktur der westlichen Besatzungsmächte zusammen, daß sie den Deutschen in ihren Zonen nach einer gewissen Übergangszeit den Weg in eine demokratische Zukunft öffnen mußten und öffneten. Auch das war die Gnade der Stunde Null.

So müssen wir uns des Frühjahrs 1945 aber auch in der *bitteren Erkenntnis* erinnern, daß unsere Landsleute in der DDR 1945 eine Diktatur gegen die andere eingetauscht haben und seit nunmehr 52 Jahren unter totalitärer Herrschaft leben müssen.

Wir erinnern uns des Frühjahrs 1945 auch in der *Hoffnung* darauf, daß der nunmehr 40jährige Friede weiterhin gesichert und unsere Freiheit bewahrt bleibe, denn, wie Ernst Reuter, der ehemalige Regierende Bürgermeister von Berlin, sagte: »Ohne Freiheit kann der Frieden nicht bestehen.«

Tieferblickende Historiker und Politiker erkannten schon unmittelbar nach dem Zweiten Weltkrieg, daß die erste Hälfte des 20. Jahrhunderts als eine zusammenhängende Epoche in der europäischen Geschichte zu betrachten sei. In zwei gewaltigen Kriegen hatte sich Europa, einst Mittelpunkt und Machtzentrum der Welt, bis zur Erschöpfung verblutet. Was am 1. August 1914 begann und am 8. Mai 1945 endete, ist nichts anderes als der furchtbare Prozeß europäischer Selbstzerstörung.

Als die Lichter ausgingen ...

Der britische Außenminister Sir Edward Grey deutete die Zeichen richtig, als er zu Beginn des Ersten Weltkrieges sagte: »In Europa gehen jetzt die Lichter aus, und wir werden sie zu unseren Lebzeiten nicht mehr leuchten sehen.«

Wir neigen dazu, die Zeit vor dem Ersten Weltkrieg zu verklären, sie in so hellem Licht zu sehen, in dem sie nie gestanden hat. Jedoch ist es wahr: Es herrschten damals im großen und ganzen Freizügigkeit und freier Handel, die Weltwirtschaft blühte, der Reichtum wuchs in allen europäischen Ländern durch Wissenschaft, Technik und Kolonien rasch an, über alle nationalen Grenzen wurden die wissenschaftlichen Erkenntnisse ausgetauscht, die Nationen befruchteten sich im Wettstreit ihrer besten Geister gegenseitig, und für die rasch wachsende Zahl von Menschen wurde das Leben ständig lebenswerter: Dank der gewaltigen Fortschritte der Medizin stieg die Lebenserwartung rasch an, die soziale Absicherung verbesserte sich, bekanntlich wurde hierin das Deutsche Reich zur Zeit Bismarcks in der Welt zum Vorbild.

Die Gesetze, unter denen die europäische Geschichte zu stehen schien, hießen Wettstreit, Vielfalt, Fortschritt und Freiheit. Die rationale Verfügung über die vorgegebene Umwelt, der zweckgebundene, planvolle Umgang mit der Natur versprachen nicht abzusehende Erfolge: Die naturwissenschaftlich orientierte Medizin errang eine Kette von Siegen gegen bisher rätselhafte Krankheiten und den als Geschick jahrtausendelang hingenommenen frühen Tod. Telegraphie und Telephone revolutionierten das Nachrichtensystem ungeheuer: Plötzlich war die Teilhabe an Ereignissen an jedem Punkt der Erde mit Lichtgeschwindigkeit möglich. Auto und Flugzeug machten den Globus auch da zugänglich, wohin die Eisenbahn – sie wird heuer 150 Jahre alt – nicht gelangen konnte.

Wie weit wären wir heute, wenn der Aufbruch ins technisch-naturwissenschaftliche Zeitalter von allen europäischen Völkern als Beginn eines friedlichen Wettstreits betrachtet und dessen Regeln eingehalten worden wären? Wir wissen es nicht. Eines aber wissen wir: Die unendlichen Leiden und Opfer der beiden europäischen Bürgerkriege, der Verfolgung und Vertreibung wären uns erspart geblieben.

Statt dessen wurde Europa zum Kontinent der sich ständig verschärfenden Rivalitäten unter den Nationalstaaten, vor allem unter den fünf Großmächten, der »Pentarchie«, England, Frankreich, Rußland, Österreich-Ungarn und Deutschland; dazu kam Italien.

Von ihrem Beginn in der Französischen Revolution an hat die moderne europäische Nationalstaatsidee als Ordnungsprinzip Europas weit stärker Ein- und Ausgrenzungstendenzen entwickelt als jedes andere staatliche Organisationsprinzip vorher. Sobald sich die Nation als politisches Subjekt zu verstehen begann, das sich selbst eine Verfassung geben konnte und mußte, war die Frage zu beantworten, was Sinn und Zweck eines Staates sei, welche Rechte die Bürger hatten und wie das Verhältnis zu den Nachbarn zu gestalten sei.

So begannen schon im 19. Jahrhundert unmerklich die Grenzen zwischen den Völkern Europas höher zu werden. Die gemeineuropäische Romantik tat ein übriges, die geschichtliche Selbstbesinnung zu fördern, das nationale Erbe zu sammeln und zu würdigen und gemeinsame Sprache, Geschichte, Gesittung und Literatur als ein- und abgrenzende Bindungskräfte der Völker zu verstehen. Die Romantik, die so kosmopolitisch begonnen hatte, entwickelte sich über zwei Generationen zur »nationalen Romantik«, und von dort war es kein allzu großer Schritt mehr, das Vaterland zum Mythos zu erheben und pseudoreligiös zu verehren.

Es ist heute müßig, darüber zu grübeln, inwieweit die visionären und irrationalen, spätromantischen und expressionistischen Gegenströmungen zum rational-funktionalen Optimismus der sogenannten Gründerjahre mitursächlich sind für den verhängnisvollen Weg, den die Verlierer des Ersten Weltkriegs gegangen sind: Deutschland und Österreich in die nationalsozialistische, Rußland in die kommunistische Diktatur. Denn diese irrationalen Unterströmungen hat es überall in Europa, ja selbst im jungen Amerika gegeben. Ohne sie und ihr tönendes Pathos sind freilich weder Mussolini noch Hitler zu denken. Aber nur in Mitteleuropa hat sich bis zum äußersten bewahrheitet, was einst Grillparzer als Kritik am Neuhumanismus angemerkt hatte: »Von der Humanität über die Nationalität zur Bestialität.«

So steigerte sich der Nationalismus zum Imperialismus, zum Bestreben, auf möglichst vielen und möglichst großen Teilen der Erdoberfläche die eigene Nationalflagge zu hissen, wie es Cecil Rhodes für sein Land ausgedrückt hat: »Unsere Aufgabe als auserwähltes Volk ist es, soviel Land auf der Erde britisch rot zu färben wie irgend möglich!«

Die letzte Steigerung des Nationalgefühls war damit erreicht. Ob es galt, die Segnungen der civilisation française möglichst allen Völkern der Erde zu bescheren, ob im Panslawismus oder Pangermanismus die jeweiligen »Brudervölker« vereint werden sollten, stets sprachen und handelten viele europäische Intellektuelle und Politiker so, als ob gerade *ihr* Land und *ihr* Volk von Gott oder dem Schicksal dazu ausersehen gewesen wäre, die Erde zu vervollkommnen.

So wurden im Deutschland nach der Reichsgründung gerade in intellektuellen Kreisen, aber nicht nur dort, Vorstellungen laut, als ob Deutschland nach seinem Sieg über Frankreich zu Höherem berufen wäre, am deutschen Wesen die Welt genesen könnte, Deutschland eine Aufgabe als Missionar und Lehrer der anderen Völker zu erfüllen hätte. Ein schlecht verdauter und falsch gedeuteter Sieg kann so sich gefährlicher auswirken als eine richtig verstandene Niederlage, aus der man Lehren zieht.

Hand in Hand mit dieser übersteigerten Selbsteinschätzung ging notwendigerweise die Minderschätzung fremder oder gar »fremdrassiger« Völker. Man vergröberte die darwinistische Evolutionstheorie und geriet auf solche Weise schon in der zweiten Hälfte des 19. Jahrhunderts immer stärker und nicht nur in Deutschland ins rassistische Fahrwasser, bis zum Schluß die Übersteigerung kam und in Deutschland nicht mehr Nation und Staat im Mittelpunkt des Denkens standen, sondern Rasse und Raum.

Diese fanatische Übersteigerung des Nationalgefühls bis zur Vergötzung der Nation und der Rasse war ebenso verhängnisvoll, wie heute die totale Aufgabe unserer nationalen Identität sich als zerstörerisch erweisen würde.

Es läßt sich um die Wende zum 20. Jahrhundert in ganz Europa beobachten, wie sich kollektive Empfindungen verstärken, Gemeinschaftserlebnisse und -erfahrungen die individuellen verdrängen. Immer stärker tritt das ungesunde »Wir« an die Stelle des individuellen »Ich«.

Auf diese nach Gleichklang in geschlossenen Gemeinschaften strebende gesellschaftliche Entwicklung mußte die politische Führung in wachsendem Maße Rücksicht nehmen. Pathos begann das Argument zu verdrängen. Die Politik entdeckte die Kraft der Propaganda, entwickelte neue Techniken der Menschenführung und verstärkte damit die Abhängigkeit der Bürger von den jeweils eingesetzten Mitteln.

Es gehört zu diesem gefährlichen Prozeß der Entindividualisierung, wenn in den meisten europäischen Ländern gegen Ende des 19. Jahrhunderts der »Dienst am Vaterland« – eine hohe Lebensaufgabe – zur beherrschenden Lebensaufgabe eines jeden Bürgers, vor allem des jungen, absolut erklärt wurde.

Getragen von der unbedingten Treue ihrer Völker zum jeweiligen Vaterland, gewann in den Köpfen der damals verantwortlichen Politiker das ausschließlich machtstaatliche Denken immer mehr die Oberhand.

Die Zäsur von 1918

Für das Deutsche Reich kam noch hinzu, daß es sieben Nachbarn hatte, davon drei Großmächte, und damit deutsche Innen- und Außenpolitik viel stärker miteinander verflochten waren als in den Randstaaten Europas. Jede hegemoniale Bestrebung von deutscher Seite mußte rasch auf den gebündelten Widerstand der vier europäischen Großmächte stoßen. Bismarck hatte mit seiner ausgeklügelten Bündnispolitik den »cauchemar des coalitions« – den Alptraum der

Einkreisung – gerade noch bannen können, seinen unzulänglichen Nachfolgern sollte dies nicht mehr gelingen: Sie meisterten die Krise, die nach dem Attentat von Sarajevo entstanden war, diplomatisch nicht mehr. Und weil sich auch unter ihren österreichisch-ungarischen, französischen, englischen und russischen Kollegen kein überragender politischer Kopf befand, nahm das Unheil seinen Lauf. Bei dem verhältnismäßig geringen Grad an Rationalität, mit dem in der Julikrise des Jahres 1914 politisch gehandelt wurde, ist es kein Wunder, daß die Kriegsschuldfrage von 1914 bis heute ungeklärt oder kontrovers geblieben ist, keine eindeutige Antwort zuläßt, weil sie so komplex ist.

Im Prozeß des europäischen Niedergangs zwischen 1914 und 1945 bildete das Kriegsende 1918 eine Zäsur: Nachdem sich die USA und Großbritannien wieder ihren eigenen politischen Geschäften – prosperity mehr die einen und Empire mehr die anderen – zugewandt hatten, trat sofort die kontinentale Siegermacht Frankreich in die Lücke und spielte ihre Hegemonie voll aus. Jäh verkleinerte sich der Weltkonflikt zu einer deutsch-französischen Nachkriegsauseinandersetzung. Nichts bestimmte die europäische Außenpolitik der 20er Jahre so sehr wie das Verhältnis dieser beiden Nachbarstaaten zueinander, denen der üble Ruf anhing, »Erbfeinde« zu sein, der im jeweiligen Inland von gewissen Kreisen noch besonders geschürt wurde.

Versailles und die Folgen

Wie war Deutschlands Lage nach 1918? Weite Kreise wollten die militärische Niederlage nicht wahrhaben. Wider besseren Wissens bestätigten hohe Militärs mit der sogenannten »Dolchstoß-Legende« das Märchen von dem im Felde unbesiegten deutschen Soldaten, dem die Heimat verräterisch in den Rücken gefallen sei. Weithin herrschte das Gefühl vor, von den Siegern gedemütigt und betrogen worden zu sein.

Der berüchtigte Artikel 231 des Versailler Vertrages schob Deutschland per Diktat die alleinige Schuld am Kriege zu, das Selbstbestimmungsrecht wurde den Österreichern, Sudetendeutschen, Oberschlesiern, Saarländern und Südtirolern verweigert, hohe Reparationen lasteten schwer auf der deutschen Wirtschaft. Im Gefolge dessen belastete eine galoppierende Inflation mit schließlich einer Billion Papiermark gegen eine Rentenmark die wirtschaftlich-soziale Struktur der Deutschen, beutete die Sparer aus und belohnte die Schieber. Die Verarmung des Mittelstandes und die steigende Arbeitslosigkeit schufen ein gefährliches Potential von Hitlerwählern.

All dies führte dazu, daß viele Deutsche die demokratische Staatsform ebenfalls als Danaergeschenk der Sieger von 1918 verstanden und so die Weimarer Republik zu einer Demokratie ohne Demokraten wurde.

Die Politiker der ersten deutschen Republik hießen bald »Erfüllungspolitiker«, ja im Jargon der Nazis »Systemverbrecher«, die Demokratie fand im Deutschland der 20er Jahre keinen Boden, in dem sie hätte fest wurzeln können.

Mit der Weltwirtschaftskrise seit 1929/30 geriet die Weimarer Republik in die Agonie. Dennoch muß um der Wahrheit willen gesagt werden, daß es Hitler niemals gelang, in freien Wahlen mehr als 37 Prozent der deutschen Wähler hinter sich zu bringen, ja selbst bei den Reichstagswahlen am 5. März 1933, als er schon über einen Monat Reichskanzler war und schon viele politische Gegner ausgeschaltet hatte, errang er lediglich 44 Prozent! Über die Hälfte des deutschen Volkes wollte auch 1933 nichts mit Hitler und seiner sogenannten »nationalsozialistischen Weltanschauung« zu schaffen haben.

Dennoch: Der 30. Januar 1933, der von den Nationalsozialisten so genannte »Tag der Machtergreifung«, wurde von vielen Deutschen als Anbruch einer neuen Zeit empfunden. Hitlers Revisionspolitik wurde weitgehend, auch in England und teilweise sogar in Frankreich, begrüßt als eine Art Wiedergutmachung, wobei da und dort ein schlechtes Gewissen sich gerührt haben mag. Die Höflichkeit gebietet heute, lobende Urteile über Hitler aus prominenten ausländischen Mündern nicht in Erinnerung zu rufen. Auch das war nicht geeignet, den Instinkt oder die Erkenntnis der Gefahr »Hitler« zu fördern.

Wie leicht hätte der deutsche Diktator 1936 bei der Besetzung des Rheinlandes scheitern können, wenn die französische Armee nach den Bestimmungen des Versailler Vertrages vorgegangen wäre und die schwachen deutschen Truppen überwältigt hätte! So aber blieben die Warner im Unrecht, die Hitleranbeter triumphierten. Die Inaktivität der ehemaligen Kriegsgegner verlockte Hitler zu immer weiteren Ausgriffen: ins Memelland, nach Österreich und schließlich 1938 ins Sudetenland. Die verhängnisvolle Rolle der westlichen Beschwichtigungspolitik ist oft dargestellt worden: Je mehr die englischen und französischen Staatsmänner, Chamberlain und Daladier seien hier genannt, Hitler durch Nachgeben zu beruhigen und zu beschwichtigen suchten, um so mehr reizten sie ihn zu immer weiteren Ausgriffen.

Der Hitler-Stalin-Pakt

So glaubte er im März 1939 die in seinem berüchtigten Buch »Mein Kampf« niedergelegte Ideologie eines großdeutschen Imperiums in Osteuropa, die sogenannte »Lebensraumideologie«, jetzt verwirklichen zu können, indem er darauf setzte, daß die Westmächte wie bisher zunächst protestieren, dann aber nachgeben würden. Doch darin hatte er sich getäuscht. Mit dem Einmarsch in Prag ein Jahr nach dem »Anschluß« Österreichs zeigte er aller Welt offen, daß er nicht gesonnen sei, sich mit der Revision des Versailler Vertrages zufriedenzugeben und das Selbstbestimmungsrecht der Deutschen durchzusetzen, es ging ihm um Hegemonie, um Lebensraum, um Herrenrassetum. Die weiteren Stationen in den Krieg sind bekannt, wenn auch die wichtigste, nämlich der Hitler-Stalin-Pakt vom 23. August 1939, aus begreiflichen Gründen in den Ländern des kommunistischen Machtbereichs totgeschwiegen wird. Damals teilten die beiden Diktatoren Osteuropa unter sich auf, und Stalin gab Hitler grünes Licht zum Überfall auf Polen.

Auch nach dem 1. September 1939 hoffte Hitler sicher noch, daß sich England und Frankreich aus dem deutsch-polnischen Krieg heraushalten würden. Aber darin täuschte er sich. Ihren vertraglichen Verpflichtungen Polen gegenüber getreu erklärten die beiden Westmächte am 3. September 1939 dem Deutschen Reich den Krieg.

Selbst nach der Niederwerfung Polens, der Eroberung Dänemarks und Norwegens und dem deutschen Sieg über Frankreich und trotz vieler Luftangriffe blieb Englands Widerstandswille im Herbst 1940 ungebrochen.

Im November 1940 kam der sowjetische Außenminister Molotow nach Berlin, und Hitler unterbreitete ihm den Plan eines »Viermächtepaktes« zwischen Deutschland, Japan, Italien und der Sowjetunion. Er versuchte, die Interessen der Sowjetunion nach Süden, zum Indischen Ozean und Persien zu lenken. Molotow aber forderte die Ausdehnung der russischen Einflußsphären in Osteuropa.

Niemand weiß, welchen Fortgang der Krieg genommen hätte, wäre Hitler auf die russischen Forderungen ganz oder teilweise eingegangen, Finnland und Bulgarien der russischen Einflußsphäre zu überlassen, die deutsche Garantie für Rumänien aufzuheben und mit russischen Stützpunkten an den türkischen Meerengen einverstanden zu sein – das ganze als Preis für den Eintritt der Sowjetunion in den Dreierpakt Deutschland, Japan, Italien.

Im Osten noch mehr als im Westen wandte die deutsche Herrschaft der besetzten Gebiete äußerste Härte an, was selbstverständlich auch die Gegner brutalisierte. In Polen, in der Sowjetunion und auf dem Balkan bewahrheitete sich Grillparzers Wort von der Humanität, die über die Nationalität zur Bestialität führe, auf grausige Weise. Die Irrlehre vom germanischen Über- und slawischen oder jüdischen Untermenschen wurde für Millionen tödliche Wirklichkeit. Es bleibt wohl für immer unbegreiflich, wie es möglich war, daß Angehörige des Volkes, dem Bach und Mozart, Goethe und Schiller, Leibniz und Kant entstammten, diese grauenhaften Verbrechen begingen. Im Namen des deutschen Volkes wurden dann Millionen unschuldiger Menschen, Juden, Zigeuner, Geisteskranke, Russen, Polen, Widerstandskämpfer einfach umgebracht. All dies bewegte den im Zusammenhang mit dem 20. Juli hingerichteten Generalmajor Stieff zu dem Bekenntnis: »Ich schäme mich, ein Deutscher zu sein.«

Im Namen des Deutschen Volkes ...

Im Namen des deutschen Volkes wurde aber auch jeder Deutsche umgebracht, der es wagte, sich gegen das Regime auch nur andeutungsweise zu stellen. Das Opfer der Geschwister Scholl und ihrer Freunde, das Opfer der Männer des 20. Juli 1944 und der weniger bekannten deutschen Widerstandskämpfer, der Militäropposition, so furchtbar es auch war, bewies doch der Welt die Existenz eines anderen Deutschland. Der Historiker Andreas Hillgruber schreibt dazu: »Jedoch hing es von dem Opfergang des deutschen Widerstandes und von der Erkenntnis seiner Bedeutung bei den Deutschen ab, ob ein geläuterter, die unlösliche Bindung ethischer Werte einschließender Nationalgedanke in Deutschland noch eine Zukunft hatte.«

In Bayern mahnt auch das Konzentrationslager Flossenbürg, nicht nur Dachau, mit 30 000 ermordeten Opfern an diese höllische Zeit. Dort wurden neben unzähligen Juden auch der Bruder des heutigen Staatspräsidenten Pertini, Admiral Canaris, General Oster, Pastor Bonhoeffer, Reichsgerichtsrat von Dohnanyi grausam umgebracht.

Wir verneigen uns vor den ungezählten Menschen, die ihrer Volkszugehörigkeit, ihres Glaubens und ihres Eintretens für Recht und Menschlichkeit wegen getötet wurden oder in deutschen Konzentrationslagern Unsägliches erdulden mußten.

Im Winter 1942/43 erreichte der Krieg die Peripetie: Immer näher rückten die Fronten an die deutschen Grenzen heran, ja die deutschen Städte wurden selbst zur Front. 1942 begannen die großen Bomberströme, die Menschen in den deutschen Großstädten zuerst, gegen Kriegsende aber auch in mittleren und kleineren, sahen ihr Hab und Gut vernichtet, über eine halbe Million starben. Die Namen Hamburg, Berlin, Würzburg und als letzte schauerliche Steigerung Dresden mögen für die vieler anderer deutschen Städte stehen, die im Bombenhagel untergingen. Ein militärisch sinnloses Töten und Zerstören, wie wir heute wissen, denn die Alliierten verstärkten den Durchhaltewillen der Deutschen zunächst damit ebenso wie mit der in Casablanca Anfang 1943 aufgestellten Forderung nach bedingungsloser Kapitulation des Deutschen Reiches und halfen Hitler und Goebbels, ihre perversen Durchhalteparolen den Deutschen als letzte Chance vorzuschwindeln. Die Spitze des Zynismus war Hitlers Äußerung kurz vor Kriegsende gegenüber dem Oberbefehlshaber einer Heeresgruppe: »Wenn das deutsche Volk den Krieg verliert, hat es sich meiner als nicht würdig erwiesen.«

Leid und Zerstörung ohne Grenzen

Nun erst zeigte der Krieg unverhüllt sein Gesicht. Mit jedem Kilometer, den die Gegner an Boden gewannen, verhärtete sich der Kampf. Das Maß der Leiden und der Zerstörungen stieg ins Grenzenlose und erreichte seinen Gipfel, als die Rote Armee um die Jahreswende 1944/45 die Reichsgrenzen überschritt. Die Menschen in den deutschen Ostgebieten, die nicht rechtzeitig hatten fliehen können oder meistens dürfen, unschuldige Greise, Frauen und Kinder zumeist, mußten nun für alles büßen, was an Grausamkeiten und Unmenschlichkeiten in deutschem Namen in den Ländern Osteuropas geschehen war. Den Weg der Roten Armee nach

Berlin begleiten die unzähligen Opfer der von Ilja Ehrenburg aufgeputschten Soldaten: Geschändete, gefolterte, gemordete Frauen und Mädchen, erschlagene Greise, von Tieffliegern und Panzern niedergemähte und plattgewalzte Flüchtlingstrecks, versenkte Schiffe mit Tausenden von Flüchtlingen. Über zwei Millionen Deutsche verloren dabei ihr Leben in diesen dunkelsten Wochen, die das weite Land zwischen Weichsel und Oder erlebt hat. Auch die Luftwaffen der Amerikaner und Engländer beteiligten sich an dieser blutigen Ernte, als der Krieg schon längst für die Alliierten gewonnen war.

Viele, die den Massakern der berauschten Sieger entkommen waren, sahen sich – im anderen Teil Deutschlands – noch Monate nach Kriegsende plötzlich verhaftet, wurden ins Innere der Sowjetunion zur Zwangsarbeit deportiert. Ungezählte starben schon auf dem Transport, wenige nur kehrten nach Jahren unermeßlichen Leides zurück.

Wie es die Beschlüsse der Alliierten von Jalta (Februar 1945) und Potsdam (Juni bis August 1945) vorsahen, wurden die Deutschen, die noch in Ostpreußen, Pommern, Posen, Schlesien, Sudetenland und in Südosteuropa verblieben waren, gnadenlos von Haus und Hof gejagt und vertrieben. Stalin erklärte währenddessen in Potsdam (am 21. Juli 1945), daß die deutsche Bevölkerung in den Ostgebieten mit den zurückweichenden deutschen Armeen nach Westen gezogen sei ... Auf dem Papier handle es sich zwar um deutsches Gebiet, aber de facto sei es polnisch geworden, da es dort keine Deutschen mehr gebe. Ein Militärberater Präsident Trumans erklärte dazu trocken, wahrscheinlich seien sie von den Russen längst umgebracht worden.

Die ungleichen Verbündeten

Nunmehr zeigte es sich, daß die ungleichen Verbündeten, die Demokratien des Westens und die kommunistische Diktatur, nur so lange gemeinsam handeln konnten, als sie den gemeinsamen Gegner niederzuringen hatten. Schon während der letzten Kriegsmonate bereitete Stalin seine Herrschaft über die Länder und Völker Ost-, Südost- und Ostmitteleuropas vor. Um der Freiheit Polens willen hatten die Westmächte 1939 Hitler den Krieg erklärt. Nun ließ sich die polnische Ostgrenze gegen die sowjetischen Ansprüche nicht halten. Bis zuletzt hatten sich die Westmächte treu an alle Abmachungen mit der Sowjetunion gehalten, und nun mußten sie erleben, wie schlecht ihre Vertragstreue gelohnt wurde. Schon vier Tage nach der bedingungslosen Kapitulation Deutschlands, am 12. Mai 1945, telegraphierte der damalige britische Premierminister Sir Winston Churchill an den amerikanischen Präsidenten Truman: »Ein Eiserner Vorhang ist vor der sowjetrussischen Front niedergegangen. Was dahinter vorgeht, wissen wir nicht.« Stalin dachte nicht daran, die Zusage in der »Declaration on liberated areas in Europe« einzuhalten, alsbald Regierungen nach demokratischen Grundsätzen einzurichten.

Praktisch widerstandslos überließen die Westalliierten Osteuropa dem sowjetischen Imperialismus, ja, die Amerikaner räumten im Juli 1945 noch das von ihnen eroberte Thüringen, große Teile Sachsens und Mecklenburgs. Seitdem reicht die Macht des Kreml bis vor die Stadtgrenzen Fuldas und Göttingens, gemäß dem typischen, einfachen und brutalen Wort Stalins: »Jeder setzt sein eigenes System durch, soweit seine Armee reicht. Anders kann es nicht sein.« Die Teilung Deutschlands, Europas und der Welt hatte schon begonnen.

Dies ist die deutsche Bilanz des sogenannten »Dritten Reiches«: mehr als sieben Millionen Tote, über zwölf Millionen Flüchtlinge und Vertriebene, das Land gespalten und weithin zerstört, das Ende der staatlichen Existenz Deutschlands. Damals schrieb ein Deutscher auf die Mauerreste seines zerstörten Hauses: »Dazu brauchte Hitler zwölf Jahre Zeit!«

Die europäische Bilanz, darunter die systematische Ermordung von 6 Millionen Juden und die Verwüstung Osteuropas, übertraf diese Zahlen noch erheblich. Von den auf 55 Millionen geschätzten Opfern des Zweiten Weltkrieges sind die Hälfte Zivilisten, Opfer einer Kriegsführung, die an zerstörerischer Wucht alles übertraf, was die Welt bis dahin gesehen hatte.

Nun schien sich zu vollenden, was 1918 noch einmal vermieden worden war: Der alte, einst so glanzvolle Kontinent Europa hatte Macht, Ansehen und weltpolitische Bedeutung verloren, war zum Objekt der Weltpolitik geworden. Als seine Erben traten die Vereinigten Staaten von Amerika und die Sowjetunion machtvoll auf – ein endgültiges Urteil der Geschichte, wie manche damals meinten. Bezeichnend hierfür ist wohl, daß das Atomzeitalter im Pazifik anbrach, mit jenen beiden vernichtenden Schlägen auf Hiroshima und Nagasaki im August 1945, die den raschen Zusammenbruch Japans zur Folge hatten.

So furchtbar, so gewaltig auch dieser letzte Schlag des Krieges gewesen sein mag, so hat doch die Erinnerung der ungeheuren Zerstörungsgewalt der Atombombe bis heute wesentlich dazu beigetragen, daß in Europa der Friede bewahrt blieb. Zudem gab das Monopol über diese Waffe den Vereinigten Staaten von Amerika einen entscheidenden Trumpf in die Hand, die sowjetischen Herrschaftsansprüche in Europa und überall in der Welt einzudämmen. Diese Macht bedeutete zugleich Verpflichtung: Nunmehr konnten sich die USA nicht mehr, wie 1918, ihrer weltpolitischen Aufgabe entziehen und sich in einem vergleichsweise idyllischen Isolationismus abkapseln. Die »Weltmacht wider Willen«, wie Amerika damals genannt wurde, hat bis heute trotz mancher Schwankungen und Rückschläge ihre Verpflichtung zur Weltpolitik erfüllt.

Seitdem im Sommer 1950, fünf Jahre nach dem Ende des schrecklichsten Krieges der Menschheit, Ost und West in Korea kriegerisch aufeinanderprallten, ist dem Kommunismus keine mit seinen Erfolgen von 1945 vergleichbaren Machtausdehnung mehr gelungen, trotz Nordkorea, trotz

Vietnam, trotz Afghanistan. Das freie Europa andererseits aber hat bis heute noch nicht eine weltpolitische Rolle gefunden, die seiner großen Geschichte, seiner geistigen und wirtschaftlichen Bedeutung angemessen wäre.

Seit 40 Jahren herrscht Friede

Seit 1945 wurde Großartiges geleistet: Längst ist Europa wieder aufgebaut und strahlt vielerorts in hellerem Glanz als je zuvor, das geschundene und geächtete Deutschland ist längst wieder ein geachteter Partner in allen Teilen der Erde, die beiden ehemaligen »Erbfeinde« Deutschland und Frankreich haben sich längst versöhnt, sind Freunde geworden in engster politischer, wirtschaftlicher und kultureller Zusammenarbeit, die Europäische Gemeinschaft lebt, wenn auch zuweilen mühsam, und es ist sicher: Eines Tages wird dieses alte Europa auch politisch geeint sein, mit einer Stimme sprechen und im Orchester der Weltmächte nicht mehr in der zweiten Linie bleiben.

In der Zeitung »Die Welt« vom 13. März 1985 ist der Leserbrief des Ehrenpräsidenten des Verbandes der Jagdflieger des freien Frankreich, Marcel Boisot, abgedruckt, aus dem ich die folgenden Sätze zitieren möchte: »Es ist höchste Zeit, daß Europa 1945 nicht als eine Niederlage Deutschlands, sondern als seine eigene Niederlage ansieht und daß es unter seinen Völkern die Schuld am größten Verbrechen, das es jemals gegen seine eigene Zivilisation beging, gleichmäßig verteilt. Es ist Zeit, daß es seine Einheit als eine harmonische Vermischung aller seiner Kulturen versteht. Es ist Zeit, daß eine Seite seiner tragischen und blutigen Geschichte endgültig umgedreht wird.«

Seit 40 Jahren herrscht in Europa Friede, seit fast 36 Jahren leben wir im freiesten Staat, der je auf deutschem Boden errichtet wurde. Vor 30 Jahren, am 5. Mai 1955, erlangte die Bundesrepublik Deutschland ihre Souveränität. Während wir jedoch in dem Teil Deutschlands, in dem wir unseren freiheitlichen Rechtsstaat Bundesrepublik Deutschland aufgebaut haben, nach dem Ende des Zweiten Weltkriegs nach dem Untergang des NS-Regimes in relativ kurzer Zeit wieder in die moralische und politische Ordnung der westlichen Demokratien und in die Gemeinschaft der freien Völker des Westens hineingewachsen sind, ist den Menschen in der DDR nicht weniger wie denen in Polen, in Ungarn oder der Tschechoslowakei auch heute, vier Jahrzehnte nach Kriegsende, versagt, ihre Zukunft in freier Selbstbestimmung entscheiden und gestalten zu können.

Die Einbindung der Bundesrepublik Deutschland in die politische, in die Wert- und Verteidigungsgemeinschaft des freien Westens ist geschichtlich gesehen nichts anderes als die Rückkehr der Deutschen im freien Teil des Vaterlandes zu den Ordnungen, zu der menschlichen und politischen Kultur, von der sie für einen kurzen verhängnisvollen Zeitraum ein Sonderweg fortgeführt hat. Die NS-Zeit hat unser Volk – so Schreckliches auch in seinem Namen geschehen ist – nicht von seiner Geschichte, seinen Werten und Traditionen getrennt. Sie hat die Deutschen nicht aus ihren gewachsenen geistigen und kulturellen europäischen Bindungen und Verflechtung gelöst.

Deshalb bedeutete die Adenauersche Entscheidung für die Westbindung der Bundesrepublik Deutschland für die Menschen bei uns die Rückkehr in die Völker- und Wertegemeinschaft und zu der politischen Kultur, zu der die Deutschen gehören und so viel beigetragen haben, seitdem es eine deutsche Geschichte gibt. Die Entscheidung für die Westbindung der Bundesrepublik Deutschland war und ist daher mehr als nur eine politische oder ökonomische, sie ist auch eine unwiderrufliche Entscheidung zu einer Wertordnung.

Deshalb kann es für uns weder eine rechtsstaatliche Alternative zur politischen Kultur des Westens – und das heißt für uns konkret in der Bundesrepublik Deutschland: zur gewaltenteilenden parlamentarischen Demokratie, zum freiheitlichen Rechtsstaat, zur Sozialen Marktwirtschaft und zur föderativen Ordnung – geben, noch können wir einen außen- und sicherheitspolitischen neutralistischen Sonderweg zwischen Freiheit und Kollektivismus, zwischen Atlantischem Bündnis und Warschauer Pakt einschlagen.

Die innen- und außenpolitischen Entscheidungen für den Westen gehören untrennbar zusammen – solange jedenfalls, als nicht nur die machtpolitische, sondern auch die ideologische und damit die geistig-werthafte Teilung der Welt, Europas und Deutschlands andauert. Selbstverständlich ist die Wiedervereinigung Deutschlands in Frieden und Freiheit zunächst einmal das Anliegen der Deutschen selbst, aber es ist weit mehr als dies. Die offene deutsche Frage ist auch mehr als nur ein Problem der Völkerrechtslehrer und der Staatsrechtsexperten. Sie ist eine moralische und eine geschichtliche Herausforderung, die sich an den ganzen Westen richtet. Sie ist nicht zuletzt eine Frage europäischer Solidarität.

Frage der Glaubwürdigkeit

Hier handelt es sich nicht um die sattsam bekannten querelles allemandes früherer Jahrhunderte, hier steht die Glaubwürdigkeit westlicher Politik schlechthin auf dem Spiel, denn es geht um nichts weniger als um Freiheit und Selbstbestimmung aller Europäer, die mit friedlichen Mitteln zu verfolgen sind. Normal können die Verhältnisse in Deutschland und in ganz Europa erst dann wieder sein, wenn alle europäischen Völker im Besitz des Selbstbestimmungsrechts sind und alle Staaten ihren Bürgern die klassischen Rechte und Freiheiten gewähren, die mit Demokratie und Rechtsstaatlichkeit unauflöslich verbunden sind.

Die Wiedervereinigung Deutschlands ist daher für uns nicht zu trennen von der Forderung nach Freiheit und Selbstbestimmungsrecht für alle Deutschen, für alle Europäer, sie wäre sonst nicht ausreichend moralisch begründet. Die Einheit der Nation darf deshalb auch nicht auf Kosten der Freiheit der ganzen Nation erreicht werden. Die Freiheit hat immer Vorrang vor der Einheit.

Für Freiheit und das Selbstbestimmungsrecht der Europäer sind die Alliierten gegen Hitler in den Krieg gezogen, ohne Polen militärisch retten zu können. Diese Ideale können und dürfen nicht selektiv verwirklicht werden, sollten sie nicht unglaubwürdig werden. Wer deshalb unter den früheren Kriegsgegnern Deutschlands die Identität des deutschen Strebens nach Einheit mit dem Ringen um die Freiheit und die Selbstbestimmung der Europäer verneint, versündigt sich an den eigenen Idealen und würdigt den Kampf gegen Hitler zu einem imperialistischen Machtkampf herab, während er in Wirklichkeit ein Kampf um Wertordnungen war.

Die bloße Wiederherstellung des deutschen Nationalstaates kann nicht das vorrangige oder gar einzige Ziel unserer Deutschlandpolitik sein. Die Zukunft auch der deutschen Nation liegt allein in einer europäischen Ordnung der Freiheit, des Rechts und des Friedens, in der die Frage nach staatlichen Grenzen zweitrangig geworden ist. Dies heißt jedoch nicht, daß wir angesichts dieses Zieles, das nur in einem langen geschichtlichen Prozeß zu erreichen sein wird, rechtliche und politische Grundlagen zur Diskussion stellen dürfen, die aufgrund der internationalen Rechtslage und unseres Verfassungsrechts überhaupt nicht zur Disposition stehen können. Hierzu gehört der juristische Fortbestand des deutschen Reiches in den Grenzen von 1937. Hierzu gehört die noch immer bestehende Viermächteverantwortung für ganz Deutschland, also die Offenheit der deutschen Frage.

Die Entscheidung des Bundesverfassungsgerichts vom 31. Juli 1973 zum Grundlagenvertrag hat eindeutig klargestellt, daß uns das Grundgesetz rechtliche und politische Vorgaben gemacht hat, die niemand in Frage stellen kann. Auch die Ostverträge haben nichts an der völkerrechtlichen Lage Deutschlands und an der Viermächteverantwortung für ganz Deutschland geändert. Vor allem sind die Ostverträge keine Grenzanerkennungsverträge völkerrechtlicher Art für immer. Über die Grenzen Deutschlands kann erst in einem Friedensvertrag mit einem wiedervereinigten Deutschland endgültig beschlossen werden.

Auch die frühere Bundesregierung, die diese Verträge abgeschlossen hat, hat immer versichert, daß es sich hierbei um Verträge handle, die allein einen Modus vivendi bestätigen, die Gewaltverzichtsabkommen seien. Es ist deshalb nicht hilfreich und dient auch nicht der von uns allen ersehnten und erstrebten Aussöhnung mit dem polnischen Volk, wenn etwa den Ostverträgen eine sogenannte »Bindungswirkung« gegen die Verhandlungsfreiheit einer demokratischen Regierung Gesamtdeutschlands auch für die Zukunft zugesprochen wird, die sie niemals haben können. Rechtspositionen sind keine leeren Formeln! Es geht hierbei nicht nur um juristische Probleme, es geht um Grundfragen der politischen Moral, die keinen vordergründigen opportunistischen Erwägungen und vor allem keinen Entspannungsillusionen geopfert werden dürfen.

Wir wissen, welches Unrecht gerade dem polnischen Volk angetan worden ist und wir bewundern seinen Freiheitswillen, der auch nach mehr als vier Jahrzehnten nationalsozialistischer und kommunistischer Unterdrückung nicht gebrochen ist. Aber das Unrecht, das durch den teuflischen Hitler-Stalin-Pakt in die Welt gesetzt worden ist, kann niemals durch neues Unrecht gesühnt werden. Es kann nur überwunden werden in einer europäischen Friedensordnung, in der sich die Deutschen und die Polen in Freiheit und in guter Nachbarschaft die Hand der Versöhnung reichen.

Heimatvertriebene für Versöhnung

Dankbar dürfen wir anerkennen, daß die ersten Schritte auf diesem Weg der Versöhnung von den Heimatvertriebenen selbst gemacht worden sind. Die deutschen Heimatvertriebenen und Flüchtlinge haben den schwersten Teil des gemeinsamen Schicksals der deutschen Nation zu tragen gehabt, sie haben auch am härtesten unter der Schuld zu leiden gehabt, die ein verbrecherisches Regime bis zum bitteren Ende auf den deutschen Namen geladen hat. Deshalb haben sie ein Recht auf die Solidarität aller Deutschen. Ihre Trauer um den Verlust der Heimat, ihr Beharren auf dem Recht dürfen daher von niemandem und niemals als Revanchismus oder unbelehrbarer Nationalismus beschimpft werden.

In Frieden und guter Nachbarschaft wollen die Deutschen mit ihren Nachbarn leben. Die Zeiten, in denen politische Probleme zwischen Staaten durch kriegerische Auseinandersetzungen gelöst werden, in denen Grenzen durch Gewaltanwendung verschoben werden, sind in Europa aufgrund der waffentechnischen Entwicklung nach menschlichem Ermessen und geschichtlichen Lehren ein für allemal vorbei. Auch die ideologische Auseinandersetzung zwischen der Ordnung der Freiheit und dem Kollektivismus wird heute in Europa weder auf den Barrikaden der Revolution noch auf dem Schlachtfeld mehr ausgetragen.

Die Auseinandersetzung zwischen der Ordnung der Freiheit und dem kommunistischen Zwangssystem findet heute auf andere Weise und auf anderen Gebieten statt. Die rasend schnelle Entwicklung naturwissenschaftlicher Forschung und technischer Anwendung setzt neue Maßstäbe. Wir können noch nicht absehen, zu welchen politischen Veränderungen im sowjetischen Imperium eine solche nicht mehr aufhaltbare Entwicklung führen wird. Ich bin jedoch überzeugt: Wir dürfen darin auch für die Lösung der offenen deutschen Frage langfristig eine hoffnungsvolle Zukunftsperspektive sehen.

Die dauerhafte europäische Friedensarchitektur, die Zukunft der Freiheit, des Rechts und des Friedens in Europa wird zunehmend davon abhängen, ob es uns gelingt, dank unseres technisch-zivilisatorischen Vorsprungs und unserer innovatorischen Fähigkeiten zur allmählichen Entkrustung des kommunistischen Machtsystems und seiner ideologisch-gesellschaftlichen Struktur beizutragen. Gelingt uns dies, dann löst sich auch das Problem der Abrüstung und der deutschen Teilung von selbst, weil der West-Ost-Gegensatz in dem Maße machtpolitisch an Bedeutung verliert, als der Osten sich freiheitlichen Denk-, Handlungs-, Wirtschafts- und Gesellschaftsstrukturen annähert, ja annähern muß, will er nicht hoffnungslos und auf Dauer zurückfallen. Nicht nur die Zeit europäischer Bürger- und Bruderkriege ist vorbei, auch totalitäre Zwangssysteme haben in Europa geschichtlich gesehen keine Zukunft!

40 Jahre nach Ende des Zweiten Weltkrieges können wir zuversichtlich in eine Zukunft blicken, die der Freiheit, dem Recht und dem Frieden gehört. Vier Jahrzehnte nach dem Zusammenbruch der nationalsozialistischen Gewaltherrschaft über Europa eröffnet sich uns diese Perspektive, für die unterdrückten Völker und die geschundenen Menschen mag dies vielleicht in dieser Deutlichkeit noch nicht zu erkennen sein, aber für Hoffnungen, die sich nicht auf Illusionen, sondern auf realistische Voraussetzungen gründen, ist es jedoch niemals zu spät!

Der lange Weg zum Frieden

Vor uns, vor allen Europäern, liegt jedoch ein langer geschichtlicher Weg bis zur Verwirklichung dieses Zieles. Als Deutsche haben wir dabei die besondere Aufgabe, die innerdeutschen Beziehungen weiterzuentwickeln und auszubauen, und zwar ohne Illusionen und ohne Verzicht auf tragende Grundsätze und Rechtspositionen, die nicht zur Diskussion und zur Disposition stehen können. Schritt für Schritt müssen wir dabei vorgehen und alle Möglichkeiten ausschöpfen, damit konkrete Verbesserungen für die Menschen erzielt werden können, damit das innerdeutsche Verbindungsgeflecht aufrechterhalten und verstärkt wird, damit das Bewußtsein von der Einheit der Nation als Voraussetzung zur Überwindung der Teilung lebendig bleibt.

Wir müssen uns gerade als Deutsche jedoch auch darüber klar sein, daß wir unsere nationalen Interessen gegenüber unseren europäischen Freunden und Verbündeten nur dann überzeugend auch als deren eigene Sache vertreten können, wenn unsere Politik der Freiheit aller Europäer gilt, wenn sie eindeutig und berechenbar bleibt, wenn an unserer Grundentscheidung für die politische und die moralische Ordnung der westlichen Demokratien kein Zweifel geübt werden kann, wenn irrationale, antidemokratische und antirechtsstaatliche Bewegungen in Deutschland niemals wieder eine Chance haben!

Niemand darf einen Zweifel darüber haben, daß die überwältigende Mehrheit des deutschen Volkes die geschichtliche und moralische Aufgabe unserer Nation in Europa erkannt hat und für eine Politik einsteht, deren Inhalt und Ziel ist: der Einsatz für Freiheit, Recht und Frieden für alle Völker Europas! Diese Ziele sind keine bloß abstrakten Ideale, keine wirklichkeitsfremden Träumereien, sie sind als politische Notwendigkeiten und reale Hoffnungen die Früchte der gemeinsamen Geschichte aller Europäer. In diesem großen Zusammenhang steht seit jeher die Geschichte der Deutschen. Sie ist unlösbar in ihn verwoben, sie ist untrennbarer Teil der europäischen Identität. Der Bruch im deutschen Geschichtsbewußtsein, der bereits seit Beginn der Naziherrschaft und dann verstärkt seit dem Ende des Zweiten Weltkrieges die Deutschen im Unfrieden mit ihrer eigenen Geschichte leben läßt, droht das Selbstverständnis und das Selbstbewußtsein auch ganz Europas zu lähmen. Kein Volk kann auf Dauer mit einer kriminalisierten Geschichte leben.

Gemeinsam kann mit den anderen europäischen Völkern nur die Nation die Zukunft unseres Kontinents mitgestalten, die selbst innerlich stark und ihrer selbst gewiß ist. Deshalb darf unsere Scham über die Verbrechen, die eine Unrechtsherrschaft in deutschem Namen verübt hat, deshalb darf unser Blick zurück auf unsere Trauer, auf unser Versagen, unsere Schuld, unsere Leiden nicht zu einem alles hemmenden Zweifel und einer moralischen Selbstlähmung führen.

Es wäre ein verhängnisvoller Irrtum anzunehmen, man könne das Böse in der Weltgeschichte ein für alle Mal im Nationalsozialismus verdingen, festmachen und man könne es bei einem doch letztlich rückwärts gewandten mehr oder weniger ideologiebehafteten »Antifaschismus« belassen. Wir würden das Vermächtnis der gemordeten, der gefallenen, der verbrannten, der vergasten, der gefolterten Millionen schmählich verraten, wenn wir uns nicht mit aller Kraft unbeirrt und entschlossen dafür einsetzten, daß die Menschen überall in Frieden, ohne Angst, in Würde und in freier Selbstbestimmung ihr Leben führen können.

Das ist die Hoffnung, die heute das freie Europa der Welt geben kann und zu der die Deutschen mitzuwirken verpflichtet sind. Das ist die Mission Europas in einer noch immer von millionenfacher Not, totalitären Ideologien, von Unterdrükkung und Verfolgung gezeichneten Welt. Das ist die Zukunft, für die wir arbeiten, seitdem uns vor vier Jahrzehnten die Chance und die Gnade eines geschichtlichen und moralischen Neubeginns gegeben worden ist.

(4. Mai 1985)

Personenregister

HANS KLEIN

Anekdoten über Franz Josef Strauß

mit einem Vorwort
von
Franz Josef Strauß
und Karikaturen
von
Gerhard Joksch

80 Seiten · Leinen · 3farbiger Kunstdruckumschlag
DM 10,–
ISBN 3-7962-0170-9

Die eher schmucklose literarische Kurzform der Anekdoten offenbart mehr über den Menschen Franz Josef Strauß, als Fans und Feinde von ihm zu wissen glauben. Es sind Schlüsselbegebenheiten. Kindheit, Schule, Universität, Soldatenzeit, die Jahre als Landrat, die Jahrzehnte als Abgeordneter, Bundesminister und Parteivorsitzender, Hobbys, Familie, bayerische Ministerpräsidentschaft und Kanzlerkandidatur liefern den Hintergrund.
Bildung und Mutterwitz von Franz Josef Strauß, seine Fähigkeit zur Selbstironie und auch seine Lust am drastischen Wortspiel bündeln Vorgänge und Zustände zu Pointen. Meistens zum Schmunzeln, manchmal zum Nachdenken.

VERLAG R. S. SCHULZ